जनजातीय नवजागरण

औपनिवेशीकरण के विरुद्ध आदिवासी चेतना, प्रतिरोध और परिवर्तन

डॉ. रामदयाल मुंडा जनजातीय कल्याण शोध संस्थान, राँची

जनजातीय नवजागरण

औपनिवेशीकरण के विरुद्ध आदिवासी चेतना, प्रतिरोध और परिवर्तन

राहुल सिंह

राजकमल प्रकाशन

ISBN : 978-93-6086-943-4

मूल्य : ₹895

पहला संस्करण : 2024
दूसरा संस्करण : 2026

प्रकाशक : राजकमल प्रकाशन प्रा. लि.
1-बी, नेताजी सुभाष मार्ग, दरियागंज
नई दिल्ली-110 002
शाखाएँ : अशोक राजपथ, साइंस कॉलेज के सामने, पटना-800 006
पहली मंजिल, दरबारी बिल्डिंग, महात्मा गांधी मार्ग, प्रयागराज-211 001
1, अनमोल सोराबजी सन्तुक लेन, धोबी तलाव, मरीन लाइंस, मुम्बई-400 002
वेबसाइट : www.rajkamalprakashan.com
ई-मेल : info@rajkamalprakashan.com

मुद्रक : बी.के. ऑफ़सेट
नवीन शाहदरा, दिल्ली-110 032

JANJATIYA NAVJAGRAN
by Rahul Singh

आशा

अन्वीक्षा व

प्रारब्ध को

जिनके हिस्से का बेशकीमती वक्त लेकर यह किताब पूरी हुई है।

क्रम

प्राक्कथन *9*

भूमिका *17*

इतिहास के आईने में नवजागरण की अवधारणा 25

औपनिवेशिक काल में झारखंड के धार्मिक-सामाजिक जनजातीय आन्दोलनों का ऐतिहासिक परिप्रेक्ष्य 75

खरवार आन्दोलन : परिप्रेक्ष्य, कारण, प्रभाव, प्रसार और परिणाम 125

बिरसाइत आन्दोलन : परिप्रेक्ष्य, कारण, प्रभाव, प्रसार और परिणाम 164

टाना भगत आन्दोलन : परिप्रेक्ष्य, कारण, प्रभाव, प्रसार और परिणाम 207

आबुआ राज के मायने 233

टिप्पणियाँ *261*

सन्दर्भ सूची *272*

अनुक्रमणिका *275*

प्राक्कथन

'भारत का इतिहास' के अनुगूँज से मानस-पटल पर सिन्धुघाटी, इन्द्रप्रस्थ, दिल्ली, कन्नौज, पाटलिपुत्र, कोलकाता के शासकों के इतिहास की छवि उभरती है। प्राचीन काल, मध्यकाल और आधुनिक काल का भारतीय इतिहास मुख्य रूप से उत्तर भारत और गंगा-यमुना दोआब क्षेत्र का इतिहास है। हाँ! दक्षिण भारत भी है किन्तु कुछ अध्यायों में सिमटा हुआ। पूर्वी भारत, उत्तर-पूर्व, कश्मीर एवं हिमालय के इलाके, केरल आदि भारतीय इतिहास के अनछुए से क्षेत्र हैं। 'बंग-बंगाल-कलकत्ता' मुगल काल में विद्रोहों के कारण और ईस्ट इंडिया कम्पनी की आधार भूमि के कारण चिह्नित होता रहा है। किन्तु मध्य भारत, झारखंड, कलिंग, असम तो इतिहास के पन्नों से अदृश्य-ओझल से रहे हैं। उत्तर-भारतीय वर्चस्व के बावजूद इधर मध्य भारत, झारखंड, कलिंग, उत्तर-पूर्व और पश्चिम भारत के 'आदिवासी इतिहास' पर पिछले एक-दो दशकों से कुछ चुनिन्दा इतिहासकारों की लेखनी सक्रिय हुई है।

इतिहासकार देवीप्रसाद चट्टोपाध्याय, ब्रजदुलाल चट्टोपाध्याय, डी.डी. कोसम्बी, रामशरण शर्मा आदि ने प्राचीन भारत के इतिहास-लेखन के क्रम में राजतंत्र के उदय के पूर्व इस देश के गणराज्यों के जनजातीय स्वरूपों की चर्चा तो की है किन्तु इस विषय पर अब तक कोई स्वतंत्र रूप से कार्य हुआ नहीं दिखता। उसी प्रकार मुख्य रूप से सी.यू. विल्स, हरमेन कुल्के, सुरजीत सिन्हा, सुरजीत के. साहा, सुमित गुहा ने मध्यकालीन आदिवासी राजवंशों पर कार्य किया है किन्तु ये कार्य भी मुख्य रूप से राजगोंडों और उड़ीसा के नल, भुइयाँ आदि तक सीमित हैं। इस सीमित अध्ययन ने भी अभी तक 'भारत के इतिहास' के किसी अध्याय में जगह बनाने में सफलता हासिल नहीं की है।

ब्रिटिश हुकूमत और आदिवासी

इतिहासकार कालीकिंकर दत्त, जे.सी. झा, कुमार सुरेश सिंह, डेविड हार्डिमैन, गौतम

भद्रा, तनिका सरकार, विस्मोय पति, अशोक कुमार सेन, पुरुषोत्तम कुमार, नन्दिनी सुन्दर, इन्द्र कुमार चौधरी, संगीता दास गुप्ता, वर्जीनियस खाखा आदि ने मुख्य रूप से ब्रिटिश हुकूमत की स्थापना, 1757 के प्लासी के युद्ध में ईस्ट इंडिया कम्पनी की विजय, 1764 ई. में बक्सर युद्ध में मुगलों की हार और 1765 ई. में बंगाल की दीवानी ईस्ट इंडिया कम्पनी को मिलने के पश्चात 1767 ई. में जंगल महाल से शुरू होकर 1920-30 तक के आदिवासी उलगुलानों-क्रान्तियों पर लेखनी चलाई है। धरती आबा बिरसा मुंडा, सन्ताल हूल के नायकों सिदो-कानू, चाँद-भैरव, बहन फूलो-झानो, वीर बुधु भगत, तेलंगा खड़िया, 1910 का भूमकाल गुंडा धूर, रम्पा फितूर अल्लारू सीताराम राजू आदि-आदि पूरे भारत में सत्तर-अस्सी आदिवासी क्रान्तिकारियों की जीवनी तैयार हो चुकी है या हो रही है। इन सारे इतिहासकारों की लेखनी में एक बात कॉमन है कि सब-के-सब हिंसक-प्रतिकारों को ही रेखांकित कर रहे हैं क्योंकि अहिंसा-सत्याग्रह-अवज्ञा आन्दोलन को दिल्ली में बैठे इतिहासकारों ने महात्मा गांधी के आन्दोलनों का पर्यायवाची बनाकर छोड़ दिया है या विदेशी और देशी मानवशास्त्रियों ने अपनी लेखनी से सारे आदिवासी समुदायों को जंगलवासी, कथित सभ्यता से दूर 'अन्य' के रूप में गढ़कर हमारे सामने रखा है। हमारी श्रेष्ठता ग्रंथि को भी आदिवासी समुदायों को 'अन्य' (जंगलवासी—असभ्य) के रूप में ही स्वीकार करने में सहजता महसूस हुई।

अहिंसात्मक आन्दोलन के विविध रूप

लेकिन सच तो यह है मोहनदास करमचन्द गांधी के दक्षिण अफ्रीका से भारत आगमन (09 जनवरी, 1915) के कई दशक पूर्व से ही आदिवासी समुदायों ने प्रतिकार के विविध स्वरूपों का सहारा लिया है। हाकिमों को आवेदन, न्यायपालिका में मुकदमा, शान्तिपूर्ण घेराव, सविनय अवज्ञा, धार्मिक पुनर्जागरण के माध्यम से स्वराज की प्राप्ति, जुलूस, धरना आदि के कई-कई तरीके 1857-58 से आजादी के बाद तक भी देखने को मिलते हैं।

ब्रिटिश हुकूमत के खिलाफ आदिवासी समुदायों के इन शान्तिपूर्ण अहिंसात्मक प्रतिकार प्रविधियों पर कम ही पढ़ने को मिलता है। सामाजिक-धार्मिक-सुधार आन्दोलन तो नितान्त उपेक्षित रहा है, जो आदिवासी प्रतिकार का ही एक रूप था।

इतिहासकार मृदुला मुखर्जी ने किसान आन्दोलनों के सन्दर्भ और अशोक कुमार सेन ने अपने एक आलेख 'आदिवासी प्रतिकार के बदलते रूप' में इन अहिंसात्मक प्रतिकारों के कारणों की पड़ताल की है।

मृदुला मुखर्जी के अनुसार, "...राज्य की अर्द्ध-वर्चस्ववादी या निरंकुश या सर्वसत्तावादी संरचनाएँ असन्तोष और प्रतिरोध के अबाध्यकारी और शान्तिपूर्ण रूपों

के लिए या तो बहुत कम गुंजाइश छोड़ती हैं या छोड़ती ही नहीं। या फिर जो गुंजाइश होती भी है वह बहुत तेजी से खत्म हो जाती है। ये संरचनाएँ जटिल संस्थाओं, विचारधाराओं और वैचारिक तंत्रों के द्वारा वैचारिक वर्चस्व या सहमति स्थापित करने के बजाय सत्ता के निरंकुश व्यवहार पर अधिक स्पष्ट और खुले ढंग से आधारित होती हैं और इसलिए वे सभी प्रकार के असन्तोष और प्रतिरोध का सख्ती से दमन करती हैं।...यह ब्रिटिश भारत की अर्द्ध-वर्चस्ववादी राजकीय संरचना ही थी जिसने संघर्ष के रूपों के चयन पर जीवन्त प्रभाव डाला, बल्कि उनको निर्धारित किया। फिर ब्रिटिश भारत के किसानों और उनके नेताओं के पास ब्रिटिश भारतीय राजसत्ता की सशस्त्र शक्ति का काफी तजुर्बा था। उन्नीसवीं सदी में 1857 के महाविद्रोह समेत उनके पहले के हिंसक विद्रोहों को ब्रिटिश सरकार के सैन्यबल ने सफलता के साथ कुचल दिया था और वे जानते थे कि अगर लाठियों, कुल्हाड़ियों, धनुष-बाणों और भालों से लैस किसानों ने ब्रिटिश साम्राज्य के आधुनिक शस्त्रास्त्र को चुनौती दी तो उसकी उन्हें भारी कीमतें चुकानी पड़ेंगी। इसलिए जैसा कि राष्ट्रीय आन्दोलन के साथ हुआ, अर्द्ध-वर्चस्ववादी राजनीतिक संरचना के अन्दर राजनीतिक गुंजाइश की उपलब्धता और कीमतों का हिसाब-किताब, इन दोनों ने किसान आन्दोलन को प्रतिरोध और संघर्ष के अहिंसक या गैर-बागी रूपों का प्रयोग करने के लिए प्रेरित किया।" (औपनिवेशिक भारत में कृषक प्रतिरोध और कृषक चेतना : इतिहास-अंक-3, भारतीय इतिहास अनुसन्धान परिषद की शोध पत्रिका, पृ. 172-73)

इतिहासकार अशोक कुमार सेन ने 'हो' आदिवासी समुदाय के सन्दर्भ में अपने आलेख में यह रेखांकित किया है कि "साधारणतः यह समझा जाता है कि हिंसा ही उनकी एक मात्र प्रतिवाद पद्धति है। अर्थात 'हो' का अर्थ अनिवार्यतः 'लड़ाका कोल' है या 'हो' एवं 'लड़ाई' समानार्थक शब्द हैं। केवल 'हो' ही नहीं, आदिवासी एवं हिंसा की समानार्थकता एक प्रचलित धारणा है। हिंसा या तीर-धनुष के प्रयोग को आदिवासियों के स्वभाव का अनिवार्य पहलू माना जाता है। इससे गलत धारणा बनती है कि वे आवश्यक रूप से प्राक् सभ्यता (पहाड़ जंगलवासी) अपरिवर्तनशील जन-समुदाय मात्र हैं। इस भ्रान्त धारणा को नकारते हुए काल एवं परिवेश के अनुसार 'हो' समुदाय के द्वारा विरोध के बदलते स्वरूप पर प्रकाश डालने की कोशिश करूँगा।

...बहिर्गमन (Migration) आदिवासियों के शान्तिपूर्ण प्रतिवाद का प्राथमिक रूप रहा। आज से लगभग हजार साल पहले छोटानागपुर पर हिन्दू एवं उराँव समुदायों का नियंत्रण होते ही अलग-अलग समूहों में मुंडाओं ने घाटी छोड़कर सिंहभूम की ओर यात्रा की। इस प्रकार मुंडाओं ने सामूहिक निष्क्रमण के द्वारा अपने प्रतिवाद को व्यक्त किया। यह क्रिया आत्महननकारी (Masochistic) थी।

...ब्रिटिश सरकार के जंगल-सम्बन्धी कानूनों ने प्रतिवाद के अन्य रूप को

जन्म दिया। ...ब्रिटिश सरकार की वनों को सुरक्षित एवं संरक्षित करने की नीति के कारण उनके (आदिवासियों के) जीवन का स्वाभाविक लय-छंद नष्ट हुआ। ...सिंहभूम के 'हो' आदिवासियों के लिए साधन-सम्पन्न एवं पराक्रमी शासक कुल के विरुद्ध हथियार पकड़ना सम्भव नहीं था। इसलिए उन्होंने अहिंसक प्रतिवाद के मार्ग को चुना। कानून तोड़ना (सविनय अवज्ञा) पहला तरीका था। ...अर्थात जंगल कानूनों के खिलाफ लोगों ने व्यापक पैमाने पर लुक-छिपकर सरकारी वनों के वृक्षों को काटकर अपना असन्तोष व्यक्त किया। ...न्याय-प्राप्ति के लिए सरकार के पास अर्जी भेजना अन्य तरीका था।..." (आदिवासी प्रतिवाद के बदलते रूप : झारखंड एन्साइक्लोपीडिया खंड-1, पृ. 208-211)

यह गहराई से रेखांकित करने योग्य है कि उलगुलान—प्रतिकार की एक विधि धार्मिक-सामाजिक पुनर्जागरण के रूप में भी सामने आई। विभिन्न परिवेश एवं काल में आदिवासी नेतृत्वकर्ताओं ने यह विचार किया या उन्हीं के शब्दों में कहें तो परमसत्ता ने उन्हें रास्ता दिखाया कि जब तक समुदाय अपने अन्दर व्याप्त बुराइयों को दूर नहीं करेगा, तब तक 'अबुआ राज'/स्वराज या पुरातन 'स्वर्णयुग' की वापसी नहीं होगी।

इस सन्दर्भ में मुकम्मल रूप से किया गया एक अध्ययन ध्यान में आ रहा है। ऑस्ट्रिया के मानवशास्त्री, कैथोलिक पादरी स्टैफन फुक्स (Stephen Fuchs) ने साठ के दशक में भारतीय सामाजिक-धार्मिक आन्दोलनों पर एक अध्ययन किया था। उसी क्रम में उनका एक आलेख 'मेसियानिक मूवमेंट्स इन प्रीमिटिव इंडिया' (Messianic Movements in Primitive India) भी प्रकाशित हुआ था। इस आलेख की खासियत यह है कि यह पैन-इंडिया आदिवासी धार्मिक आन्दोलनों और उनके कारणों को विस्तार से हमारे सामने रखता है। किन्तु इस विस्तृत आलेख की कमी यह है कि यह आदिवासी समुदायों की दुर्दशा के लिए ब्रिटिश हुकूमत की विध्वंसकारी 'राजस्व प्रणालियों', 'वन कानूनों' और 'नील की खेती, चाय-बागानों' के लिए जबरन विस्थापित कर श्रमिक बनाने की प्रक्रिया का कोई उल्लेख ही नहीं करता। न ईसाई मिशनरियों द्वारा आदिवासी धर्मों-धार्मिक परम्पराओं के प्रति अति आक्रामक सांस्कृतिक साम्राज्यवादी रवैयों का उल्लेख करता है। श्री फुक्स अपने पक्षपात और पूर्वग्रह को दबाने की कोशिश भी नहीं करते। न जाने क्यों उत्तर-पूर्व (नागालैंड) के आन्दोलनों के क्रम में यह पूर्वग्रह ज्यादा उजागर हो जाता है।

हमारे संस्थान ने सुप्रसिद्ध युवा आलोचक और 'राष्ट्रवाद' के सुविज्ञ अध्येता डॉ. राहुल सिंह के माध्यम से झारखंड के जनजातीय धार्मिक-सामाजिक आन्दोलनों के तुलनात्मक अध्ययन का कार्य पूर्ण करवाया है। राहुल जी और उनकी टीम ने इस शोध-कार्य के लिए पूर्व से उपलब्ध अध्ययनों (पुस्तक, जर्नल्स, आलेख आदि) का अवलोकन तो किया ही, साथ ही प्रक्षेत्र परिभ्रमण और कोलकाता अभिलेखागार

में उपलब्ध अभिलेखों की भी सहायता ली। इस प्रकार इस शोध-कार्य के लिए हिस्ट्रिओग्राफी के अधिकांश मानदंडों के अनुपालन की हर सम्भव कोशिश की गई।

संस्थान ने हर शोध-कार्य के लिए हर सम्भव यह कोशिश की है कि विषय-विशेष के लिए निर्धारित शोध-प्रविधियों का अक्षरश: अनुपालन हो। सामान्य तौर पर हर शोध-टीम की शोध-कार्य प्रारम्भ करने के पूर्व एक औपचारिक प्रशिक्षण की व्यवस्था संस्थान द्वारा की जाती रही है। अब तक विभिन्न शोध-टीमों में सम्मिलित देश के विभिन्न विश्वविद्यालयों के वरिष्ठ प्राध्यापकों ने भी इस शोध-प्रविधि प्रशिक्षण के प्रति अभिरुचि दिखाई है।

इस तुलनात्मक शोध-अध्ययन में डॉ. राहुल सिंह ने ठीक ही विश्लेषण किया है कि औपनिवेशिक कालीन यूरोपीय बौद्धिकों के लिए जिस प्रकार इंडिया के लिए मध्यकालीन 'मुस्लिम' काल एक अन्धकार युग था जिससे उद्धार करने ब्रिटिश हुकूमत को अवतरित होना पड़ा था। ठीक उसी प्रकार 'आदिवासी भारत' के लिए जमींदार, महाजन, बिचौलिये सारी समस्याओं के जड़ थे। वे औपनिवेशिक विध्वंसकारी राजस्व प्रणालियों के बाई-प्रोडक्ट नहीं थे।

अमेरिका के मेसाच्यूसेट्स के लॉवेल विश्वविद्यालय के समाजशास्त्री जॉन मैकडॉवेल (John McDowell) ने अस्सी के दशक में आदिवासियों के दो अहिंसात्मक आन्दोलनों पर बहुत बेहतरीन कार्य किया था, 'लैंड और रिलीजन : द सरदार एंड खेरवार मूवमेंट्स इन बिहार, 1857-95'। आदिवासी समुदायों के अहिंसात्मक आन्दोलनों पर अपने देश के किन्हीं इतिहासकार-समाजशास्त्री का कोई उल्लेखनीय कार्य अब तक देखने को नहीं मिला।

ध्यातव्य है कि भगीरथ माँझी का खरवार (सफा होड़ो) आन्दोलन (1872-1879), बिरसा भगवान का बिरसाइत आन्दोलन (1895-1900) और टाना भगत आन्दोलन (1914-1920) पर तो राहुल जी ने इस प्रस्तुत पुस्तक में विस्तार से प्रकाश डाला है। झारखंड के धार्मिक आन्दोलनों तक ही उनके इस शोध-कार्य की सीमा थी। किन्तु हमें यह लगता है कि इन आन्दोलनों के अखिल भारतीय स्वरूप को समझने के लिए पाठकों का राजस्थान के बाबा गोविन्द गिरि के आन्दोलन (1908-1913), गुजरात का देवी आन्दोलन (1922-23) और उत्तर-पूर्व नागालैंड के कच्चा नागाओं का गुरु जाडोनाङ और देवी गाइदिल्लयू के नेतृत्व में मसीहाई आन्दोलन (1929-1947) के सामांन्य परिचय से गुजरना चाहिए।

राजस्थान में आदिवासी किसानों का बाबा गोविन्द गिरि के नेतृत्व में धार्मिक-राजनीतिक आन्दोलन (1908-1913)

19वीं सदी से ही मेवाड़ भील विद्रोहों का केन्द्र रहा था। किन्तु 1908 में एक बंजारा

धार्मिक गुरु गोविन्द गुरु के भगत पंथ के नेतृत्व में गुजरात-राजस्थान के सीमा क्षेत्र पर एक सशक्त धार्मिक-सामाजिक आन्दोलन का जन्म हुआ। 1910 ई. में गुजरात के सून्थ और इडर राज्य के भील किसानों के जनजागरण ने जागीरदारों को 24 फरवरी, 1910 को किसानों के साथ समझौता करने को विवश कर दिया। इस समझौते के अन्तर्गत कुल 21 (इक्कीस) शर्तें थीं जो भीलों के अधिकारों से सम्बन्ध रखती थीं। इस समझौते ने गुजरात और राजस्थान के भीलों को युगों पुराने सामन्ती शोषण से लड़ने का उत्साह दिया और बाबा गोविन्द गिरि में उनकी आस्था दृढ़ हो गई।

सन् 1911 ई. में गोविन्द गिरि डूँगरपुर स्थित अपने मूल स्थान बेडसा वापस आ गए। वहाँ धूनी स्थापित कर, उपदेश देना और संगठन का प्रसार प्रारम्भ किया। प्रत्येक भील गाँव में अपनी धूनी स्थापित की गई तथा इसकी रक्षा के लिए कोतवाल नियुक्त किये गए। बाबा के कोतवाल धार्मिक कार्य के साथ क्षेत्र विशेष के सभी मामलों के प्रभारी थे। इस प्रकार राजा-जागीरदारों के समानान्तर बाबा की व्यवस्था चल रही थी। उधर सामन्तों और जागीरदारों का शिष्यों पर अत्याचार भी बढ़ता जा रहा था। इस भगत पंथ के आन्दोलन का प्रभाव सम्पूर्ण दक्षिणी राजस्थान एवं बम्बई प्रेसिडेंसी के अन्तर्गत गुजरात के सम्पूर्ण भील क्षेत्र में फैल गया। भगत पंथ के बढ़ते प्रभाव से भयभीत होकर अप्रैल 1913 में डूँगरपुर पुलिस ने गोविन्द गिरि को गिरफ्तार तो कर लिया किन्तु शिष्यों के आन्दोलन के दबाव में तीन दिनों में ही मुक्त कर दिया। फिर ईडर के राजा ने भी उन्हें गिरफ्तार करने की कोशिश की। अन्त में गोविन्द गिरि ईडर से अपने साथियों के साथ बाँसवाड़ा एवं सून्थ राज्यों की सीमा पर स्थित मानगढ़ की पहाड़ी की ओर चले गए जहाँ भील राज्य की स्थापना करनी थी। अक्टूबर 1913 में मानगढ़ पहाड़ी पर गोविन्द गिरि के पहुँचने के बाद धीरे-धीरे 4000 भील किसान वहाँ इकट्ठा हो गए। सून्थ, बाँसवाड़ा, डूँगरपुर एवं ईडर राज्य के रजवाड़े-सामन्तों की सेनाएँ और मद्रास प्रेसिडेंसी की ब्रिटिश सेना ने मानगढ़ पहाड़ी को घेरकर 19 नवम्बर, 1913 को तोप और मशीनगनों से आक्रमण किया। लगभग एक घंटे तक वीर-बहादुर भीलों ने मुकाबला करने की कोशिश की किन्तु उसके बाद लाशों का ढेर लग गया। मानगढ़ की पहाड़ी प्रथम जलियाँवाला बाग बन गई, भयानक नरसंहार की गवाह। एक शान्तिपूर्ण धार्मिक आन्दोलन का अन्त बहुत भयानक रहा।

दक्षिण गुजरात में आदिवासी आत्माग्रह : 1922-23 का देवी आन्दोलन

डेविड हार्डिमैन ने गुजरात के आदिवासियों के बीच 1922-23 के धार्मिक-सामाजिक आन्दोलन पर विस्तार से कार्य किया है। यह भगीरथ माँझी का सफा-होड़ो, जतरा टाना भगत की तरह शुद्धतावादी आन्दोलन था। जिसमें किसी आदिवासी किसान पर

सलाहबाई नामक देवी सवार हो जाती थीं और उपस्थित भक्त-समूह को मांस-मदिरा त्यागने और स्वच्छता-सफाई से रहने का सन्देश देती। सलाहबाई देवी के सन्देश में पारसी शराबी व्यापारियों और जमींदारों का बहिष्कार करना भी शामिल रहता। यह देवी आन्दोलन बहुत तेजी से लोकप्रिय हुआ और गुजरात के आदिवासी इलाकों से प्रसार पाता महाराष्ट्र तक पहुँच गया। इस आन्दोलन से सबसे ज्यादा चोट शराब व्यापारियों को लगी। शराब व्यापारियों, महाजनों, जमींदारों ने ब्रिटिश प्रशासकों की सहायता से इस आन्दोलन को कुचलने में सफलता प्राप्त की किन्तु देवी आन्दोलन के बाद गुजरात के कई हिस्सों में बेहतर भूमि-सुधार हुए। (दक्षिण गुजरात में आदिवासी आत्मग्रह : निम्नवर्गीय प्रसंग, पृ. 96-125)

नागालैंड के कच्चा नागाओं का गुरु जाडोनाङ और देवी गाइदिल्लयू के नेतृत्व में मसीहाई आन्दोलन (1929-1947)

1929 ई. में कच्चा नागा समुदाय के पुरोहित परिवार के एक युवा जाडोनाङ ने अपने को मसीहा के रूप में प्रस्तुत किया और अपने प्रभाव-क्षेत्र में युवाओं को संगठित कर ब्रिटिश हुकूमत और बाहरी हर प्रभाव के सफल प्रतिकार की शुरुआत की। उन्होंने शीघ्र ही अपने प्रति समर्पित शिष्यों और पुजारियों की टोली खड़ी कर ली। नौवीं कक्षा में पढ़नेवाली अपनी किशोरी भतीजी गाइदिल्लयू को उन्होंने देवी घोषित किया। लोगों की उनमें ऐसी गहरी आस्था थी कि जगह-जगह इस देवी के मन्दिर बनाए गए। उनका स्पर्श किया हुआ जल भी औषधि के रूप में बिकने लगा।

गुरु जाडोनाङ की बढ़ती लोकप्रियता और अपनी हुकूमत के घटते प्रभाव से घबड़ाकर ब्रिटिश अधिकारियों ने एक ऐसे अपराध के लिए फाँसी के तख्ते पर लटका दिया, जिस अपराध को उन्होंने किया ही नहीं था।

स्वाभाविक रूप से उनके बाद धार्मिक-राजनीतिक आन्दोलन के संचालन की जिम्मेवारी देवी रानी गाइदिल्लयू के कन्धों पर आ गई, जिसका उन्होंने बहुत सफलतापूर्वक निर्वहन किया। ब्रिटिश हुकूमत द्वारा उनकी गिरफ़्तारी के लिए बढ़ाई जाती इनाम की राशि का भी उनके समर्थकों पर कोई प्रभाव नहीं पड़ा। किन्तु एक रात उनके रक्षक सैनिक नशा के कारण गहरी नींद में थे तो ब्रिटिश फौज ने बिना किसी प्रतिकार के उन्हें गिरफ्तार कर लिया। वे 1947 में आजादी मिलने तक जेल के सलाखों के पीछे ही रहीं।

उपर्युक्त चन्द उदाहरणों से स्पष्ट है कि देश के विभिन्न भागों के आदिवासी समुदायों ने ब्रिटिश हुकूमत, ईसाई मिशनरी और गैर-आदिवासी बहिरागतों की बाढ़ से उत्पन्न राजनीतिक-आर्थिक-सामाजिक और धार्मिक दबावों से उबरने के लिए बहुविध उपायों में से इस धार्मिक-सामाजिक सुधार आन्दोलनों को भी चुना।

लगभग उसी अवधि में महाराष्ट्र, बंगाल और अवध के कथित नवजागरणों से ब्रिटिश हुकूमत चिन्तित नहीं होती दिखती है। राहुल जी ने बहुत परिश्रम से यह प्रमाणित करने की कोशिश की है कि ये नवजागरण एक तरह से यूरोप द्वारा कथित रूप से एशियाई 'असभ्य और बर्बरों' को सभ्य बनाने की मुहिम का एक हिस्सा था। यह एक तरह से भारत के नव्य मध्यवर्ग के अनुकूलन की सफलता का भी परिणाम था। यह भी रेखांकित करने योग्य है कि ये सारे नवजागरण अन्ततः 'हिन्दू पुनरुत्थान' आन्दोलन में परिवर्तित हो जाते हैं। जबकि आदिवासी धार्मिक-सामाजिक आन्दोलनों—इन सारी रणनीतियों से अपने को बचाने में सफल होते हैं। न उनका अनुकूलन होता है और न उन्होंने साम्प्रदायिक स्वरूप ग्रहण किया। भले आदिवासी समुदाय पूरी तरह तबाह हो गया।

आदिवासी धार्मिक आन्दोलनों की इन्हीं विशेषताओं ने संस्थान को इस तुलनात्मक अध्ययन के लिए प्रेरित किया। हमें प्रसन्नता है कि डॉ. राहुल सिंह और उनकी टीम ने संस्थान द्वारा प्रस्तावित उद्देश्यों को लगभग तीन सालों के अथक परिश्रम के पश्चात पूरी तरह सफलता प्राप्त की है।

हमें विश्वास है कि यह पुस्तक न केवल सुधी पाठकों बल्कि जनजातीय इतिहास या सबाल्टर्न इतिहास में रुचि रखनेवाले शोधकर्ताओं और विद्वज्जनों के बीच भी सराही जाएगी।

रणेन्द्र
मोनिका रानी टुटी
राकेश रंजन उराँव
अमृता प्रियंका एक्का

भूमिका

यह किताब कोई दावा प्रस्तुत नहीं करती है। एक प्रस्तावना निर्मित करती है, झारखंड के जनजातीय इतिहास को एक बदले परिप्रेक्ष्य में देखने का। यह किताब झारखंड के इतिहास को उसके सामाजिक-आर्थिक-सांस्कृतिक-राजनीतिक प्रक्रिया में देखने की तजवीज भर करती है। इतिहास की कई बिखरी कड़ियों को जोड़कर उसकी एक शृंखला निर्मित करती है कि अगर अनुमान ही किया जाए कि हुआ क्या था? और कैसे हुआ था? तो उसका एक ठोस आधार उपलब्ध कराने की कोशिश करती है। यह शोध झारखंड के जनजातीय धार्मिक-सामाजिक आन्दोलन को समझने का अपने जानते एक आधार प्रदान करने की कोशिश भर है, जिससे इन आन्दोलनों की ऐतिहासिकता और उसके प्रभाव का आकलन किया जा सके। आधुनिकता, नवजागरण, राष्ट्रवाद के फ्रेमवर्क पर इन आन्दोलनों को रखकर तुलनात्मक तौर पर अलग-अलग पहलुओं पर बात करने की कोशिश की गई है। प्रादेशिक नवजागरणों (बंगला नवजागरण, मराठी नवजागरण और अवध नवजागरण) के बरक्स जनजातीय नवजागरण किन मामलों में अलग ठहरता है? और कहाँ साथ खड़ा दिखता है? इन नुक्तों पर भी थोड़ा प्रकाश डाला गया है।

यह शोध प्रचलित समझदारी में यह जोड़ने की कोशिश करता है कि ऐसा नहीं मान लिया जाना चाहिए कि 'जो इतिहास में नहीं हैं' उनका कोई इतिहास नहीं है। इतिहास को दर्ज करने का उनका तरीका अलग हो सकता है और शायद उनके इतिहास को पढ़ने-सुनने-गुनने का तरीका अब तक हम विकसित नहीं कर पाए हों। शोध यह बताने की कोशिश करता है कि जनजातियाँ कोई समरूप इकाई नहीं हैं। वह न केवल अलग-अलग विशिष्टताओं को धारण करती हैं बल्कि उनका इतिहास भी एक-दूसरे से जुदा है। वाचिक परम्परा वाले समुदायों में इतिहास की वही प्रविधि और पद्धति नहीं पाई जा सकती है जो लेखन वाले समुदायों के यहाँ मौजूद है। शक्तिशाली और साधन-सम्पन्न समुदायों की तुलना में निर्बल और विपन्न समुदायों को सहेजने की शैली और आदतें एक सी नहीं होती हैं। इसलिए मौखिक परम्परा वाले समुदायों के लिए स्मृति भी इतिहास का अभिलेखागार हो सकता है। यह शोध इस समझ को रेखांकित करती है।

यह शोध जरूर इस तथ्य को जोर देकर रेखांकित करता है कि जिसे जनजातीय धार्मिक-सामाजिक आन्दोलन के तौर पर देखा जाता है, वह अपने आप में बहुत संश्लिष्ट और जटिल गतिविधि रही है। उन सबके मूल में जनजातियों के भूमि विषयक प्राधिकारों की अवहेलना रही है। शताब्दियों से अर्जित उनकी स्वायत्ता का हनन रहा है। यह आन्दोलन उनकी दुनिया में अचानक पैदा हुए सभ्यतागत संकट की अनुगूँज थे कि कैसे औपनिवेशिक शासन ने उनकी पूरी दुनिया तबाह कर दी थी? इसे 'पैराडाइम शिफ्ट' के पदबन्ध से ठीक-ठीक नहीं समझा जा सकता है। चीजें कैसे घटित होती हैं? किन कारणों से घटित होती हैं? किन कारणों से उनमें गति आती है? इन सबको श्रमपूर्वक अत्यन्त मनोयोग से एक लम्बे विश्लेषण के बाद प्रस्तावित किया गया है। उस ऐतिहासिक प्रक्रिया का रेखांकन और उद्घाटन इस शोध का अभीष्ठ रहा है।

यह किताब आधुनिकता को एक साम्राज्यवादी अभियान के एक प्रतिमान के बतौर देखती है, जो उपनिवेशित समाजों के मानसिक औपनिवेशन के लिए प्रयोग में लाया गया था। सभ्यता का अभियान जैसे चमकते पदबन्ध उसी योजना का हिस्सा थे। यह सब किस सुचिन्तित तैयारी के साथ अंजाम दिया गया था, यह शोध उस प्रक्रिया का उद्घाटन करती है। यह बताती है कि क्यों जाति से इतर जनजाति की परिकल्पना की गई? क्यों 'कास्ट' के बरक्स 'ट्राइब' की अवधारणा अंग्रेजों ने विकसित की? क्यों जाति का विश्लेषण समाजशास्त्र और इतिहास का विषय हो गया और जनजाति मानवशास्त्र और नृतत्वशास्त्र का?

यह किताब इस समझदारी को प्रस्तावित करती है कि भारतीयता में प्रादेशिकताओं की जितनी ज्यादा सहभागिता होगी यह देश उतना ज्यादा लोकतांत्रिक, प्रतिनिधित्वमूलक और स्वीकार्य होगा। और वह जितना ज्यादा इकहरा और गैर-समावेशी होगा उतना ज्यादा अलोकतांत्रिक, असहमतिमूलक ओर गैर-प्रतिनिधित्वमूलक होगा। जातीयता और राष्ट्रीयता के दायरे को और ज्यादा विस्तृत करने की आवश्यकता है। झारखंड ही नहीं भारत की अन्य जनजातियों को उनका समुचित दाय नहीं मिला है, उसे देने की आवश्यकता है। यह शोध अकादमिक दृष्टि से जनजातीय समुदायों के प्रति अपनाई गई अन्यायपूर्ण दृष्टि के प्रति ध्यान आकर्षित करना चाहती है। इसमें यह कितना सफल हो सकी, यह तो आप ही बता पाएँगे।

इस विषय पर काम की शुरुआत में सच मानिए तो सिवाय इसके पहले सैद्धान्तिक अध्याय के अलावा ज्यादा कुछ स्पष्ट नहीं था। आधुनिकता की सैद्धान्तिकी और नवजागरण के फ्रेमवर्क के अलावा ज्यादा कुछ जेहन में नहीं था। पर ज्यों-ज्यों इन आन्दोलनों की गहराई में उतरता गया त्यों-त्यों गिरहें और परतें खुलने लगीं। इतना तो कह ही सकता हूँ कि यह पूरी किताब खुद-ब-खुद आकार लेती चली गई। मेरी कोशिश हमेशा कुछ बुनियादी सवालों का जवाब ढूँढ़ने की रही और यह

किताब उन सवालों का जवाब ढूँढ़ने के क्रम में ही साकार होती चली गई। वह पूरी ऐतिहासिक प्रक्रिया आँखों के सामने जीवन्त हो उठी, जिससे गुजरकर आज का जनजातीय समुदाय चौराहे पर खड़ा है। यहीं से इस शोध की पीठिका निर्मित हुई कि उस ऐतिहासिक प्रक्रिया को ही रेखांकित किया जाए, जिससे होकर झारखंड के मुंडा, उराँव और सन्ताल गुजरते हैं। उनके साथ औपनिवेशिक और देशी सत्ताओं ने जो आचरण किया यह किताब उन गतिविधियों के आलोक में इन जनजातीय समुदायों में आए बदलावों को चिह्नित करती है। यह किताब औपनिवेशिक सत्ता और देशी ताकतों के जनजातीय समुदायों के साथ किए गए बर्ताव और दावों की पड़ताल करती है। एक पंक्ति में कहना हो तो कहूँगा कि झारखंड के जनजातीय सन्दर्भों में यह बुनियादी समझदारी का निर्माण करनेवाली किताब है। (बहुत हद तक सम्भव है कि साम्राज्यवादी ताकतों ने यही शोषण की यही पद्धति झारखंड के अन्य जनजातियों के प्रति भी अपनाई हो, लेकिन इस शोध के दायरे में यही तीन जनजातियाँ थीं तो अन्य जनजातियों के सन्दर्भ में यहाँ बहुत बातें नहीं की गई हैं।) एक बात और मैं जनजाति की जगह आदिवासी शब्द के प्रयोग का ही पक्षधर था, चूँकि यह शोध डॉ. रामदयाल मुंडा जनजातीय कल्याण शोध संस्थान प्रदत्त शोधवृत्ति की सहायता से आरम्भ और पूरी हुई है, तो सांस्थानिक आग्रह आदिवासी की बजाय जनजातीय या जनजाति शब्द के प्रयोग को लेकर था। अत: शोध में लगभग इन्हीं शब्दों का प्रयोग किया गया है। आदिवासियत शब्द का कोई बेहतर विकल्प मैं ढूँढ़ नहीं सका तो उसका प्रयोग यथाप्रसंग अवश्य हुआ है।

पहला अध्याय नवजागरण की अवधारणा, उसकी सैद्धान्तिकी के विकास और अलग-अलग चरणों की बात करता है। उसके साम्राज्यवादी और औपनिवेशिक हितों का खुलासा करता है। चाहे वह औपनिवेशिक इतिहासदृष्टि हो या भाषा नीति, सब-के-सब कैसे जनजातियों के विरोध में थे? उन सबका क्या दूरगामी असर इन जनजातीय समुदायों पर हुआ और वह घटित कैसे हुआ? इन सबकी पड़ताल पहले अध्याय में है। दूसरा अध्याय इन औपनिवेशिक बदलावों के परिप्रेक्ष्य में जनजातीय सामाजिक-धार्मिक आन्दोलनों की विकसित होती पृष्ठभूमि पर प्रकाश डालता है। इस क्रम में यह अध्याय झारखंड के अलग-अलग भूभाग और उन पर बसी जनजातियों के इतिहास के प्रसंगों के मार्फत एक परिप्रेक्ष्य विकसित करने की कोशिश करता है, जिससे इन जनजातीय सामाजिक-धार्मिक आन्दोलनों के प्रति प्रचलित समझदारी से इतर एक बुनियादी समझदारी विकसित हो सके। इस क्रम में जनजातीय लोक-कथाओं, मिथकों, लोक-स्मृति और इतिहास के तथ्यों को नई रोशनी में पुनर्संयोजित कर एक पाठ विकसित करने की कोशिश की गई है। इससे सहमत-असहमत हुआ जा सकता है, पर जो भी प्रस्तावित किया गया है उसका एक तार्किक और ऐतिहासिक आधार वहाँ जरूर रखा गया है। इसी आधार को समझाने

के क्रम में झारखंड के आदिवासियों के भूमि विषयक प्राधिकारों और रीति-रिवाजों की यथासम्भव सविस्तार और सप्रमाण चर्चा की गई है, जिससे औपनिवेशिक काल में जनजातीय समुदायों के समक्ष उत्पन्न सभ्यतागत संकट के आशयों के विभिन्न स्तरों को समझा जा सके कि यह बहुस्तरीय संकट कितना भयावह था? और क्यों औपनिवेशिक शासन काल में यह पूरा भूभाग विद्रोहों की अनवरत श्रृंखला को जन्म देता है? इस पृष्ठभूमि के आलोक में बारी-बारी से अगले तीन अध्यायों में क्रमश: खरवार आन्दोलन, बिरसाईत आन्दोलन और टाना भगत आन्दोलन की चर्चा की गई है। यदि अन्य जनजातीय विद्रोहों पर भी ऐसे शोधपरक अध्ययन सामने आएँगे तो उम्मीद है इस शोध के निष्कर्षों के आसपास ही उनके भी निष्कर्ष निकलकर आएँगे।

जनजातीय समुदायों के पास न तो अकादमियाँ रहीं और न ही देश के अकादमिक संस्थाओं ने उनके संघर्षों का ससमय संज्ञान लिया। फलत: इसका खामियाजा उन्हें कई स्तरों पर भुगतना पड़ा। यूँ भी झारखंड एक लम्बे समय तक बंगाल और बिहार के आन्तरिक औपनिवेशन का शिकार बना रहा तो इन तथ्यों पर व्यवस्थित तरीके से बातचीत की शुरुआत तो हुई पर निरन्तरता और अपेक्षित बलाघात का अभाव रहा। पर धीरे ही सही शिक्षा और चेतना के प्रसार के साथ अलग झारखंड राज्य के निर्माण के बाद इस दिशा में अपेक्षित गति देखने को मिली। और इतिहास के पुनर्पाठ के इस क्रम में जब चीजें मिलनी आरम्भ हुईं तो इतिहास को झुठलाना या दबाना इस अर्थ में मुश्किल हो गया कि जिन बातों के आधार पर प्रादेशिक या सामुदायिक नवजागरण की बात की जाती है, उसके सूत्र, तथ्य और ब्योरे तो झारखंड में भी बिखरे हैं। जरूरत उसके अन्तदृष्टिपूर्ण संयोजन की है। इनके नायक बंगला, मराठी या अवध नवजागरण के नायकों की तरह सम्भ्रान्त और सम्पन्न घरों से नहीं आते हैं। वे भूमिहीन और किसानों की पृष्ठभूमि से आते हैं, जो सभ्यता की शर्तों पर तो नायक ही नहीं ठहरते हैं। पर बावजूद इसके इतिहास में नायकत्व अर्जित करते हैं।

भारतीय सन्दर्भ में अंग्रेजों की मौजूदगी में ही क्रमश: बंगला नवजागरण, मराठी नवजागरण और अवध नवजागरण की संकल्पनाएँ सामने आती हैं। इनके मूल में जो भी बुनियादी तर्क है, जिसके आधार पर इन प्रादेशिक नवजागरणों की संकल्पनाएँ सगर्व प्रस्तुत की जाती हैं, झारखंड के जनजातीय आन्दोलनों का गहराई से अध्ययन करें तो स्पष्टत: पाएँगे कि यह तमाम विशेषताएँ यहाँ भी मौजूद हैं। बस दस्तावेजीकरण के अभाव में और मुख्यधारा के संज्ञान में नहीं आने के कारण ऐसे किसी जनजातीय जागरण या नवजागरण की कहीं कोई चर्चा नहीं मिलती है। बल्कि कुछेक मामलों में झारखंड के जनजातीय आन्दोलनों को देखें तो बंगला नवजागरण, मराठी नवजागरण और अवध नवजागरण से बढ़ी हुई राजनीतिक चेतना का भी वे परिचायक जान पड़ते हैं। लेकिन सप्रमाण रेखांकित किये जाने के अभाव में, इस

पर कोई चर्चा नहीं होती है। यह शोध उन पहलुओं को जोर देकर रेखांकित करती है। उम्मीद है इससे इस दिशा में सोचने-विचारने के और सूत्र निकलकर आएँगे। पूरी किताब में निष्कर्ष बिखरे हुए हैं। उन्हें उपसंहार के तौर पर एक अध्याय में नहीं रख रहा हूँ, मैं चाहता हूँ कि पूरी किताब पढ़ी जाए। केवल उपसंहार पढ़कर किताब पर बात न की जाए। बावजूद इसके आखिरी अध्याय अपने स्वरूप में आंशिक तौर पर उपसंहारात्मक है।

मेरा जन्म राँची (छोटानागपुर) में हुआ और अक्षर ज्ञान से लेकर एम.ए. तक की पढ़ाई राँची में हुई। चार साल के संक्षिप्त जेएनयू प्रवास को छोड़ दें तो फिर नौकरी के सिलसिले में झारखंड लौटना हुआ। पौने सोलह साल देवघर (सन्ताल परगना) के ए.एस. कॉलेज में ही गुजरा। इस लिहाज से यह किताब अपनी माटी का कुछ ऋण चुकाने सरीखा है। इसे लिखते हुए लगातार दबाव में रहा, दबाव कई किस्म के। सबसे बड़ा दबाव तो ससमय इसे पूरा करने का था, जिसे कोरोना ने और बढ़ा दिया था। कोरोना के बाद इसे पूरा कर सकने का भरोसा चूक गया था, कारण कि जितनी दफा शुरुआत करता उतनी दफा बीमार पड़ता। वक्त लगा खुद को समेटने में और फिर से जुटने में। लेकिन चीजें आसान नहीं रह गई थीं। यह शोधकार्य कोरोना की पहली लहर के बाद हल्की छूट मिलने के बाद आरम्भ की थी। उस वक्त जो दो सबसे बड़ी चुनौतियाँ मेरे सामने थीं, उनमें से पहली थी शोध सामग्री की सहजता से उपलब्धता। और दूसरी अधिसंख्य का अंग्रेजी में होना। लॉकडाउन के बाद यात्राएँ इतनी दुष्कर हो गई थीं कि देवघर से राँची तक जा सकना मुश्किल था। इसलिए तब तो मेरे लिए देवघर जैसे शहर में भाषा से बड़ी चुनौती किताबों की ससमय उपलब्धता हो गई थी। कहना तो नहीं चाहिए पर इस चुनौती से निबटने में 'फ्लिपकार्ट' और 'अमेजन' की भूमिका सबसे बड़ी रही। कोरोना काल की पाबन्दियों में हल्की छूट मिलने के बाद सबसे जरूरी मदद यहीं से लगातार मिलती रही। झारखंड की जनजातियों से सम्बन्धित किताबों को उपलब्ध कराने में राँची के कुछ किताब दुकानों की महती भूमिका रही। ज्ञान दीप, सत्य भारती, अखरा, रोज केरकेट्टा फाउंडेशन, क्राउन बुक डिपो इनमें प्रमुख हैं। इन ठिकानों का नाम इसलिए भी दे रहा हूँ कि किसी भी प्रतिष्ठित संस्थान की तुलना में झारखंड के जनजातीय सन्दर्भों में किताबों की बड़ी जरूरत को यह अकेले एक छत के नीचे पूरा कर पाने में सक्षम हैं।

इन दुकानों से इतर इस चुनौती से पार पाने में कुछ व्यक्ति और संस्थान दोनों मददगार रहे। रणेन्द्र और डॉ. रामदयाल मुंडा जनजातीय कल्याण शोध संस्थान का जितना भी आभार व्यक्त करूँ वह कम है। यदि रणेन्द्र ना होते तो यह किताब कम-से-कम मेरे हाथों नहीं लिखी गई होती। यह शोध हिन्दी समाज को उनकी देन है। उनसे एक लम्बा परिचय रहा है। विगत एक दशक से जब भी उनसे मिलता वे

जनजातीय धार्मिक-सामाजिक आन्दोलनों के अलग-अलग पहलुओं पर बात किया करते। चूँकि आधुनिकता की अवधारणा के इतिहास पर मैंने एक बड़ा काम कर रखा है, जिसकी जानकारी उन्हें थी, तो वे जब इन प्रसंगों को छेड़ते तो आदतन मैं भी कुछ जोड़ दिया करता। उसके बाद मुझे नहीं मालूम कि कब उनके मन में इस शोध का विचार पनपा, पर उन्होंने कोई दो साल तो केवल मुझे इस विषय पर काम करने के लिए तैयार करने में खर्च किया। अन्ततः मुझे उनके आगे झुकना पड़ा और मैंने हामी भर दी। एक बार हाँ करने के बाद पीछे लौटने की कोई बात नहीं थी। लेकिन कोरोना की चपेट में आने के बाद जिन्दगी और सेहत दोनों पहले की तरह नहीं रह गई थी। रणेन्द्र ने अपनी व्यक्तिगत लाइब्रेरी से न जाने कितनी किताबें जरूरत पड़ने पर दीं। लगातार नई किताबें सुझाते रहे, उपलब्ध कराते रहे। किसी जरूरी नुक्ते पर पूछने पर जरूरी सामग्री उपलब्ध कराते रहे। इसलिए उनके प्रति आभार व्यक्त करते हुए ऊपर यह लिखा कि यह शोध उनके निजी प्रयत्नों और प्रेरणा का परिणाम है।

इस शोध से जुड़े कुछ हिस्सों पर केन्द्रित व्याख्यान मैंने यूजीसी-एचआरडीसी, राँची में पीजी टीआरएल विभाग के डॉ. हरि उराँव के आमंत्रण पर दिये, जिसकी प्रतिक्रिया बेहद उत्साहजनक रही। बाद में डॉ. रामदयाल मुंडा जनजातीय कल्याण शोध संस्थान में हा अपने शोध से सम्बन्धित आलेख प्रस्तुत किये। मिलनेवाली सराहना से बल मिलता रहा। ए.एस. कॉलेज के साथी प्राध्यापक राजीव कुमार (राही डुमरचीर) न केवल लगातार हौसला बढ़ाते रहे बल्कि कॉलेज के बाहर भी जनजातीय समुदायों में साथियों की जरूरत पड़ने पर जरूरी सूत्र उपलब्ध कराते रहे। जमीनी बैकअप के मामले में वे हमेशा साथ रहे। जरूरत के वक्त एकाध किताब की सूचना कोल्हान के साथी प्राध्यापक रवि रंजन ने उपलब्ध कराई। कुछ किताब की सूचना पत्रकार साथी संजय कृष्ण ने तो कुछ हमारे वक्त के गम्भीर अध्येता और समाजशास्त्री रमा शंकर सिंह ने, राँची के इतिहास विभाग के साथी योगेश कुमार ने भी कई किताबों की जानकारी दी। प्रसन्न कुमार चौधरी से अनौपचारिक बातचीत भी मददगार रही। देवघर के ही मित्रवत् शंकर मोहन झा जी ने भी सन्ताल परगना के महाजनी परम्परा के कुछ प्रसंगों की तसदीक की। साथी विनीत कुमार से इस पूरे शोध के दौरान हासिल तथ्यों और उनके विश्लेषण पर की गई लम्बी बातचीत की भी बड़ी प्रेरक भूमिका रही है। यह पूरा शोध ए.एस. कॉलेज, देवघर में रहकर ही पूरा किया। कॉलेज का इस मामले में भी ऋणी हूँ कि कुछ पत्रिकाओं के ऑनलाइन संस्करण कॉलेज की लाइब्रेरी के मेम्बरशिप की वजह से सहजता से मिल गए। अन्यथा उनके लिए कलकत्ता और दिल्ली के अभिलेखागारों और पुस्तकालयों के कई चक्कर लगाने पड़ते। बावजूद इसके इस शोध के सिलसिले में कलकत्ता के कई चक्कर लगाए। राँची घर होने के बावजूद इस शोध के सिलसिले

में और ज्यादा जाना हुआ। कुल मिलाकर इन सबका हासिल यह किताब है, जो अब आपके हाथों में है। उम्मीद है यह किताब हिन्दी समाज और जनजातीय समुदायों द्वारा पसन्द की जाएगी। ऐसा दावा तो नहीं किया जा सकता है कि इसमें जो बातें वर्णित हैं, वह 'एक्सक्लूसिव' हैं। पर यह तो कह ही सकता हूँ कि यह एक बड़ी कमी को पूरा करेगी। शेष तो पाठक बताएँगे। इसी के साथ यह तीन साल का श्रम आपके हाथों में सौंप रहा हूँ।

किताब के आवरण पर जो चित्र है, वह झारखंड के प्रतिष्ठित चित्रकार सी॰ आर. हेम्ब्रम जी का है। मैं उनका विशेष आभारी हूँ कि उन्होंने अपनी इस पेंटिंग को किताब का आवरण बनाने के संस्थान के अनुरोध को स्वीकृति प्रदान की। विश्व-भारती, शान्तिनिकेतन के दो शोध छात्रों अमन त्रिपाठी और मनीष का विशेष आभार जिन्होंने किताब को वर्तनी के धरातल पर दुरुस्त करने में यथासम्भव मदद की।

18-03-24

राहुल सिंह

अध्याय-1

इतिहास के आईने में नवजागरण की अवधारणा

आधुनिकता का विमर्श और नवजागरण की संकल्पना

विमर्शों के संसार में आधुनिकता से मारक और प्रभावी विमर्श मेरे देखते दूसरा नहीं आया है। इसके एक सिरे पर पूरा मध्यकालीन विमर्श मौजूद है तो दूसरे सिरे पर उत्तर-आधुनिक विमर्श। मध्यकालीनता से भी उसके पूर्ववर्ती सूत्र जुड़ते चले जाते हैं और उत्तर-आधुनिकता का वह प्रस्थान बिन्दु ठहरता है। यही उत्तर-आधुनिकता आगे चलकर अस्मितामूलक विमर्शों को जन्म देती है। इस ढंग से देखें तो विमर्शों के संसार में आधुनिकता उस वामन अवतार की तरह है, जिसको देखकर यह कतई अनुमान नहीं किया जा सकता है कि अपने तीन डग में यह विमर्शों का पूरा संसार नापने की क्षमता रखता है। आधुनिकता वस्तुतः एक यूरोपीय या पश्चिमी अवधारणा है। आधुनिकता को एक यूरोपीय अवधारणा मान लेने का एक प्रमुख कारण यह रहा है कि यूरोप में विचारधारा और दृष्टिकोण के रूप में आधुनिकता का स्पष्ट इतिहास रहा है, जो इस बात की ओर संकेत करता है कि "आधुनिकता के उद्भव काल में नये परिवर्तनों का प्रमुख स्रोत यूरोप था।"[1] इस कारण से यूरोप में आधुनिक काल के प्रस्थान बिन्दु के तौर पर पुनर्जागरण (रेनेसाँ) को प्रस्तावित किया जाता है और इसके दूसरे चरण के बतौर प्रबोधन या ज्ञानोदय (एनलाइटेनमेंट) को प्रस्तावित किया जाता है। यूरोप इन दो चरणों से इतर धर्म-सुधार आन्दोलन और प्रति-धर्म-सुधार आन्दोलनों से होकर खुद के आधुनिक होने का उद्घोष करता है। और अपने साम्राज्यवादी मंसूबों को साकार करने के लिए संसार में जहाँ कहीं भी अपने बेड़े के साथ पहुँचता है, वहाँ आधुनिकता को एक प्रतिमान के बतौर व्यवहृत करना आरम्भ कर देता है। यूरोप के औपनिवेशिक अभियानों के मूल में जो हिंसा, दमन और अन्तहीन अत्याचार अनुस्यूत था, उसे छिपाने के लिए उन्होंने 'सभ्यता का अभियान' (सिविलाइजिंग मिशन) जैसा नारा गढ़ा। यह उनके अनैतिक और हिंसक गतिविधियों को एक वैधता प्रदान करने का काम करता था। इसके जरिये

'मानसिक औपनिवेशन' की प्रक्रिया को भी वे बेहद कुशलता से अंजाम दे पाते थे।

यूरोपीय आधुनिकता जिन चरणों से गुजरकर अस्तित्व में आई थी, उसे जब अवधारणा के तौर पर सूत्रबद्ध किया गया तो मूलतः उसे एक पश्चिमी प्रत्यय और प्रतिमान में बदल दिया गया और उसका उपयोग आगे चलकर साम्राज्यवादी अभियानों और औपनिवेशिक शासन को वैध ठहराने के लिए किया गया। परिणामतः न सिर्फ गैर-योरपीय राष्ट्र बल्कि कई योरपीय देशों ने भी स्वयं को वैश्विक परिप्रेक्ष्य में आधुनिक साबित करने के लिए आधुनिकता के तथाकथित शर्तों को पूरा किया। ऐसा नहीं था कि योरप ने सिर्फ एशिया में ही अपने उपनिवेश स्थापित किये थे बल्कि स्वयं योरपीय राष्ट्रों के आपसी संघर्षों से विश्व इतिहास के पन्ने भरे पड़े हैं। इस पश्चिमी आधुनिकता के सैद्धान्तिकी के बरक्स एक पूर्वी आधुनिकता की सैद्धान्तिकी खड़ी की जा सकती है। लेकिन यह एक श्रमसाध्य कार्य है और फिलहाल हम अपने मुख्य विषय तक ही खुद को केन्द्रित रखना चाहते हैं।

आधुनिकता की अवधारणा कई अवधारणाओं के सहमेल से अपना स्वरूप निर्मित करती है। आधुनिकता अपने साथ आनुषंगिक अवधारणाओं की पूरी खेप लेकर चलती है। आधुनिकता को समझना उन आनुषंगिक अवधारणाओं को भी बारी-बारी से समझना है। नवजागरण, राष्ट्रवाद, मध्यवर्ग आदि आधुनिकता के साथ अनिवार्यतः नत्थी अवधारणाएँ हैं। इनके बगैर किसी भी देश या समुदाय की आधुनिकता की बात अधूरी रहती आई है। भारतीय सन्दर्भ में यों तो नवजागरण की अवधारणा ही अपने-आपमें समस्याग्रस्त है, पर समस्या के बावजूद उस पर विचार किये बिना आगे की राह तय नहीं की जा सकती है तो शुरुआत इसी से करते हैं।

आधुनिकता यूरोप में पुनर्जागरण (रेनेसाँ), धर्म-सुधार (रिफॉर्मेशन), प्रति-धर्म-सुधार (एंटी रिफॉर्मेशन), ज्ञानोदय (एनलाइटेनमेंट) और औद्योगीकरण (इंडस्ट्रियलाइजेशन) के चरणों से गुजरकर आकार ग्रहण करती है। लेकिन बात जब भारतीय सन्दर्भ की आती है, तो सवाल उठता है कि 'नवजागरण' को इन चरणों में से किसके समतुल्य रखा जाए? इसके जवाब में हम पाते हैं कि यद्यपि 'नवजागरण' का पद यूरोपीय रेनेसाँ से मिलते-जुलते परिस्थितियों के लिए भारतीय सन्दर्भ में प्रयुक्त हुआ था, लेकिन इसके द्वारा एक साथ यूरोपीय पुनर्जागरण, धार्मिक-सुधार आन्दोलन और ज्ञानोदयकालीन विशेषताओं को निरूपित किया गया। इस तरह यह एक ऐसा भ्रामक पद बनकर उभरा, जिसने हमारे इतिहास-बोध को धुँधला करने का भी काम किया। 'रेनेसाँ' शब्द के भारतीय सन्दर्भ में प्रथम प्रयोग एवं उसके अवधारणात्मक विकास की रणनीति और राजनीति का खुलासा वीरभारत तलवार ने अपने विद्वतापूर्ण शोध आलेख, 'नाम में क्या रखा है?' में करते हुए लिखा है :

> अपनी सीमित जाँच-पड़ताल से मैं इस नतीजे पर पहुँचा हूँ कि बंगाल

> या भारत के नवजागरण के लिए रेनेसाँ का चलन भारतीयों ने नहीं किया था क्योंकि उन्हें इसकी आवश्यकता नहीं थी। इसका चलन यूरोपीयों ने अपनी आवश्यकता से किया था।[2]

इसके जरिये वे जहाँ यूरोपीय दृष्टि से भारत को समझना और बाकी यूरोपीयों को समझना चाह रहे थे वहीं दूसरी ओर योरपीय इतिहास-बोध हम पर आरोपित कर अपने औपनिवेशिक शासन को वैध साबित करना चाह रहे थे। आधुनिकता इस औपनिवेशिक शासन को वैध साबित करनेवाली विचारधारा का कार्य कर रही थी। और आधुनिकता ने अपनी वैधता के लिए नवजागरण की विचारधारा को जनोपयोगी और लोकप्रिय बनाने का काम किया। आधुनिकता की तुलना में नवजागरण का विचार ज्यादा मूर्त था। आधुनिकता की पहचान चेतना के स्तर पर हो सकती थी, किन्तु नवजागरण की प्रक्रिया के अन्तर्गत भौतिक आधारों के निर्माण के द्वारा अपने पक्ष में शुरुआती जनमत सहजतापूर्वक तैयार किया जा सकता था। इसलिए औपनिवेशिक भारत में 'आधुनिकता' के स्थान पर 'नवजागरण' की विचारधारा को लोकप्रिय बनाने का कार्य किया गया।[3] परिणामत: नवजागरण समग्रतामूलक विकास की एक ऐसी अवधारणा बनकर उभरा जिसे आधुनिकता का पर्याय समझा जाने लगा। अब सवाल यह उठता है कि भारत में नवजागरण की अवधारणा ने कैसे रूप-आकार ग्रहण किया? यहाँ हम पाते हैं कि इसका आरम्भिक आधार भारतविदों और प्राच्यविदों ने निर्मित किया, फिर उसके समानान्तर सामाजिक और भौतिक आधारों का निर्माण तथा उसके अनुकूल परिस्थितियाँ बनाई गईं। विचारधारात्मक आधार के अन्तर्गत हम देखेंगे कि यूरोपीय बौद्धिकों ने भारत की राजनीतिक, सामाजिक, आर्थिक और धार्मिक अवस्था की कैसे व्याख्या की और उन व्याख्याओं से कैसे भारतीय नवजागरण की परिकल्पना साकार हुई?

कोई भी साम्राज्यवादी देश अपने द्वारा उपनिवेशित राष्ट्र को समझने के लिए उसकी राजनीतिक, सामाजिक, आर्थिक और धार्मिक परिस्थितियों की जानकारी प्राप्त करता है। यह जानकारियाँ उसके इतिहास के अध्ययन से और वर्तमान के अनुभवों से हासिल की जा सकती हैं। लेकिन जब अनुभवों में एकरूपता न हो तो फिर इतिहास ही सहारा बचता है। और अगर इतिहास भी उपलब्ध न हो तो फिर कुछ सहूलियतों के साथ थोड़ी परेशानी भी दरपेश आ सकती है, बल्कि आती है। भारतीय नवजागरण की अवधारणा को मूर्त करने के विचारधारात्मक प्रयास 'इतिहास-लेखन' के जरिये आरम्भ किये गए। औपनिवेशिक इतिहास-लेखन की उस जमीन से भारतीय नवजागरण और भारतीय राष्ट्रवाद की आधारभूमि विकसित हुई। पहले हम भारतीय राष्ट्रवाद पर थोड़ी चर्चा कर लेते हैं, तदुपरान्त औपनिवेशिक इतिहास-लेखन की भूमिका पर विचार करेंगे। यद्यपि यह तीनों आपस में इस कदर

गुँथे हुए हैं कि उन्हें एक-दूसरे से अलगाकर देखना खासा दिक्कततलब है। यह तीनों परस्परावलम्बित है। एक-दूसरे को प्रभावित करते हुए इनका विकास होता है। भारतीय नवजागरण और भारतीय राष्ट्रवाद को आकार प्रदान करने में या संस्कारित करने में औपनिवेशिक इतिहास-लेखन की महती भूमिका रही है।

भारत एक भाषा बहुल, जाति बहुल, संस्कृति बहुल देश है। ऐसी विविधता और बहुलतावाले राष्ट्र का कुछ भी इकहरा नहीं हो सकता है। न आधुनिकता, न नवजागरण और न राष्ट्रवाद, न मिथक, न परम्परा, न विश्वास कुछ भी नहीं। बहुलता ही इसका प्राणतत्त्व है। विविधताओं से भरे इस देश में चाहे वह राष्ट्रवाद हो, नवजागरण हो या आधुनिकता हो किसी की भी कोई एक समरूप अवधारणा हो ही नहीं सकती है। इन सबमें एक विविधता हमेशा मौजूद रहती आई है। लेकिन उस विविधता को ठीक-ठीक समझना अत्यन्त श्रमसाध्य कार्य है। और मनुष्य स्वभावत: उत्तरोत्तर श्रम से जी चुरानेवाला प्राणी होता जा रहा है, बौद्धिक समझे जानेवाले लोग भी इससे बाहर नहीं रह गए हैं। इसलिए अपेक्षित श्रम की बजाय कई बार बुद्धिजीवी भी बनी-बनाई अवधारणाओं की लीक पर चलते देखे जा सकते हैं, तो आम आदमी की क्या ही बिसात है! लेकिन किसी के आरोपित कर देने-भर से और किसी के स्वीकार भर कर लेने से चीजें शाश्वत नहीं हो जाती हैं। वह कहते हैं न कि 'शौक-ए-दीदार अगर है, तो नजर पैदा कर...।' नजर पैदा करने लायक श्रम अगर आप करने को तैयार हो जाते हैं, तो प्रचलित समझदारी की फाँकें दिखने लगती हैं। वंचितों की निगाह से देखने पर रूढ़ हो चुकी बातों के प्रति भी धारणा बदलने लगती है। भारतीय राष्ट्रवाद, भारतीय नवजागरण और भारतीय आधुनिकता भी सन्दिग्ध नजर आने लगते हैं। किसी भी अवधारणा के आगे भारतीय लगा देना बहुत-सी बातों की अनदेखी की पृष्ठभूमि निर्मित करता है, इन दिनों तो विशेषकर। भारतीयता वस्तुत: प्रादेशिकताओं से मिलकर एक आकार ग्रहण करती है। लेकिन प्रादेशिकताओं का प्रतिनिधित्व भी समानुपातिक तरीके से यहाँ देखने को नहीं मिलता है। इन प्रादेशिकताओं के शामिल होने में भी एक श्रेणीकरण अनुस्यूत है। आप भारतीय इतिहास को ही उठाकर देख लें, पूर्वोत्तर भारत के बारे में कितनी बातें वहाँ दर्ज हैं? तो श्रेणीकरण से मेरा आशय इस किस्म के एक भेदभाव से भी है। इसलिए मेरा यह मानना है कि इस भारतीयता में प्रादेशिकताओं का जितना ज्यादा समावेश होगा वह उतना ज्यादा लोकतांत्रिक, प्रतिनिधित्वमूलक और स्वीकार्य होगा। और वह जितना ज्यादा इकहरा और गैर-समावेशी होगा उतना ज्यादा अलोकतांत्रिक, असहमतिमूलक और गैर-प्रतिनिधित्वमूलक होगा। हाशिये की आवाजों ने जब इस भारतीयता में अपने प्रतिनिधित्व को तलाशने की कवायद आरम्भ की तो उन्हें महसूस हुआ कि इस देश के इतिहास, संस्कृति, दर्शन, परम्परा आदि में उनको उचित प्रतिनिधित्व नहीं मिला है। उनको शामिल किये बगैर ही इस देश का बौद्धिक और

अकादमिक काम लम्बे समय तक चलता रहा है। मुख्यधारा में उनकी अनुपस्थिति एक लम्बे समय तक दर्ज करने लायक बात ही नहीं समझी गई है पर चेतना की लहर जब उन किनारों तक पहुँची तो वह भी अपनी डोंगी (कोन-टिकी)[4] लेकर इस विशाल समुद्र में उतरे और तब जाकर उन्होंने अपनी निगाह से दुनिया को देखा और फिर खुद को भी दिखाना चाहा। इस नई तर्कशीलता की कसौटी पर जब चीजों का पुनरावलोकन किया गया तो स्थापित तथ्यों और मान्यताओं में बहुत-सी असंगतियाँ दिखनी आरम्भ हुईं। यह मुख्यधारा की आलोचना नहीं थी, बल्कि लोकतंत्र की जड़ों को ज्यादा मजबूत करने की कवायद थी। अपनी सहभागिता के दावों को दर्ज करने की गुहार थी। खुद को उस बड़े वृत्त में शामिल करने की अपील थी। गुहार के अनसुने रह जाने पर जाहिर है, सुनाने के लिए थोड़ा जोर से बोलने की जरूरत उन्होंने महसूस की। यह तरीका शायद शालीन न रहा हो, उसमें थोड़ी आक्रामकता और थोड़ी बेचैनी, थोड़ा अतिकथन भी शामिल रहा हो। लेकिन इस अतिरिक्त वाले शिल्प से ही मान्य अवधारणाओं में संशोधन और परिमार्जन की एक जमीन तैयार होनी आरम्भ हुई। ऐसा नहीं है कि यह भारत की वंचित अस्मिताओं के साथ ही इस रूप में घटित हुआ, संसार के अन्य देशों में भी साम्राज्यवादी ताकतों के समक्ष वंचित अस्मिताओं के प्रतिरोध के शिल्प के तौर पर यह 'एप्रोच' मौजूद रहता आया है। इस तरीके को सूत्रबद्ध करते हुए एडवर्ड सईद ने लिखा है :

> यदि तुम महसूस करते हो कि तुम्हारे पास लम्बे समय तक कहीं अपना ठौर बना लेने, स्वाभाविक परिवेश और देशज मुहावरे की सुख-सुविधा नहीं है और तुम्हें किसी तरह इन चीजों की भरपाई करनी है तो उन हालात में जो कुछ तुम लिखते हो उसमें जरूरी तौर पर तुम्हारी बेचैनियों का एक अनोखा भार, विस्तार और शायद अतिकथन भी होगा-निश्चय ही वह सब चीजें, जिन्हें आधुनिकता (और अब उत्तर-आधुनिकता) के सुविधापूर्ण और व्यवस्थित पाठ व आलोचना ने या तो समझा ही नहीं है या उसकी अनदेखी की है।[5]

सनद रहे, राष्ट्रवाद के लिए एक समरूप किस्म के समाज की आवश्यकता होती है, जिसका अभाव सदा से भारत में रहा है। इसलिए यूरोपीय किस्म के राष्ट्रवाद का न तो यहाँ उदय सम्भव था और न ही यूरोपीय किस्म का राष्ट्रवाद यहाँ पैदा हो सका। अकादमिक और बौद्धिक प्रयत्नों से ऐसा आभासित कराने की कोशिश अवश्य की गई कि सनातन काल से भारत एक राष्ट्र के तौर पर संगठित है, लेकिन ऐसा था नहीं। लेकिन आन्तरिक अन्तर्विरोधों और असंगतियों को दरकिनार कर इस किस्म की अवधारणाओं को राष्ट्र के मत्थे मढ़ा गया। फिर वक्त के साथ-साथ उन अन्तर्विरोधों और आन्तरिक असंगतियों की पहचान होती चली गई। और यह

सब अवधारणामूलक विमर्श में तब्दील होता चला गया। प्रस्तुत शोध भी ऐसे ही अन्तर्विरोधों और असंगतियों के आईने में इतिहास के पुनर्पाठ की दिशा में एक पहल की कोशिश है। इसके केन्द्र में झारखंड और उसकी कुछ प्रमुख जनजातियाँ और उनके सामाजिक-धार्मिक आन्दोलन हैं। इन सामाजिक-धार्मिक आन्दोलनों पर बात-विचार होता रहा है। कुछ के बारे में पर्याप्त मात्रा में तो कुछ के बारे में अत्यल्प मात्रा में। यहाँ एक साथ उनकी अहमियत को फिर से रेखांकित करने की कोशिश की गई है, जिससे बदले परिप्रेक्ष्य में चीजों को फिर से समझने-परखने की एक तार्किक प्रक्रिया की शुरुआत हो।

तो अब आते हैं मुद्दे पर कि चाहे वह भारतीय राष्ट्रवाद हो या भारतीय नवजागरण—दोनों के सन्दर्भ में एक साझा सवाल है कि क्या इनमें किसी किस्म का जनजातीय बोध भी शामिल है? जनजातियों का कोई छोटा-बड़ा योगदान शामिल है? भारतीय जनजातियों का कोई सवाल शामिल है? या यह मूलत: औपनिवेशिक नीतियों से पैदा हुए एक 'भद्र वर्ग' और 'अभिजन वर्ग' तक ही सीमित रहा और प्रतिनिधित्व के धरातल पर उसमें अकुलीनों को भी बिना किसी विशेष संज्ञान के गिन लिया गया है? क्या इस देश में 'अभिजन राष्ट्रवाद' अलग है और 'जन राष्ट्रवाद' अलग है? अभिजन और जन की आकांक्षाओं के अन्तर को 'स्वराज' और 'सुराज' के अन्तर से भी समझा जा सकता है। अभिजन और आमजन से इतर अगर जनजातियों को इसमें शामिल करें तो 'हिन्द स्वराज' से इतर 'आबुआ राज' के मायने समझ में आने लगेंगे। लेकिन इसके लिए उन बने-बनाए इतिहास के राजमार्गों से नहीं जनजातीय इतिहास की पगडंडियों से दाखिल होना होगा। इससे दाखिल होने पर मालूम होगा कि राष्ट्रवाद, नवजागरण और आधुनिकता जैसी अवधारणाओं के विकास के कई चरण रहे हैं और उसमें काफी कुछ घटता-बढ़ता रहा है। ऐसा कोई तरीका नहीं है जिससे इन अवधारणाओं को जल्दी और सम्पूर्णता में समझा जा सके। जितनी दफा इनसे होकर गुजरना होता है, उतनी दफा कोई नया नुक्ता दिख पड़ता है। कुछ पुराना अप्रासंगिक-सा लगने लगता है। यह प्रक्रिया हर पाठ (रीडिंग) के साथ घटित होती है। इसकी एक बड़ी वजह यह है कि नित नये तथ्य सामने आते जा रहे हैं और उनके आलोक में चीजों को देखने पर हर दफा कुछ-न-कुछ बदल जा रहा है।

औपनिवेशिक काल में भारत बहुत-सी ऐसी बातों का साक्षी बनता है, जो अंग्रेजों के आगमन के पहले कभी घटित नहीं हुआ था। अंग्रेजों ने अपनी उपस्थिति से भारत को भीतर और बाहर से बदलने की एक प्रक्रिया की शुरुआत कर दी थी। एक बहुत बड़ी आबादी उस गतिविधि के दायरे में चाहे-अनचाहे शामिल हो गई थी, जो उस प्रक्रिया का हिस्सा हो गए थे, वह खुद को दूसरों से थोड़ा बेहतर मानने लगे थे। इससे नये किस्म का एक आचारशास्त्र पैदा हुआ था। और इससे हुआ

इतना-भर था कि पुरानी पदसोपानिकता और जातिगत श्रेष्ठतावाला पदानुक्रम तो पूरी तरीके से खत्म नहीं हुआ था, इसके उलट नई किस्म के और कई श्रेणीकरण अस्तित्व में आ गए थे। यह सब सत्ता-संरचना के भीतर ही घटित हो रहा था। सर्वोच्च सत्ता-संरचना के भीतर भी कई छोटी-बड़ी सत्ता-संरचनाएँ विकसित हो रहीं थीं। ऐसी छूट औपनिवेशिक सत्ता-संरचना ने ही दी थीं।

भारतीय राष्ट्रवाद एक ऐसी ही परिकल्पना थी, जिसके अस्तित्व के बारे में औपनिवेशिक काल से पहले पुख्ता प्रमाण उपलब्ध नहीं हैं। वस्तुतः राष्ट्रवाद एक औपनिवेशिक परिघटना है।

> औपनिवेशिक युग से पहले 17वीं-18वीं शताब्दी में मराठियों और सिखों ने कुछ समय के लिए राष्ट्रीयता की भावना जरूर जगाई थी, जिसका आधुनिक युग में भी मुख्यतः धार्मिक राष्ट्रवाद के सन्दर्भ में इस्तेमाल हुआ; लेकिन इसी कारण यह नहीं माना जा सकता कि पूर्व-आधुनिक काल में राष्ट्रवाद का उदय हो चुका था।...दूसरी बात, राष्ट्रवाद का सम्बन्ध मुख्यतः किसी समुदाय की आत्मगत अस्मिता के बोध से होता है; राष्ट्रभक्ति अथवा देशप्रेम समुदाय-विशेष के आत्मबोध से ऊपर और वस्तुगत रूप से अधिक व्यापक है—उसमें देश की भूमि, उसका प्राकृतिक सौन्दर्य और पशु-पक्षी सबके प्रति राग-भाव शामिल होता है।[6]

मतलब एक किस्म के साझेपन का भाव अनिवार्य तौर पर मौजूद रहता है। इतिहासकार आर.सी. मजूमदार जो कम-से-कम वामपंथी तो नहीं थे, इस पहलू पर विचार करते हुए इस जरूरी तथ्य को रेखांकित करते हैं :

> भारत का हमारे लिए एक सटीक अर्थ है। लेकिन हमारे पुरखों के लिए, जो मान लें कि डेढ़ सौ साल पहले बर्तानवी हुकूमत में रहते थे, उनके लिए भारत का न कोई अर्थ था न कोई अस्तित्व था। वे सिखों, राजपूतों, मराठों, हिन्दुस्थानियों, बंगालियों, उड़ियायी या तमिलों आदि की बात करते थे, लेकिन उनके सामने भारतीय होने की कोई साफ अवधारणा नहीं थी...एक बंगाली के लिए मराठा, केवल अंग्रेजों जितने ही विदेशी नहीं थे बल्कि वे घृणित विदेशी थे। बंगाल को तबाह करने के लिए मराठों ने अंग्रेजों के साथ गठजोड़ बनाने की भी कोशिश की।[7]

उम्मीद है इस उद्धरण से उस बात को आप समझ पा रहे होंगे जो मैं कहना चाहता हूँ कि एक साझे भारत की परिकल्पना से कहीं ज्यादा प्रादेशिक अस्मिताएँ

अपनी अस्मिता को लेकर जागरूक थीं। भारत छोटी-छोटी राजनीतिक इकाइयों में बँटा था। मराठों ने जो हैदर अली और टीपू सुल्तान के साथ किया था, उसके बाद तो इस तथ्य को अलग से रेखांकित करने की कोई आवश्यकता नहीं बचती है। इन तथ्यों से वाकिफ रहनेवाला कोई भी शख्स गुरुदेव की राष्ट्रवाद विषयक धारणा से असहमत नहीं हो सकता है। 1916 ई. में अपनी किताब 'राष्ट्रवाद' में रवीन्द्रनाथ टैगोर इस बात को साफ-साफ लिखते हैं :

> हमारी भाषा में राष्ट्र नामक शब्द उपस्थित नहीं है और न ही वो हमारे देश में अस्तित्व में है। हाल ही में हम लोगों ने यूरोपीय शिक्षा की बदौलत राष्ट्रीय महानता के गुणों की अहमियत को जानना सीखा है। लेकिन उसके आदर्श हमारे जहनों में नहीं पाए जा सकते। हमारा इतिहास, हमारा धर्म, हमारा समाज, हमारा परिवार, इनमें से किसी ने भी राष्ट्र-सम्प्रदाय के उत्थान को पहचाना नहीं है।[8]

ऐसा दृष्टिकोण रखनेवालों में टैगोर अकेले नहीं थे। उसी दौर के एक प्रख्यात बंगाली रचनाकार हरिश चन्द्र ने स्वीकारा था, 'हमारे पास राष्ट्रीयता और देशभक्ति के लिए कोई शब्द नहीं है। बिपिन चन्द्र पाल, जिन्हें हिन्दू पुनरुत्थानवादी महान हिन्दू नेता मानते हैं, तथा जिन्होंने ब्रह्म समाज की अगुआई की एवं बंगाल में राष्ट्रवाद के विकास में अहम भूमिका अदा की, का यह मानना था कि ऐतिहासिक तौर पर भारत में पहचान का सवाल व्यक्ति, परिवार, जाति और गोत्र के आगे नहीं जाता। वह इस बात पर भी सहमत थे कि अवधारणात्मक स्तर पर भारत में भारतीय राष्ट्र या हिन्दू राष्ट्र जैसी शब्दावली मौजूद नहीं थी, "हमारी भाषा में दरअसल, नेशन जैसे अंग्रेजी शब्द के समानान्तर कोई दूसरा शब्द नहीं है...और इसके पीछे कारण यह है कि हमारा पुराना सामाजिक संश्लेषण (सिन्थेसिस) नस्ल के विचार के पास जाकर रुक जाता था। इसके चलते, हमारे पास, इस तरह का राष्ट्रवादी आदर्श या आकांक्षा नहीं थी।"[9]

यह भारतीय राष्ट्रवाद का एक जरूरी पहलू है, जो इस अवधारणा की अनुपस्थिति के बाबत इंगित करता है। ध्यान रहे अवधारणा के स्तर पर राष्ट्र के अनुपस्थिति की बात की जा रही है न कि शब्द के स्तर पर। "राज्य के तत्त्व के रूप में 'राष्ट्र' शब्द का उपयोग कई प्राचीन ग्रंथों में है।"[10] जैसे पी.वी. काणे ने अपनी प्रसिद्ध पुस्तक 'धर्मशास्त्र का इतिहास' में राष्ट्र शब्द के प्रयोग के बारे में बताया है। लेकिन आज की वास्तविकता इससे अलहदा है। आज भारतीय राष्ट्रवाद से लेकर हिन्दू राष्ट्रवाद की अवधारणाएँ ऐसे आक्रान्तकारी तौर पर मौजूद हैं मानो वह सदा से थीं। जबकि यह सब विगत सौ-डेढ़ सौ साल में साकार हुआ है। राष्ट्रवाद की सैद्धान्तिकी पर काम और विचार करनेवाले इस पर पर्याप्त लिख चुके

हैं कि यह कैसे साकार हुआ? कैसे की बजाय हम थोड़ी बात उन उपादानों (टूल्स) पर करेंगे, जिसके द्वारा इसे साकार किया गया। जैसे एरिक हॉब्सबाम का मानना है कि किसी देश में राष्ट्रवाद के निर्माण में 'परम्परा की खोज' की एक निर्णायक भूमिका होती है। भारत की राष्ट्रवादी परियोजना में 'परम्परा की खोज' वाली इस विशिष्टता को सहजता से लक्ष्य किया जा सकता है। बल्कि यह खोज केवल हिन्दुत्ववादियों की ओर से नहीं की गई। पं. जवाहरलाल नेहरू ने भी 'भारत एक खोज' लिखा था। भारत में यह मुहिम 'परम्परा की खोज' की बजाय 'परम्पराओं की खोज' में परिणत हो गई, होना भी यही था। लेकिन कई परम्पराओं के मध्य फिर केन्द्रीय परम्परा या मुख्य परम्परा के तौर पर स्थापित करने की कवायद ने परम्परा बहुलता को थोड़ा न्यूनीकृत करके एक किस्म के 'कैनन फार्मेशन' में बदल दिया। इसे अंजाम देने की भी पद्धति रही है। "राष्ट्रवाद के आलोचकों की यह मुख्य शिकायत है कि यह आन्दोलन ब्राह्मण वर्चस्व की विचारधारा के रूप में ही स्फुरित हुआ। इसके तहत वर्णाश्रम धर्म और जाति-व्यवस्था को सफलता के साथ सक्रियता प्रदान करना था। सबाल्टर्न इतिहासकार जोर देकर कहते हैं कि राष्ट्रवाद प्रभुत्वशाली वर्ग के फायदे के लिए गढ़ा गया सिद्धान्त है।...राष्ट्रवाद पूर्व विद्यमान संस्कृतियों के उच्चतर रूप समाज पर आरोपित करता है।"[11] एरिक हॉब्सबाम इस पद्धति पर रोशनी डालते हुए बताते हैं :

> परम्पराएँ जो पुरानी दिखती हैं या ऐसा उनके बारे में दावा किया जाता है वे अक्सर हाल ही में निर्मित हुई रहती हैं और कभी-कभी उनका आविष्कार किया गया होता है।[12]

और कई मामलों में ये इतनी हाल की होती हैं कि "ऐतिहासिक निरन्तरता को आविष्कृत करना, मिसाल के तौर पर अर्द्धकल्पना या...जालसाजी के जरिये ऐतिहासिक निरन्तरता के परे, एक प्राचीन अतीत का निर्माण भी करना पड़ता है।"[13] इन सबके मूल में राजनीति होती है। राजनीति कौन करता है? जो राजनीति करने की स्थिति में होता है। राजनीति क्यों की जाती है? केन्द्र में बने रहने के लिए। केन्द्र में बने रहने के लिए क्या करना होता है? राजनीति करनी होती है। राजनीति करने से आशय क्या है? बहुतों को हाशिये में ढकेलकर खुद को केन्द्र में स्थापित करने की जुगत और फिर उसकी स्वीकार्यता के लिए माहौल बनाना होता है। और जब इसमें कामयाबी मिल जाती है अर्थात् केन्द्रीयता हासिल कर ली जाती है, तब केन्द्रीयता के सवाल से कई बहसों का आरम्भ होता है। उन बहसों की तफ्सील में जाना अपना मकसद नहीं है। उस प्रविधि को उजागर करना अभिप्रेत-भर था।

परम्परा की खोज के अन्तर्गत ही मिथकों के निर्माण और प्रचार का कार्य भी आता है। "राष्ट्रवादी भावनाओं के 'निर्माण' या उन्हें फैलाने में मिथक बेहद

महत्त्वपूर्ण भूमिका अदा करते हैं। जियोफेरी होसकिंग और जार्ज शोपफ्लिन, जिन्होंने राजनीति में मिथक के प्रयोग पर काफी महत्त्वपूर्ण काम किया है, कहते हैं कि

> मिथक सांस्कृतिक पुन:उत्पादन में एक बहुत महत्त्वपूर्ण उपकरण होता है। वह मानकीकरण और सूचना के संग्रहण के साधन का काम करता है। वह समुदाय के सदस्यों को यह पहचानने का मौका देती है कि स्थूल रूप में उनकी मानसिकता एक-सी है और वे एक-सी विचार की दुनिया में रहते हैं। मिथकों के जरिये समुदाय के अन्दर तथा अन्य समुदायों के साथ रिश्ते में भी सीमा रेखाएँ खींची जाती हैं। वे जो मिथकों को साझा नहीं करते हैं वे उसकी परिभाषा के मुताबिक ही बाहर कर दिये जाते हैं।[14]

मिथक वस्तुत: किसी समुदाय की विश्वदृष्टि से जुड़े होते हैं। उन पर विश्वास सबसे महत्त्वपूर्ण होता है न कि उनका तर्कपूर्ण (रेशनल) होना। मिथक सामुदायिक विश्वास को अर्जित कर शक्तिमान हो उठते हैं। जब वे सामुदायिक आस्था या विश्वास के केन्द्र में आ जाते हैं, तब मिथक कामयाब हो जाते हैं। मतलब अब उन मिथकों में वह ताकत आ जाती है जो समाज को एकजुट करने में और जनमत तैयार करने में कारगर होते हैं। किसी भी समुदाय के 'स्वर्ण काल' या 'स्वर्णिम युग में वापसी' का स्वप्न एक ऐसा ही मिथक है। और स्वर्णिम युग में वापसी की आकांक्षा भी उसी डिजायन का हिस्सा है, जिसकी जड़ें राष्ट्रवाद तक जाती हैं। राष्ट्रवाद की परिकल्पना में ही परम्परा की खोज, नायकों की स्थापना, मिथकों का निर्माण और स्वर्ण युग की आकांक्षा शामिल है। यह एक-दूसरे से अलग होते हुए भी परस्पर नाभिनालबद्ध हैं। स्वर्णिम युग में वापसी का नारा कैसे इस परियोजना का हिस्सा है, आइए इसे भी देखते हैं :

> किसी मिथक को किस तरह प्रभावी ढंग से इस्तेमाल किया जा सकता है उसे राष्ट्रवादियों के प्रयोग में लाए गए 'स्वर्णिम युग की वापसी' के नारे से समझा जा सकता है, जो कई राष्ट्रवादों में साझी दिखती है, विशेषकर उन उदाहरणों में जहाँ राष्ट्रवाद धार्मिक पुनरुत्थान का समानार्थी बना है। 'स्वर्णिम युग' के मिथक ने राष्ट्रवादियों की चन्द बुनियादी सैद्धान्तिक कमियों को दूर करने का भी काम किया है। सबसे पहले वह आधिकारिकता (ऑथेंटिसिटी) की चाहत को पूरा करता है, दूसरे वह विभिन्न पीढ़ियों में निरन्तरता के बन्धन को स्थापित करता है; और तीसरे, वह उनके महान अतीत या गौरव के बारे में समुदाय के सदस्यों को एहसास कराता है। यह 'स्वर्णिम युग' राष्ट्रीय नियति के लिए दिशा-निर्देशक एवं मॉडल का काम करता है।[15]

इन सबका अभ्यास कोई भी जाति (नेशन) करता है, कर सकता है। पर ज्यादातर मामलों में इन प्रविधियों का इस्तेमाल पराधीन जातियाँ और राष्ट्र करते हैं। इसका सम्बन्ध चेतना से है, 'सचेत परिवर्तनेच्छा'[16] की चेतना से। जाहिर है परिवर्तन कौन चाहता है, जो अपने वर्तमान से असन्तुष्ट होता है। पराधीनों और वंचितों से ज्यादा परिवर्तन की कामना कौन कर सकता है? पर भारतीय इतिहास में जो सर्वाधिक पराधीन, वंचित, दलित और दमित हैं उनकी तुलना में इतिहास उनकी बात ज्यादा करता है, जिनके पास कुछ भी विशेषाधिकार मौजूद है। हम जिस भारतीय राष्ट्रवाद की बात कर रहे हैं, औपनिवेशिक काल में उसके चरित्र और स्वरूप पर गौर करें तो मालूम होगा कि एक तो वह बहुसंख्यकवाद से चालित है और दूसरा उसका सामाजिक आधार एक शिक्षित भद्रवर्ग है। चूँकि बंगाल सबसे पहले ईस्ट इंडिया कम्पनी के अधीन गया था, तो वहाँ अंग्रेजी ढंग के समाज-निर्माण का काम भी पहले आरम्भ हुआ।

> यह बिलकुल स्वाभाविक था कि हिन्दू राष्ट्रवाद सबसे पहले बंगाल में अपनी उपस्थिति दर्ज कराता क्योंकि यह बंगाली अभिजात्य वर्ग ही था, जो औपनिवेशिक शासन के शुरुआत में ही अंग्रेजों के सम्पर्क में आया था।[17]

इस घटनाक्रम पर नजर डालते हुए मजूमदार लिखते हैं :

> इसकी शुरुआत हिन्दुओं के बीच राजनीतिक विचारों और राजनीतिक संगठनों के विकास में हुई। यहाँ भी बंगाल ने ही अगुआई की। यह अंग्रेजी शिक्षा का ही प्रभाव था कि पश्चिमी राजनीतिक विचार और राजनीतिक संगठनों के पश्चिमी रूप 19वीं सदी की दूसरी चौथाई में बंगाल में आगे बढ़ सके।...इस आन्दोलन की अगुआई दरअसल बंगाल की ऊँची जाति के हिन्दुओं या भद्रलोक ने की। आगे चलकर यह साफ हुआ कि यह एक तरह से हिन्दू राष्ट्रवाद के आवरण में ऊँची जातियों और उनके विशेषाधिकारों के वर्चस्व को बचाए रखने की छुपी हुई वजह (स्टैंड इन मोटिव) थी।[18]

अपनी किताब 'भारतीय संस्कृति और हिन्दी प्रदेश' में बंगला नवजागरण के सामाजिक आधार का विश्लेषण करते हुए रामविलास शर्मा इस तथ्य की पुष्टि करते हैं :

> बंगला नवजागरण का सामाजिक आधार नया जमींदार-वर्ग पुराने जमींदार-वर्ग से भिन्न था। यह स्थायी बन्दोबस्ती की उपज था और

> यह स्थायी बन्दोबस्ती अंग्रेजों ने किया था। यह जमींदार-वर्ग अंग्रेजों का प्रबल समर्थक था। जो लोग बंगाल के नवजागरण को अंग्रेजी राज की देन मानते हैं, वे इसी वर्ग की विचारधारा का प्रतिनिधित्व करते हैं।[19]

बल्कि इससे भी आगे बढ़कर वे इस बात को भी रेखांकित करते हैं कि 1857 की लड़ाई में उत्तर भारत जब अंग्रेजों से जूझ रहा था, उस वक्त बंगाल अपेक्षाकृत शान्त रहा। इस शान्ति के मूल में यही स्थायी बन्दोबस्ती थी। यह देश इतना विशाल है और परिस्थितियाँ इतनी भिन्न रही हैं कि पूरे देश को कभी एक सरलीकृत तरीके से समझा नहीं जा सकता है। आगे चलकर हम देखेंगे कि कैसे बंगला नवजागरण, मराठी नवजागरण या अवध नवजागरण का सामाजिक आधार सवर्ण आभिजात्य हिन्दू रहा है। चाहे वह भारतीय नवजागरण हो या भारतीय राष्ट्रवाद, उसे अपने अनुरूप ढालने और विकसित करने का काम इसी सामाजिक वर्ग ने किया है। इस सवर्ण आभिजात्य हिन्दुओं के बरक्स खानदानी, रईस और उच्चवर्गीय मुसलमानों ने एक मुस्लिम राष्ट्रवाद की चेतना को विकसित किया। इस तरह भारतीय राष्ट्रवाद एक साझा विचार होने की बजाय इन दो खाँचों में बँटकर विकसित हुआ। इसमें बंगाल की अग्रणी भूमिका थी, महाराष्ट्र उसके पीछे चला और महाराष्ट्र के पीछे अवध चला। इस क्रम के मूल में इन प्रदेशों की पराधीनता की कालक्रमिकता है। बंगाल 1757 ई. में महाराष्ट्र 1818 ई. में और अवध 1857 ई. में ईस्ट इंडिया कम्पनी के अधीन आता है। इन प्रदेशों की पराधीनता और नवजागरण में अन्योन्याश्रित सम्बन्ध है। दूसरा रेखांकित करने योग्य 'आब्जर्वेशन' यह है कि इन नवजागरणों में चाहे वह परम्परा की खोज हो, मिथकों का निर्माण हो, नायकों की स्थापना हो या स्वर्णिम युग की परिकल्पना हो, सबका अनिवार्य सम्बन्ध एक ओर तो हिन्दुत्ववादी चेतना से है तो दूसरी ओर मुस्लिम एकजुटता से। इस हिन्दुत्ववादी चेतना का आरोपण भारतीय नवजागरण या भारतीय राष्ट्रवाद में देखने को मिलता है। मतलब हिन्दू राष्ट्रवाद और मुस्लिम राष्ट्रवाद भारतीय राष्ट्रवाद पर इस तरह हावी होते चले गए कि उसके समानार्थी हो गए। इस सन्दर्भ में दो जरूरी टिप्पणियाँ यहाँ रख रहा हूँ, जिससे क्रमश: इन प्रादेशिक नवजागरणों में बलवती होती हिन्दुत्ववादी और मुस्लिम-विरोधी चेतना को साफ-साफ लक्ष्य किया जा सकता है।

"भारत जैसे देश में जिसकी सभ्यता को साढ़े तीन हजार साल पुराना कहा जाता है, लगभग 400-500 सालों के कालखंड (कथित मुस्लिम राज) को ही हिन्दू राष्ट्रवादियों ने अपनी जाँच-पड़ताल का हिस्सा बनाया।"[20] और दूसरी जरूरी बात यह कि "हिन्दू राष्ट्रवाद का झंडा उठाए लोगों ने नायक मिथक-निर्माण की अपनी कोशिशों में अपने सभी प्रमुख नायकों को भारत में मुस्लिम राज के दौर से चुना। चुने गए ये नायक वे थे जिन्होंने मुगल सत्ता या दूसरे मुस्लिम शासकों

के खिलाफ संघर्ष किया था। यह तब हो रहा था जब वास्तविक दुश्मन अंग्रेज थे।"[21] यह अंग्रेजों का बिछाया एक सुचिन्तित उपनिवेशवादी और साम्राज्यवादी जाल था, जिसमें हिन्दू और मुसलमान दोनों बेहद आसानी से फँसते चले गए। इस बात की तस्दीक अंग्रेज अधिकारियों के नीतिगत फैसलों से होती है। "इंग्लैंड में बैठे भारत के सेक्रेटरी ऑफ स्टेट (भारतीय मामलों का मंत्री) लार्ड वुड ने लार्ड एल्गिन (1862-1864) को अपने पत्र में लिखा था—'हम लोगों ने एक को दूसरे के खिलाफ लड़ाकर भारत में अपनी सत्ता बनाए रखी है और हमें इसको जारी रखना चाहिए। इसलिए हम लोगों को वैसा सब कुछ करना चाहिए, ताकि उन सबमें एक साझी भावना का विकास न हो।' यह कोई अलग से दी गई सलाह नहीं थी। जार्ज फ्रांसिस हेमिल्टन भारत के एक अन्य सेक्रेटरी ऑफ स्टेट ने कर्जन (1899-1905) को निम्नलिखित सलाह दी थी :

> मुझे लगता है कि भारत में हमारे शासन को खतरा आज नहीं है लेकिन वह आज से पचास साल बाद आन्दोलन के पश्चिमी विचारों के धीरे-धीरे स्वीकार किये जाने और विस्तार से उपजेगा। और अगर हम शिक्षित भारतीयों को दो हिस्सों में बाँट सके जिनके दृष्टिकोण बेहद विपरीत हों, तो हम अपनी स्थिति को मजबूत कर पाएँगे और गहरे और लगातार हमलों से बचा पाएँगे, जो शिक्षा के प्रसार के कारण पैदा हो रहे हैं। हमें शैक्षिक पाठ्य-पुस्तकों की योजना इस तरह बनानी चाहिए कि समुदाय और समुदाय के बीच के फर्क और मजबूत हो सकें।[22]

अंग्रेजों के मध्य हो रहे इस आपसी पत्राचार और नीतिगत मशवरों को ध्यान में रखें तो यह बात अलग से रेखांकित करने की आवश्यकता नहीं पड़ेगी कि कैसे अंग्रेजों की शिक्षा-नीति, इतिहास-दृष्टि आदि उनकी औपनिवेशिक और साम्राज्यवादी जड़ों को भारत में मजबूत करने की कवायद थी और उसमें वे पर्याप्त मात्रा में सफल रहे। इस सन्दर्भ को बहुत विस्तार दिये बिना मैकाले-मिनट्स की वह पंक्तियाँ रख रहा हूँ, जो इस सन्दर्भ में प्रायः उद्धृत की जाती हैं। उसमें यह प्रस्तावित किया गया था :

> अपने सीमित संसाधनों के सहारे इतने विशाल जनसमुदाय को शिक्षित करना हमारे लिए असम्भव है। फिलहाल हमें अपना पूरा ध्यान एक ऐसा वर्ग तैयार करने पर केन्द्रित कर देना चाहिए जो हमारे और हमारे करोड़ों शासितों के बीच दुभाषिये का काम कर सके; एक ऐसा समूह जो रक्त और रंग के लिहाज से भारतीय हो लेकिन अपनी रुचियों, मतों और नैतिकता और बौद्धिक क्षमता के स्तर पर अंग्रेज हो। यह

> जिम्मेदारी हम इसी वर्ग पर छोड़ सकते हैं कि वह देश की स्थानीय भाषाओं को और समृद्ध करे। उन बोलियों में पश्चिमी नाम संहिताओं से लेकर विज्ञान के नये-नये शब्द भरे और उन्हें ऐसे ज्ञान से लैस करे जिसके जरिये वे विशाल जनसुमदाय तक ज्ञान का प्रसार कर सकें।[23]

अंग्रेजी राज की इतिहास-दृष्टि

आमतौर पर, इतिहास-दृष्टि जैसे शब्द को सुनकर इसकी मारक क्षमता का अनुमान कर सकना मुश्किल होता है। इतिहास-दृष्टि को आरोपित करते हुए भी उसके मूल में निहित राजनीति को सफलतापूर्वक छिपा ले जाना एक ऐसी उपलब्धि थी, जिस पर सच में अंग्रेज गर्व कर सकते थे। हमें क्या करना चाहिए था? यह तब तो हम नहीं ही कर सके थे, अब भी जब वास्तविकता से परिचित हो चुके हैं, तब भी कुछ करने की स्थिति में नहीं हैं। अंग्रेजों की इतिहास-दृष्टि उनकी औपनिवेशिक नीति का अभिन्न अंग थी। अंग्रेजों को इस देश में स्थापित करने में उनकी इतिहास-दृष्टि की महती भूमिका रही है। बल्कि सवाल राष्ट्रवाद का हो, भारतीय नवजागरण का हो या फिर हिन्दी नवजागरण का, हर कहीं उसके मूल में अंग्रेजों की इस इतिहास-दृष्टि को प्रेरक और चालक शक्ति के तौर पर लक्ष्य किया जा सकता है, जिसने इन अवधारणाओं को आकार ग्रहण करने से लेकर विकसित होने तक के हर चरण में प्रभावित किया है। इस सन्दर्भ में कुछ जरूरी बातों की ओर अमलेन्दु मिश्रा ने ध्यान आकर्षित किया है। उनके पर्यवेक्षण का लाभ उठाते हुए उनकी बातों से इस दिशा में हम आगे बढ़ते हैं। अमलेन्दु मिश्रा लिखते हैं :

> यह सच है कि इतिहास का इस्तेमाल एक प्रस्तावना के रूप में इस तथ्य को स्थापित करने के लिए किया जाता है कि मुसलमानों का धर्म गैर-मुसलमानों पर अत्याचार किये जाने को जाएज बताता है और इस्लाम व इसके अनुयायी किसी भी तरह का समझौता बर्दाश्त नहीं करते।[24] जबकि वास्तविकता यह है कि हिन्दुओं ने किसी भी रूप में मुस्लिम शासन का कोई विस्तृत और सिलसिलेवार लेखा-जोखा कभी तैयार नहीं किया। इसीलिए प्रश्न उठता है कि उस दौर की उनकी समझ का क्या आधार है? इसके अलावा, यदि वे अपने इतिहास का आकलन और इसकी व्याख्या किसी ऐसे पैमाने से करते हैं जो उनका अपना नहीं है तब फिर इस मामले में उनकी सोच कितनी सही है?[25]

इन सवालों के आलोक में अमलेन्दु मिश्रा पाँच अंग्रेज इतिहासकारों के इतिहास के आधार पर कुछ बातें प्रस्तावित करते हैं। अलेक्जेंडर डाओ (1735-98) को वे

औपनिवेशिक इतिहास-दृष्टि के प्रस्थान बिन्दु के तौर पर देखते हैं। जिनकी इतिहास-दृष्टि थी तो प्रबोधन युग से प्रभावित। लेकिन मुसलमानों को लेकर उनके यहाँ बहुत विरोधाभासी बातें मौजूद हैं। बल्कि "इसने मुस्लिम शासन को खराब ढंग से पेश करने की परम्परा की शुरुआत भी की।"[26] इस सिलसिले को आगे बढ़ाने का काम जेम्स मिल (1773-1836) ने किया। जेम्स मिल ने पहली दफा भारतीय अतीत का विभाजन साम्प्रदायिक आधार पर किया। जेम्स मिल ने अपनी इतिहास पुस्तक 'दि हिस्ट्री ऑफ ब्रिटिश इंडिया' में हिन्दुओं की तुलना में मुस्लिमों को खास महत्त्व दिया। उनके अनुसार, हिन्दुओं और मुसलमानों के बीच मेल-जोल नहीं होने की वजह एक-दूसरे के प्रति उनकी नफरत नहीं थी, बल्कि ऐसा इसलिए था क्योंकि मुस्लिम संस्कृति श्रेष्ठतर थी और हिन्दुओं के पास अपने से श्रेष्ठतर संस्कृति को देने के लिए कुछ भी नहीं था।[27] दरअसल यह सब बातें 1820 के आसपास हो रही थीं। इत्तेफाक से यह वही दौर था जब ईस्ट इंडिया कम्पनी इस देश में अपने प्रभुत्व विस्तार और स्थापना की सम्भावनाओं को बुरी तरह टटोल रही थी। और जाहिर है कि औरंगजेब की मृत्यु के बाद इस देश में मुगल शासन कमजोर हो चुका था। लेकिन टूटे-फूटे तौर पर भी देश की सत्ता उनके ही हाथों में थी। जेम्स मिल के द्वारा हिन्दुओं की बनिस्पत मुसलमानों की श्रेष्ठता का गुणगान करने के मूल में मुसलमानों की निगाह में तवज्जो हासिल करना हो सकता है। लेकिन मुसलमानों की श्रेष्ठता को रेखांकित करके जेम्स मिल ने :

> अनजाने ही भविष्य में अंग्रेजों व मुसलमानों पर हिन्दुओं द्वारा वर्चस्व स्थापित करने के बीज बो दिये थे। मिल द्वारा हिन्दुओं की तीखी आलोचना ने, खासकर विवेकानन्द और सावरकर सरीखे राष्ट्रवादियों के विचारों को प्रभावित किया।[28]

इस पर कतिपय विस्तार से बात हम आगे करेंगे। जेम्स मिल की इतिहास-दृष्टि के सन्दर्भ में एक आखिरी बात यह कि :

> इसके अलावा, मिल ने हिन्दुओं के स्मारक स्थलों को मुसलमानों द्वारा नष्ट किये जाने के आत्मसन्तुष्टि से भरे तर्क ने चयनात्मक लोक-स्मृति की पुष्टि की और इस तरह हिन्दू-मुस्लिम सम्बन्धों के लिए ताबूत में एक और कील ठोंक दी।[29] जेम्स मिल के बाद अंग्रेजी इतिहासकारों में उल्लेखनीय नाम माउंटस्टुअर्ट एल्फिंस्टन का है। माउंटस्टुअर्ट एल्फिंस्टन की खासियत यह रही कि उन्होंने इस्लामी शासन-काल पर अपेक्षाकृत विस्तार से बात की है। इस विस्तृत अध्ययन के क्रम में ही उन्होंने भारत में बसनेवाले मुसलमानों को बाहर बसनेवाले मुसलमानों

से अलगाया। इसलिए ऐसा माना जाता है कि एल्फिंस्टन ही 'भारतीय मुसलमान' शब्द के जनक थे।[30]

आज के परिप्रेक्ष्य में इस बात को समझने में हमें थोड़ी परेशानी होती है कि क्या कारण रहे कि आरम्भिक ब्रिटिश इतिहासकारों ने अपने इतिहास-लेखन में मुसलमान को हिन्दुओं के बनिस्पत ज्यादा महत्त्व दिया? पर इस तथ्य को हमें याद रखना चाहिए कि अंग्रेजों के आगमन के पूर्व 700 साल तक भारत में इस्लामी शासन रहा। अंग्रेजों ने भारत की सत्ता मुगलों से हासिल की थी, अत: वे मुगलों को ही शासकवाला सम्मान और अहमियत देते रहे। लेकिन 1857 के सिपाही विद्रोह ने अंग्रेजों को अपनी इतिहास-दृष्टि को बदलने पर विवश कर दिया। इस बदली हुई इतिहास-दृष्टि का परिचय हमें हेनरी मिलर इलियट और जोह्न डाउसन की आठ खंडों में लिखे गए इतिहास-ग्रंथ 'हिस्ट्री ऑफ इंडिया एज टोल्ड बाय इट्स ओन हिस्टोरियंस' में मिलता है। फारसी स्रोतों पर आधारित इस इतिहास-ग्रंथ में नवीं से लेकर अठारहवीं शताब्दी तक के भारतीय इतिहास की घटनाओं के आलोक में बातें दर्ज हैं। इसके ब्योरे में जाने का अवकाश तो यहाँ नहीं है। लेकिन इसने भारतीय इतिहास-लेखन के सन्दर्भ में एक जरूरी बदलाव को दर्ज किया, जो तब के हालात में 'प्रोफेटिक' ही कहा जा सकता है। और वह यह था कि :

> इलियट और डाउसन आश्वस्त थे कि सत्ता की शक्ति का निर्धारण करनेवाले हिन्दू ही होंगे। और औपनिवेशिक प्रशासन में मुसलमानों के मुकाबले हिन्दुओं की आवाज ज्यादा महत्त्वपूर्ण होगी। इलियट और डाउसन द्वारा एक नई ऐतिहासिक चेतना के माध्यम से हिन्दुओं को खुश करना एक ऐसी तकनीक थी, जिसका उद्देश्य हिन्दुओं से ब्रिटिश राज की वैधता प्राप्त करना था, लेकिन यह पर्याप्त नहीं था। इसीलिए वे समझ-बूझकर मुस्लिम शासन और ब्रिटिश शासन के बीच तुलना करने के काम में लग गए। इस तुलना का एक मात्र उद्देश्य मुस्लिम शासन के हानिकारक प्रभाव को रेखांकित करना था ताकि अंग्रेज खुद-ब-खुद अच्छे दिखने लगें।[31]

यह एक ऐसी अचूक रणनीति थी, जिसने अंग्रेजों को इस देश में शासन करने की कुंजी थमा दी। हिन्दुओं के पराभव और दुर्दशा के लिए एक स्थायी शत्रु उपलब्ध करा दिया गया था। खुद को सभ्यता का ध्वजवाहक घोषित करके हिन्दुओं को सभ्यता के अन्धकार से प्रकाश की ओर ले जाने की जिम्मेदारी अंग्रेजों ने ले ली थी। आगे जेम्स टेल्बॉएस व्हीलर ("व्हीलर ने हिन्दुओं और मुसलमानों के बीच लगातार विवादों और निरन्तर धार्मिक टकरावों की मौजूदगी वाले अतीत

की छवि गढ़ने को कमोबेश अपना पेशा ही बना लिया था।"[32]) और विंसेंट स्मिथ ने अंग्रेजों की औपनिवेशिक जरूरतों के अनुरूप इतिहास को लिखने और देखने का काम किया। इससे हिन्दुओं और मुसलमानों के बीच की खाई और चौड़ी होती चली गई और अंग्रेजी राज का मार्ग प्रशस्त होता चला गया। इस औपनिवेशिक इतिहास-लेखन से भारतीय इतिहासकारों के द्वारा इतिहास-लेखन की जो परम्परा विकसित हुई। उसके कई चरण हैं। बल्कि भारतीय इतिहास-लेखन की परम्परा में अनुस्यूत दृष्टि को भारतीय राष्ट्रवाद की अवधारणा के विकास के साथ रखकर देखा जा सकता है कि कैसे दोनों एक साथ कदमताल करते हुए दिखते हैं। बल्कि प्रादेशिक नवजागरणों की संकल्पना के मूल में एक किस्म की प्रादेशिक जातीयता, प्रादेशिक भाषा आदि के गौरवगान के जरिये प्रादेशिक अस्मिताओं की संकल्पना को औपनिवेशिक इतिहास-दृष्टि के 'बाई प्रोडक्ट' के तौर पर देखा जा सकता है। इसे इस उदाहरण के जरिये समझने की कोशिश करते हैं। नवजागरण की अवधारणा के साथ बंगला, मराठी, अवध नवजागरण की संकल्पना भी सामने आती है। जैसे :

> साहित्य के क्षेत्र में, ज्यादातर हिन्दी, उर्दू और बंगाली कपोल-कथाओं में अक्सर इस तरह के कथानक पेश किये जाते थे जिनमें मुसलमानों को बर्बर, कपटी, ऐय्याश और विश्वासघाती दिखाया जाता था। बंगाली लेखक और क्रान्तिकारी बंकिम चन्द्र चटर्जी की रचनाएँ इसका सबसे सुस्पष्ट उदाहरण हैं। उनकी ऐतिहासिक काल्पनिक कथाएँ जैसे कि *आनन्द मठ* (1882), *देबी चौधरानी* (1884) और *सीताराम* (1887) में ऐसे कथानक और किरदार मौजूद हैं जिसमें वीर नायक नियमतः हमेशा हिन्दू होते थे जबकि उनके मुकाबले में मुसलमानों को हमेशा नकारात्मक किरदारों में पेश किया जाता था। इसके अलावा बंकिम अपने लेखन में गम्भीर ऐतिहासिक पृष्ठभूमि प्रदान करने के लिए जाने जाते थे जिसका अन्तिम उद्‌देश्य हिन्दू पहचान को संगठित करना होता था।[33]

बल्कि इस सन्दर्भ में एक और रेखांकित करनेवाली बात यह है कि एकजुटता के इस आह्वान के मूल में हिन्दू एकजुटता की अपील होती थी। अमलेन्दु मिश्रा ने अपने शोध में डी.एल. राय द्वारा रचित 'बंग अमर' नामक राष्ट्रीय गीत का उदाहरण देते हुए इस तथ्य को रेखांकित किया है कि :

> इस गीत का उद्‌देश्य बंगालियों को एकजुट करना था, लेकिन इसमें मुसलमानों के लिए एक भी शब्द नहीं था, जबकि बंगाली जनसंख्या में मुसलमानों की संख्या आधे से भी ज्यादा थी।[34]

इन तथ्यों को उद्धृत करने का आशय इतना है कि अंग्रेजों की इतिहास-दृष्टि

ने अपने उद्देश्य को पा लिया था। यही वजह रही कि विद्यालयों में पढ़ाए जानेवाले साम्प्रदायिक इतिहास ने हिन्दू-मुस्लिम के मध्य की असहजता को और ज्यादा गहराने का काम किया। इसके लिए लाला लाजपत राय की आत्मकथा के इस हिस्से को देखा जा सकता है, जहाँ वे कहते हैं कि :

> मुसलमानों के प्रति उनकी शुरुआती घृणा का कारण उनके स्कूल के दिनों में निर्धारित पाठ्य-पुस्तक 'वकत-ए-हिन्द' थी।[35]

लेकिन जो बात पूछने और जानने की है वह यह कि अंग्रेजों की इस 'घृणा अभियान' का कोई प्रतिकार मुसलमानों ने क्यों नहीं किया? अंग्रेजों की इतिहास-दृष्टि के सन्दर्भ में मुसलमानों के एक खास रवैये को अमलेन्दु मिश्रा ने रेखांकित किया है कि :

> सिर्फ कुछ ही मुसलमानों ने औपनिवेशिक शासन को बुरा माना। लेकिन यह भावना भी बहुत बाद के चरण में व्यक्त की गई। दूसरे शब्दों में कहें तो उन्होंने कभी भी सक्रिय ढंग से भारतीय इतिहास के औपनिवेशिक संस्करण को बुरा बताने की कोशिश नहीं की, जिसकी वजह से एक खास चरण के बाद मुसलमानों की ज्यादा खराब छवि को खुले तौर पर बढ़ावा मिला। कुछ मामलों में तो उन्होंने हिन्दू-मुस्लिम सम्बन्धों के गैर-मेलमिलापकारी चरित्र का भी समर्थन किया। इस नजरिये ने स्थायी रूप से सिर्फ एक ही बात को बढ़ावा दिया कि मुसलमान हिन्दुओं को लेकर असहजता महसूस करते थे।[36]

बात इतने पर जाकर खत्म नहीं हुई थी। बल्कि बाद के चरणों में जब हिन्दू-मुस्लिम के बीच कटुता बढ़ी तो मुस्लिमों की ओर से जो मन्तव्य आए वह न सिर्फ कड़ी प्रतिक्रियाओं को आमंत्रित करनेवाला था, बल्कि वहाँ से वापसी की राह भी मुश्किल होती गई। मुस्लिमों के इस अहमन्यता या श्रेष्ठता-बोध के कारण भी बारम्बार ऐसी स्थितियाँ पैदा होती रहीं, जिससे हिन्दू-मुस्लिमों के बीच असहजता एक न पाटी जा सकनेवाली गहरी खाई में तब्दील होती गई। दो उदाहरण इस सिलसिले में रख रहा हूँ, जिससे उन स्थितियों का अनुमान किया जा सके। जेड. ए. सुलेरी ने कहा कि :

> भारत हिन्दुओं का नहीं हो सकता क्योंकि वे 1000 वर्ष से भी अधिक समय तक इस्लामपंथी प्रजा रहे हैं।...शौकत अली ने 1929 में घोषणा की, 'हिन्दुओं को गुलामी की आदत पड़ गई है और वे हमेशा गुलाम ही रहेंगे।'[37]

इस सन्दर्भ में एक दिलचस्प तथ्य की ओर ध्यान आकृष्ट करना चाहूँगा कि अंग्रेजों की मुस्लिम-विषयक इतिहास-दृष्टि से इतर लोकस्मृति या मौखिक परम्परा में भी मुस्लिमों की ऐसी ही छवियों के मौजूद होने के प्रमाण मिलते हैं। इसके कारण यह तय कर पाना मुश्किल हो जाता है कि जिसे हम अंग्रेजों की औपनिवेशिक इतिहास-दृष्टि कहते हैं, वह लोकस्मृति या मौखिक परम्परा में उसी रूप में क्यों मिलती है? क्योंकि लोकस्मृति या मौखिक परम्परा में जो बातें दर्ज हैं, उसकी व्याख्या में दृष्टिकोण का अन्तर दिख सकता है, लेकिन उससे बुनियादी सचाई नहीं बदली जा सकती। इस तथ्य को रेखांकित करने का उद्देश्य यह है कि जब हम जनजातीय सन्दर्भों की चर्चा करेंगे तो वहाँ भी लोकस्मृति और मौखिक परम्पराओं में विन्यस्त सामाजिक सत्य के उद्‌भेदन की कोशिश करेंगे। क्योंकि शक्तिशाली और साधन-सम्पन्न समुदाय या वर्गों की तुलना में निर्बल और विपन्न समुदायों के सहेजने की शैली और आदतें एक-सी नहीं होती है। सबाल्टर्न इतिहास-दृष्टि ने इतिहास को देखने की नई दृष्टि की प्रस्तावना की है, जहाँ लोकस्मृति, लोकोक्तियों, मौखिक साहित्य, लोकगीत, लोक-कथाओं, निजन्धरी कथाओं और धार्मिक रिवाजों की परतों को खोलकर सामाजिक सत्य की प्रस्तावना की जाती है। और अब इस दृष्टि की वैधता को लेकर बहुत सवाल नहीं किये जाते हैं, इसे अकादमिक से लेकर बौद्धिक समुदाय के बीच स्वीकृति प्राप्त है।

सवाल यह भी उठता है कि इन प्रादेशिक और जातीय अस्मिताओं के मध्य जनजातीय अस्मिताओं के गठन की दिशा में कौन-से महत्त्वपूर्ण सूत्र हमारे हाथ लगते हैं? जब औपनिवेशिक भारत हिन्दू-मुसलमान के द्वैत में उलझा था, उस समय जनजाति बहुल इलाकों के लिए औपनिवेशिक नीति क्या थी? और उसका क्या असर जनजातीय समुदायों पर दिख रहा था? इन जनजातीय बहुल इलाकों के लिए औपनिवेशिक दृष्टि क्या थी? क्या उस औपनिवेशिक दृष्टि में भी बदलाव देखने को मिले? यदि हाँ तो उसके मूल में कारण कौन-से थे? जनजातीय समुदायों के प्रति अंग्रेजों की सोच क्या थी? उनकी इतिहास-दृष्टि क्या थी? इन सवालों को हम इसके ठीक अगले अध्याय में देखेंगे।

अंग्रेजी राज और भाषा-नीति

मार्क्सवादी आलोचक रामविलास शर्मा अंग्रेजों की भाषा-नीति के सन्दर्भ में एक जरूरी नुक्ते की ओर ध्यान दिलाते हुए लिखते हैं कि :

> भारतीय भाषाएँ सीखने को अंग्रेजों ने यहाँ अपना राज्य कायम रखने की एक जरूरी शर्त माना और इसके लिए उन्होंने 1800 ई. में

> फोर्ट विलियम कॉलेज की स्थापना की। प्रश्न यह है कि इसी नीति पर अंग्रेज अमरीका में क्यों नहीं चले? वेस्टइंडीज में वहाँ के काले आदमियों की मूल भाषाओं का क्या हुआ? संयुक्त राज्य अमरीका में जो काले आदमी रहते थे, उनकी मूल अफ्रीकी भाषाओं का क्या हुआ? दक्षिण अफ्रीका, न्यूजीलैंड, आस्ट्रेलिया आदि देशों में अंग्रेज ही गए थे। वहाँ उन्होंने देशी लोगों से व्यवहार करने के लिए उनकी भाषाओं को कहाँ तक सीखा, कहाँ तक उनसे काम लिया? अंग्रेजों से जहाँ लोगों को गुलाम बनाते बना, वहाँ उन्होंने गुलाम बनाया। जहाँ वे उनका सर्वनाश कर सकते थे, वहाँ उनका सर्वनाश किया। जहाँ उन्हें जंगलों और पहाड़ों में खदेड़ सकते थे, वहाँ उन्होंने उन्हें जंगलों और पहाड़ों में खदेड़ा। ...यहाँ की जातियों को मिटाना असम्भव था। इसलिए उनकी भाषाओं को मिटाना भी असम्भव था। फोर्ट विलियम कॉलेज की स्थापना से बहुत पहले, ईस्ट इंडिया कम्पनी के जन्मकाल में, अंग्रेजों समेत यूरोप के बहुत से व्यापारी आगरा में रहते थे, वहाँ की भाषा सीखते थे, वहाँ के व्यापारियों से इसी देशी भाषा में व्यवहार करते थे। कारण यह था कि उन्हें यहाँ का माल खरीदना था और बाहर बेचना था। इन सामाजिक आवश्यकताओं के कारण वे यहाँ की भाषाएँ सीखते थे। लेकिन 19वीं सदी में जैसे-जैसे साम्राज्य सुदृढ़ होता गया और यहाँ के जमींदारों, खास तौर से बंगाल के जमींदारों को अंग्रेजों ने अपना सहायक बना लिया, वैसे-वैसे देशी भाषाओं का महत्त्व उनकी निगाह में घटता गया और उन सबके ऊपर उन्होंने अंग्रेजी को प्रतिष्ठित किया।[38]

देशी भाषाओं को पठन-पाठन की दिलचस्पी के मूल में या तो उनका व्यापार था या फिर धर्म-प्रचार की मंशा थी। "ध्यान देने की बात है कि बंगाल में तथा अन्य प्रदेशों में बहुत से ईसाई मिशनरियों ने धर्म-प्रचार के लिए यहाँ की भाषाओं को अपनाया था।"[39] अंग्रेजों के आने के पहले इस देश में बाहरी जातियाँ अपने व्यापारिक लाभ या ज्ञानार्जन के लिए भारतीय भाषाओं का अध्ययन किया करती थीं। योरपीय मिशनरी इस मामले में पहले थे, जिन्होंने ईसाई धर्म के प्रचार के लिए यहाँ की प्रादेशिक भाषाओं का ही नहीं बल्कि जनजातीय भाषाओं का ज्ञान भी अर्जित किया। यह अपने-आपमें अद्भुत बात थी, जनजातीय भाषाओं के सन्दर्भ में यह संवेदनशीलता और पेशेवराना अन्दाज भारतीयों ने कभी विकसित नहीं किया था। बल्कि जनजातीय समुदायों के प्रति एक हीनता की भावना इस कदर घर की हुई थी कि कई बार वे सम्बोधन के लायक तक नहीं समझे जाते थे। इस पूरी

जनजातीय आबादी या उसकी भाषा को औपनिवेशिक काल के पहले सम्बोधन के लायक भी नहीं समझा गया था। आर्य-अनार्य और देव-असुर के द्वैत में अक्सर जनजातीय समुदायों को इसी अनार्य, असुर वाले खाँचे में डालकर महत्त्वहीन करार कर दिया जाता था। सच बात तो यह है कि अंग्रेजों के पूर्व मुगलों के शासन में भी इस दिशा में कोई संवेदनशील शासकीय प्रयास नहीं दिखता है। मतलब जिस किस्म के संस्थागत और सांगठनिक प्रयास अंग्रेजों ने जनजातीय भाषा और संस्कृति को समझने की दिशा में किये, उसका अभाव मुगलों के यहाँ स्पष्टत: देखा जा सकता है।

झारखंड में प्राच्यविदों और भारतविदों से इतर जनजातीय भाषा और समुदायों के बारे में विद्वतापूर्ण काम करनेवालों में ईसाई मिशनरियों की भी भूमिका प्रमुख रही है। यद्यपि इनका सम्बन्ध बंगाल के फोर्ट विलियम कॉलेज और सीरामपुर मिशन आदि से भी रहा है। लेकिन यह सभी ईस्ट इंडिया कम्पनी और अंग्रेजी राज के 'प्राच्यविद' (ओरियंटलिस्ट) और 'भारतविद्' (इंडोलॉजिस्ट) से अलग ठहरते थे। इनका मूल मकसद धर्मान्तरण और ईसाइयत के प्रचार-प्रसार से था। और इन्होंने अपनी इस जरूरत की पूर्ति के लिए बेहद ईमानदारी से जनजातीय भाषाओं का न केवल ज्ञान अर्जित किया बल्कि उनके रीति-रिवाज, लोकगीत, लोक-कथाओं को 'डॉक्यूमेंट' किया। मुंडारी, सन्ताली, कुड़ुख समेत कई जनजातीय भाषाओं के शब्दकोश, व्याकरण तैयार किये। जर्मन फादर हॉफमैन ने तो मुंडा समुदाय की 'इनसाइक्लोपीडिया मुंडारिका' तैयार की। लेकिन वहीं दूसरी ओर जनजातीय भाषाओं को सीखकर इन मिशनरियों ने बाइबिल का अनुवाद भी जनजातीय भाषाओं में किया। विभिन्न जनजातीय समुदायों तक ईसा मसीह के सन्देश को पहुँचाया। सिंगबोंगा या धर्मेश की सर्वोच्च सत्ता को ईसाइयत के एकेश्वरवाद के समतुल्य बताकर एक निकटता विकसित की। ईसाई मिशनरियों के धर्मान्तरण वाले मामले को दरकिनार कर दें तो बाद के दिनों में जनजातीय समुदायों के लिए प्रतिकूल परिस्थितियों में ईसाई मिशनरी किसी 'पैकेज' की तरह थे। यह अकारण नहीं है कि जनजातीय मसलों पर आगे चलकर ईसाई मिशन और अंग्रेजी राज आमने-सामने आ जाते हैं। और फिर अंग्रेजी राज के दबाव में जनजातीय समुदायों को दी जानेवाली कानूनी और प्रशासनिक मदद से अपना हाथ मिशनरियों को खींचना पड़ जाता है। इसका बहुत बड़ा नुकसान उन्हें धर्म-प्रचार के क्षेत्र में उठाना पड़ता है। इस पहलू की चर्चा आगे जनजातीय आन्दोलनों वाले अध्याय में की गई है। यहाँ बस इतना कि जनजातीय मामलों के जानकार धर्मान्तरण के इस पूरे प्रसंग को एक अलग सैद्धान्तिक धरातल पर देखते हैं। ऐसे ही एक विशेषज्ञ ने अपने व्याख्यान में धर्मान्तरण के सवाल को जनजातीय समुदाय में प्रचलित 'वस्तु विनिमय' की प्रथा से जोड़कर देखा था। उनका कहना था कि जिसे आप 'बार्टर सिस्टम' के तौर पर जानते हैं, वह जनजातीय समुदायों में एक 'इस्टेब्लिश्ड प्रैक्टिस' रही है। हम

किसी से कुछ लेते हैं तो बदले में हम कुछ देते हैं, वस्तु विनिमय की यह परम्परा हमारे यहाँ लम्बे वक्त तक रही है। दिक्कत तब होती है जब आप इस लेन-देन को केवल वस्तुओं तक सीमित करके देखते हैं। वस्तुओं से इतर इस आदत को कई जनजातीय समुदायों ने धर्म के सन्दर्भ में भी प्रयोग में लाया है। मतलब ईसाइयत जब जनजातीय समुदायों के मध्य शिक्षा, रोजगार, कानूनी और अन्य प्रशासनिक मदद के बतौर आया तो जनजातीय समुदायों ने बदले में उनका धर्म अपनाया। इस लेन-देन को करनेवालों में भी एक जैसे लोग नहीं रहे। किसी ने उसे स्वेच्छा से अपनाया और किसी को बाद में यह लेन-देन या कहें सौदा पसन्द नहीं आया तो वे वापस अपनी आस्था-पद्धति की ओर लौटे। इस वापसी की प्रक्रिया, प्रभाव और परिणाम को अगले अध्यायों में हम देखेंगे।

यहाँ हम पुनः लौटते हैं अपने मूल विषय की ओर कि साम्राज्यवादी और औपनिवेशिक इतिहास-दृष्टि, भाषा-नीति, शिक्षा-नीति आदि का समवेत रूप से क्या असर भारतीय नवजागरण पर पड़ा। पीछे की गई चर्चा से यह बात तो साफ हो गई कि भारतीय नवजागरण के भीतर हिन्दू और मुस्लिम नवजागरण की दो धाराएँ बह निकली थीं। 1857 के विद्रोह के बाद हिन्दू और मुसलमान दोनों अंग्रेजी राज को आपदा नहीं अवसर की तरह देख रहे थे। एक किस्म की 'प्रतियोगितात्मक साम्प्रदायिकता'[40] के साथ भारतीय राष्ट्रवाद और भारतीय नवजागरण दोनों की अवधारणाएँ तेजी से विकसित हो रही थीं। वजह तो साफ हो ही चुकी है कि ऐसा क्यों हो रहा था?

भारतीय नवजागरण और प्रादेशिक नवजागरणों के मध्य अन्तःसूत्र

चाहे वह भारतीय नवजागरण हो या भारतीय राष्ट्रवाद दोनों के लिए इस्लाम और मुसलमान दोनों अनिवार्य सन्दर्भ की तरह हैं। इसे अनिवार्य सन्दर्भ बनाने का काम अंग्रेजों की साम्राज्यवादी, उपनिवेशवादी सोच ने इतिहास-दृष्टि, भाषा-नीति, शिक्षा-नीति और समाज-नीति के जरिये किया। और अंग्रेजों की इस्लाम और मुसलमान विषयक सोच का विस्तार औपनिवेशिक काल में कुछ इस कदर हुआ कि एक आम भारतीय के मन में मुस्लिमों के प्रति एक खास किस्म की दृष्टि और पूर्वाग्रह विकसित होता गया, जो वहीं तक नहीं रुका अपितु उसका विकास अब तक जारी है। इससे भारतीयों का मानसिक गठन अब तक प्रभावित हो रहा है। हमारी सोच से इतर इसका असर कई अप्रत्यक्ष और कतिपय अपरिचित क्षेत्रों तक में हो रहा है। हम देखेंगे कि किस तरह मुस्लिमों की प्रतिक्रिया में एक किस्म का हिन्दूवादी आग्रह विस्तार पाता गया और उस हिन्दूवादी आग्रहों से अन्य वंचित अस्मिताएँ

किस तरह प्रभावित होती चली गईं। क्या यह महज संयोग है कि जोतिबा फुले, ई. वी. रामस्वामी पेरियार और भीमराव आम्बेडकर आदि के यहाँ हिन्दुत्व से एक आलोचनात्मक असहमति देखने को मिलती है।

हम इस तथ्य से परिचित हैं कि इस्लाम इस देश में बाहर से आया है। उसकी जड़ें भारत में नहीं रही हैं। शेरशाह के शासन-काल तक अफगान इस देश में देशी और मुगल परदेशी थे। यही कारण रहा कि बैरम खाँ की सेना के खिलाफ अफगान और राजपूत मिलकर युद्ध लड़ रहे थे। लेकिन हेमू के पराजय और मुगलों के लम्बे शासन ने मुगलों के प्रति इस देश की सोच बदल दी थी। अब अंग्रेज विदेशी थे और हिन्दू और मुसलमान अंग्रेजों के खिलाफ मिलकर लड़ रहे थे, 1857 का विद्रोह इस तथ्य की तस्दीक करता है। लेकिन अंग्रेजों (ईसाइयों) के पास मुसलमानों से लड़ने का एक लम्बा अनुभव था। और अपने उस अनुभव का उन्होंने शानदार इस्तेमाल भारतीय सन्दर्भों में किया।

भारतीय सन्दर्भों में मुसलमानों पर विचार करते हुए यह दो-तीन बातें याद रखने की हैं कि पहली, इस देश में अंग्रेजों ने सत्ता मुगलों से हासिल की थी, न कि हिन्दुओं से। इसलिए अंग्रेजी राज के दमन का शिकार भी उन्हें हिन्दुओं की बनिस्पत ज्यादा होना पड़ा था। इस बात को जवाहरलाल नेहरू ने भी अपनी आत्मकथा में दर्ज किया है। मुस्लिम विद्वानों और इतिहासकारों के यहाँ भी इस तथ्य को बारम्बार रेखांकित किया गया है। दो उदाहरण बतौर सन्दर्भ यहाँ दे रहा हूँ :

> 1857 के स्वतंत्रता संग्राम की असफलता के बाद मुसलमान बुरी तरह कुचला गया था। कत्ल, फाँसी और जाएदादों की जब्ती का एक लम्बा सिलसिला था जो काफी समय तक जारी रहा था और स्थिति पूर्ण नियंत्रण होने के बाद ही अंग्रेज शासन ने छोटी नौकरियों से मुसलमानों को पूरी तरह निकाल दिया था, बड़ी नौकरियाँ तो हिन्दुस्तानियों को मिलती ही न थीं।[41]

भारतीय मुसलमानों पर शोध करनेवाले कर्मेन्दु शिशिर ने नवजागरण के सन्दर्भ में एक मार्के की बात कही है कि :

> किसी भी भाषा में नवजागरण की तलाश का सबसे सुपरिचित माध्यम उसकी पत्रकारिता है। उर्दू और फारसी की पत्रकारिता का भूगोल इतना विस्तृत है और इतना पुराना है कि उसके विशाल वाङ्मय को कोई पूरी उम्र भी लग जाए तो भी उसके सारे पन्ने तक नहीं पलट सकता।[42]

बावजूद इसके अपने सामर्थ्य-भर सामग्री की छान-बीनकर उन्होंने इस तथ्य को रेखांकित किया है कि :

> 'दिल्ली उर्दू अखबार' ने तो शुरू से ही 1857 की क्रान्ति का खुलकर समर्थन किया। इसकी बेबाक राय हुकूमत बर्दाश्त नहीं कर सकी। ...जब 'दिल्ली उर्दू अखबार' पर दबाव बना तो यह 12 जुलाई, 1857 से 'अखबार-उल-जफर' के नाम से निकलने लगा और इसके सम्पादक ने घोषणा कर दी कि यह नाम खुद बहादुर शाह जफर ने दिया है। इसका अन्तिम अंक 23 मुहर्रम, 1274 हिजरी (1857) को छपा तब इसके सम्पादक मौलवी मुहम्मद बाकर को गिरफ्तार कर लिया गया और बिना मुकदमा चलाए उनको गोली मार दी गई। मुहम्मद बाकर देश के ऐसे पहले सम्पादक हुए जिन्हें शहीद होने का गौरव हासिल हुआ।[43] इस प्रसंग में दूसरी याद रखने लायक बात यह है कि—हिन्दी की तुलना में उर्दू-फारसी में पत्र-पत्रिकाओं का प्रकाशन न सिर्फ पहले हुआ बल्कि अनेक जगहों से व्यापक पैमाने पर हुआ।[44]

भाषा के रूप में फारसी के बढ़े हुए महत्त्व को शायद हम इस वाक्य से नहीं समझ पाते हैं कि फारसी मुगलों के राज-काज की भाषा थी। लेकिन अब जो उदाहरण देने जा रहा हूँ उससे फारसी या प्रशासनिक भाषा के महत्त्व को शायद हम ठीक तरीके से समझ पाएँ। वारेन हेस्टिंग्स के गवर्नर जनरल बनने से भारतीय भाषाओं के प्रति एक सचेत और बदली हुई दृष्टि का पता साफ-साफ तरीके से चलने लगता है :

> हेस्टिंग्स स्वयं फारसी में काफी सक्षम था। उसने भारतीय कानून, दर्शन, प्राचीन भाषाओं के अध्ययन के लिए मदरसा और विभिन्न संस्थानों की स्थापना को प्रोत्साहित किया। 1773 ई. में उसने ऑक्सफोर्ड विश्वविद्यालय में फारसी के अध्ययन के लिए प्रस्ताव तैयार किया ताकि भारत आने से पहले ही सिविल कर्मचारियों को फारसी और हिन्दुस्तानी की अच्छी जानकारी हो सके। कॉफ का मानना है कि हेस्टिंग्स की ही नीति प्राच्यवादी आन्दोलन का मूल सूत्र बन गई, प्रभावपूर्ण शासन के लिए भारत से प्रेम जरूरी है, भारत से प्रेम करने के लिए यहाँ के मूल निवासियों से सम्प्रेषण जरूरी है और यहाँ के मूल निवासियों से सम्प्रेषण के लिए यहाँ की भाषाओं की जानकारी अनिवार्य है।[45]

1857 की दमनात्मक प्रतिक्रिया का शिकार जिस रूप में मुसलमानों को होना पड़ा, उसका एक निर्णायक असर उस दौर में जन्मे मुस्लिम बौद्धिकों पर हुआ। हम जिसे मुस्लिम नवजागरण के नाम से जानते हैं, या जानने की कोशिश कर रहे हैं। सर सैयद अहमद उस मुस्लिम नवजागरण के केन्द्र में रहे हैं। मुस्लिम नवजागरण में

सर सैयद अहमद की भूमिका को रेखांकित करते हुए कर्मेन्दु शिशिर लिखते हैं कि :

> वे राजा राममोहन राय की परम्परा के मुस्लिम संस्करण थे और कई मायने में ईश्वरचन्द्र विद्यासागर से उनकी उपलब्धियाँ बड़ी थीं।[46]

सर सैयद अहमद का जन्म 1817 ई. में हुआ था और 1857 के विद्रोह के वक्त वे पूरी तरह से होशमन्द हो चुके थे। व्यक्तिगत तौर पर सर सैयद अहमद 1857 में मुसलमानों की सहभागिता के विरोधी थे। एक तो वे अंग्रेजी राज को मुसलमानों के उन्नयन के अवसर के तौर पर देख रहे थे। दूसरी जरूरी बात यह थी कि "जो सुधार का काम करेगा, शिक्षा या सेवा का काम करेगा—वह सरकार से नहीं लड़ेगा।"[47] और 1857 की क्रान्ति के बाद जब भारत का शासन रानी विक्टोरिया के हाथों में चला गया तब तो ऐसे तमाम सुधारक इसे अपने समुदाय के लिए एक बड़े अवसर के रूप में देखने लगे थे। सर सैयद अहमद भी उनमें से एक थे। हिन्दी (अवध), बंगला और मराठी नवजागरण के शीर्ष नेतृत्व में यह प्रवृत्ति देखने को मिलती है। आखिर ऐसा करने के मूल में कारण क्या थे? सर सैयद अहमद का मानना था कि :

> अब हिन्दुस्तान के सभी सरकारी मामले अधिक-से-अधिक पार्लियामेंट से सम्बद्ध होंगे।...हमको ऐसा उपाय करना चाहिए जिससे हम अपनी उचित आवश्यकताओं और उपर्युक्त आकांक्षाओं से उनको परिचित करा सकें। इसके लिए उन्होंने एक एसोसिएशन बनाने का प्रस्ताव रखा। और गठित हुई—अलीगढ़ ब्रिटिश इंडियन एसोसिएशन।[48]

यह एक ऐसा दौर था जिसमें किसी भी क्रिया की कई प्रतिक्रियाएँ होती थीं। इस क्रिया-प्रतिक्रिया के कम-से-कम तीन पक्षकार तो जरूर होते थे। अंग्रेज, हिन्दू और मुसलमान। हिन्दू और मुसलमान अपने कौम की तरक्की की खातिर अंग्रेजों के यहाँ जुगत लगाते और कामयाब होने पर उसकी प्रतिक्रिया एक स्पर्धा के रूप में देखने को मिलती है। मुस्लिम नवजागरण का एक पहलू उस दौर का हिन्दू पक्ष रहा है, तो हिन्दी नवजागरण का भी एक जरूरी पक्ष उस दौर का मुस्लिम पक्ष रहा है। इन दोनों के यहाँ अंग्रेजी राज एक अनिवार्य सन्दर्भ की तरह मौजूद है। इसलिए जरूरी तो यह भी है कि अंग्रेजों के आने के पूर्व हिन्दू-मुस्लिम सम्बन्धों के बारे में आधिकारिक जानकारीवाले स्रोतों का अध्ययन किया जाए। क्योंकि अंग्रेजों के आने के बाद और 1857 के विद्रोह के बाद हिन्दू और मुसलमानों के सम्बन्ध पूर्ववत नहीं रह जाते हैं। अंग्रेजी राज में, मुसलमानों ने अपने अस्तित्व को प्रभावी बनाए रखने के लिए जो उपक्रम किये, उसका असर हिन्दू-मुस्लिम दोनों नवजागरणों पर देखने को मिलता है। परस्पर क्रिया-प्रतिक्रिया की एक क्रमिक श्रृंखला-सी बनती

दिखती है। हिन्दी नवजागरण और मुस्लिम नवजागरण दोनों के स्वरूप गठन पर इसका गहरा असर है। आपसी अभिक्रिया से इतर इसका एक अनिवार्य सन्दर्भ अंग्रेजी राज भी रहा है। कुल मिलाकर इन तीन बिन्दुओं से होकर भारतीय नवजागरण की अवधारणा विकसित होती है। इस नवजागरण में धर्म, जाति, प्रदेश, भाषा और इतिहास सब अपने-अपने ढंग से हस्तक्षेप करते नजर आते हैं। और जातीय तथा प्रादेशिक नवजागरणों को गढ़ते दिखते हैं।

नवजागरण के अलग-अलग प्रारूपों पर विचार करते हुए दो-तीन बातों की सावधानी बरतनी चाहिए। जैसे यूरोपीय नवजागरण के समानान्तर हम भारतीय नवजागरण की बात तो कर सकते हैं। लेकिन यूरोपीय नवजागरण के बरक्स बंगला, मराठी या हिन्दी नवजागरण की बात करना बेमानी है। हाँ, इतालवी रेनेसाँ के साथ इनकी समतुल्यता को रेखांकित किया जा सकता है। दूसरी बात भारतीय नवजागरण की बात करते हुए हिन्दी नवजागरण को मराठी नवजागरण या बंगला नवजागरण के बरक्स रखना भी बहुत मुनासिब नहीं है, लेकिन ऐसा हम करते आए हैं। ऐसा करने में कुछ अवधारणागत समस्याएँ हैं। जैसे मराठी, बंगला या तमिल नवजागरण भाषा, जाति और प्रदेश तीनों की अन्विति को साफ-साफ दर्शाते हैं। इस दृष्टि से हिन्दी नवजागरण भाषा, जाति और प्रदेश की समरूप मानसिक और जातीय गठन को रेखांकित नहीं करता है। भारतीय नवजागरण के अन्तर्गत हिन्दी नवजागरण और मुस्लिम नवजागरण की एक 'बाइनरी' बनती दिखती है। पर इसमें भी एक व्यवधान है, जो 'कंडीशनिंग' के कारण हम देख नहीं पाते हैं। हिन्दी नवजागरण को हम हिन्दू नवजागरण के तौर पर नहीं देखते हैं, लेकिन दूसरी ओर उर्दू नवजागरण को हम मुस्लिम नवजागरण के तौर पर याद करना पसन्द करते हैं। अवधारणात्मक दृष्टि से विचार करने पर नवजागरण के साथ यह बुनियादी दिक्कतें पेश आती हैं। एक बात ध्यान में रखने की और है कि ईसाई और मुस्लिम दोनों सामी धर्म-परम्पराओं के अन्तर्गत आते हैं। ईसाइयों और मुस्लिमों के आपसी धार्मिक संघर्षों का एक लम्बा इतिहास रहा है। क्योंकि सामी धर्म-परम्पराओं में अपने धर्म का प्रचार-प्रसार धार्मिक तौर पर एक वैध गतिविधि है। यही कारण है कि धर्मान्तरण की कोशिशों के कारण ईसाइयों और मुस्लिमों का लम्बा संघर्ष न सिर्फ यूरोप में बल्कि संसार के अन्य हिस्सों में भी देखने को मिला है। आपको यह जानकर हैरत होगी कि भारत में भी मुस्लिम नवजागरण के मूल में ईसाइयों के प्रभाव से अपने कौम को बचाने की एक प्रवृत्ति कार्य कर रही थी। मुस्लिम नवजागरण के पुरोधा माने जानेवाले लोगों के यहाँ समाज-सुधार और धर्म-सुधार की चेतना के मूल में ईसाइयत के घुसपैठ को रोकने की एक मंशा भी कार्य कर रही थी। बल्कि अंग्रेजी शिक्षा के प्रति लम्बे समय तक मुस्लिमों के मन में यह भय बैठा था कि अंग्रेजी शिक्षा के जरिये उन्हें ईसाई बनाया जा सकता है। इसलिए मुस्लिम नवजागरण के दौर में भी मदरसे

और मजहबी शिक्षा पर उनके यहाँ बहुत जोर दिखता है। जबकि नवजागरण की चेतना और मजहबी शिक्षा एक-दूसरे के विपरीत ठहरते हैं। लेकिन यह दोनों बातें एक साथ मुस्लिम नवजागरण में देखने को मिलते हैं कि एक ओर वे समाज और धर्म-सुधार की कोशिशें कर रहे होते हैं, वहीं दूसरी ओर मजहबी शिक्षा के केन्द्रों का नवनिर्माण भी जारी रखते हैं। भारत में भी ईसाइयों के धर्मान्तरण की कोशिशों से मुस्लिम खासे नाराज थे। इसे इस उदाहरण के जरिये देखा-समझा जा सकता है—

> सन् 1860 ई. में मुरादाबाद में भीषण अकाल पड़ा। उन दिनों मुरादाबाद के जिलाधिकारी स्ट्रेची थे। राहत कार्यों में जिस कुशलता का परिचय उन्होंने दिया था, उसके हिन्दू और मुसलमान दोनों कायल थे। बल्कि अहसानमन्द थे। ऐसे मौकों पर राहत कार्य के लिए अंग्रेज जिन मिशनरियों को लगा देते थे, उनके सेवा-भाव से मुग्ध होकर कृतज्ञता ज्ञापित करने के क्रम में धर्मान्तरण की घटनाएँ साकार हुआ करती थीं। दरअसल इस राहत कार्य के संचालन के पीछे यह सोच भी थी कि अंग्रेज अधिकारी यह काम ईसाई मिशनरियों को सौंप देते और वे इस अवसर का लाभ धर्मान्तरण के लिए करने लगते।[49]

सर सैयद अहमद अंग्रेजों की इस कार्यशैली से परिचित थे। इसलिए 1860 के भीषण अकाल के बाद "4-5 बच्चों को तो उन्होंने खुद अपने घर में रख सगी सन्तान की तरह पाला। बाद में उन्होंने अनाथालय स्थापित किया और उनको ईसाई बनने से रोका।"[50] ऐसा नहीं था कि ईसाइयों द्वारा किया जानेवाला धर्मान्तरण केवल मुसलमानों को खटक रहा था। रामविलास शर्मा ने राजा राममोहन राय के सन्दर्भ में इस बात को रेखांकित किया है कि :

> अंग्रेजी राज में ईसाई मिशनरियों की बन आई। उन्होंने राज्यसत्ता की सहायता से अपने धर्म का प्रचार शुरू किया। यह बात राममोहन राय को पसन्द नहीं थी।...ईसाई मिशनरी अन्य प्रदेशों में भी अपने धर्म का प्रचार कर रहे थे लेकिन राममोहन राय का ध्यान सबसे पहले बंगाल पर है।[51]

ईस्ट इंडिया कम्पनी के आगमन के पूर्व भारत भाषा, भूभाग, जाति और नस्ल में बँटा हुआ था। अंग्रेजों ने उन्हें इनके अलावा धर्म के आधार पर भी बाँटने का काम किया। इससे हुआ इतना कि जो प्रदेश पहले भाषा, भौगोलिकता और संस्कृति के धरातल पर बँटा हुआ था उसके भीतर एक आन्तरिक विभाजन की प्रक्रिया धार्मिक आधार पर आरम्भ हुई। जातिगत विभाजन और नस्लगत विभाजन तो यूँ भी पहले से मौजूद था। पूरे देश की बजाय हम अपनी बात को बंगाल, महाराष्ट्र और अवध नवजागरणों के सन्दर्भ में रखकर देखेंगे। जैसा कि विदित है कि ईस्ट इंडिया

कम्पनी के पाँव अवध से पहले बंगाल और महाराष्ट्र में पड़े तो पहली प्रेसिडेंसियाँ भी वहीं स्थापित हुईं। धार्मिक आधार पर विभाजन की आरम्भिक प्रयोगशालाएँ भी यही साबित हुईं। बाद में इसमें अवध भी शामिल हो गया। बंगाल, महाराष्ट्र और अवध की धार्मिकता या विकसित होती हुई साम्प्रदायिक चेतना पर विचार करें तो प्रतीत होता है कि हिन्दुत्व की एक-सी लगती पर अलग-अलग धाराएँ इन प्रदेशों में विकसित होती है। इन पर बारी-बारी से विचार करके देखते हैं कि साम्प्रदायिकता की कौन-सी धारा इन प्रदेशों में विकसित होती है।

1757 ई. में बंगाल ईस्ट इंडिया कम्पनी के अधीन आता है। 1765 ई. में ईस्ट इंडिया कम्पनी बिहार, बंगाल और ओड़िशा की दीवानी हासिल कर लेती है। मालगुजारी उगाही और क्षेत्र पर अपना नियंत्रण स्थापित करने की दिशा में कम्पनी जी-जान से जुट जाती है। कम्पनी राज अपने इन उद्देश्यों की पूर्ति के लिए नये तरीके ईजाद करती है, जिससे यह देश और उसके प्रदेश अनभिज्ञ थे। तनाव और संघर्ष की स्थितियों को टालते हुए आर्थिक मोर्चे पर दोहन कम्पनी राज का अभीष्ट था। एशियाटिक सोसायटी की स्थापना और उसके द्वारा किये गए कामों के मूल में एक उद्देश्य यह भी था। पर एकबारगी यह दिखता नहीं है। 1784 ई. में बंगाल में एशियाटिक सोसायटी की स्थापना हुई। एशियाटिक सोसायटी के पांडित्यपूर्ण शोध ने एक तरीके से बंगाल में नवजागरण की चेतना को पल्लवित-पुष्पित करने का काम किया। हम जिसे नवजागरण कहते हैं उसकी शुरुआत एक अर्थ में हम बंगला नवजागरण से पाते हैं। और जिसे हम आज साम्प्रदायिकता कहते हैं, उसकी शुरुआत भी बंगाल से होती है। क्या यह महज इत्तेफाक है? खैर, किसी भी नवजागरण के अनेक पक्ष होते हैं। यहाँ चूँकि हम स्वयं को धार्मिक-सामाजिक परिप्रेक्ष्य तक सीमित रखनेवाले हैं तो नवजागरण के अन्य पहलुओं को दरकिनार कर रहे हैं। भारतीय नवजागरण के अन्तर्गत जो अलग-अलग प्रादेशिक नवजागरण की संकल्पना विकसित हुई है, उस नवजागरण की संकल्पना की, एक अनिवार्य इकाई 'जाति' (नेशन) भी रही है। नवजागरण के कार्य जब सम्पन्न हो रहे होते हैं तो :

> कोई भी जाति, कोई भी राष्ट्र संघर्ष के दौरान अपनी एकता पहचानता है, उसे मजबूत करता है और इसके साथ वह अपने इतिहास को भी नये सिरे से देखता है, उसे लिखता है।[52]

और चूँकि इतिहास को देखने की जो दृष्टि हमने औपनिवेशिक काल में पाई थी, वह एक साम्राज्यवादी-औपनिवेशिक दृष्टि ही थी, जिसके निहितार्थों को समझने में हमें एक लम्बा समय लगा। बावजूद उसके उस औपनिवेशिक इतिहास-दृष्टि से तो आज तक हम मुक्त नहीं हो सके हैं। गौरतलब यह है कि तब इस माहौल को

बनाए रखनेवाली राजनीतिक ताकतें विदेशी थीं, अब स्वदेशी हैं। अब जबकि उस औपनिवेशिक इतिहास-दृष्टि और उसकी मंशा स्पष्ट हो चुकी है। तब भी हम इसे दुरुस्त नहीं कर पा रहे हैं। कारण अभी की राजनीतिक शक्तियाँ उसे दुरुस्त करना नहीं चाहतीं। यदि इस दृष्टिदोष को दूर कर लिया जाए तो राजनीति को जमीन पर ज्यादा मेहनत करनी पड़ेगी, अभी हवाई तरीके से भी काम चल जाता है। यह इस देश की दुर्भाग्यपूर्ण विडम्बना भी है और त्रासदी भी।

औपनिवेशिक काल में प्रादेशिक नवजागरणों के जो अलग-अलग मॉडल सामने आते हैं, उन प्रादेशिक नवजागरणों में राष्ट्रवाद की चेतना वाला एक तत्त्व अनिवार्य रूप से मौजूद रहता आया है। बल्कि अमलेन्दु मिश्रा इसे जोर देकर इस रूप में रेखांकित करते हैं कि :

> मेरा खयाल है कि मुस्लिम शासन और इस्लाम दोनों के विरुद्ध गुस्से की जो निरन्तरता है, उसके एक हिस्से का सम्बन्ध कुछ हद तक भारतीय राष्ट्रवाद के विचार के विकसित होने के साथ है।[53]

ऐसा क्यों और कैसे हुआ, इसके बारे में हम पीछे बात कर चुके हैं। इसलिए यहाँ उसका विस्तार अपेक्षित नहीं है। सिर्फ यह दुहराना चाहूँगा कि चाहे वह कम्पनी राज हो या अंग्रेजी राज। दोनों ने सचेत तौर पर अपनी शिक्षा-नीति, भाषा-नीति व इतिहास-दृष्टि के जरिये जिस भारतीय राष्ट्रवाद और भारतीय नवजागरण को साकार किया, उसमें मुसलमान और इस्लाम को अनिवार्यतः हिन्दुओं के विरोध में खड़ा किया। बंगला, मराठी और हिन्दी नवजागरण के जो प्राकल्प (मॉडल) हमारे सामने उपस्थित हैं, उसमें इस्लाम एक अनिवार्य, विरोधी सन्दर्भ के बतौर मौजूद है। हम बारी-बारी से इन प्रादेशिक नवजागरणों में मौजूद हिन्दुत्व और इस्लाम की परस्पर विरोधी भूमिकाओं को लक्ष्य कर सकते हैं। यह इतने प्रत्यक्ष तौर पर मौजूद है कि अलग से उसे ढूँढ़ने और स्थापित करने की भी आवश्यकता नहीं है। ऐसा कहने के मूल में उस युग की प्रचलित समझदारी है, जो यह मानती है कि :

> उन्नीसवीं शताब्दी और बीसवीं शताब्दी के आरम्भ में सामन्तवाद विरोधी और उपनिवेशवाद विरोधी संघर्षों में धर्म ने अत्यन्त महत्त्वपूर्ण भूमिका अदा की। राष्ट्रीय जागरण की अभिव्यक्ति धार्मिक जागरण के प्रतिबिम्ब के रूप में हुई। प्रारम्भिक अवस्थाओं में स्वयं धार्मिक चेतना राष्ट्रीय चेतना का प्रतिबिम्ब थी। सामाजिक तथा राजनीतिक धारणाएँ, जनतांत्रिक तथा देशभक्तिपूर्ण आकांक्षाएँ, एक श्रेष्ठतर जीवन के लिए आशाएँ—ये सब धार्मिक रूपों में प्रकट हुई थीं। इस प्रकार उन्नीसवीं शताब्दी के समाज-सुधारकों ने जिस भारतीय नवजागरण का सूत्रपात

> किया, उसका लक्ष्य धर्म से पूर्णत: सम्बन्ध-विच्छेद कर लेना नहीं था। यह नवजागरण एक ओर पुराने धार्मिक रीति-रिवाजों और कर्मकांडों का विरोध करने और दूसरी ओर नई परिस्थितियों के अनुरूप धर्म की नई व्याख्या करने पर आधारित था। इस प्रकार भारत में पूँजीवाद और आधुनिक सभ्यता के विकास के लिए संघर्ष अभिन्न रूप से धर्म के प्रति दृष्टिकोण से जुड़ा था।[54]

संसार की लगभग सभ्यताओं के विकास का इतिहास देखें तो उनमें एक पैटर्न मिलता है कि उनमें अपने किस्म की सामन्ती चेतना मौजूद रही है। अन्य देशों की तुलना में भारत थोड़ा और विशिष्ट इसलिए भी है कि जहाँ अन्य देशों में धर्म और धार्मिक चेतना निर्णायक रही है। तो भारत में धर्म के साथ जाति (कास्ट) का सवाल भी जुड़ा रहा है। लेकिन जहाँ तक धार्मिकता का सवाल है तो पुनर्जागरण और प्रबोधन ने हर जगह धर्मकेन्द्रित समाज को तर्कमूलक समाज की दिशा में बढ़ने की राह दिखाई। भारतीय सन्दर्भ में विचार करें तो पाते हैं कि :

> लम्बे समय तक इस देश में कायम सामन्ती और राजतंत्रात्मक व्यवस्था से आई गतिहीनता बेशक एक आत्मघाती ठहराव था, जिसे हर हाल में इस देश को भुगतना था।[55]

इस्लामी आक्रान्ताओं और मुगल शासकों की तुलना में अंग्रेज और ईसाइयत का आगमन एक नई किस्म की परिघटना थी। अरबों और तुर्कों की ज्ञान-परम्परा से समृद्ध अंग्रेज औद्योगिक क्रान्ति के मुहाने पर खड़े थे, मुसलमानों के साथ लम्बे धार्मिक संघर्ष के अनुभवों से वे सम्पन्न थे। इस अनुभव के साथ वे भारत में दाखिल हुए थे। उनके आगमन का आकलन करते हुए रामधारी सिंह 'दिनकर' एक नये नुक्ते की ओर हमारा ध्यान खींचते हैं :

> यूरोपीय आगमन के बाद भारतीय धर्मों की जो आलोचना चलने लगी थी, उसका भी मुख्य कारण यह नहीं था कि हिन्दू धर्म और इस्लाम ईसाइयत के सामने तुच्छ थे अथवा भारतीय धर्मों की त्रुटियाँ ईसाई धर्म में नहीं थीं। बल्कि, इस आलोचना को प्रेरणा इस बात से मिल रही थी कि ईसाई धर्म चाहे जैसा भी रहा हो, किन्तु ईसाई समाज हिन्दू और मुस्लिम समाजों से अधिक जाग्रत, अधिक कर्मठ और अधिक उन्नत एवं उदार था। भारत यूरोप के साथ आनेवाले धर्म से नहीं डरा, बल्कि भय उसे यूरोप के विज्ञान को देखकर हुआ, उसकी बुद्धिवादिता, साहस और कर्मठता से हुआ। अतएव भारत में नवोत्थान का जो आन्दोलन उठा उसका लक्ष्य अपने धर्म, अपनी परम्परा और अपने विश्वासों का

> त्याग नहीं, प्रत्युत यूरोप की विशिष्टताओं के साथ उसका सामंजस्य बिठाना था।[56]

इस तरीके के साथ एक आम हिन्दू भारतीय के लिए अंग्रेजी राज ने कई मोर्चों पर सक्रियता के द्वार खोल दिये थे। आर्थिक और सामाजिक तौर पर पदसोपानिकता में पिछड़ी और निचली जातियों के लिए धर्मान्तरण का एक और विकल्प खुल गया था। जाति के दड़बों में मवेशियों की तरह बन्द इस आबादी को उन्हीं दड़बों में बन्द रखने की जवाबदेही अब सवर्ण और उच्च वर्ग के हिन्दुओं पर आन पड़ी थी। एक ओर हिन्दुत्व के ताने-बाने को बचाए रखना था। दूसरी ओर अंग्रेजी राज ने जो अवसर उपलब्ध कराए थे उसका दोहन करना था। ऐसे ही चौराहे पर उस वक्त का हिन्दू खड़ा था। और अंग्रेजी राज की जो समझदारी उस दौर के नायकों ने अर्जित की, उसी के अनुरूप वे कार्य के लिए सन्नद्ध हो गए थे। इसलिए भारतीय नवजागरण के नायकों की कार्यसूची के मूल में उनकी नवजागरण सम्बन्धी अपनी समझदारी थी। वे सब एक जमीन पर खड़े होने के बावजूद कई मामलों में अलहदा भी थे। प्रत्येक प्रादेशिक नवजागरण अपने प्रदेश, जाति, संस्कृति, भाषा के धरातल पर कुछ विशिष्टताओं को धारण करते थे। एक-एक करके पहले इन नवजागरणों को देखते हैं।

बात बंगला नवजागरण से आरम्भ करते हैं, इसके आरम्भिक उन्नायकों में राजा राममोहन राय का नाम लिया जाता है। जैसा कि स्पष्ट है कि 19वीं-20वीं शताब्दी की हर राजनीतिक-सामाजिक गतिविधि के मूल में एक धार्मिक चेतना या प्रेरणा काम करती हुई दिख जाती है। नवजागरण के उन्नायक भी धर्म-सुधार और समाज-सुधार की अपनी योजनाओं के द्वारा एक तरीके से हिन्दू धर्म और हिन्दू समाज के पुनरुद्धार और पुनर्संयोजन में जुट गए थे और इसी के समानान्तर मुस्लिम भी जुट गए थे। राजा राममोहन राय का ही उदाहरण लें तो हम पाते हैं कि :

> इस्लाम और ईसाई धर्म के सिद्धान्तों ने यद्यपि राजा राममोहन राय के मस्तिष्क पर गहरा प्रभाव डाला था, तो भी उनका मौलिक दृष्टिकोण हिन्दू धर्म पर ही आधारित था। वह 'नई इंजील' के नैतिक सिद्धान्तों को स्वीकार करने को तैयार थे, परन्तु मिशनरियों द्वारा दूसरों का धर्म-परिवर्तन करना उन्हें पसन्द नहीं था और इसका वह विरोध करते थे।[57]

हिन्दू धर्म के कई लोकप्रिय और प्रचलित प्रथाओं के प्रति वे सहानुभूतिशील नहीं थे, बल्कि विरोध कर रहे थे। मसलन बहुदेववाद, मूर्तिपूजा, पुनर्जन्म, अवतारवाद और अन्य कई धार्मिक कर्मकांड, जैसे पशुबलि आदि की प्रथा के प्रति उनके

मन में अस्वीकार का भाव था। एक तरीके से यह तमाम बातें हिन्दू धर्म की मूल मान्यताओं में रही हैं। इनके अस्वीकार के साथ राजा राममोहन राय में एकतत्त्ववाद के प्रति स्वीकारात्मक भाव हमें देखने को मिलता है। यद्यपि इस एकतत्त्ववाद को वे भारतीय परम्परा के वेदान्त और औपनिषदिक चिन्तन से प्रसूत मानते थे। लेकिन ईसाइयत और इस्लाम धर्म के प्रभावों के आलोक में हम इसे देखें तो ऐसा प्रतीत होता है कि "राजा राममोहन राय का एकतत्त्ववाद इस्लाम और ईसाई धर्म दोनों के एकेश्वरवादी दृष्टिकोण से और भी अधिक परिपुष्ट हो गया था।"[58] धर्म-सुधार की दिशा में राजा राममोहन राय के दो अवदानों को खासकर याद किया जाता है। एक सतीप्रथा का विरोध और दूसरा ब्रह्म समाज की स्थापना। यह दोनों एक-दूसरे से आबद्ध हैं।

> यह एक ऐसा काल था, जब सामाजिक सुधार लागू करने के लिए भी भारतीय मस्तिष्क धार्मिक समर्थन की अपेक्षा करता था। अतः सती-प्रथा का अन्त करने के लिए यह सिद्ध करना अनिवार्य था कि शास्त्र और स्मृतियाँ इस प्रथा का अन्त करने का समर्थन करती हैं। अस्तु शास्त्रों और पुराणों से उद्धरण देकर राजा राममोहन राय ने यह सिद्ध करने के लिए अनेकानेक तर्क जुटा लिये कि इस प्रथा के पीछे न तो किसी प्रकार का नैतिक समर्थन है और न धार्मिक समर्थन।[59]

शास्त्रों में भी परम्परा के पूर्व-पक्ष और उत्तर-पक्ष की चर्चा मिलती है। कोई संकट उत्पन्न होने पर लोक-प्रचलित वाक्य रहा है कि 'इस सन्दर्भ में शास्त्र क्या कहते हैं?' मतलब शास्त्र को केवल धार्मिक वैधता नहीं अपितु सामाजिक वैधता भी हासिल थी। बस फर्क इतना था कि बाइबिल या कुरान की तरह दिशा-निर्देश देनेवाला कोई पवित्र ग्रंथ हिन्दू धर्म-परम्परा में उपलब्ध नहीं था। इसलिए हिन्दू धर्म के किसी भी 'इस्टैब्लिश्ड प्रैक्टिस' को राजा राममोहन राय जब प्रश्नांकित करते थे, तो उसके लिए शास्त्रों, पुराणों, उपनिषदों का रुख करते थे। उन्हीं वेदान्त या उपनिषदों में ईसाइयत और इस्लाम के एकेश्वरवाद की समतुल्यता वाला एकतत्त्ववाद मिला था। इसलिए जब उन्होंने 'ब्रह्म समाज' (1828 ई.) की स्थापना की तो उस 'ब्रह्म समाज' की कार्य-शैली में यह शामिल था कि हिन्दू धर्म की जिस प्रथा के प्रचलन से उन्हें आपत्ति थी, उसके सन्दर्भ में वे शास्त्रों और पुराणों से अपने समर्थन में श्लोक व ऋचाएँ लेकर आ जाते थे। यद्यपि राजा राममोहन राय ने 'ब्रह्म समाज' की स्थापना की थी लेकिन उनकी मृत्यु (1833 ई.) के बाद देवेन्द्रनाथ ठाकुर और केशवचन्द्र सेन ने 'ब्रह्म समाज' के काम को आगे बढ़ाया। "ब्रह्म समाज के उद्देश्यों को स्पष्ट करते हुए देवेन्द्रनाथ ठाकुर ने कहा कि शास्त्रों की अखंडता पर विश्वास के बजाय तर्क पर अधिक विश्वास, ब्रह्म समाज का आधार

है। 1843 ई. में देवेन्द्रनाथ ठाकुर ने ब्रह्म समाज का प्रतिज्ञा-पत्र तैयार किया, उसमें निम्नलिखित अवधारणाएँ शामिल की गईं : 'ईश्वर एक वैयक्तिक सत्ता है। ईश्वर ने कभी कोई अवतार नहीं लिया। ईश्वर प्रार्थनाएँ सुनता है और उनका उत्तर भी देता है। मन्दिर तथा पूजा-पाठ के निश्चित स्थान अनावश्यक हैं। सभी जातियों और सभी नस्लों के व्यक्तियों को ईश्वर की आराधना का अधिकार है। प्रकृति और अन्त:-प्रज्ञा ईश्वर-ज्ञान के स्रोत हैं। कोई भी ग्रंथ प्रामाणिक नहीं है।"[60] उपर्युक्त प्रतिज्ञा-पत्र से इस बात की पुष्टि होती है कि कैसे ब्रह्म समाज ने खुद को सनातनियों से अलगाया था। और इन्हीं मान्यताओं के कारण सनातनियों ने भी ब्रह्म समाज से खुद को अलगा लिया था।

बंगला नवजागरण में राजा राममोहन राय के बाद दूसरा जरूरी नाम स्वामी विवेकानन्द का सुनाई देता है। विवेकानन्द एक किस्म के 'सांस्कृतिक राष्ट्रवादी' थे। उनकी दो बुनियादी चिन्ताएँ थीं। पहली कि 'संगठित व शक्तिशाली इस्लाम के मुकाबले हिन्दूवाद की खोई हुई शान को वापस कैसे पाया जाए।' और दूसरी यह कि 'ऐतिहासिक समुदाय के बतौर हिन्दुओं का नैतिक पुनरुद्धार कैसे किया जाए।' इस दिशा में सोचते हुए विवेकानन्द इस नतीजे पर पहुँचे थे कि :

> किसी समुदाय या आवाम का राष्ट्रवाद मुख्यत: किसी निश्चित भूभाग पर उसके अधिकार, राजनीतिक शक्ति व एक साझा धर्म में उसकी आस्था के आधार पर अभिव्यक्त होता है। परन्तु, उनके अनुसार इन तीन तत्त्वों में से धर्म सर्वाधिक सम्भावना-सम्पन्न है क्योंकि इसमें राजभक्ति उत्पन्न करने की सबसे अधिक शक्ति होती है।"[61]

उस पूरे दौर में धर्म की केन्द्रीय भूमिका तकरीबन हर जगह देखी जा सकती है। हिन्दू धर्म-सुधारकों के सन्दर्भ में जो बात रेखांकित करने की है, वह यह कि अंग्रेजों की औपनिवेशिक और साम्राज्यवादी दृष्टि का गहरा असर उनकी कार्यशैली और चिन्तन-शैली पर देखने को मिलता है। इस अंग्रेजी इतिहास-दृष्टि का सुधारवादियों पर यह प्रभाव देखने को मिलता है कि हिन्दुत्व के बरक्स 'अन्य' के बतौर मुस्लिम और इस्लाम का कोई पक्ष जरूर मौजूद रहता आया है। पर इस औपनिवेशिक प्रभाव के बावजूद तमाम सुधारकों की अपनी विशिष्टता रही है। जैसे विवेकानन्द इस लिहाज से महत्त्वपूर्ण हो जाते हैं कि उन्होंने हिन्दुओं को नये सिरे से संगठित करने की दिशा में काफी विचार किया। उसकी एक प्रस्तावना निर्मित की। उस प्रस्तावना के मूल में यूँ तो उनका वेदान्त दर्शन था। लेकिन एक बात और थी जिसे रेखांकित करना भी जरूरी है और वह था उनका मुस्लिम और इस्लाम विषयक चिन्तन।

> उन्होंने इस्लाम के आध्यात्मिक व राजनीतिक आयामों का विश्लेषण किया और यह नतीजा निकाला कि ये दोनों अन्त:सम्बन्धित और आपस में गुँथे हुए थे। दूसरे शब्दों में, मुसलमानों के राजनीतिक विस्तार के इतिहास के बारे में विवेकानन्द का यह आकलन था कि इसके पीछे इस्लाम धर्म की मंजूरी थी और यह इस्लाम के नाम पर हुआ था।[62]

उनका यह आकलन थोड़ी व्याख्या की माँग करता है और वह यह है कि मुसलमानों के साम्राज्य-विस्तार और धर्मान्तरण को कुरान एक वैधता प्रदान करता था। मुसलमानों के लिए ऐसा राजनीतिक आचरण धर्मसम्मत था। इसलिए इस्लाम को जानने के साथ वे कई मामलों में हिन्दुओं को मुस्लिमों की तर्ज पर संगठित करना चाहते थे। आखिर वे ऐसा क्यों करना चाहते थे? विवेकानन्द अतीत के 700 वर्षों के इस्लामी शासन को देखते हुए इस बात को लेकर चिन्तित थे कि हिन्दुओं का भविष्य क्या होगा? क्या हिन्दुओं का पुनरुद्धार सम्भव है? यदि हाँ तो उसका सम्भावित पथ क्या होगा?

> उन्होंने इस्लाम को एक ऐसी शक्ति के रूप में देखा जो इस आध्यात्मिकता का सम्मान नहीं करता था। इसलिए, उन्होंने हिन्दुओं से स्वयं को उन्हीं हथियारों से लैस होने का आह्वान किया जिनके इस्तेमाल से इस्लाम ने किसी को भी स्वयं पर विजय हासिल नहीं करने दिया था।[63]

इन हथियारों की व्याख्या करते हुए वे शिवाजी के नेतृत्व में मराठा शक्ति के उदय की बात करते हैं तथा गुरु गोविन्द सिंह के नेतृत्व में सिखों की शौर्यपूर्ण एकजुटता को रेखांकित करते हैं। विवेकानन्द जो यह दोनों उदाहरण रखते हैं :

> इन दोनों ही घटनाओं में इस्लाम व इसके असर को मिटाने के लिए हिंसा का सहारा लिया गया था।[64]

वे हमला करने को नैतिक तौर पर सही नहीं मानते थे, लेकिन कोई हमला करे तो उसके प्रतिरोध को उतना ही नैतिक मानते थे। उनकी निगाह में प्रतिरोध न करके पराजय स्वीकार कर लेना, एक किस्म की कायरता थी। इसलिए :

> उनके विचार से इस्लाम के प्रभुत्व के तहत हिन्दुओं की पराधीनता 'प्रतिरोध नहीं करने' की नीति का परिणाम था। विवेकानन्द ने अपने शिष्यों का आह्वान करते हुए, वेद का एक उद्धरण कहा, 'उठो, जागो और लक्ष्य प्राप्त होने तक मत रुको', (मूलत: यह कठोपनिषद, भाग 1, छंद 4 में है) और इसका लक्ष्य हिन्दुओं को इस पराधीनता से मुक्त करना था।[65]

विवेकानन्द कहीं-न-कहीं मुस्लिमों और इस्लाम की तर्ज पर हिन्दुओं को संगठित करना चाह रहे थे। इसलिए उन्होंने 'वेदान्त के मस्तिष्क को इस्लाम के शरीर' से एकाकार कराने पर बल दिया। इतना ही नहीं इस्लाम की कई बातों से वे प्रभावित जान पड़ते हैं, ऐसा उनके चिन्तन में दिखता है, "मसलन, एकेश्वरवाद, केन्द्रीय धर्मग्रंथ, एक शक्तिशाली ईश्वर में आस्था, आध्यात्मिक एकता और शारीरिक शक्ति।"[66] वे हिन्दू धर्म में कुरान के समतुल्य धार्मिक महत्तावाला ग्रंथ ढूँढ़ रहे थे। कठिनाई यह थी कि "रामायण व महाभारत हिन्दुओं के बीच काफी लोकप्रिय थे, परन्तु वे सिद्धान्तों का समुच्चय नहीं थे। इसीलिए विवेकानन्द ने सार्वभौमिक व ऐक्यकारी बन्धन का निर्माण करने के लिए वेदान्त को चुना।"[67] यही कारण रहा है कि विवेकानन्द की इन कोशिशों की व्याख्या आलोचकों के द्वारा इस तरीके से भी की जाती है। "आलोचकों के एक समूह ने तर्क दिया कि विवेकानन्द का वेदान्त असल में इस्लाम का हिन्दूकरण था, जबकि दूसरों का मानना था कि यह हिन्दू धर्म का इस्लामीकरण था।"[68]

बंगला नवजागरण की तुलना में मराठी नवजागरण पर दृष्टिपात करें तो दिनकर जैसे विद्वान भी ऐसा आकलन प्रस्तुत करते हुए पाए जाते हैं कि "यद्यपि, बंगाल में हिन्दू नवोत्थान की प्रेरणा ने धार्मिक रूप लिया था। किन्तु, महाराष्ट्र में वह आरम्भ से ही सामाजिक रही।"[69] सम्भवतः उनके इस आकलन के मूल में मराठी नवजागरण के आरम्भ में महादेव गोविन्द रानाडे की भूमिका का स्मरण रहा हो, क्योंकि मराठी नवजागरण में रानाडे का महत्त्व और भूमिका तकरीबन वैसी ही रही है, जैसी बंगला नवजागरण में राजा राममोहन राय की रही है। मराठी परिदृश्य में प्रार्थना समाज, आर्य समाज और लोकमान्य बालगंगाधर तिलक के प्रवेश से धार्मिकता का संचार होता है। रानाडे सामाजिक सुधारों के पक्षधर थे, तिलक में धार्मिकता का आग्रह ज्यादा था। ऐसे ही सोचवाले माहौल में महाराष्ट्र में दयानन्द सरस्वती का प्रवेश महाराष्ट्र के पटल पर होता है। बंगाल में धर्म के मोर्चे पर जो बातें हो रही थीं, उन प्रभावों के साथ वे बम्बई आते हैं। 10 अप्रैल, 1875 ई. को बम्बई में 'आर्य समाज' की स्थापना करते हैं। दयानन्द अपने तेवर में राजा राममोहन राय और विवेकानन्द आदि की तुलना में ज्यादा उग्र थे। वे 'योद्धा संन्यासी' की तरह थे।

> यही नहीं प्रत्युत, जो बात राममोहन, केशवचन्द्र और रानाडे के ध्यान में भी नहीं आई थी, उस बात को लेकर स्वामी दयानन्द के शिष्य आगे बढ़े और उन्होंने घोषणा की कि धर्मच्युत हिन्दू प्रत्येक अवस्था में अपने धर्म में वापस आ सकता है एवं अहिन्दू भी यदि चाहें तो हिन्दू धर्म में प्रवेश पा सकते हैं। यह केवल सुधार की वाणी नहीं थी, जाग्रत हिन्दुत्व का समर-नाद था।[70]

यद्यपि अपने तेवर के कारण वे ईसाइयों और मुसलमानों के निशाने पर तो थे ही लेकिन वेदों की तुलना में स्मृति, पुराण और उपनिषद् को कम महत्त्व का बताने के कारण तथा अन्त्यजों को यज्ञोपवीत देकर हिन्दुत्व के दायरे में सम्मानजनक स्थान देने के कारण एवं विधवा-विवाह का समर्थन करने जैसे कई कार्यक्रमों के कारण वे सनातनी हिन्दुओं के निशाने पर भी रहे। हिन्दुत्व को संगठित करने की दिशा में दयानन्द सरस्वती के तीन बड़े योगदान रहे। एक, शुद्धि आन्दोलन जिसे आज के शब्दों में घरवापसी की अवधारणा से जोड़कर देख सकते हैं। दूसरा, ईसाई और इस्लाम धर्म की कमियों का रेखांकन। और तीसरा, भारतीय किस्म की शिक्षा-पद्धति को विकसित करने की दिशा में किया गया उनका योगदान। भारतीय शिक्षा के क्षेत्र में किये गए उनके कामों का भी अपना इतिहास है।

> आर्य समाज ने परतंत्र भारत में एक महत्त्वपूर्ण शैक्षणिक आन्दोलन प्रारम्भ किया। लाहौर में पहले वैदिक स्कूल और फिर बाद में ऐंग्लो वैदिक कॉलेज स्थापित हुआ।[71]

स्वामी दयानन्द के प्रयत्नों से इतर मराठी परिदृश्य में धार्मिकता का विधिवत् प्रवेश 1893-94 ई. के साम्प्रदायिक दंगों से होता है। "इन्हीं दंगों के बाद बालगंगाधर तिलक ने महाराष्ट्र में गणेश-पूजा और शिवाजी-महोत्सव का प्रवर्तन किया, जिससे हिन्दू राष्ट्रीयता के भाव जोर से लहरा उठे।"[72] हिन्दू अस्मिता के दृष्टिकोण से बालगंगाधर तिलक के कालखंड को देखें तो " 19वीं शताब्दी के अन्तिम वर्षों में यह शक्ति पैदा हुई कि अंग्रेजों को राष्ट्रीय संस्कृति में हस्तक्षेप करने से मना किया जा सके। इस दृष्टि से बालगंगाधर तिलक सबसे उग्र दिखाई पड़े।"[73] भारतीय राष्ट्रवाद के गठन की जो प्रक्रिया जारी थी उसमें मराठी नवजागरण में बालगंगाधर तिलक की उपस्थिति एक चक्र के पूरा होने का संकेत देता है। बंगला नवजागरण से होती हुई हिन्दुत्व की जो धारा मराठी नवजागरण तक पहुँचती है, वह तिलक को पाकर इस्लाम और ईसाइयत के बरक्स हिन्दुओं की सामी-पद्धति से संगठित करने की दिशा में तयशुदा मुकाम हासिल कर लेता है। कुरान और बाइबिल के समानान्तर एक हिन्दू धर्मग्रंथ की तलाश जो वेदान्त और वेदों में उलझी थी तिलक गीता के तौर पर उस धर्मग्रंथ को प्रस्तावित करने में सफल हो जाते हैं। हिन्दू धर्म को एक सांगठनिक स्वरूप प्रदान करने में इसकी बहुत बड़ी भूमिका थी। इसके सम्पन्न होने की राह काफी लम्बी थी।

ध्यान रखने की बात यह भी है कि बंगला नवजागरण या मराठी नवजागरण एक दूसरे से बिलकुल जुदा और स्वायत्त किस्म की परिघटनाएँ नहीं थीं। बंगला नवजागरण के सुधारकों और मराठी नवजागरण के सुधारकों का एक दूसरे से सम्बन्ध था। वे किये जा रहे आपसी सुधार-कार्यों से परिचित थे। यही कारण

है कि हिन्दुत्व की विकसित होती चेतना के मद्देनजर इन दोनों नवजागरणों का समवेत तरीके से अध्ययन किया जाए तो ऐसा लगता है कि मानो यह कोई 'रिले रेस' है, जिसमें बैटन या मशाल क्रमशः आगे वाले को थमाई जा रही हो। और एक-एक करके हिन्दुत्व का पूरा स्वरूप आकार लेता दिखता है। जैसे विवेकानन्द कुरान या बाइबिल की जोड़ का हिन्दू धार्मिक ग्रंथ ढूँढ़ रहे थे, जो हिन्दुओं के लिए उतना ही पवित्र और दिशा-निर्देशक हो। लेकिन वे वेदान्त से आगे नहीं बढ़ पाते हैं। बंगाल और बम्बई के बीच सेतु की तरह काम करनेवाले दयानन्द भी वेदों की ओर लौटने की बात कर, इससे पल्ला झाड़ लेते हैं। बल्कि वेदों की तुलना में पुराण, स्मृति और उपनिषदों की अवहेलना उन्हें सनातनियों के निशाने पर ले आती है। हिन्दुओं में धर्मान्तरण की अवधारणा को सम्भव करने का श्रेय उन्हें जाता है, 'घर-वापसी' को साकार करनेवाले योद्धा संन्यासी के रूप में वे इतिहास में दर्ज हो जाते हैं। औपनिवेशिक काल के इस सुधार और नवजागरणवाले दौर में हिन्दुत्व संरचना के धरातल पर जिस ढंग से संगठित हो रहा था। उसमें महाराष्ट्र और तिलक की महती भूमिका उभर कर सामने आती है। तिलक हिन्दुओं के पवित्र और दिशा-निर्देशक ग्रंथ के बतौर 'गीता' को प्रस्तावित करते हैं। सवाल उठता है कि लोकमान्य बालगंगाधर तिलक के पूर्व गीता की ओर हिन्दुत्व के उन्नायकों का ध्यान क्यों नहीं जा सका था? उसके मूल में एक तो हिन्दुत्व की स्वाभाविक और सहज अवस्थिति थी। मतलब यह कि हिन्दू सामी-परम्परा के धर्मों से भिन्न था। एक ईश्वर, एक ग्रंथ, एक पैगम्बरवाला मामला यहाँ नहीं था। बहुलता हिन्दुत्व का प्राणतत्त्व था। लेकिन विदेशी आक्रान्ताओं के हाथों लगातार पराजित होने के इतिहास ने जब आत्ममन्थन का अवसर उपलब्ध कराया तो उसके मूल में चिन्तकों और सुधारकों ने हिन्दुत्व की बहुलतावादी संकल्पना को भी एक जवाबदेह कारण के रूप में पाया। परिणामतः हिन्दुत्व को भी सामी धर्म-परम्परा की तरह गठित करने की एक सचेत-सचेष्ट कोशिश उसके बाद हम पाते हैं। तिलक इस क्रमिकता में जहाँ खड़े होते हैं, वह कई अर्थों में निर्णायक क्षण है। वे हिन्दुत्व की एक प्रचलित समझदारी जिसे हम 'कन्वेंशनल विजडम' कहते हैं, को उलट देते हैं। प्राच्यविदों और भारतविदों ने हिन्दू सभ्यता या धर्म-संस्कृति विषयक जो औपनिवेशिक दृष्टि प्रस्तावित की थी, वह हिन्दुओं को आध्यात्मिक, पारलौकिक चिन्तन में व्यस्त और निवृत्तिमार्गी समुदाय के रूप में व्याख्यायित कर रहा था। इसमें सचाई थी, लेकिन वह सचाई एक अर्थ में विदेशी शक्तियों के पक्ष में सहायक साबित होते आई थी। उसके औपनिवेशिक आशयों को समझें तो धर्म के धरातल से भी एक प्रतिकार या प्रतिरोध की आवश्यकता थी। और इसे नवजागरण के इन हिन्दुत्ववादी विचारकों ने सम्भव कर दिखाया था। इसमें काफी समय लगा। लेकिन अन्ततः ईसाइयत और इस्लाम के मुकाबिले खड़े होने लायक जमीन हिन्दुत्व ने तैयार कर ली थी। उसमें

लोकमान्य बालगंगाधर तिलक के अवदान का अलग से रेखांकन जरूरी है। दिनकर ने तिलक के इस पहलू को कायदे से रेखांकित किया है :

> तिलक हिन्दुओं की पतनशीलता से दुखी थे। वे पराधीनता से क्षुब्ध थे। वे हिन्दू जाति की निवृत्ति भावना से आकुल और उसकी कर्तव्य-विमुखता से अधीर थे। अतएव, गीता की व्याख्या के बहाने उन्होंने समस्त हिन्दू दर्शन को मथकर उसे नवीन कर दिया।...हिन्दुत्व का जो रूप प्रचलित हुआ वह वही था, जिसका आख्यान शंकराचार्य ने किया था। किन्तु, शंकर भी वैदिक धर्म के प्रवृत्तिमार्गी रूप को जनता के समक्ष नहीं ला सके। उन्होंने श्रुति-स्मृति-सम्मत वैदिक धर्म की रक्षा करते हुए जिन दार्शनिक विचारों को उत्थान दिया, वे निवृत्ति के विचार थे। उन्होंने जिस धर्म को जनता के सम्मुख रखा, वह उपनिषदों का संन्यास धर्म था।...गीता पर जो शांकर भाष्य है, वह भी यही शिक्षा देता है कि गीता का मार्ग संन्यास का मार्ग है।[74]

इसके बाद दिनकर ने विस्तार से गीता पर लिखे गए भाष्य और उनके भाष्यकारों की व्याख्या पर टिप्पणी करते हुए इस तथ्य को रेखांकित किया है कि गीता की निवृत्तिमार्गी व्याख्या की एक पूरी परम्परा विद्यमान है। जिसमें क्या शंकराचार्य बल्कि परवर्ती रामानुजाचार्य, मध्वाचार्य, वल्लभाचार्य समेत वे तमाम प्रकांड विद्वान हैं, जिन्होंने प्रस्थान त्रयी की टीकाएँ लिखी हैं। चूँकि तिलक महाराष्ट्र से थे और महाराष्ट्र सन्त ज्ञानेश्वर के द्वारा गीता का भाष्य 'ज्ञानेश्वरी' पर्याप्त लोकप्रिय व ग्राह्य रहा है, तो उन्होंने यह भी बताया कि मराठी में भी और ज्ञानेश्वरी में भी गीता की निवृत्तिमूलक व्याख्या ही उपलब्ध है। मतलब लोक में ऐसी परम्परा उनको नहीं मिली थी, जिसके आधार पर हम यह कह सकें कि तिलक को गीता की प्रवृत्तिमूलक व्याख्या की प्रेरणा वैसे किसी स्रोत से मिली। इसके मूल में महाभारत के युद्ध में अर्जुन का वैराग्य है, जब वे ऐन युद्ध से पहले शस्त्र छोड़कर संन्यास की मुद्रा में आ जाते हैं। तिलक ने इसी बिन्दु को कायदे से पकड़ा था और बताया कि 'गीता' निवृत्ति का नहीं, प्रवृत्त होने की बात करती है :

> हिन्दू जाति इस अति धार्मिकता के महाजाल में फँसी हुई थी। तिलकजी ने पहले-पहल उसके सामने धर्म का व्यावहारिक पक्ष उपस्थित किया और उसे यह बात समझाई कि धर्म वही नहीं है जो स्मृतियों में लिखा हुआ है, प्रत्युत, योग्य उपायों के द्वारा आत्मरक्षा का प्रयास एवं अन्याय का विरोध भी धर्म का अंग है।[75]

यदि लोकमान्य बालगंगाधर तिलक के इस अवदान को समझ सकें तो रामधारी

सिंह 'दिनकर' के इस बात में कोई अतिशयोक्ति नहीं दिखेगी कि :

> इसलिए हमारा मत है कि *गीता* एक बार तो भगवान कृष्ण के मुख से कही गई। किन्तु, दूसरी बार उसका सच्चा आख्यान लोकमान्य ने किया है।[76]

प्रादेशिक नवजागरण : तुलनात्मक आकलन

बंगला नवजागरण और मराठी नवजागरण की तुलना में हिन्दी नवजागरण के धार्मिक-सामाजिक परिप्रेक्ष्य की बात करें तो परिदृश्य थोड़ा बदल जाता है। बंगला या मराठी नवजागरण की भाँति हिन्दी नवजागरण में हम धार्मिक या समाज-सुधारकों की केन्द्रीयता को लक्षित नहीं कर पाते हैं। हिन्दी नवजागरण में समाज-सुधारकों और धर्म-सुधारकों की जगह हम साहित्यिकारों की सक्रियता को ज्यादा पाते हैं। इस दृष्टि से देखें तो हिन्दी नवजागरण का चरित्र सांस्कृतिक ज्यादा रहा है और उसके सांस्कृतिक चरित्र में धर्म, समाज, भाषा-साहित्य के ज्यादातर पहलू समाए हुए हैं। लेकिन उसी रूप में नहीं जिस रूप में बंगला या मराठी नवजागरण में हम पाते हैं। हिन्दी नवजागरण की एक दूसरी विडम्बना यह है कि अस्मिता निर्माण के धरातल पर भी मराठी अस्मिता या बंगला अस्मिता के सामने यह अधूरी ठहरती है। शायद इसकी बड़ी वजह यह भी रही कि प्रादेशिक अस्मिताओं की भाँति अव्वल तो इसने हिन्दी अस्मिता के निर्माण की दिशा में जरूरी संघर्ष नहीं किया। इसका भौगोलिक विस्तार भी हिन्दी भाषी प्रदेश या राज्यों के रूप में इतना व्यापक रहा कि अन्य प्रादेशिक अस्मिताओं की तरह अस्मिता निर्माण की वह प्रक्रिया सघन रूप से चलाई नहीं जा सकी।

इसलिए बार-बार इस बात को ऊपर रेखांकित करता आया हूँ कि बारीकी से देखने पर हर प्रादेशिक नवजागरण कुछ अलग विशिष्टताओं को भी धारण किये हुए है। बंगला और मराठी नवजागरण की तुलना में अवध नवजागरण (हिन्दी नवजागरण) की प्रक्रिया थोड़ी विलम्ब से आरम्भ हुई। हिन्दी अस्मिता के निर्माण की प्रक्रिया भी थोड़ी जटिल रही। हिन्दी भाषी क्षेत्रों का भौगोलिक विस्तार बहुत ज्यादा था और लोक-भाषाओं के स्तर पर भाषिक विविधता भी बहुत थी और खड़ी बोली हिन्दी की तुलना में उनका समृद्ध इतिहास मौजूद था। तो खड़ी बोली हिन्दी को खुद को स्थापित करने के लिए बहुत जूझना पड़ा। भारत में राष्ट्रवाद का एक रूप भाषायी राष्ट्रवाद भी रहा है।

> भारत में राष्ट्रवाद का प्रारम्भ, यह एक तथ्य है, उन्हीं दिनों हुआ जिन दिनों आधुनिक भाषायी अस्मिताएँ प्रकट हुईं और जिनमें अपनी

> साहित्यिक परम्पराओं को आगे रखकर देखने की प्रवृत्ति में तेजी आई, जिसके पीछे वर्तमान को सुदृढ़ सांस्कृतिक आधार प्रदान करने की चेतना शामिल थी।[77]

बंगला और मराठी के लिए भाषा का यह सवाल उस रूप से मौजूद नहीं था, जिस ढंग से हिन्दी के लिए था। यही वजह रही कि चाहे वह हिन्दी भाषा हो या हिन्दी साहित्य दोनों की राह आसान नहीं रही और विकसित होते राष्ट्रवाद की चेतना का असर इसमें साफ-साफ देखने को मिला। जैसे एक ओर तो भाषा के धरातल पर :

> साहित्यिक भाषा के रूप में खड़ी बोली आधारित हिन्दी को ब्रजभाषा से जूझना पड़ा, शासन और अदालती कामकाज की भाषा के सवाल पर अपने ही एक रूप 'उर्दू' से उलझना पड़ा; या फिर अपने नाम और भाषा-प्रकृति को खोकर 'हिन्दुस्तानी' नाम की भाषा की पहचान स्वीकार करने के विचार से संघर्ष करना पड़ा।...एक द्विभाजन बोलियों और खड़ी बोली हिन्दी के बीच का था, जिससे निबटने में हिन्दी को सफलता मिली। दूसरा द्विभाजन हिन्दी और उर्दू का रहा है, जिसे साम्प्रदायिक आधार प्राप्त होता रहा, जिसके कारण समस्या बनी ही रही।[78]

राष्ट्रवाद की धारणा के विकास के साथ-साथ हिन्दुओं और मुसलमानों के बीच की खाई बढ़ती ही चली गई। हिन्दी का भाषायी राष्ट्रवाद सांस्कृतिक राष्ट्रवाद का हिस्सा होता हुआ भी आगे चलकर धार्मिक राष्ट्रवाद के रास्ते चलने से खुद को बचा नहीं सका। आचार्य रामचन्द्र शुक्ल का हिन्दी साहित्य का इतिहास जो 1929 ई. में प्रकाशित हुआ, जिसे हिन्दी साहित्य का पहला पक्का और व्यवस्थित इतिहास होने का दर्जा हासिल है, में इस बात को साफ-साफ लक्षित किया जा सकता है कि भाषा और साहित्य कैसे तत्कालीन राष्ट्रवादी विचारों से खुद को बचा पाने में असफल साबित हुए थे।

> रामचन्द्र शुक्ल के लेखन की हम जब छानबीन करते हैं तो हमारे सामने यह सवाल खड़ा होता है कि उन्होंने हिन्दी की परम्परा में अमीर खुसरो, जायसी, अब्दुल रहीम खानखाना, गुलाम नबी 'रसलीन' और रसखान को तो स्थान दिया, लेकिन क्यों अठारहवीं और उन्नीसवीं शताब्दी के वली दकनी, सौदा, मीर, नजीर आदि खड़ी बोली के समर्थ कवियों की आंशिक चर्चा के बावजूद हिन्दी में उस धारा को अलग रखा?[79]

ऐसे अनेक उदाहरण दिये जा सकते हैं, जो विकसित होते राष्ट्रवाद के असर

को उस दौर के हिन्दी साहित्य और भाषा में साफ-साफ दर्शाते हैं :

"भारत में राष्ट्रवाद का उदय, दूसरे पूर्वी देशों के समान, बहुत हद तक यूरोपीय श्रेष्ठता की प्रतिक्रिया के रूप में हुआ था।"[80] इस राष्ट्रवाद और नवजागरण की संकल्पना के उदय के मूल में एक पारस्परिकता रही है। यह दोनों आधुनिकता के 'बाई प्रोडक्ट' रहे हैं। भारतीय राष्ट्रवाद यद्यपि उपनिवेशवाद विरोधी विचार के तौर पर सामने आया था, पर गुजरते वक्त के साथ वह अपना स्वरूप अपने शर्तों पर विकसित नहीं कर सका। उसका स्वरूप बदलता चला गया और भारतीय राष्ट्रवाद अपने कारणों से उस औपनिवेशिक राजनीति का शिकार होता चला गया। मतलब भारतीय राष्ट्रवाद के वजूद में आने की एक बड़ी वजह विदेशी सत्ता की जगह एक देशी सत्ता की स्थापना थी। सांस्कृतिक गौरव की पुनर्स्थापना से आरम्भ होनेवाला यह प्रयत्न बहुत जल्दी धार्मिक गलियारे में दाखिल हो गया। इसकी बड़ी वजह यह रही कि अधिकांश सांस्कृतिक चिह्न या प्रतीक धार्मिक सन्दर्भों को धारण करते थे। इसलिए यह धार्मिक पुनरुत्थानवाद वाला मामला बनकर रह गया। यूँ भी संसार में पुनरुत्थानवादी आन्दोलनों के मूल में एक धार्मिक चेतना अनिवार्यतः मौजूद देखी गई थी। भारतीय राष्ट्रवाद भी इसका अपवाद नहीं था। फर्क इससे पड़ा कि यहाँ यह हिन्दू और मुस्लिम अस्मिताओं की 'बाइनरी' में विभक्त हो गया और पूरी तर्क श्रृंखला या आख्यान (नरेटिव) इस विभाजन के इर्द-गिर्द विकसित होता चला गया। इससे बचने का कोई तरीका समय रहते नहीं ढूँढ़ा जा सका। यह भारतीय राष्ट्रवाद की एक बड़ी विफलता थी। जिसकी कीमत अन्ततः विभाजन के तौर पर चुकानी पड़ी। राष्ट्रवाद का विचार सुनने में जितना आकर्षक लगता हो, लेकिन पश्चिम से लेकर पूर्व तक जिन राष्ट्रों ने भी इसे अपनाया है, उसने इसकी कीमत चुकाई है। पश्चिम में इस राष्ट्रवाद को हम विश्वयुद्धों के रूप में परिणत होता देखते हैं, तो भारत में विभाजन के तौर पर। भारत में राष्ट्रवाद के विकास के चरणों पर गौर करेंगे तो पाएँगे कि आरम्भिक मुस्लिम आन्दोलन साम्प्रदायिक मनोविज्ञान से चालित होने की बजाय अपने समुदाय के लिए ब्रिटिश सत्ता-संरचना में दखल और सुविधाएँ हासिल करने की प्रयत्नों से चालित था। पर एक के बाद एक बदलते घटनाक्रमों ने जब इसे राजनीतिक स्वरूप प्रदान किया तो हिन्दू साम्प्रदायिकता और मुस्लिम साम्प्रदायिकता इसकी आनुषंगिक इकाइयों में शामिल होती चली गई।

> ब्रह्मसमाज और आर्यसमाज के कार्यक्रम अथवा बंकिम या भारतेन्दु जैसे लेखकों की साहित्यिक अभिव्यक्तियाँ अखिल भारतीय राष्ट्रवाद विकसित करने में एक हद के बाद कारगर नहीं हो सकती थी। उसके लिए राजनीतिक अभियान आवश्यक था, जो 1885 में कांग्रेस के अस्तित्व में आने के बाद ही सम्भव हुआ।[81]

लेकिन कांग्रेस और गांधी अपनी तमाम कोशिशों के बावजूद साम्प्रदायिकता के सवाल को कायदे से सम्बोधित कर पाने में और नियोजित कर पाने में असफल रहे। गुजरते वक्त के साथ क्षेत्रिय और प्रादेशिक अस्मिताओं का भी उदय और गठन आरम्भ हुआ। उसके मध्य भी आपसी टकराव के मौके आते रहे। इसे भाषा के मोर्चे पर देखा जा सकता है कि भारतीय राष्ट्रवाद अपने तमाम दावों के बावजूद राष्ट्रभाषा के सवाल पर राष्ट्रीय सहमति और स्वीकृति का माहौल नहीं बना सका। राष्ट्रभाषा के बतौर हिन्दी का पुरजोर और मुखर विरोध प्रादेशिक अस्मिताओं ने आगे चलकर किया। भले राष्ट्रवाद राष्ट्र के नाम पर एक समग्रतामूलक आख्यान रचने का दावा करता है, जिसमें लघु अस्मिताओं के पास ज्यादा विकल्प नहीं होते हैं। वर्चस्वशाली समूह उनकी सत्ता की नगण्यता का अहसास इस कदर कराते हैं कि उस 'महावृत्तान्त' के आगे समर्पण कर देने के अलावा कोई विकल्प लघु अस्मिताओं के पास नहीं रह जाता है। पर राष्ट्रभाषा के सवाल पर देखें तो प्रादेशिक अस्मिताएँ इस आख्यान को बदल देती हैं। यहाँ भी अंग्रेज भारत की बहुलता का अपने पक्ष में इस्तेमाल कर पाने में कामयाब हो जाते हैं। बहुलता को अपने पक्ष में 'मैनुपुलेट' करने के एक साधन के बतौर भी 'राष्ट्रवाद' की अवधारणा को देखा जा सकता है :

> भारत में एक जातीय व्यवस्था चली आ रही थी, जिसे तोड़ना या जिसका तत्काल रूपान्तरण असम्भव था। एक विस्तृत देश होने के कारण भाषा और क्षेत्र का सन्दर्भ अत्यन्त जटिल था। ऐसे में, यह स्वाभाविक था कि भारत में एकाधिक पहचान की भावना प्रबल हो। अंग्रेजों को सभी पहचानें मान्य थीं, क्योंकि यह उनकी फूट डालो की नीति के अनुरूप थी। देशी जनों की ओर से देखें तो यह एक ऐसी परिस्थिति थी जिसमें छोटे-से-छोटे समूह को भी आगे बढ़कर अपनी पहचान बताने की जरूरत थी, जिसके कारण शक्ति संरचना में उसे स्थान मिल सकता था। ऐसे में सूत्र यह बनता था कि पहले अपने समूह की पहचान पैदा करो, फिर अपनी शर्तों पर राष्ट्रीय चरित्र में ढलो। इस तरह, भारतीय राष्ट्रवाद की तात्त्विकी त्रिआयामी है। उसकी एक दिशा सीमित पहचान को आगे करने की रही है, दूसरी दिशा व्यापक क्षेत्र और भाषा के स्तर पर समुदाय बनाने की है; तीसरी दिशा अखिल भारतीय होने की भावना से सम्बद्ध है।[82]

तो क्या राष्ट्रवाद की कोई उपयोगिता भारतीय सन्दर्भों में नहीं थी? भारतीय राष्ट्रवाद का जो सबसे बड़ा योगदान भारतीय सन्दर्भों में मुझे समझ में आता है वह यह कि इसने कम-से-कम आत्म-निरीक्षण और आत्मावलोकन के मौके भारतीयों

को मुहैया कराए कि उनकी लम्बी पराधीनता के मूल में कौन-से कारण थे? और कैसे उससे निजात पाया जा सकता था? पर इस विशाल देश में किसी के लिए भी अपनी रणनीति को ठीक-ठीक मनवा ले जाना लगभग असम्भव था।

प्रादेशिक नवजागरणों की शृंखला में हिन्दी नवजागरण, बंगला और मराठी नवजागरण की तुलना में थोड़ा कमतर ठहरता है।

> बंगाल में पाश्चात्य ज्ञान की स्वाभाविक प्रक्रिया जिस प्रकार हिन्दू-धर्म के आन्दोलनों में स्पष्ट हुई—वह स्थिति महाराष्ट्र में सर्वथा नहीं उत्पन्न हो सकी। बंगाल में यूरोपीय प्रभाव ने खुले आम हिन्दू मान्यताओं को चुनौती देना आरम्भ कर दिया था, जिसके कारण हिन्दू-सुधारकों को अस्तित्व के लिए हिन्दू-धर्म तथा समाज में परिवर्तन का मार्ग अपनाना पड़ा। दूसरी ओर, महाराष्ट्र में हिन्दू धर्म तथा समाज में प्रचलित असंगतियों के प्रति जनता पहले से जागरूक थी। विशेषकर महाराष्ट्र के सन्तों ने अपने उदात्त धर्मोपदेशों से सच्चे धर्म तथा समाज की व्याख्या जनता को समझाई थी। जाति-प्रथा तथा अनेक धार्मिक आडम्बरों के प्रति महाराष्ट्र की जनता के मन में अधिक आग्रह नहीं था। यही कारण है कि महाराष्ट्र में बंगाल की भाँति धार्मिक आन्दोलन प्रखर रूप में स्पष्ट नहीं हो सके और यहाँ प्रार्थना-समाज वह धार्मिक हलचल उत्पन्न नहीं कर सका जैसा ब्रह्म समाज ने बंगाल के धार्मिक जीवन में किया था।[823]

मतलब यह कि बंगला नवजागरण अपने चरित्र में ज्यादा धार्मिक है, उसकी तुलना में मराठी नवजागरण ज्यादा सामाजिक है और हिन्दी नवजागरण साहित्यिक ठहरता है। इसलिए हिन्दी राष्ट्रवाद के गठन का विश्लेषण करते हुए सुधीर रंजन सिंह एक अलग तथ्य को इस ढंग से रेखांकित करते हैं कि :

> बंगला, मराठी आदि भाषाओं के विकास से जैसे बंगाली अथवा मराठी अस्मिता निर्धारित हुई, वैसी ही हिन्दी के विकास से कोई हिन्दी अस्मिता तैयार नहीं हुई।[84]

इतना ही नहीं इसके कारण जिस हिन्दी भाषी समुदाय के गठन की बात की जाती है, वह अन्य प्रादेशिक अस्मिताओं की तुलना में गठन के स्तर पर ज्यादा असमान और विभाजित है। और अपने तमाम दावों के बावजूद पर्याप्त अन्तर्विरोधों को धारण करती है। उसमें जितना गहरे उतरते जाते हैं, नवजागरण का दावा उतना ही खोखला साबित होता जाता है। सबाल्टर्न दृष्टिकोण से देखने पर नवजागरण की इस पूरी संकल्पना और उसके दावों पर बड़ा प्रश्नचिह्न खड़ा हो जाता है। यह अन्तर्विरोध अन्य प्रादेशिक नवजागरणों में भी देखे जा सकते हैं, पर हिन्दी नवजागरण

की स्थिति उसमें भी थोड़ी अलहदा जान पड़ती है।

बंगला, मराठी और हिन्दी नवजागरण को आमने-सामने रखकर जो बातें रेखांकित करनी थी, वह तकरीबन कर दी गई हैं। एक पहलू रह गया था और वह यह कि इन प्रादेशिक नवजागरणों के भीतर मुस्लिम नवजागरण की धारा भी समानान्तर तौर पर विकसित हो रही थी और जहाँ भी मुस्लिम अस्मिता संगठित और निर्मित हो रही थी, वहाँ इन प्रादेशिक नवजागरणों से क्रिया-प्रतिक्रियावाला सम्बन्ध था ही। लेकिन मुस्लिम नवजागरण पर बात प्रादेशिक नवजागरणों की संरचना के भीतर करने की बजाय अलग से करने की रवायत रही है। कारण साफ है :

> मुसलमानों के पास धर्म के अलावा कोई आधार नहीं था जिसके आधार पर वे अपने हितों की रक्षा की बात कर सकें, और धर्म के कारण ही वे भारतीय अस्मिता का पूर्ण अंग बनने में विफल थे। इस द्वैत को भारतीय राष्ट्रवादी अभियानों में ज्यादा ही गम्भीरता से लिया जाना चाहिए था।[85]

जिसको दुर्भाग्य से लिया नहीं जा सका और यह अपने ढंग से विकसित होता गया। इसके विकास में हिन्दू पुनरुत्थानवाद की महती भूमिका रही। बाद में यह दोनों एक-दूसरे को उत्तेजित करते हुए एक 'प्रतियोगितात्मक साम्प्रदायिकता' के निर्माण में कूद पड़े। इससे बचना लगभग असम्भव था। इसकी परिणति इसी रूप में होनी थी। वजह साफ है, इसके बारे में पहले भी संकेत कर चुका हूँ कि अतीत का गौरवगान सांस्कृतिक प्रतीकों को पुनर्जीवित करने के प्रयासों से आरम्भ हुआ, जिसके इर्द-गिर्द सामुदायिक एकजुटता या जातीय गठन की प्रक्रिया को केन्द्रित किया जा सके। और

> चूँकि अधिकांश सांस्कृतिक चिह्न धार्मिक दायरे में आते हैं, इसलिए यह हिन्दू का भी मामला बना, जो देश के मुसलमानों के खिलाफ जानेवाली बात थी। लेकिन इससे न तो बचा जा सकता था और न ही पृथक् मुस्लिम अभियानों को रोका जा सकता था। हालाँकि हिन्दू अतीत की खोज और उसमें अपनी अस्मिता ढूँढ़ने के प्रयास को, राष्ट्रवाद के चरित्र में लगातार आनेवाले परिवर्तनों को देखते हुए अलगाववादी कहना ठीक नहीं होगा।...मुस्लिम उभार भी शुरू में साम्प्रदायिक मनोविज्ञान का शिकार नहीं हुए।...मुस्लिम साम्प्रदायिकता सत्ता में हिस्सेदारी के विचार से उभरी। 1885 में कांग्रेस अस्तित्व में आई और उसने जल्दी ही साम्राज्यवादी-विरोधी दृष्टिकोण अपना लिया। सैयद अहमद के लिए अवसर था कि वे मुसलमान जागीरदारों के साथ मिलकर अंग्रेजों के प्रति वफादारी का परिचय दें, जिससे मुसलमानों की तरक्की का मार्ग

> प्रशस्त हो सके।...1906 में मुस्लिम लीग की स्थापना के बाद यह मनोविज्ञान मुस्लिम चेतना का अनिवार्य अंग हो गया, जिसे समय-समय पर उग्र रूप धारण करनेवाली हिन्दू साम्प्रदायिकता ने भी पुख्ता होने में मदद की।[86]

बंगाल का विभाजन, मुस्लिम लीग की स्थापना, मोपला विद्रोह, खिलाफत आन्दोलन, द्विराष्ट्र का सिद्धान्त, जिन्ना-सुहरावर्दी समेत कई छोटे-बड़े मुस्लिम चिन्तकों ने भी आगे मुस्लिम साम्प्रदायिकता के गठन की एक समानान्तर प्रक्रिया को गति दे दी। इस दृष्टि से देखें तो :

> तीसरा दशक राष्ट्रवादी उत्थान का काल था, और यह पर्याप्त अन्त:कलह को भी लेकर आया था। मुसलमानों द्वारा खलीफा के लिए किये गए आन्दोलन का हिन्दू जनमानस पर गहरा असर पड़ा था। हिन्दुओं द्वारा जवाबी संगठन बनने लगे थे। 1923 में स्वामी श्रद्धानन्द ने पश्चिमी उत्तर प्रदेश में एक आन्दोलन शुरू किया था, जिसका उद्देश्य शुद्धि आन्दोलन के जरिये घर वापसी के अभियान को अंजाम देना था।... तीसरे दशक में ही दलित प्रश्न मुखर होकर सामने आया, जिसमें बाबा साहब आम्बेडकर की भूमिका अग्रणी थी।[87]

कहने का आशय यह है कि उन्नीसवीं शताब्दी के अन्त में राष्ट्रवाद और नवजागरण की जो पीठिका भारत में निर्मित होनी आरम्भ हुई थी। वह अब प्रभुत्वशाली वर्गों के आपसी अन्तर्विरोधों को न केवल सामने ला रही थी बल्कि प्रादेशिक अस्मिताओं से इतर 'लघु अस्मिताओं' के निर्माण की एक प्रक्रिया को भी गति मिल गई थी। जिन्हें आनुषंगिक और नगण्य मानकर अब तक दरकिनार कर दिया गया था, वे भी अब अपने सवालों के साथ उपस्थित थे। दलित और मुस्लिम सवालों को कांग्रेस और गांधी अपने जानते सुलझा पाने में असफल रहे। तब तक दलित सवालों की तरह जनजातीय सवाल इतनी मुखरता से राष्ट्रीय नेतृत्व से पूछे तो नहीं गए थे लेकिन इसकी राजनीतिक पृष्ठभूमि बन चुकी थी। जनजातीय सन्दर्भों में मरांग गोमके जयपाल सिंह मुंडा की प्रभावशाली उपस्थिति से इस बात को समझा जा सकता है। सांस्कृतिक राष्ट्रवाद बीसवीं शताब्दी के तीसरे दशक तक आते-आते धार्मिक और भाषायी राष्ट्रवाद को लाँघता हुआ राजनीतिक राष्ट्रवाद के रूप में परिणत हो चुका था। भारतीय राष्ट्रवाद के चरित्र में आए इस बदलाव के बारे में एक जरूरी बात एम.एन. राय ने की है और वह यह कि "आधुनिक भारत का राजनीतिक राष्ट्रवाद जल्द अवतरित नहीं हो सकता था क्योंकि उसका उदय बुनियादी तौर पर भारत के पूँजीपति-वर्ग के उदय से जुड़ा था।"

बीसवी शताब्दी के तीसरे दशक तक आते-आते भारतीय राष्ट्रवाद इन सब शर्तों को पूरा करने की स्थिति में आ गया था। यहाँ तक आते-आते भारतीय राष्ट्रवाद के एक बहुआयामी विमर्श में तब्दील हो जाता है, जिसके इतने सूत्र और पहलू हैं कि सबका संकेत तक कर पाना सम्भव नहीं है।

आज जब सबाल्टर्न या जनजातीय दृष्टि से नवजागरण की अवधारणा को देखा जाता है, तो मालूम होता है कि दलित सवालों को तो फिर भी जोतिबा फुले और बाद में चलकर बाबा साहेब आम्बेडकर के प्रयासों से एक हद तक शामिल कर लिया गया था लेकिन जनजातीय उपस्थिति का तो कोई संज्ञान ही कहीं नहीं लिया गया था। जबकि अनदेखी की ऐसी वजहें बिलकुल मौजूद नहीं थीं। इन तमाम अनदेखी के बावजूद जनजातीय धार्मिक-सामाजिक आन्दोलनों के बाद जयपाल सिंह मुंडा की राजनीतिक उपस्थिति और उनके असर को देखें तो मालूम होगा कि कितने प्रभावशाली धारा की अनवरत अनदेखी की जा रही थी। जनजातियों का भी अपना पक्ष हो सकता है, इसका संज्ञान तक लेने की कोई आवश्यकता तब के इतिहास में नहीं दिखती है। या तो धार्मिक अस्मिताओं के धरातल पर चीजें दर्ज की जा रही थीं या प्रादेशिक अस्मिताओं के धरातल पर। थोड़ी सामाजिक चेतना अर्जित करने के बाद दलितों का पक्ष भी देर से ही सही दिखने और मिलने लगता है लेकिन जनजातीय समुदाय की चिन्ता और अपेक्षाओं का कोई संकेत या सूत्र नहीं मिलता है। कहने का आशय यह है कि एक लम्बे वक्त तक जनजातीय सन्दर्भों में यह उपेक्षा बनी रही। इसे अंग्रेजी राज के प्रति अलग-अलग तबकों की प्रतिक्रियाओं से भी देखा-समझा जा सकता है :

> अंग्रेजी राज हिन्दुओं को इसलिए स्वागत योग्य लगा कि इसके कारण मुसलमानों के शासन से मुक्ति मिल गई थी। इस बात के संकेत प्रचुर मात्रा में 19वीं शताब्दी के नवजागरण में मिलते हैं। मुसलमानों को बादशाहत चले जाने का दुख था, लेकिन यह अहसास उन्हें सन्तोष प्रदान कर रहा था कि वे हिन्दू बहुसंख्यक के अधीन होने से बच गए। चूँकि अंग्रेजी राज में सबके लिए समान कानून की व्यवस्था की गई थी, यह दलितों के लिए वास्तव में एक बड़ी बात थी। जोतिबा फुले इसे ब्राह्मणों की गुलामी से मुक्ति के तौर पर देख रहे थे।[88]

लेकिन तब जनजातीय समूह के लिए अंग्रेजी राज कैसा था? इसके बारे में कुछ इस रूप में दर्ज नहीं मिलता है। यदि हिन्दी भाषी क्षेत्र के जनजातीय समुदाय की बात करें तो उसके बारे में जानने के लिए हमें हिन्दी नवजागरण के पास जाना होगा कि देखें वहाँ क्या कुछ दर्ज है? तो मालूम होता है कि जनजातीय सवाल तो दूर-दूर तक वहाँ कहीं दर्ज ही नहीं है। और जब जनजातीय सन्दर्भों में उस देश-काल को

देखते हैं तो मालूम होता है कि किसी मामले में उस वक्त झारखंड की जनजातियाँ नवजागरण के 'फ्रेमवर्क' से बाहर नहीं बैठती हैं। भले उस वक्त झारखंड बिहार का हिस्सा था, और बिहार, उड़ीसा और बंगाल का अलग-अलग अस्तित्व नहीं था। फिर क्यों नहीं आज तक किसी किताब में 'जनजातीय नवजागरण' (ट्राईबल रेनेसाँ) जैसे पदबन्ध का इस्तेमाल हमें देखने को मिलता है? इसके अनेक कारण हैं। जिस पर एक-एक करके हम आगे बात करेंगे। जैसे—नवजागरण के सन्दर्भ में तीन जरूरी घटकों की अनिवार्यता रेखांकित की जाती है—जाति, धर्म और भाषा। इसमें धर्म और भाषा को लेकर तो कोई परेशानी नहीं है, पर जाति के सवाल पर जरूर अलग-अलग नजरिये का पता चलता है। जैसे हिन्दी के मूर्द्धन्य विद्वान रामविलास शर्मा (हिन्दी नवजागरण की अवधारणा के प्रवर्तक और प्रस्तावक) के अनुसार, "जिस सामाजिक इकाई में नवजागरण के कार्य सम्पन्न होते हैं, उसे हम जाति की संज्ञा देते हैं।"[89] मार्क्सवाद के अनुसार जाति की व्याख्या को स्तालिन ने 'मार्क्सवाद और जातीय तथा औपनिवेशिक प्रश्न' नाम की पुस्तक में कुछ इस ढंग से व्याख्यायित किया था कि :

> जाति वह है जो भाषा, प्रदेश, आर्थिक जीवन और मानसिक गठन में एक हो और एक सांस्कृतिक समाज के रूप में उसका ऐतिहासिक विकास हुआ हो। इसके साथ स्तालिन ने यह भी जरूरी शर्त्त जोड़ दी थी, इस बात पर जोर देना आवश्यक है कि उपर्युक्त विशेषताओं में किसी एक विशेषता के न रहने पर ही जाति नहीं बन जाती। इसके विपरीत इन विशेषताओं में एक भी कम हुई तो जातीयता खंडित हो जाती है।[90]

यदि इस विश्लेषण को ध्यान में रखें तो हिन्दी जाति की तुलना में झारखंड के यह तीनों जनजातीय समुदाय (मुंडा, उराँव, सन्ताल) इस कसौटी पर ज्यादा सहजता से खरे उतरते हैं। पर बावजूद इसके 'जनजातीय जागरण' पर कोई बात इतने लम्बे कालखंड में देखने को नहीं मिलती है। इसके बारे में ध्यानाकर्षण कराने पर यह बात निकलती है कि कुछ सवालों के पूछे जाने का तब शायद वक्त नहीं आया था। लेकिन ऐसा कहते हुए हम यह भूल जाते हैं कि कुछ सवाल इतिहास की कोख से पैदा होते हैं, जिसकी अनदेखी सम्भव नहीं होती है। तब तो और भी नहीं जब जनजातियाँ खुद अपनी अनदेखी पर इतिहास के दरवाजे पर आकर दस्तक देने लगी हों। उनके संघर्षों और लड़ाइयों के ब्योरों का इतिहास के पन्नों से तकरीबन गायब रहना हैरान करता है। बजाय उनका संज्ञान लेने के उनके इतिहास को कमतर समझने और विकृत करने की चेष्टाएँ भी दिखती हैं। जैसे क्या आपने कभी गौर करने की जरूरत महसूस की कि इस देश में कुछ जनजातीय समुदायों को क्यों आपराधिक जनजाति की श्रेणी में डाल दिया गया? क्यों उनके लिए

'क्रिमिनल ट्राईब' या 'जरायम पेशा' जैसे पदबन्धों का इस्तेमाल किया गया? क्यों उन जनजातियों में जन्म लेनेवाले नवजातों तक को अपराधी मान लिया गया? क्यों जनजातीय समुदाय से आनेवाले नायक का नाम ही नकारात्मक अर्थ में स्थापित कर दिया गया? राजेन्द्र प्रसाद सिंह लिखते हैं :

> 20वीं शताब्दी से पहले दुनिया में किसी ने भी बदमाश के अर्थ में 'गुंडा' शब्द का प्रयोग नहीं किया। हिन्दी में 'गुंडा' शब्द अंग्रेजों की फाईल से आया है, तब जब 20वीं शताब्दी के पहले दशक में बस्तर के आदिवासी स्वतंत्रता सेनानी गुंडा धूर को अंग्रेजों ने गुंडा (बदमाश) मान लिया। भारतीयों की नजर में गुंडा धूर स्वतंत्रता सेनानी थे, मगर अंग्रेजों की नजर में बिगड़ैल, बदमाश।

एक अन्य सन्दर्भ में पुनः दिलीप चन्द्र मंडल लिखते हैं :

> मंगल पांडेय सिर्फ अपना धर्म बचा रहे थे, अगर अपने धर्म पर खतरा नजर न आता तो मंगल पांडे स्वतंत्रता सेनानियों पर गोलियाँ दाग रहे होते। वहीं तिलका माँझी देश और जमीन बचा रहे थे।

लेकिन आप देखिए कि तिलका माँझी इतिहास में कहीं दर्ज नहीं हैं, मंगल पांडेय हर जगह दर्ज हैं। झारखंड के स्कूलों के इतिहास में भी मंगल पांडेय मिल जाते हैं पर नहीं मिलते हैं तो सिदो-कान्हू, चाँद-भैरव, फूलो-झानू, सिनगी दई, जतरा टाना भगत, तिलका माँझी, भगीरथ माँझी आदि। देश के आजाद होने के बाद भी 'क्रिमिनल ट्राईब्स ऐक्ट' बचा रह जाता है? बिरसा मुंडा की प्रतिमा को भारतीय संसद तक पहुँचने में कितने वर्ष लग जाते हैं?

नवजागरण एक अर्थ में नई विश्व-व्यवस्था (न्यू वर्ल्ड ऑर्डर) का भी प्रस्तावक होता है। इसलिए जहाँ कहीं भी नवजागरण के सम्पन्न होने के दावे किये जाते हैं, वहाँ इस 'न्यू वर्ल्ड ऑर्डर' जैसी चीज को देखा जा सकता है। इस दृष्टि से भी विचार करें तो जनजातीय समाजों में यह नई सामाजिक, आर्थिक, राजनीतिक संरचना को थोपने की स्पष्ट कोशिशों को देखा जा सकता है। और इसके स्वीकार अथवा प्रतिकार के स्पष्ट चिह्नों को जनजातीय इतिहास में देखा जा सकता है। बावजूद इसके जनजातीय नवजागरण की अवधारणा पर कोई बात नहीं मिलती है।

जैसे अन्य प्रादेशिक नवजागरणों के उदय के मूल में यूरोपीय श्रेष्ठता एक चुनौती के रूप में उपस्थित रही है। उसी ढंग से देखें तो जनजातीय नवजागरण के मूल में यूरोपीय श्रेष्ठता के साथ गैर-जनजातीय आबादी की उपस्थिति भी प्रतिक्रिया की एक बड़ी वजह रही है। आज का झारखंड तब के बिहार का हिस्सा था और

बिहार बंगाल का हिस्सा था। बंगाल का आभिजात्य वर्ग अपनी श्रेष्ठता-बोध से ग्रस्त था। इसलिए खुद अधीन होने के बावजूद वह अन्य उपादानों से एक प्रादेशिक श्रेष्ठता का गौरव-बोध अर्जित करने की दिशा में सक्रिय था। औपनिवेशिक राज को अपने उन्नयन का अवसर मानकर उस भद्रवर्ग ने श्रेष्ठता-बोध को अर्जित करने के संसाधन उपलब्ध कर लिये थे। बंगला नवजागरण उस प्रादेशिक श्रेष्ठता-बोध का भी एक प्रतीक था। मराठी नवजागरण दूसरे किस्म के प्रादेशिक श्रेष्ठता-बोध का उदाहरण था। खुद को अन्यतम साबित करने की एक होड़ थी, जिसका प्रारूप साम्राज्यवादी और औपनिवेशिक था। परिणामत: नवजागरण के इन प्रादेशिक मॉडलों ने आन्तरिक औपनिवेशन की एक दूसरी प्रक्रिया को खुद जन्म दे दिया था। झारखंड एक लम्बे समय तक इस आन्तरिक औपनिवेशन का शिकार रहा। जातिगत सोपानों में भी जिन जनजातीय समूहों को सम्मानजनक स्थान प्राप्त नहीं था, उन समुदायों को इतिहास में बराबरी की जगह कैसे दी जा सकती थी? उनके इतिहास का संज्ञान भी कैसे लिया जा सकता था? लेकिन आगे के अध्यायों में हम देखेंगे कि बिना किसी आधुनिकता-बोध के अपने अनुभवों से इन जनजातीय समुदायों ने कैसे विश्व की अपने वक्त की सबसे बड़ी साम्राज्यवादी शक्ति को बार-बार पीछे ढकेलने का काम किया। लेकिन बंगाल और महाराष्ट्र के आभिजात्य वर्ग की तरह अंग्रेजी राज को अपने उन्नयन के अवसर के रूप में नहीं देखा। संकट के तौर पर ही देखा। अनवरत संघर्ष का मार्ग उन्होंने चुना। प्रादेशिक नवजागरणों का समझौता और अनुकूलनवाला रास्ता उन्होंने अख्तियार नहीं किया। सही अर्थों में 'देशज जागरण' का कोई मॉडल हो सकता है तो वह इन जनजातीय समुदायों के यहाँ देखा जा सकता है। जरूरत इस बात की है कि मुख्यधारा की नवजागरण की सैद्धान्तिकी से इतर जाकर इनके अपने मॉडल की विशिष्टताओं का अध्ययन-विश्लेषण किया जाए।

जनजातीय समुदायों के मध्य यह जागरण कैसे घटित होता है? इस पर सविस्तार चर्चा हम अगले अध्यायों में करेंगे। यहाँ इतना ही निवेदन करना है कि अगर प्रादेशिक नवजागरणों की तर्ज पर जनजातीय नवजागरण की संकल्पना को प्रस्तावित करना हो तो उसके लिए पर्याप्त तथ्य और ब्योरे मौजूद हैं। जैसे संसार में कहीं भी नवजागरण की बात की जाती है, तो उसके मूल में एक सभ्यतागत संघर्ष और सांस्कृतिक टकराव को अनिवार्यत: देखा गया है। इस टकराव से उत्पन्न ऊर्जा से ही नवजागरण की परिघटना साकार होती है। झारखंड अपनी दुरूहता और अगम्यता के कारण एक तरीके से ऐसे किसी भी सभ्यतागत संघर्ष से सत्रहवीं शताब्दी तक बचता आया था। लेकिन सत्रहवीं शताब्दी के बाद यह स्थिति बनी नहीं रह सकी। बिलकुल नये किस्म के अनुभवों से उसे दो-चार होना पड़ा। एक नई सामाजिक-राजनीतिक-धार्मिक-आर्थिक व्यवस्था उस पर आरोपित कर दी गई। दूसरे शब्दों में उस पर एक नई विश्व-व्यवस्था लाद दी गई। यह सही अर्थों में दो

सभ्यताओं और दो मूल्यों का संघर्ष था। इस संघर्ष में जाहिर है स्थितियाँ पूर्ववत नहीं रह जानी थीं और नहीं ही रह गईं। लेकिन इसका कितना नफा-नुकसान हुआ यह अलग से आकलन का विषय है। जो बात रेखांकित किये जाने योग्य है, वह यह कि इस आरोपित 'न्यू वर्ल्ड ऑर्डर' का जनजातीय समुदायों ने अपने जानते भरसक प्रतिकार किया। उस प्रतिकार के ब्योरों से गुजरना एक साथ त्रासद और दुखद होने के साथ गौरव से भर देनेवाला भी है। मेरा उद्देश्य उन ब्योरों को तरतीब भर देने का है। कोई चाहे तो 'जनजातीय जागरण' जैसे पदबन्ध का इस्तेमाल कर सकता है, इसके लिए अपेक्षित प्रमाण मौजूद हैं। पर वैसा करके शायद इन जनजातीय समुदायों के संघर्षों के साथ न्याय नहीं किया जा सकता है। इसलिए पुनः कह रहा हूँ कि कोई चाहे तो इसमें उल्लिखित बातों के आधार पर 'जनजातीय नवजागरण' (ट्राईबल रेनेसाँ) की अवधारणा को प्रस्तावित कर सकता है। कारण स्पष्ट है कि उससे कमतर साक्ष्यों और तथ्यों के आधार पर हम 'हिन्दी नवजागरण' की अवधारणा को भी अस्तित्वमान देख रहे हैं। पर इस शोध का उद्देश्य मूल रूप से औपनिवेशिक काल में झारखंड के जनजातीय सामाजिक-धार्मिक आन्दोलनों को अन्य प्रादेशिक नवजागरणों के बरक्स रखकर इसकी विशिष्टताओं और सीमाओं का रेखांकन है। यह तुलनात्मकता ही अपने-आपमें मेरे लिए महत्त्वपूर्ण है। इसमें यह शोध कितना कामयाब है, यह तो पाठक ही तय करेंगे। पर इतना तय है कि इससे जनजातीय समुदाय और उनके ऐतिहासिक सन्दर्भों को समझने में और वर्तमान में उनकी राजनीतिक माँगों को समझने में एक आवश्यक मदद मिलेगी।

अध्याय-2

औपनिवेशिक काल में झारखंड के धार्मिक-सामाजिक जनजातीय आन्दोलनों का ऐतिहासिक परिप्रेक्ष्य

ऐतिहासिक परिप्रेक्ष्य

झारखंड के इतिहास को कालक्रमिकता के हिसाब से संयोजित कर पाना एक दुष्कर कार्य है। प्राचीन झारखंड की बनिस्पत मध्यकालीन झारखंड के बारे में ऐतिहासिक साक्ष्य ज्यादा उपलब्ध हैं। मध्यकालीन झारखंड के अलग-अलग भूभागों के बारे में जो छोटी-बड़ी जानकारियाँ मिलती हैं, उसके आधार पर इसकी टुकड़ों में ही सही एक तसवीर तो बनती है। "कयूमुद्दीन अहमद मध्यकालीन झारखंड के बारे में रेखांकित करते हैं कि इस अवधि में यहाँ 'स्टेट फार्मेशन' और उसके सुदृढ़ीकरण की प्रक्रिया कुछ भागों में आरम्भ हो चुकी थी, इसमें बाहर से आई जातियाँ भी शामिल थीं और यहाँ की जातियाँ तो थीं ही। सुरजीत सिन्हा अनुमान से कहते हैं कि इस समय अर्थात् 13वीं से 16वीं शताब्दी तक बड़ाभूम, पटकुम और पंचेत में आदिवासियों का साम्राज्य स्थापित हो चुका था।"[1] इसका यह आशय कतई न निकाला जाए कि उससे पहले जनजातीय समुदायों ने राज्य-निर्माण की दिशा में कोई पहल नहीं की थी। झारखंड के शासक राजवंशों का इतिहास लिखनेवाले सुख चन्द्र झा अपनी किताब में रामायण, महाभारत समेत वैदिक युग तक से साहित्यिक साक्ष्य इस सन्दर्भ में रखते हैं। सबाल्टर्न इतिहास की अवधारणा के अस्तित्व में आने के बाद और अस्मितामूलक विमर्श की चेतना से संवलित जनजातीय समुदायों में बौद्धिकों की एक नई पौध ने दस्तक दी है, जिन्होंने अपने इतिहास, समाज, दर्शन, संस्कृति के सवालों को नई रोशनी में देखना आरम्भ किया है। अकादमिक क्षेत्र में भी इस दिशा में किये जानेवाले शोध में तेजी आई है, जिसने जनजातीय समुदायों के सन्दर्भ में पुरानी सोच को बदलने की दिशा में बहुत तेज गति से काम किया है।

जब हम जनजातीय राजवंशों की बात करते हैं या उनके राज्य या साम्राज्य की बात करते हैं तो यह बात थोड़ी अजीब लगती है, कारण कि इनके बारे में हमें

न तो इतिहास में पढ़ाया गया है और न ही अन्य सन्दर्भों में कभी बताया गया है। बंगाल के पाल और सेन राजवंश (730-1200 ई.), उत्तर-पश्चिम भारत के गुर्जर और प्रतिहार (816-1194 ई.), दक्षिण-मध्य भारत के राष्ट्रकूटों (750-973 ई.) और चोल वंश (850-1310 ई.) की तुलना में झारखंड के चेरो राजवंश की चर्चा की जाए तो अच्छे-भले शिक्षित भी इस राजवंश के नाम पर चौंकने की मुद्रा में आ जाते हैं। यदि झारखंड के चेरो-खेरवार के साथ, गोंडवाना के गोंड और असम के अहोम राजवंशों को शामिल कर लें तो एक अलग ही इतिहास की दुनिया हमारे आँखों के सामने खुल जाती है। मुख्यधारा के अकादमिक पूर्वाग्रहों ने जनजातीय समुदायों की ऐसी छवि निर्मित कर रखी है, जिसमें हम उन्हें आखेटक, संग्राहक, पशुपालक, कृषक के तौर पर ही देख पाते हैं, शासकों के बतौर नहीं। जबकि वास्तविकता इससे हटकर है। अव्वल तो हर जनजातीय समुदाय कई विशिष्टताओं को धारण करता है लेकिन प्रत्येक जनजातीय समुदाय के लिए एक स्टीरियोटाईप छवि गैर-जनजाति समूहों ने बना रखी है। केवल झारखंड के जनजातीय समुदायों की बात करें तो उनमें बिरहोर एक भ्रमणशील जनजाति है। बिरिजिया और पहाड़िया झूम की खेती करनेवालों में से हैं। सन्ताल, मुंडा, हो, खड़िया, उराँव, बेदिया झूम की बजाय व्यवस्थित खेती करनेवाले अग्रणी जनजातीय समूहों में से हैं। और चेरो-खेरवार-भूमिज तो राजवंशीय शासक जनजातियाँ रही हैं। शासक जनजातीय समूहों में दूसरे जनजातीय समुदाय भी सहभागिता करते रहे हैं। जैसे मुंडा-उराँव-पहाड़िया भी अंग्रेजों के शासन के पूर्व प्रभुत्वशाली शासक-समूह और सत्ता-समूहों के तौर पर झारखंड के भूभाग पर मौजूद रहे हैं। पर कालचक्र का शिकार होकर वे पराभूत अवस्था में चले गए। उस श्रीहीन और आभाहीन जीवन को देखकर उनके बारे में अजीबोगरीब धारणाएँ न केवल निर्मित की गईं बल्कि आम जन पर थोप दी गईं। इस प्रचलित समझदारी के निर्माण की पूरी प्रक्रिया पर रणेन्द्र टिप्पणी करते हुए कई बातों को सिलसिलेवार तरीके से रेखांकित करते हैं :

> अकादमिक जगत एवं लोकप्रिय विमर्शों में जनजातीय समुदायों की चर्चा और अध्ययन-लेखन का सामान्य नजरिया मानवशास्त्रीय रहा है यानी ये विमर्श उनकी भ्रमणशीलता-शिकार-भोजनसंग्रहण से शुरु कर झूम खेती-व्यवस्थित कृषि-कर्म तक जाकर थम जाते हैं। उनकी प्रभुत्वशाली शासक, सत्ता-समूह के रूप में चर्चा इन विमर्शों के हर रूप में सिरे से गायब है।...वेरियर एल्विन, गुहा, शरतचन्द्र राय, विद्यार्थी आदि मानवशास्त्रियों ने अपने फील्डवर्क और अकादमिक कार्यों से जनजातीय समाज और मानवशास्त्र को पर्यायवाची बना दिया।... बहरहाल, जनजातीय समाज को विश्लेषित करने के मानवशास्त्री

नजरिये के अलावा एक अन्य नजरिया राष्ट्रवादी इतिहासकारों का भी है। इतिहास-लेखन के 'सरकारी दस्तावेज ही सच्चे प्रमाण हैं' वाले वस्तुनिष्ठ सिद्धान्त का अनुकरण करनेवाले इतिहासकारों (राष्ट्रवादी-कुछ-कुछ सबाल्टर्न भी) ने जनजातीय इतिहास के लेखन के नाम पर ब्रिटिश काल की क्रान्तियों/उलगुलानों/विद्रोहों की शृंखला परोस दी।[2]

कमोवेश झारखंड के जनजातीय समुदायों पर किये जानेवाले अधिसंख्य काम उपर्युक्त दृष्टियों का ही पिष्टपेषण करते नजर आते हैं।

हम मध्यकालीन झारखंड को एक प्रस्थान बिन्दु के तौर पर रखकर औपनिवेशिक काल के झारखंड को कुछ अन्य सन्दर्भों के हवाले से देखने की कोशिश करते हैं कि क्या कुछ निकलकर आता है। जैसा कि अब हम इस तथ्य से परिचित हैं कि मध्यकाल न केवल भारत में अपितु संसार के अन्य हिस्सों में भी विदेशी आक्रमणकारियों के आने और बसने का कालखंड है। मध्यकाल में न केवल नई-नई टुकड़ियाँ अलग-अलग देशों का रुख करती हैं बल्कि वहाँ के परम्परागत शासकों और आबादियों के लिए बड़ी और अलग-अलग किस्म की चुनौती खड़ी करती है। इसका भयावह प्रभाव वहाँ की परम्परागत राजनीतिक-सामाजिक-सांस्कृतिक व्यवस्था पर दिखता है। भारत के सन्दर्भ में और विशेषकर झारखंड के सन्दर्भ में हम विचार करें तो पाते हैं कि यह दौर सल्तनत काल और मुगल काल का ठहरता है और मुगलकाल तक झारखंड एक तरीके से मुगल राज्यसत्ता के प्रभाव में शेष उत्तर और दक्षिण भारत की तुलना में अप्रभावित तो जरूर बना रहता है, लेकिन पलामू, राजमहल के कुछ हिस्से इसकी चपेट में आ जाते हैं और बाद में छोटानागपुर का इलाका भी उससे अछूता नहीं रह जाता है। संख्या में तो यह घटनाएँ बहुत कम हैं। लेकिन वह एक-दो घटनाएँ ही झारखंड के सन्दर्भ में ऐतिहासिक तौर पर इतना दूरगामी प्रभाववाली साबित होती हैं कि अब वापस जब उसका विश्लेषण करते हैं तो यकीन कर पाना मुश्किल होता है कि इन छोटी और नामालूम-सी लगनेवाली घटनाओं ने इस क्षेत्र के भविष्य को इस कदर प्रभावित किया। मुगलों से पहले खिलजी के इस भूभाग से गुजरने का जिक्र मिलता है। उसके बाद अफगान शासक शेरशाह की चर्चा कतिपय विस्तार से मिलती है। खिलजी अपने दक्षिण अभियान के क्रम में यहाँ से होकर गुजरता है तो "शेरशाह सैन्य और आर्थिक लाभ के लिए बंगाल के एक वैकल्पिक मार्ग के तौर पर झारखंड के तेलियागढ़ी वाले रास्ते से परिचित था।"[3] शेरशाह की मृत्यु के बाद जाहिर है कि मुगलों ने शेरशाह के दखल किये गए भूभाग को अपने अधिकार-क्षेत्र में शामिल कर लिया। 1596 ई. में अकबर के सेनापति मानसिंह ने राजमहल को बंगाल की राजधानी बनाकर इस भूभाग में नये सत्ता समीकरणों को जन्म दे दिया था। चाहे

वह अफगान शासक शेरशाह हो या अकबर और उसके बाद के मुगल बादशाह, एक बार जब उन्हें छोटानागपुर के आसपास पाए जानेवाले हाथियों और हीरों की जानकारी हो गई तो फिर इन दो कारणों से वे लगातार इस भूभाग को गाहे-बगाहे याद करते रहे। इस सिलसिले में सर्वप्रथम 1510 ई. के आसपास शेरशाह के एक अभियान का जिक्र मिलता है—"'स्याम चन्द्र' नाम के एक हाथी पर कब्जे को सुनिश्चित करने के लिए शेरशाह छोटानागपुर के राजा के विरुद्ध एक सैन्य अभियान भेजता है।"[4] लेकिन इस अभियान का कोई दूरगामी प्रभाव इतिहास में दर्ज नहीं है। 'अकबर के शासन-काल में इस बात का जिक्र मिलता है कुकराह या खुकराह या खुखरा (छोटानागपुर को तब इसी नाम से जाना जाता था) के राजा का ओहदा घटा कर महज एक सहयोगी का कर दिया जाता है।'[5] लेकिन असल प्रभावकारी घटना घटती है, जहाँगीर के शासन-काल में। "जब जहाँगीर (छोटा) नागपुर पर आक्रमण करने के लिए इब्राहिम खान को भेजता है और इब्राहिम खान राजा दुर्जन साल को बन्दी बनाकर अपने साथ ले जाता है। यह घटना 1616 ई. में घटती है। ग्वालियर के किले में उसे कैद किये जाने का विवरण मिलता है।"[6] फिर हीरा की असलियत परख सकने की काबिलियत के कारण दुर्जन साल को 1628 ई. में रिहा कर दिया जाता है। पर यह रिहाई यूँ ही नहीं हो गई थी। इतिहास में इस बात के प्रमाण मिलते हैं कि :

> दुर्जन साल को प्रतिवर्ष 6000[7] रुपया नजराना मुगलिया सल्तनत को देना मुकर्रर हुआ था। इसी के साथ दुर्जन साल को पहले की भाँति राजा की पदवी से विभूषित कर दिया गया था। ऐसी भी सूचना मिलती है कि दुर्जन साल के अनुरोध पर उसके साथ बन्दी अन्य राजाओं को भी रिहा कर दिया गया था। दुर्जन साल को 'शाह' की उपाधि से सम्मानित किया गया था और तब से उनके बाद के छोटानागपुर के उनके तमाम उत्तराधिकारी इस उपनाम (टाईटल) को अपने नाम के साथ जोड़ते आ रहे हैं।[8]

"ऐसी भी धारणा है कि मुगल साम्राज्य के बादशाह का अनुकरण करते हुए शाह का उपनाम धारण किया गया था।"[9] तदुपरान्त "1632 ई. में शाहजहाँ (छोटा) नागपुर सहित पलामू को 1,36,000 रुपये के सालाना किराये पर जागीर के तौर पर पटना के सूबेदार को दे देता है।"[10] इन घटनाओं को याद करने का आशय यह है कि मुगल सल्तनत को दी जानेवाली मालगुजारी की वसूली की एक पद्धति इस क्षेत्र में विकसित होती है। दूसरा इसी से जुड़ा एक अजीब वाकया है, जो ऐतिहासिक दृष्टि से देखने पर बिलकुल भी महत्त्व का नहीं जान पड़ता है। लेकिन उसने इस क्षेत्र की पूरी 'डेमोग्राफी' को बदलने में ऐतिहासिक भूमिका निभाई। और

वह कुछ इस प्रकार घटित हुआ कि जहाँगीर की कैद से आजाद होने के बाद जब दुर्जन साल वापस छोटानागपुर लौटा तो किसी अवसर पर उसके साथ ग्वालियर किले में बन्द अन्य राजा भी बाद में उससे मिलने आए। और उन राजाओं को यह देखकर भारी निराशा हुई कि छोटानागपुर का राजा एक आम आदमी की तरह मामूली छान-छप्पर वाले घर में रहता है। तब उन्होंने ही कारीगर से लेकर निर्माण में लगनेवाले तमाम सामग्री-संसाधन उपलब्ध कराए कि राजा के पास अपना महल होना चाहिए। डोइसागढ़ में इसी क्रम में पाँच मंजिला नवरतनगढ़ का निर्माण हुआ। लेकिन यह निर्माण दुर्जन साल के शासन-काल में नहीं हुआ बल्कि ऐसा बाद में हुआ। यद्यपि डोइसागढ़ (नवरतनगढ़) के निर्माण को लेकर भी इतिहासकारों के मध्य गहरे मतभेद हैं। अलग-अलग इतिहासकार, झारखंड के इतिहास के विशेषज्ञ इसमें एक-दूसरे से भिन्न राय रखते देखे जा सकते हैं।[11] श्रुतियों से इतर अभिलेख के आधार पर जो बात मिलती है, वह यहाँ रख रहा हूँ। "तीन पुराने अभिलेखों दो-जगरनाथ मन्दिर पर और तीसरा कपिलनाथ जी के मन्दिर पर-से हमें ज्ञात होता है कि दोइसा में वास्तुशिल्पीय कार्यकलाप कम-से-कम 1710 से 1711 ई. तक जारी रहा था। ऐसा दुर्जन साल के परपोतों महाराजा राम साही देओ और कुँवर हरीनाथ साही देओ के समय में हुआ था जब कई मन्दिरों का निर्माण कराया गया था।"[12] उसके बाद एक राजा के जीवन में जिस किस्म की सुख-सुविधाएँ होनी चाहिए। उन सब ऐशो-आराम की चीजें जुटाने के क्रम में गैर-आदिवासी आबादी की आमद इस क्षेत्र में धीरे-धीरे होने लगी। छोटानागपुर के नागवंशी राजाओं में अपनी राजधानी को बदलने की एक प्रवृति देखी जा सकती है। सामरिक और आर्थिक कारणों से उन्होंने कई बार अपनी राजधानी या कहें आवासन का स्थान बदला था। सुतियाम्बे, चुटिया, डोइसागढ़, पालकोट, रातू में स्थित नागवंशी किलों या उसके अवशेषों को इसी सिलसिले में देखा जा सकता है।

इसी सन्दर्भ में एक बात और ध्यान देने की है कि यद्यपि छोटानागपुर का राजा जैसा ओहदा मौजूद तो था, लेकिन छोटानागपुर के इस राजा की अपनी भूमि पर प्रत्यक्ष शासन या सीधा दखल सरीखा वास्तविक अधिकार नहीं था। यह आलंकारिक किस्म का एक ओहदा था। मतलब राजा के पास वैसे वास्तविक अधिकार नहीं थे, जिसका बोध राजा जैसे शब्द से हमें परम्परागत तौर पर प्राप्त होता है। लेकिन वह बेहद सम्मानित पद था। जिसके प्रति छोटानागपुर के अलग-अलग गाँव के मुंडा-मानकी आदि स्वेच्छा से नजराना आदि पहुँचाया करते थे। यह रकम से इतर फसल और उपज के तौर पर भी दिया जाता था। जो कमी रह जाती थी, उसकी पूर्ति राजा के प्रति व्यक्त किये जानेवाले सम्मान और श्रम द्वारा कर दी जाती थी। सत्रहवीं शती में जब बाकायदा देश की केन्द्रीय राज्यसत्ता द्वारा मालगुजारी बाँध दी गई तब इस परम्परागत सम्मान और नजरानावाली पद्धति से काम नहीं चल

सकता था। परगना, मौजा, जागीरदार, ठीकेदार आदि फारसी के शब्द हैं, जो इस बात की पुष्टि करते हैं कि जमीन की पैमाइश आदि का एक आधार मुगल काल में विकसित हो चुका था। इन सबके बावजूद 'राजा' जो पदबन्ध है, वह झारखंड के इतिहास को समझने की दृष्टि से खासा दिक्कततलब शब्द है। मतलब 'राजा' कहने-सुनने से आमतौर पर जो छवि मन में कौंधती है, झारखंड के राजवंशों पर काम करनेवाले इतिहासकार उस समस्या से अवगत कराते हुए बताते हैं कि "कई बार इन स्टेट के राजाओं के बारे में सुनकर मन दुविधाग्रस्त हो जाता है कि यह वाकई में इन सम्प्रभु रियासतों के स्वतंत्र शासक रहे थे या इनकी बड़ी जमींदारी-भर थी, जिनके स्वामित्व में बड़ा भूभाग-भर था। इस दुविधा को दूर करने के लिए मान गोविन्द बैनर्जी ने 'जमींदार' शब्द से ध्वनित होनेवाले तीन अर्थों को झारखंड के सन्दर्भ में रेखांकित किया है। पहला, एक स्वतंत्र राजा या सम्प्रभु हिन्दू राजकुमार। दूसरा, सैन्य अभियान या किसी समझौते या परम्परागत रूप से मालगुजारी अदा करनेवाले के लिए। और तीसरा, मुगल दरबार के किसी अधिकारी के लिए। मुगलों के झारखंड में पाँव धरने के पहले राजा शब्द से पहला अर्थ ध्वनित होता था, तब वे पूर्ण सम्प्रभुता और स्वतंत्रता का अनुभव किया करते थे। बाद के वर्षों में इन स्वतंत्र शासकों ने मुगलों का आधिपत्य स्वीकार करके सहयोगी की भूमिका में आ गए, पर अपनी आन्तरिक सम्प्रभुता बनाए रखी। ऐसे प्रमुख यद्यपि मुगल राजा कहकर सम्बोधित किये जाते थे, लेकिन अपने शासकीय दस्तावेजों में उन्हें जमींदार के रूप में दर्ज करते थे।"

इस तरह देखें तो मुगल काल में ही इस भूभाग के राजा कहे जानेवाले शासक मुगलों का आधिपत्य स्वीकार करके अपनी आन्तरिक सम्प्रभुता के साथ मुगल सत्ता के सहयोगी की भूमिका में आ गए थे, जिसे मुगल सत्ता कहती भले राजा हो पर अपने शासकीय दस्तावेजों में वह उन्हें जमींदार के बतौर ही देखा करती थी। जनजातीय परम्पराओं में एक बात और थी कि उनके यहाँ राजा अग्रगण्य-भर था, (फर्स्ट अमंग इक्वल्स)। वह कोई विशेषाधिकार सम्पन्न बहुत विशिष्ट व्यक्ति नहीं था। जैसा गैर-जनजातीय समुदायों में अमूमन देखा जाता था। मुगलों के बाद अंग्रेज जब इस भूभाग में आए तो शासकीय दस्तावेजों से 'राजा' की यही जमींदार वाली समझदारी उन्होंने विकसित की। समस्या इससे नहीं हुई, समस्या हुई जब वे उनकी आन्तरिक सम्प्रभुता को अपने ढंग से नियंत्रित करने की चेष्टा करने लगे। यह अप्रत्याशित और अनपेक्षित हस्तक्षेप था, जो अब तक इस भूभाग में इस बड़े पैमाने पर घटित नहीं हुआ था। इसकी शुरुआत यूँ तो राजस्व उगाही के क्रम में मालगुजारी के मामले से हुई।

ईस्ट इंडिया कम्पनी के आगमन के साथ राजस्व उगाहीवाली प्रक्रिया में न सिर्फ तेजी आई बल्कि जमीन का व्यवस्थित दस्तावेजीकरण (प्रॉपर डाक्यूमेंटेशन)

आरम्भ हुआ। छोटानागपुर के राजा के पास रुपये-पैसे की तुलना में जमीन इफरात में थी। तो उसने जमीन के मार्फत ही लगान उगाही का रास्ता तलाशा। लेकिन बात वही थी कि जमीन पर जमीनी तौर पर तो अलग-अलग जनजातियाँ मौजूद थीं। उनकी उन जमीनों से बेदखली या मालगुजारी वसूली के बगैर राजा का राजस्व बढ़ नहीं सकता था। तो जमीन की लूट का एक अन्तहीन सिलसिला आरम्भ हुआ, इसका एक आधार तो पहले से मौजूद था। पहले से मौजूद इस आधार को समझने के लिए फिर एक बार पीछे की ओर लौटना होगा।

तब छोटानागपुर में मुंडाओं का शासन था। वहीं मुंडाओं की वंश-परम्परा में नागवंशियों का प्रवेश होता है। यद्यपि मुंडाओं की विरासत में नागवंशियों के प्रवेश की कथा को स्वीकार करने में कई अड़चनें हैं। लेकिन यह इसी रूप में मिलती हैं और अब इसे छोटानागपुर के इतिहास में इसी रूप में उद्धृत किया जाता है। कम-से-कम नागवंशी तो इसे इतिहास के तौर पर स्वीकार कर ही चुके हैं। पर इसके बावजूद कई सवाल हैं जो अपनी जगह कायम हैं। मुंडाओं की परम्परा में नागवंश का प्रवेश भारतीय इतिहास की एक अद्‌भुत घटना है, जहाँ मिथकीय कथा (जनमेजय का नागयज्ञ) से निकला हुआ एक नाग (पुंडरीक) जनजातीय इतिहास में न सिर्फ प्रवेश करता है, बल्कि उनके पूरे इतिहास और विरासत को बिना एक बूँद खून गँवाए हस्तगत कर लेता है। मुंडाओं के मानकी मदरा मुंडा के दौर में यह कहानी मुंडाओं की तब की राजधानी सुतियाम्बे[13] में घटित होती है। जहाँ मदरा मुंडा अपने पुत्र के ऊपर अपने दत्तक या पालित पुत्र फणि मुकुट राय को तरजीह देते हुए उसे अपना उत्तराधिकारी चुनते हैं। नागवंशियों के इतिहास में इस घटना की गणना के पश्चात् इसका समय 64 ई. के आसपास का निर्धारित किया जाता है।[14] इस दृष्टि से देखें तो ईस्वी की शुरुआत से ही इस क्षेत्र में नागवंशियों की उपस्थिति को वैधता मिल जाती है। इस तरह जनजातीय परम्परा में एक गैर-जनजातीय राजा का इस क्षेत्र में उदय होता है। साथ ही जनजातीय क्षेत्र में हिन्दू धर्म-परम्परा को माननेवाली एक गैर-जनजातीय वंश-परम्परा का विकास होता है। यह जो जनजातीय विरासत में अनायास गैर-जनजातीय उपस्थिति है, वह अपने साथ अलग-अलग किस्म की गैर-जनजातीय 'प्रैक्टिस' के लिए भी जमीन तैयार करने का काम करती है। नागवंशियों के दावा (क्लेम) को भी दो हजार साल की वैधता हासिल हो जाती है। पर जाहिर-सी बात है कि इस देश में इतिहास और मिथक की संकल्पना एक दूसरे से जुदा रही हैं। मिथकीय घटनाओं को इतिहास के तौर पर स्वीकार करने को एक 'ऑर्ग्यूमेंटेटिव इंडियन' आसानी से तैयार नहीं होता है। इतिहास उसके लिए तर्क और प्रमाण के दायरे में आता है और मिथक आस्था और विश्वास के दायरे में। इसलिए ऐतिहासिकता की पुष्टि के लिए उसका इतिहास-सम्मत होना आवश्यक है। जनमेजय के नागयज्ञ से निकले नाग की

मिथकीय कथा से इतर एक इतिहास-सम्मत तथ्य को प्रस्तावित करते हुए लाल चन्द्रमणि नाथ शाहदेव बताते हैं :

> एक नागवंशी पुरखे के अनुसार छोटानागपुर के नागवंशी प्राचीन मगध साम्राज्य के शिशुनाग से सम्बद्ध हैं। नन्द के हाथों शिशुनाग की पराजय के बाद अपने सगे-सम्बन्धी की प्राणों की रक्षा के लिए नागवंशी वहाँ से दक्षिण की ओर पलायन कर गए और छोटानागपुर पहुँचे, जहाँ मुंडा निवास करते थे।[15]

इस सन्दर्भ में और भी एकाध मत उपलब्ध हैं जैसे कुमार सुरेश सिंह लिखते हैं कि "छोटानागपुर के नागवंशी कवर्धा नागवंशी हैं जो मध्य भारत से गोंड के द्वारा पराजित किये जाने पर छोटानागपुर आए थे।"[16] खैर, इस पर विवाद हो सकता है कि वस्तुतः हुआ क्या था। पर नागवंशियों के छोटानागपुर आने के बाद जो चीजें सामाजिक धरातल पर घटित होती हैं उसकी ओर मानवशास्त्री एस. सी. राय ने संकेत करते हुए लिखा है :

> इस तरह क्षेत्र में एक राजा का उदय हुआ था और 'नागवंशी' सरदार प्रदेश की आबादी का चुना हुआ मुखिया बना था।...ऐसा प्रतीत होगा कि शुरुआत में आरम्भिक बाशिन्दों अथवा खूँटकट्टीदारों, जो इस तरह से राजा के आधिपत्य के आगे नतमस्तक हो गए थे, को उसके समक्ष सिर्फ सम्मानदायक उपस्थिति दर्ज करानी होती थी। कर्नल डॉल्टन कहते हैं, 'वे राज्य के रक्षक योद्धा पंक्ति बनाते थे। वही विशेषज्ञ आगे कहते हैं, 'शेष भाग (गाँव में बसे हुए बाहरी लोग) भोजन और वस्त्र जुटाते थे।' श्री वेबस्टर लिखते हैं, 'हिन्दू जागीरदार के प्रदेश में अपना ठौर जमाने से पहले किसी जमींदार के नहीं रहने के कारण, कोई लगान सम्भव नहीं हो सकता था।[17]

इस दिशा में यद्यपि नजराना, भेंट, मालगुजारी वगैरह की एक प्रथा बहुत सख्त तरीके से तो नहीं पर सम्मान व्यक्त करने के स्तर पर बाद के दिनों में देखने को मिलती है। लेकिन मुस्लिम शासन-काल में इस दिशा में एक स्थायी मालगुजारी जैसी चीज उभरती-सी दिखती है, जिसमें सत्रहवीं-अठारहवीं शती में थोड़ी तेजी आती है। अठारहवीं शती में खासकर क्योंकि 1765 में बंगाल के साथ यह हिस्सा भी ईस्ट इंडिया कम्पनी के अधीन हो जाता है। और अंग्रेजों के हाथ जाने के साथ ही इतने कारक आ जुटते हैं कि जनजातीय समुदायों के पास एकजुट होकर प्रतिरक्षात्मक आन्दोलन आरम्भ करने के अलावा कोई विकल्प नहीं रह जाता है।

अब सवाल यह उठता है कि आदिवासियों के द्वारा ऐसे प्रतिरक्षात्मक

आन्दोलन क्यों आरम्भ होते हैं? इन प्रतिरक्षात्मक आन्दोलनों के मूल में एकजुटता की जमीन तैयार करने में धर्म और जातीय (सामुदायिक) आधारों की कैसी भूमिका रही है? इसलिए इसे भी अपने विषय के सन्दर्भ में देखना जरूरी है। दरअसल इन प्रतिरक्षात्मक आन्दोलनों के मूल में आदिवासियों की वंशानुगत या पुश्तैनी जमीन की लूट का मामला है। उनकी स्वायत्तता और स्वतंत्रता के हनन का मामला है। इस पर विस्तार से कई किताबों में चर्चा है तो उसके विस्तार में हम नहीं जाएँगे। बावजूद इसके कतिपय संक्षेप में यह देखने की कोशिश करेंगे कि जनजातियाँ इतनी बेबस या लाचार कैसे हो गईं?

कई बार हम जिन चीजों को गौरवान्वित कर रहे होते हैं, उसके निहितार्थों को ठीक से पूरी सामाजिक प्रक्रिया में नहीं देख पाते हैं। मसलन जनजातीय जीवन जल, जंगल, जमीन और जन्तु के इर्द-गिर्द इस कदर केन्द्रित है कि बाहरी दुनिया में पसरे वस्तुओं के अपार संसार के बगैर आदिवासियों का जीवन खूब आनन्द से चलता आया था, इस सच को हम अत्यन्त गौरवपूर्ण मान लेते हैं। एक तरह से यह सच भी है। पर यह सिक्के का केवल एक पहलू है। इसके दूसरे पहलू को हम कम देख पाते हैं जो इससे अभिन्न रूप से जुड़ा है और ज्यादा चिन्ताजनक है। वह यह कि इस किस्म की 'आत्म-सक्षम' और स्वायत्त किस्म के जीवन ने जनजातीय समुदाय को बाहरी दुनिया की गतिविधियों से काट दिया था। इस कारण बाहरी दुनिया की गतिविधियों और 'सर्वाइवल' की चालाकियों से वे परिचित नहीं हो सके थे। निश्छलता, भोलापन, सहज विश्वास और एक बालसुलभ मासूमियत उनके स्वभाव का अभिन्न हिस्सा बन चुका था। अब भी उनकी दुनिया में बोली या जबान की कीमत थी। एक मौखिक परम्परा थी, जिसको प्रमाणित करना ऐन मौके पर हमेशा चुनौतीपूर्ण साबित होनेवाला था। सभ्यतागत विकास मौखिक परम्परा से काफी आगे निकल चुकी थी। हम आगे देखेंगे कि लिपि और तथाकथित मुख्य भाषा की समझदारी के अभाव में न केवल उन्हें अयाचित यातनाएँ सहनी पड़ीं बल्कि अपूरणीय ऐतिहासिक क्षति उठानी पड़ी।

यह सब कुछ जिस ढंग से घटित हुआ उसके साक्ष्य तो मौजूद हैं, पर उसे संयोजित करने की कोशिशें कायदे से नहीं हुई हैं। इस दिशा में हाल के वर्षों में सामने आए शोध के आलोक में 'विसियस सर्किल' की महत्त्वपूर्ण अवधारणा को समझना जरूरी हो जाता है। इस 'कुचक्र' को समझे बिना और उसकी समझदारी को विकसित किये बिना जनजातियों के असन्तोष और माँगों को समझा नहीं जा सकता है। इतिहासकार भांग्या भूख्या और सुरजीत सिन्हा ने उस इतिहास चक्र को रेखांकित करने की कोशिश की है कि कैसे जनजातीय राजवंश मुगलों, मराठों व ब्रिटिश हुक्मरानों के हाथों प्रताड़ित होते हुए वंचना के उस इतिहास का हिस्सा हो गए हैं, जिसमें उसकी गौरव गाथाएँ विस्मृत कर दी गईं। वे कभी इस भूभाग के

राजा हुआ करते थे जो अब मामूली बाशिन्दों में तब्दील कर दिये गए हैं। इससे उनका वैभवपूर्ण इतिहास तो नेपथ्य में डाल दिया गया पर उनकी दरिद्रता और पिछड़ेपन को ही रेखांकित किया गया। गौर से देखें थोड़े बदले रूप में यहाँ भी सभ्यता का अभियान जारी था।

क्या है यह 'विसियस सर्किल'? या वह शातिर कुचक्र जिसके कारण न केवल झारखंड की अपितु भारत-भर के जनजातियों के प्रति मुख्यधारा में कई किस्म के पूर्वाग्रह मौजूद हैं। इस पूर्वाग्रह में खुद के प्रति एक अहमन्यता और श्रेष्ठता का बोध मौजूद है तो जनजातियों के प्रति एक किस्म की हीनता ग्रंथि। हीनता ग्रंथि से उपजी एक सहानुभूति का भी भाव है। और भी कई अपमानजनक ग्रंथियाँ मौजूद हैं। यह धारणाएँ और पूर्वाग्रह और प्रचलित समझदारी एक दिन में निर्मित नहीं हुई हैं। इसके निर्माण में शताब्दियाँ खर्च हुई हैं। उस पूरी ऐतिहासिक प्रक्रिया के प्रति एक किस्म की अनभिज्ञता मौजूद है। इस अनभिज्ञता के कारण ही हम उस 'शातिर कुचक्र' (विसियस सर्किल) से आज तक परिचित नहीं हो सके हैं। पर दुर्भाग्यपूर्ण यह है कि इस सन्दर्भ में जो अकादमिक बौद्धिक प्रयत्न होना चाहिए था, उसका हिन्दी में खासकर अभाव है। इस सन्दर्भ में जो सर्वाधिक उल्लेखनीय कार्य है, वह भांग्या भूख्या का है। और वह इस कदर महत्त्वपूर्ण है कि पूरी किताब उद्धृत करने लायक है। भांग्या भूख्या दो-तीन बुनियादी सवालों के आलोक में जनजातीय इतिहास को खँगालना आरम्भ करते हैं। दिलचस्प बात यह है कि यह सवाल इतने मौजूं होने के बाद भी हमारे संज्ञान में कभी जगह नहीं बना पाए और इन सवालों के आलोक में अतीत का जब अवगाहन किया गया तो जनजातीय इतिहास का वह कोना रोशन हो उठा जिसके बारे में मुख्यधारा की मालूमात न के बराबर है। यह दो सवाल थे :

> आखिर सभ्यता पहाड़ों और जंगलों का रास्ता क्यों तय नहीं कर सकी? उससे भी महत्त्वपूर्ण बात यह कि जनजातियों ने राज्यों को छोड़कर उसके सीमान्त में रहना क्यों स्वीकार किया? यह हाशिया, सीमान्त या परिधि आज अनुसूचित क्षेत्र के नाम से जाना जाता है।...इस हाशिये का निर्माण राज्य-निर्माण की प्रक्रिया के साथ-साथ इस देश में घटित होता है। इस निर्माण के मूल में राज्य के मुख्यक्षेत्र और स्वायत्त समुदायों के मध्य का आपसी संघर्ष रहता आया है। यद्यपि हाशिये के निर्माण की यह प्रक्रिया आज एक वैश्विक परिघटना के बतौर मौजूद है। विभिन्न प्रायद्वीपों से लेकर प्रादेशिक स्तर पर तरह-तरह के हाशिये मौजूद हैं। भारत में आर्यों के आगमन और उनके राज्य-निर्माण की प्रक्रिया के साथ ही केन्द्र के बरक्स परिधियों के निर्माण की प्रक्रिया आरम्भ हो जाती है। सल्तनत काल और मुगल काल में इस प्रक्रिया में तेजी आती

है, लेकिन यह अपने चरम पर ब्रिटिश औपनिवेशिक काल में पहुँचती है।...युद्ध, विनाश, हिंसा, मालगुजारी, जातिगत दमन और प्रताड़ना भारत में राज्य-निर्माण की प्रक्रिया के अंग रहे हैं। इस राज्य-निर्माण की प्रक्रिया में कई स्वायत्त और आत्मनिर्भर समुदायों को लगभग बाहरी सीमान्तों में शरण लेना पड़ा, जहाँ राज्य का कोई दखल नहीं था, कहना नहीं होगा कि यह क्षेत्र पहाड़ और जंगलों से आच्छादित थे। और तब से मैदानी भागों से जंगलों और पहाड़ों के रहवासियों ने सचेत तौर पर एक सभ्यतागत दूरी बनाए रखी है। औपनिवेशिक शासकों ने बदनीयती के साथ पहाड़ और मैदानों के बीच एक प्रशासनिक विभाजन पैदा किया और पहाड़ और जंगल के रहवासियों को अलगाकर आदिम, बर्बर और असभ्य के बतौर स्थापित कर दिया। हिन्दू जाति आधारित समाज और जंगल में रहनेवाले समुदायों को सभ्यता के दो ध्रुवों की तरह प्रस्तुत किया गया। यद्यपि ऐतिहासिक धरातल पर इन समुदायों के मध्य अन्तर के कई सूत्र मौजूद थे, पर राजनीतिक तौर पर जो बात निर्णायक थी वह यह कि इनमें से केन्द्रीकृत ढाँचा वाला समाज और राज्य था, दूसरा उसके बनिस्पत स्वायत्त और स्वशासन वाला।[18]

यह अपेक्षाकृत लम्बा उद्धरण केवल इसलिए कि 'मुख्यधारा की प्रचलित समझदारी' के निर्माण के ऐतिहासिक परिप्रेक्ष्य को समझा जा सके और कैसे यह जनजातियों के प्रति पूर्वाग्रहमूलक रहा है? भांग्या भूख्या केन्द्र और परिधि के विभाजन को एक राजनीतिक कार्यवाही के तौर पर देखते हैं, न कि किसी प्रशासकीय या भौगोलिक विभाजन की तरह। वे मुख्यधारा और हाशिये के इस विभाजन को एक ऐसी राजनीतिक कार्यवाही के तौर पर भी देखते हैं, जिसने सांस्कृतिक विभाजन को भी जन्म दिया। यह ठीक है कि साम्राज्यवादी शक्ति चाहे वह प्राचीन भारत की साम्राज्यवादी शक्तियाँ रही हों, मध्यकालीन भारत की या फिर औपनिवेशिक भारत की, इन सबने जनजातियों को हाशिये में ढकेलने का काम किया। लेकिन वे इसे सफलतापूर्वक अंजाम देने में कैसे सफल रहीं? उनकी नीति क्या थी? यह नीति सचेत तौर पर कब से इस देश में अपनाई गई? जनजातीय इतिहास-लेखन की कठिनाइयों का सन्धान करते हुए रणेन्द्र इस सन्दर्भ में वह जरूरी तथ्य लेकर आते हैं :

ये गण समुदाय अथवा जनजातीय समुदाय साम्राज्यवादी व्यक्तियों के लिए शुरू से ही समस्या रहे हैं। कौटिल्य के 'अर्थशास्त्र' में भी इस जटिल समस्या के बारे में विचार किया गया है इसके अन्तर्गत यह विचार रखा गया है कि जनजातीय संगठन तथा उनकी एकता को तोड़ा जाना था और उन्हें अपने अधीन लाया जाना जरूरी था। किन्तु यह

> भी स्पष्ट है कि इन सभी लोगों का पूर्ण रूप से संहार नहीं किया जा सकता था। इसलिए किसी नई व्यवस्था के अधीन इनके पुनर्वास का कोई तरीका खोजने की माँग हुई। वास्तव में किस प्रकार का तरीका अपनाया गया, इस सम्बन्ध में हम पूर्ण रूप से स्पष्ट हैं और इसका श्रेय कौटिल्य की स्पष्ट राज्य-नीति को है। कौटिल्य ने दो बातें सुझाईं। पहली यह कि जनजातियों के इन लोगों की एकता भंग करने के बाद उन्हें इकट्ठा न रहने दिया जाए। यदि ऐसा होने दिया गया तो युद्ध में पराजय के बावजूद वे फिर जनजातीय एकता की ओर आकृष्ट होंगे जो स्वाभाविक ही है और तब वे अपनी खोई हुई स्वाधीनता को फिर से प्राप्त करने के लिए हथियार उठा लेंगे। इसलिए पहला कार्य जनजातियों के लोगों को बिखरा देने का था। यहाँ से हम दूसरी बात पर पहुँचते हैं जो जनजातीय लोगों के सम्बन्ध में कौटिल्य की नीति की सबसे महत्त्वपूर्ण बात है। कौटिल्य ने वे कौन-से तरीके सुनाए जिनसे इन लोगों को पुनर्स्थापित किया जाना था? कौटिल्य ने कहा कि इन लोगों को दस या पाँच परिवारों के छोटे-छोटे गाँवों में बसाया जाना चाहिए और उन्हें कृषि-कार्यों में लगाना चाहिए। (पंचकुलिम दसकुलिम वाष्यायाम् निवेसयेत, वही) ये गाँव अलग-अलग रहने चाहिए और इसलिए इन्हें आत्मनिर्भर होना चाहिए। यह बात प्रथम सिद्धान्त में ही निहित है। इस बात का पूरा ध्यान रखा जाना चाहिए कि इन छोटे-छोटे समूहों के बीच रहनेवाले लोगों के आपस में सम्पर्क में आने की कोई सम्भावना न हो।[19]

इस उद्धरण के बाद इस बात को आसानी से समझा जा सकता है कि जनजातियों की एकजुटता को खंडित करने की कितनी सुचिन्तित तैयारी प्राचीन काल से इस देश में जारी है। अलग-थलग कर देने के बाद जनजातियों को 'एकाकी' (आइसोलेटेड) कहने का चलन भी हमारे प्रचलित समझदारी में शामिल है। इस तरह 'मेनलैंड' के समानान्तर कई 'पेरिफेरी' का निर्माण राज्य और साम्राज्य के भीतर किया गया। अलगाने और सीमान्तों में बसाने की इस रणनीति के दूसरे ब्योरों और ऐतिहासिक प्रक्रिया की अन्य बारीकियों को सामने लाने का काम भांग्या भूख्या बहुत जतन से करते हैं। वे 'मेनलैंड' और 'पेरिफेरी' के इस द्वैत को जाति (कास्ट) और जनजाति (ट्राइब) के द्वंद्व के तौर पर भी देखते हैं। जाति और जनजाति के साथ बौद्धिकों ने जो आचरण किया है, उसकी असंगति पर उँगली रखते हुए वे रेखांकित करते हैं कि जाति (कास्ट) को इतिहास के अध्ययन का विषय बना दिया गया और जनजाति (ट्राइब) को मानवशास्त्र और समाजशास्त्र के खाते में डाल दिया गया। जनजातियों

को एन्थ्रोपोलोजिकल और सोशियोलॉजिकल स्टडी का हिस्सा साम्राज्यवादी और उपनिवेशवादी नीति का हिस्सा थी। दुर्भाग्यपूर्ण यह रहा कि अंग्रेजों के जाने के बाद भी स्वाधीन भारत में उसी औपनिवेशिक नीति का अबाध अनुसरण जारी रहा। स्वतंत्र भारत में भी विभिन्न जनजातियों को समाजशास्त्रीय और मानवशास्त्रीय अध्ययन का विषय बना दिया गया। आजादी के बाद आन्द्रे बेते के शोधपूर्ण अध्ययन ने वर्ग, जाति और जनजाति के मध्य के अन्त:सम्बन्धों की पड़ताल के क्रम में एक महत्त्वपूर्ण तथ्य रेखांकित किया :

> भारत की जनजातियों और किसान जनता (पीजेंट्री) में कोई अन्तर नहीं है। यह एक ऐसी प्रस्तावना थी जिसने आगे चलकर जनजातीय अध्ययन की दिशा बदल दी। आन्द्रे बेते ने यह बताया कि 'ट्राइब' को एक अलग श्रेणी बताना ऐतिहासिक जरूरत थी, जो सभ्यता के गोद में विकसित हुई थी, इसके जरिये केन्द्रीकृत ढाँचे वाले समाज और जनजातीय समुदायों के मध्य साहचर्य को दिखाया जा सकता था, और जातियों और जनजातियों के साहचर्य को रूमानी भावबोध की तरह प्रस्तावित किया जा सकता था।[20]

यह साहचर्य में निहित रूमानी भाव बोध से आशय यह है कि इस शब्द के कारण मैदान और जंगल के निवासियों के मध्य व्याप्त तनाव का बोध नहीं हो पाता है। साथ ही सह-अस्तित्व जैसा पदबन्ध जनजातियों के युद्ध, संघर्ष, प्रतिरोध, प्रतिद्वंद्विता, विद्रोह आदि के इतिहास को अँधेरे की गर्त में ढकेल देता है। नन्दिनी सुन्दर ने केन्द्र और परिधि की इस संकल्पना के अलग पहलू को उजागर करते हुए लिखा है :

> पूर्व-औपनिवेशिक काल में ऐसा नहीं था कि राज्यों के सीमान्त राज्य की व्यापक अर्थव्यवस्था से अक्षुण्ण या अप्रभावी नहीं थे, बल्कि प्रादेशिक अर्थव्यवस्था के निर्माण में उनकी महती भूमिका थी। औपनिवेशिक हस्तक्षेप ने इन स्थानीय अर्थव्यवस्था का नाश करके जनजातियों को एक परित्यक्त क्षेत्र में तब्दील कर दिया। नन्दिनी सुन्दर का मानना है कि औपनिवेशिक ताकतों ने ही 'कास्ट' और 'ट्राईब' का भेद पैदा किया। नन्दिनी की चिन्ता में यह बात शामिल थी कि पूँजीवादी व्यवस्था ने इन जनजातीय क्षेत्रों को पूरी तरह से कभी आत्मसात नहीं किया। इसी सिलसिले को आगे बढ़ाते हुए अर्चना प्रसाद एक दूसरी मान्यता पर सवाल खड़ा करती हैं कि ऐसा नहीं है कि आदिवासी अनन्त काल से जंगलों में रहते आ रहे थे और झूम की खेती किया करते थे। वे

बताती हैं कि मध्य भारत की जनजातियाँ मराठों के उदय के पहले तक व्यवस्थित खेती किया करती थीं। हिन्दू प्रवासियों के अनवरत हाशियेकरण की प्रक्रिया का परिणाम रहा कि जनजातियाँ झूम की खेती के लिए मजबूर हुईं।...प्रसाद मानती हैं कि इस वजह से जनजातियाँ खुद को मजदूर-वर्ग के तौर पर रूपान्तरित नहीं कर सकीं, साथ ही उनके भूभाग पूँजीवादी अर्थव्यवस्था के दायरे में आने से भी रह गए।[21]

वैसे भांग्या भूख्या सह-अस्तित्व के मूल में प्रसाद और सुन्दर की तरह केवल रूमानियत का भाव नहीं देखते हैं, बल्कि उसे जनजातियों के एक 'सर्वाइवल स्ट्रेटजी' के तौर पर देखते हैं, जिससे गैर-जनजातीय आबादी से अपने भूभाग को सम्प्रभु बनाए रखने में उन्हें सहायता मिली थी। इसकी व्याख्या करते हुए वे जो बात रेखांकित करते हैं वह अद्‌भुत है। वे लिखते हैं :

उनकी कृषि, धर्म, सामाजिक व्यवस्था और उसका विस्तार सब कुछ सचेत ढंग से ऐसे तैयार किया गया था कि वह राज्यसत्ता के प्रभाव से अक्षुण्ण रहे। उनके लिए आदिम अवस्था सभ्यता का निषेध न होकर विकसनशील सभ्यता की समान्तर प्रवाहमान 'एंटीथीसिस' थी। स्कॉट ने इस नुक्ते का विस्तार करते हुए लिखा कि पहाड़ी समुदायों के रूखे आचरण के मूल में उनका सभ्यता के दौड़ में पीछे छूट जाना नहीं है, जैसा कि आमतौर पर विकासवादी मानते हैं। पर दरअसल ऐसा है नहीं, जिस प्रारूप को लोग बर्बरता समझते हैं, वह एक द्वितीयक किस्म का आदिमवाद (सेकेंडरी प्रिमीटिविज्म) है। स्कॉट बताते हैं कि पहाड़ी रहवासियों ने 'बर्बरता और आदिमता' को स्वेच्छा से उद्‌देश्यपूर्ण तरीके से न केवल राज्यसत्ता से बचने के लिए अपनाया था बल्कि साथ ही उस वर्चस्व की भावना से अपने समुदाय को बचाने के लिए भी अपनाया था जो राज्य जैसी संरचना में आबादी के एक क्षेत्र में जुटने से पैदा होती है।[22]

मतलब जनजातियों ने 'बर्बरता और आदिमवाद' को एक किस्म के सुरक्षात्मक ढाल के तौर पर विकसित किया था। ऐसा नहीं है कि इन मतों की आलोचना हो नहीं सकती है या की नहीं गई है। पर इन मतों को यहाँ रखने का उद्‌देश्य इतना-भर है कि जनजातीय सन्दर्भों को देखने की कितनी दृष्टियाँ मौजूद हैं। हर दृष्टि इस समुदाय के इतिहास को नई रोशनी में देखने को प्रेरित करता है। ऐसी ही एक दृष्टि भांग्या भूख्या और प्रस्तावित करते हैं :

अंग्रेजों के आगमन के पहले तक भारतीय इतिहास में जनजाति के

जाति में परिणत होने की और जाति के जनजाति में तब्दील होने की परिघटनाएँ मौजूद थीं।[23]

हम जिस संस्कृतिकरण की प्रक्रिया से परिचित हैं, उसमें जातियों की पदसोपानिकता के क्रम-बदलाव की समझदारी तो शामिल थी, लेकिन उसमें जनजातियाँ भी शामिल थीं, इस ओर हमारा ध्यान नहीं जा पाता था। अब इस विचार के आलोक में भारत के इतिहास पर गौर करें तो पाएँगे कि ऐसे कई उदाहरण मौजूद हैं जहाँ जनजातियों के शासक होने का उदाहरण मौजूद है बल्कि राजपूतों से वैवाहिक सम्बन्ध तक के उदाहरण मौजूद हैं। इससे यह बात भी समझ में आती है कि क्षत्रिय से इतर राजपूत शब्द का प्रचलन कैसे हुआ होगा? इतिहास को बँधे-बँधाए खाँचों में देखने की जो आदत हो गई है, उसके कारण बाजदफा नई स्थापनाएँ नहीं निकलकर आ पाती हैं। सबाल्टर्न इतिहास ने इतिहास को देखने के जो कुछ नये 'टूल्स' उपलब्ध कराए हैं, उससे कम-से-कम इतना तो हुआ है कि नित नये पहलू उजागर हो रहे हैं। आप गौर करें तो पाएँगे कि सत्ता-संरचना अपने वर्चस्व के बल पर मुख्यधारा के मिथकों को भी इतिहास के बतौर प्रस्तावित करती रहती है, अपने इतिहास-बोध को अपने राजनीतिक लक्ष्यों के अनुरूप परिमार्जित और संशोधित करने की दिशा में अनवरत क्रियाशील दिखती है। इन मिथकों का इतिहास के सन्दर्भ में जब जनजातीय दृष्टिकोण से पाठ किया जाता है तो इतिहास कैसे करवट लेता है, उसे समझने की आवश्यकता है।

पीछे हमने छोटानागपुर के मुंडा शासकों की चर्चा करते हुए यह दिखलाया कि कैसे नागवंशी शासकों का उदय होता है। नागवंशी शासक कैसे मिथक और इतिहास दोनों के मार्फत अपनी वैधता अर्जित करने की कोशिश करते हैं। जब वे ऐसा कर रहे होते हैं तो मिथकों में निहित लोक-विश्वास की ताकत का इस्तेमाल कर रहे होते हैं। इन मिथकों का अब तक इस्तेमाल वर्चस्वशाली तबका ही करता आया था। हाशिये पर मौजूद जनजातियाँ इन मिथकों में कोई फेरबदल किये बगैर जब इतिहास के साथ रखकर उसका पाठ करती हैं तो इतिहास वैसा नहीं रह जाता है जैसा उस क्षण से पहले था। हम सब आर्यों के भारत आगमन की घटना को इतिहास में पढ़ते आए हैं। आर्य और वेदों की महानता की बातें भी सुनते आए हैं। इस सब को फिर से सामने रखते हुए केवल जनजातीय पहलू पर थोड़ा बल दे देने से इतिहास को देखने के नजरिये में कितना बदलाव आ जाता है। इसे इस उदाहरण से समझने की कोशिश करते हैं :

> भारत में परिधि (पेरिफेरी) के निर्माण की पड़ताल करें तो इसका इतिहास अतीत में आर्यों के आगमन की घटना से आरम्भ होता है। आर्यों ने पहले-पहल आदिम नाग समुदाय को पराजित कर अपने कदम पंजाब

की धरती पर रखे थे और उसके बाद वह गंगा की घाटी और प्रायद्वीप के तटीय हिस्सों तक फैलते हैं। छठी शताब्दी ईसा पूर्व में जब वे अपना पाँव पूर्व की ओर बढ़ाना आरम्भ करते हैं, वे वनों को जलाना आरम्भ करते हैं। जंगलों को जला कर खेती के लिए जमीन विकसित करना, उनका तरीका था। इस बात की पुष्टि ऋग्वेद में अग्नि के लिए प्रयुक्त होनेवाले अलग-अलग विशेषणों से होती है।[24] अग्नि को वनों को निगल जानेवाले के तौर पर या 'कुल्हाड़ी' के तौर पर वर्णित किया गया है। जंगलों में आग लगाने को केवल भूमि-निर्माण के तरीके के बतौर नहीं प्रस्तावित किया गया है बल्कि आर्यों के देवता अग्नि को प्रसन्न करने की पद्धति के तौर पर भी याद किया गया है। महाभारत का प्रसिद्ध खांडव वन दाह की कहानी जिससे अग्नि देवता प्रसन्न हुए थे, एक किस्म का 'होलोकास्ट' ही था, जिसमें उस वन-प्रान्तर में रहनेवाले सभी जीव-जन्तु जलकर मर गए थे। गंगा की घाटी से भारतीय प्रायद्वीप के तटीय इलाकों तक आर्यों ने अपने फैलते जाने के क्रम में नागों का भीषण संहार किया था। डी.डी. कोसाम्बी ने भी लिखा है कि 'आर्यों ने अपने साम्राज्य-विस्तार के क्रम में अनेक एकाकी छोटे जनजातीय समूह और उनके विश्वासों को क्रूरतापूर्वक कुचलकर खत्म कर डाला था। जो बचा रह गया था उसके साथ नये किस्म की सामाजिक संरचना के निर्माण के लिए यह ध्वंस एक पूर्व शर्त की तरह थी। इस प्रक्रिया ने नाग समुदाय को मध्य और पूर्वोत्तर भारत को रुख करने को विवश कर दिया था। हिन्दू महाकाव्यों में यह दोनों हिस्से आर्यावर्त के सीमान्तों के तौर पर दर्ज है। यह जानना दिलचस्प हो सकता है कि मध्य भारत के गोंड की पहचान आरम्भिक नाग समुदाय के रूप में की गई है। इस पूरे प्रसंग में महत्त्वपूर्ण यह है कि गंगा की घाटी जो आर्यावर्त के तौर पर पहचानी गई, को भारत के 'मेनलैंड' के तौर पर माना गया और इससे छिटके हुए भूभागों को मामूली झब्बों की शक्ल में देखा गया। इस तरह आर्यों ने इस देश में सर्वप्रथम मैदान और पहाड़ अर्थात् 'केन्द्र और परिधि' (मेनलैंड और पेरिफेरी) के मध्य विभाजक रेखा का निर्माण किया, जिसका विस्तार आगे चलकर हिन्दू धार्मिक ग्रंथों में देखने को मिला। बल्कि न केवल हिन्दुओं के यहाँ बल्कि बौद्ध और जैन धर्मग्रंथों में भी आर्यों को सुसभ्य और आदिम जनजातियों को म्लेच्छ और बर्बर के तौर पर देखा गया। ऐसा इस देश में छठी शताब्दी ईसा-पूर्व से जारी है। आगे राज्य-निर्माण की प्रक्रिया में ज्यों-ज्यों तेजी आती गई आर्यों और अनार्यों के मध्य

संघर्ष की घटनाओं में वैसी ही तेजी आते चली गई। इस प्रक्रिया ने असंख्य अनार्य समुदायों को पहाड़ और जंगलों में जाकर रहने को मजबूर कर दिया। पहाड़ और जंगल राज्य के दखल से सबसे कम प्रभावित जगहें थीं।[25]

भांग्या भूख्या ने इन पहाड़ और जंगलों के लिए एक शब्द का इस्तेमाल किया है 'नॉन स्टेट' मतलब ऐसी जगह जो राज्य के दखल से बाहर हो। राज्य के दखल से बाहर इन जगहों पर रहते हुए इन एकाकी समुदायों ने अपनी स्वायत्तता और स्वशासन की शैली को बनाए रखा। राज्य के लिए उन निर्जन प्रदेशों की बहुत अहमियत तो नहीं रह गई थी। लेकिन जनजातियों के इस बेदखली ने उन्हें संगठित होने में जरूर मदद की थी। इतिहास कालचक्र के साथ बदलता रहा। राज्य के प्रत्यक्ष प्राधिकार से बाहर पड़नेवाले यह जंगल और पहाड़ भी बाद में राज्यों के दायरे में आने से बचे नहीं रह सके। राज्य के सीधे दखल से बाहर इन जंगल और पहाड़ों को भूमिदान की प्रक्रिया के द्वारा राज्य के अधिकार-क्षेत्र में धीरे-धीरे लाया गया :

> यह प्रक्रिया वाकाटकों के समय (150 ई.पू.) आरम्भ होती है और तब से जारी है। आरम्भ में बौद्ध मन्दिरों को ऐसी भूमि-दान की गई और बाद में हिन्दू मन्दिरों और ब्राह्मणों को। भूमि-दान की यह प्रथा गुप्तकाल में अपने चरम पर पहुँची, उनके शासन-काल में बड़े पैमाने पर अरण्यों को राज्य के प्राधिकार क्षेत्र में प्रत्यक्ष या अप्रत्यक्ष तौर पर लाया गया। जंगलों को साफ करके खेती के लिए जमीन विकसित करना इतिहास में एक सतत प्रक्रिया रही है। विशाल साम्राज्यों के अधीन बलपूर्वक राज्य-निर्माण के क्रम में इस प्रक्रिया में और जोरदार तेजी देखी गई है। भारत में मुगलों के शासन-काल में यह प्रैक्टिस रफ्तार पकड़ती है। मुगल शासकों के लिए कृषि का विकास राजस्व वृद्धि के लिए निर्णायक महत्त्व का था। अपने इस उद्देश्य की पूर्ति के लिए उन्होंने दो रणनीति बनाई थी। कृषि-योग्य भूमि का रकबा बढ़ाना और नगदी फसलों को उगाने पर ज्यादा जोर देना। बड़े पैमाने पर जमीनें बिना जुताई के रह जाती थीं तो ऐसी जमीनों को खेती के लिए कई सालों के लिए दे दिया जाता था। किसानों को नई जमीन को जोतने के लिए प्रोत्साहित किया जाता था। उन्हें मालगुजारी में छूट दी जाती थी। कई बार किसी जमीन पर पहली बार खेती की जा रही होती थी तो उससे आधी या उससे भी कम मालगुजारी वसूल की जाती थी। फिर धीरे-धीरे साल-दर-साल मालगुजारी बढ़ाई जाती थी। इन रियायतों ने पहाड़ों और जंगलों के निकट नये गाँव को बसने में मदद पहुँचाई।[26]

अगर गौर करें तो पाएँगे कि झारखंड के भी कई जनजातीय बहुल इलाकों में जंगलों को साफ कर खेती-योग्य बनाने के लिए ऐसी रियायतें अंग्रेजों ने भी दीं। सन्ताल परगना और जंगल-तराई इसके साक्षात उदाहरण हैं। इस सन्दर्भ में एक बात और ध्यान देने की है वह यह कि पहाड़ जहाँ भी होंगे उसके तलहटी में पानी नदी, पोखर, झरना की शक्ल में मौजूद रहता है। जंगल से मिलनेवाला वनोपज और पहाड़ मिलकर ऐसी पारिस्थितिकी का निर्माण करते हैं कि यदि आपने उसके जरिये जीवन जीने की कला सीख ली हो तो फिर नगदी और बाहरी दुनिया की बहुत कम दरकार रह जाती है। व्यापारिक पूँजीवाद के आगमन के पहले की जो सभ्यतागत अवस्था है, उस पर रुककर विचार करें तो मालूम होगा कि जनजातियों ने राज्य और साम्राज्यों के समानान्तर अपने 'सर्वाइवल' की व्यवस्था विकसित कर ली थी। मतलब उनकी अपनी एक पहचान थी। यह अलग बात है कि इतिहास में उन्हें दस्यु, असभ्य, बर्बर आदि कई नामों से सम्बोधित किया गया। लेकिन इन सम्बोधनों से भी यह तो जाहिर होता है कि बड़े-बड़े साम्राज्यों के सीमान्तों और अरण्यों में कुछ तो ऐसा था जिससे सत्ता भी भय खाती थी। मुगलों ने अपने शासन-काल में स्थानीय या प्रादेशिक क्षत्रपों के जरिये इन्हें नियंत्रित करने की कोशिश की थी। इसी क्रम में मनसबदार से लेकर नई किस्म की जमींदारियों का उदय हुआ था। इसी कड़ी में आगे अंग्रेजों का आगमन होता है, तब तक मुगल भूमि से मालगुजारी और राजस्व वृद्धि के तौर-तरीके विकसित करने की दिशा में एक लम्बी दूरी तय कर चुके थे। जमीन के जरिये मालगुजारी और राजस्व वृद्धि के सिलसिले में औपनिवेशिक शासन आखिरी और निर्णायक पड़ाव साबित होता है।

> औपनिवेशिक शासन भूमि के निजी अधिकारों को प्रोत्साहित करता है, खेती का वाणिज्यीकरण करता है और बाजार आधारित अर्थव्यवस्था को पहाड़ी इलाके तक ले जाता है। यह सब कारक मिलकर मैदानी भागों के पलायन को पहाड़ी इलाकों की ओर मोड़ देते हैं इससे फिर से पहाड़ और उसके नजदीकी इलाकों के बाशिन्दों के लिए 'मार्जिनालाइजेशन' की प्रक्रिया आरम्भ हो जाती है।[27]

यह पीछे हटने की अन्तहीन यात्रा औपनिवेशिक काल में भी जारी रहती लेकिन अब सवाल था कि इसके बाद कहाँ और आखिर कब तक? बावजूद इसके जहाँ भी सम्भावना दिखती है वे पीछे हटते हैं, क्षेत्र बदलते हैं, ज्यादा घने जंगलों का रुख करते हैं। झारखंड में सन्ताल इसके जीते-जागते उदाहरण हैं। पर आप गौर करें उन सघन जंगलों को 'रिजर्व फॉरेस्ट' कहकर उन्हें निराश्रित कर दिया जाता है। एक पूरी बाहरी दुनिया और उसके तंत्र के बगैर 'सर्वाइवल' की ऐसी विराट चेष्टा और जिजीविषा शायद ही किसी अन्य समुदाय में इस कदर देखने को मिले। यह जो

बाहरी दुनिया के बगैर जीने की सलाहियत है, पारस्परिकता के शिल्प में जनजातीय समुदाय एक अटूट इकाई में तब्दील हो गए थे। असल में इसी ने अंग्रेजों को इस समुदाय को जातियों से इतर 'ट्राइब' के तौर पर देखने की दृष्टि प्रदान की। जनजातियों में न तो जातियोंवाला श्रेणीकरण मौजूद था और न पदसोपानिकता ही विशिष्टता के साथ मौजूद था। राजा, मुंडा, पहान विशिष्ट होकर भी विशिष्ट नहीं थे। अपने समुदाय में इस कदर घुले-मिले थे कि अलगाना मुश्किल था। 'कास्ट' से 'ट्राइब' को अलगाने के मूल में उनका असभ्य, पिछड़ा, आदिम और बर्बर होना नहीं रहा है बल्कि जनजातीय समुदायों का आत्मसक्षम, स्वायत्त, सम्प्रभु और सामुदायिक होना रहा है। साहचर्य की भावना केवल परिवेश और प्रकृति के प्रति नहीं रही है, बल्कि पूरे समुदाय के प्रति रही है। औपनिवेशिक शासन के इस पूरी कवायद को गौर से देखें तो पाएँगे कि वह जनजातीय समुदायों को नियंत्रित और अनुकूलित करने का उपक्रम मात्र है। उन समुदायों को दूसरों से अलगाने के लिए ही 'ट्राइब' शब्द की संकल्पना गढ़ी गई। उसमें निहित ध्वन्यात्मकता को अवमूल्यित करते हुए सभ्यता के पायदान पर मौजूद अपमानजनक विशेषणों को उससे नत्थी करके मुख्यधारा में परोस दिया गया। ऐसा करने की प्रेरणा और साहस उन्हें हिन्दू धर्मग्रंथों से मिला। तो यदि कायदे से क्रमिकता को चिह्नित किया जाए तो जनजातीय समुदायों के अवमूल्यन के इतिहास को देखा जा सकता है। जनजातीय समुदायों के प्रति अन्याय, अवमानना का इतिहास बहुत पुराना है। इसलिए जनजातीय समुदायों की दुरावस्था की 'क्रोनोलॉजी' को समझे बगैर उनके बारे में कोई भी बात सुचिन्तित तरीके से नहीं की जा सकती है। भांग्या भूख्या ने इसे ही 'विसियस सर्किल' कहा है अर्थात् इतिहास का वह शातिर और कपटपूर्ण पाठ जिसमें जनजातीय इतिहास के कई परतों को गुमनामी के अँधेरे में डाल दिया गया है और मुख्यधारा इस ढंग से जनजातीय सन्दर्भों के मामले में बात करती है मानो वे सदा से यूँ ही पिछड़े और हाशिये पर रहे हों। औपनिवेशिक काल में जिन जनजातीय सामाजिक-धार्मिक आन्दोलनों का हमें अध्ययन करना है, उस दौर में जब हम मुंडा, उराँव और सन्ताल जनजातियों को देखते हैं तो वे अपने गौरवपूर्ण दिनों से छिटककर पराभूत हो चुके होते हैं। हमारे सामने वे मामूली खेतिहर, पशुपालक, खाद्य संग्राहक, आखेटक के तौर पर नमूदार होते हैं। सभ्यता के पायदान पर पिछड़े हुए मनुष्यों के एक समुदाय के रूप में। लेकिन उनकी उस दुरवस्था के मूल में जो कारक रहे हैं, उनके बाबत कोई चर्चा नहीं होती है। जनजातीय समुदायों के इतिहास में औपनिवेशिक शासन सबसे बड़े दुर्भाग्य के रूप में दस्तक देता है। औपनिवेशिक शासन जनजातीय समुदायों के बेदखली का एक ऐसा आख्यान रचता है कि प्रतिरोध के अलावा इन समुदायों के पास कोई विकल्प शेष नहीं रह जाता है।

प्रतिरक्षात्मक जनजातीय आन्दोलनों की पृष्ठभूमि

खेतिहर समुदाय के लिए जमीन के क्या मायने होते हैं? यह अलग से बताने की आवश्यकता नहीं है। वही जमीन जब राजस्व वसूली के मूल में भी हो और जमीन-विषयक 'जनजातीय कस्टमरी लॉ' से शासक परिचित नहीं हों तो एक अराजक स्थिति पैदा हो जाती है। अठारहवीं शती के अन्त तक आते-आते इन जनजातीय समुदायों के मध्य प्रतिरक्षात्मक आन्दोलनों का जो सिलसिला आरम्भ होता है वह पूरी बीसवीं शताब्दी के पूर्वार्द्ध तक जारी रहता है। बल्कि गौर करें तो पाएँगे कि बीसवीं सदी में आजादी हासिल होने के बाद भी जारी है। इसलिए उस दौर के किसी भी सामाजिक-धार्मिक-सुधार आन्दोलन को समझने के लिए यह प्रतिरक्षात्मक आन्दोलन अनिवार्य सन्दर्भ की तरह हो जाते हैं।

मुख्यधारा के सभ्यतागत विकास की कसौटी पर यदि जनजातीय सामुदायिक जीवन को न कसें तो कह सकते हैं मुगल सत्ता के कमजोर होने के बाद और ईस्ट इंडिया कम्पनी के शासन के पहले वे एक किस्म का निरापद जीवन व्यतीत कर रहे थे। उनका जीवन अवकाश, आनन्द, श्रम और सुकून के इर्द-गिर्द अर्थ पा रहा था। एक किस्म की सम्पूर्णता और स्वायत्तता उन्होंने अर्जित कर ली थी। बाहरी दुनिया की कोई जरूरत उनके लिए नहीं रह गई थी। बाहरी दुनिया एक खतरे के बतौर मौजूद भी नहीं थी। सघन वन-प्रान्तर ही उनके लिए अभेद्य किले का निर्माण करता था। इसलिए प्रतिरक्षा के लिए किला आदि का निर्माण भी जनजातीय क्षेत्रों में कम देखने को मिलता है। उनका अपना एक स्वायत्त और आत्मनिर्भर संसार रहा है। लेकिन इतिहास इसे बहुत प्रशंसनीय गुण के तौर पर नहीं देखता है। और ऐसा नहीं कि इतिहास की यह दृष्टि आज विकसित हुई है :

(कार्ल मार्क्स ने एक जगह लिखा भी है) कि जहाँ प्रकृति जी खोलकर अपना ऐश्वर्य लुटाती है, वैसे प्रदेशों में बसनेवाले मानव समुदाय में नया कुछ करने, जीविकोपार्जन की कोई नई विधि अपनाने की प्रेरणा नहीं आती। वे क्रमशः एक गतिरुद्ध समाज में तब्दील हो जाते हैं। इसी पृष्ठभूमि में टॉयनबी ने 'चैलेंज एंड रेस्पांस' (चुनौती और प्रत्युत्तर) का सिद्धान्त पेश किया। मानव-समाजों का विकास उन्हीं जगहों पर हुआ, जहाँ प्रकृति कुछ चुनौती पेश करती थी और उसी चुनौती का मुकाबला कर मानव समुदायों ने नये मुकाम हासिल किया।[28]

अरब, स्पेन या पुर्तगाल के साम्राज्यवादी अभियानों और विश्व-शक्ति बनकर उनके उभरने के मूल में इस बात की सत्यता को देखा जा सकता है कि कैसे प्राकृतिक और भौतिक चुनौतियों से पार पाकर वे इस स्थिति को प्राप्त करते हैं। प्राकृतिक संसाधनों से सम्पन्न झारखंड राज्य न तो किसी अन्य देश की सीमा से लगता था और न ही समुद्र के आसपास भौगोलिक तौर पर स्थित था। इसलिए मध्यकाल या

आधुनिक काल में हुए विदेशी आक्रमणों का सीधे-सीधे न तो इस क्षेत्र को और न ही इस क्षेत्र के जनजातीय समूहों को कभी सामना करना पड़ा। यहाँ तक पहुँचने के लिए कई राज्यों को पार करना पड़ता था इसलिए यह क्षेत्र लम्बे समय तक निरापद रहा। इसका अनुमान इस बात से लगाया जा सकता है कि अनेक राजकुमारों और शासकों के लिए संकट की घड़ी में यह किसी शरणस्थली की तरह रहा है। इस शरणस्थली का सबसे प्रसिद्ध उदाहरण रोहतासगढ़ या रोहतास का किला है।

> यही वो प्रख्यात किला था जिसने युवराज खुर्रम (बाद में, बादशाह शाहजहाँ) के परिवार को एक महफूज पनाह मुहैय्या कराया था, जब उसने अपने पिता जहाँगीर के खिलाफ बगावत कर दी थी; यही वो शरणस्थान था जिसने घेरिया के विख्यात युद्ध के बाद, गद्दी से हटाए गए बंगाल के नवाब मीर कासिम को आश्रय दिया था।[29]

पलामू का इलाका अवश्य ओड़िशा का निकटवर्ती होने के कारण मुगलकाल में दक्कन अभियान की दृष्टि से महत्त्वपूर्ण हो गया था। और शायद इस कारण वह मुगल सल्तनत की निगाह में भी आ गया था। लेकिन ऐसे इस ओर केन्द्रीय सत्ता का ध्यान कभी बहुत नहीं रहा। मुगलों से पहले खिलजियों के एक अभियान का जिक्र मिलता है। खिलजियों के उस अभियान से भी कुछ विद्वान उराँवों के इस क्षेत्र में आगमन को जोड़कर देखते हैं। इसमें कितनी सचाई है, इसकी जानकारी मुझे नहीं है। सामरिक दृष्टि से निरापद होने के कारण इस भूभाग ने जनजातियों को और भी ज्यादा आत्मकेन्द्रित होने में मदद की। बल्कि यह कहना उपर्युक्त होगा कि देश के बाकी हिस्सों में आ रहे बदलावों से भी यह लम्बे समय तक अनजान रहे। जाहिर है समय के हिसाब से यह प्रशंसनीय गुण तो कतई नहीं था और ऐसी गलतियों की कीमत अदा करनी होती है। और कहना न होगा कि भारी कीमत अदा की गई।

ऐसी स्थितियों में ही यहाँ जनजातियाँ अपने ढंग से रहती आई थीं। लगभग डेढ़ हजार वर्षों तक कोई 'अन्य' उनके समक्ष कायदन चुनौती के रूप में उपस्थित नहीं हुआ था। इसलिए ऐसी किसी चुनौती के आने पर उससे निबटने का इनके पास कोई अनुभव नहीं था। परिणामत: अनुभव अर्जित करते-करते बड़ा नुकसान हो गया, जिसकी क्षतिपूर्ति न तो तब सम्भव थी और न अब सम्भव है।

अठारहवीं शती से जनजातीय आक्रोश की जो घटनाएँ दर्ज होनी आरम्भ होती हैं। उसकी शुरुआत सौ-दो सौ साल पहले हो चुकी थी। जनजातीय जमीन की लूट का जो छिटपुट सिलसिला सत्रहवीं शती से दिखना आरम्भ होता है। अठारहवीं शती तक आते-आते वह जलकुम्भी की तरह पूरे झारखंड में फैल जाता है।

इतिहास के पन्नों को उलटें तो पाएँगे कि किसी प्रतिकूल परिस्थिति के उत्पन्न होने पर या किसी संकट के आने पर ही धार्मिक एकजुटता की भावना में तेजी देखी

जाती है। अन्यथा चीजें अपनी गति से चलती रहती हैं। अठारहवीं शती के उत्तरार्द्ध में जितने भी सम्भावित कारक हो सकते हैं, वह सब झारखंड की जनजातियों की सहजता को खंडित करने के लिए पर्याप्त मात्रा में मौजूद थे। विद्रोह और एकजुटता के अलावा उनके पास कोई दूसरा विकल्प नहीं रह गया था। इसलिए यह कालखंड जनजातीय विद्रोह और जनजातीय एकजुटता का साक्षी बनता है। इतिहास ने मानो स्वयं ऐसी परिस्थितियाँ उत्पन्न कर दी थीं कि अब कोई विकल्प नहीं रह गया था। चूँकि संकट के क्षण में व्यक्ति मदद के लिए चारों ओर देखता है। यह संकट बड़ा था तो उसने अपने घर-परिवार-गाँव-समाज सब जगह एकजुटता की आवाज लगाई। चूँकि धर्म और जाति में एक किस्म की आदिम योजक शक्ति रही है। तो ऐसे सभ्यतागत संकट के क्षण में यह बेमिसाल एकजुटता देखने को मिली। इस एकजुटता के मूल में जातिगत अथवा नस्लगत चेतना के अलावा एक धार्मिक चेतना भी मौजूद थी।

धर्म का एक सामाजिक-सांस्कृतिक पक्ष रहा है और एक राजनीतिक पक्ष भी रहा है। झारखंड के जनजातियों में धर्म का सामाजिक-सांस्कृतिक पक्ष ही प्रधानतया मौजूद रहता आया था, जिसे उनके रीति-रिवाजों में आज भी लक्ष्य किया जा सकता है। लेकिन उसे व्यवस्थित तरीके से संयोजित करने की कोशिशें कम हुई थीं। यह काम भी ईस्ट इंडिया कम्पनी के आगमन के बाद ही व्यवस्थित तरीके से आरम्भ हो सका। पर जनजातीय तौर-तरीकों, रीति-रिवाजों और भूमि-सम्बन्धी अधिकारों को समझते-समझते भी काफी देर हो चुकी थी। मुख्यधारा में धर्म की जो संकल्पना मौजूद है, उससे इतर रूप में वह जनजातीय समाज में मौजूद रही है। झारखंड की ज्यादातर जनजातियों के यहाँ जो धार्मिक चेतना है, उसके केन्द्र में प्रकृति है। अलग-अलग हिस्सों से भगाए जाने के बाद उन्होंने आखेटक, पशुपालक, खाद्य संग्राहक और खेतिहर बनकर लम्बा जीवन व्यतीत किया था, इन कारणों से भी प्रकृति उनके लिए जीवन का आधार बिन्दु थी। प्रकृति और प्राकृतिक संसाधनों के बगैर उनकी परिकल्पना ही सम्भव नहीं थी। प्रकृति से साहचर्य का अद्‌भुत सम्बन्ध उनके यहाँ अब भी देखा जा सकता है। प्रकृति से उन्होंने उतना ही लिया जितने की आवश्यकता थी। अधिक का लोभ कभी नहीं किया। 'सस्टेनेबल डेवलपमेंट' की जो अवधारणा इन दिनों पूरे संसार में लोकप्रिय हो रही है। आदिवासियों के यहाँ वह एक जीवन-बोध और मूल्य-बोध के स्तर पर आदिम काल से मौजूद है। इसलिए आदिवासी खुद को प्रकृति का ही अंग मानते हैं, न कि प्रकृति को खुद का स्पर्धी। प्रकृति से आशय केवल जल, जंगल, जमीन नहीं बल्कि जन्तु और पहाड़ आदि से भी है। प्रकृति उनके 'टोटेम' से लेकर जीवन-दर्शन और प्रत्येक धार्मिक संस्कार में मौजूद है। सूर्य को वे 'सिंगबोंगा', पहाड़ को 'बुरुबोंगा', जलाशयों को 'इकिरबोंगा', जंगल को 'देसिलबोंगा' कहकर पूजते हैं। पुरखों और प्रेतात्माओं

को पूजने की परम्परा है। प्रेतात्माओं से आशय फकत भूत-प्रेत से नहीं है बल्कि प्रकृति के सत्त्व से है। (यह भी एक बड़ी वजह है कि वे अलग धर्म कोड की माँग कर रहे हैं।) इस रूप में प्रकृति की उपस्थिति गैर-आदिवासियों में देखने को नहीं मिलती है। जल, जंगल, जमीन से आदिवासियों की सम्बद्धता से हम परिचित हैं। इसलिए अपेक्षाकृत एक अन्य तथ्य की ओर ध्यान दिलाता हूँ :

> मुंडा लोग जहाँ कहीं भी जाकर बसते हैं, वे मरंग बुरुबोंगा (ऊँचे पर्वत के देवता) को स्थापित करने के लिए किसी ऊँचे पर्वत अथवा पड़ोस की पहाड़ी को चुनते हैं।[30]

तो इस विस्तृत चर्चा के बाद हम देखने की कोशिश करते हैं कि अठारहवीं शती में ठीक-ठीक ऐसा क्या घटित होता है कि अपने में सीमित रहनेवाला यह समुदाय इस कदर आक्रोशित और आन्दोलित हो उठता है कि ईस्ट इंडिया कम्पनी और बाद में अंग्रेजी राज उनके दमन के लिए क्रूरतम, जघन्यतम और अनैतिक तरीकों को अपनाते हैं? बात जब उतने से भी बनती नहीं जान पड़ती है तो कानून के जरिये इसे नियंत्रित करने की कोशिश होती है। एक अध्ययन तो इस बात को लेकर भी होना चाहिए कि अंग्रेजी राज में बने जनजातीय कानूनों का क्या असर इन समुदायों पर हुआ? उन कानूनों को लेकर अंग्रेजी राज के दावों और जमीनी हकीकत में कितनी सचाई है?

बाहरी दुनिया के सम्पर्क में आने के पूर्व यहाँ की जनजातियों के पास स्वशासन की अपनी पद्धति थी। स्वशासन की इस पद्धति से बाहरी दुनिया ठीक से परिचित नहीं थी। (परिचित तो आज भी नहीं है। लेकिन कोई जानना-समझना चाहे तो उस सन्दर्भ में साहित्य अब उपलब्ध है। ईस्ट इंडिया कम्पनी के आने तक ऐसी कोई व्यवस्थित लिखित सामग्री उपलब्ध नहीं थी। इस बात का श्रेय भी यूरोपीय विद्वानों और प्रशासनिक अधिकारियों को ही जाता है कि उन्होंने इसे अन्ततः जानने-समझने की कोशिश की और इसका दस्तावेजीकरण किया।) ईस्ट इंडिया कम्पनी के आगमन के पूर्व मोटे तौर पर यदि छोटानागपुर के सन्दर्भ में बात करें तो यहाँ स्वशासन की जो पद्धति थी, वह कुछ इस प्रकार थी। भारत के अलग-अलग हिस्सों से भगाए जाने के बाद या पलायन के बाद एक लम्बी दूरी और लम्बा कालखंड बिताकर इन जनजातियों ने इस सघन और अपेक्षाकृत दुर्गम वन क्षेत्र में आकर शरण ली थी। जब 'इन जनजातियों' पदबन्ध का इस्तेमाल कर रहा हूँ तो यहाँ मेरा आशय मूल रूप से तीन जनजातियों से है। इनमें से पहली असुर जनजाति है, जिनके मुंडाओं से पहले यहाँ उपस्थित होने के प्रमाण मिलते हैं। मुंडाओं ने उनको यहाँ से और भीतर या पीछे ढकेलने का काम किया। मुंडाओं के बाद उराँवों का जिक्र आता है। लेकिन अब उराँव भी मुंडाओं की भाँति ही अपनी मौजूदगी का दावा इस भूभाग पर

करते हैं। यद्यपि मुंडाओं की तुलना में उनका इतिहास और धुँधला है। खैर, ध्यान देने की बात यह है कि मैदानी भागों की तुलना में उर्वरता की दृष्टि से इस पठारी भूभाग की जमीन कमतर ठहरती थी। लेकिन मुंडाओं ने अपने श्रम से छोटानागपुर के जंगलों को साफ करके अपने लिए रहने लायक जमीन पैदा की। जिसने उस जमीन को साफ किया, उसका मालिकाना हक उस जमीन पर हुआ करता था। यह एक जनजातीय प्रैक्टिस थी, जो अलिखित कानून की तरह था। बढ़ते परिवार के साथ वह गाँव आबाद होता चला जाता था। इस तरह एक गाँव में एक परिवार के वंशजों का कब्जा रहता था। एक परिवार के लोग एक 'कीली' (एक ही वंश या समूह या टोटेम से सम्बन्धित) के माने जाते थे। इस तरह उस गाँव का एक प्रधान होता था, जिसे सरदार कहा जाता था। इस एक सरदार के मातहत ही ग्राम संगठन की व्यवस्था होती थी। ऐसे दस-बारह गाँव को मिलाकर एक 'पट्टी' बनती थी। और उसका प्रमुख 'मानकी' कहलाता था। मानकी शासक नहीं अगुआ होता था। उराँव जनजाति में 'मानकी मुंडा' व्यवस्था के स्थान पर 'पड़हा-राजा' की व्यवस्था होती थी। पूरा समाज उनकी बात सुनता था। यह परम्परागत स्वशासन की अपने किस्म की एक संघीय व्यवस्था थी, जो बाहरी दुनिया के लिए अनजानी चीज थी। ग्राम सभाओं की यह छोटी-छोटी स्वायत्त इकाइयाँ अपने ढंग से स्वशासन की एक पद्धति ईस्ट इंडिया कम्पनी के आगमन के बहुत पहले विकसित कर चुकी थीं। अभी भी आदिवासी बहुल गाँवों में ग्रामसभा की अनुमति के बगैर विकास के नाम पर प्राकृतिक संसाधनों के दोहन का काम नहीं किया जा सकता है।

यद्यपि इस परम्परागत संघीय व्यवस्था में सेंधमारी की जमीन नागवंशियों के जनजातीय परम्परा को हस्तगत करने के साथ ही बहुत पहले आरम्भ हो चुकी थी। लेकिन वह एक तरीके से प्रसुप्तावस्था में थी और सत्रहवीं शती में अचानक से न सिर्फ जाग्रत हो गई थी बल्कि आक्रामक तरीके से गतिमान हो गई। और दिनोंदिन इस कदर प्रभावी और हावी होती चली गई कि जनजातीय विद्रोहों की एक श्रृंखला आरम्भ हो गई। जाहिर-सी बात है विद्रोहों के लिए एकजुटता बुनियादी चीज होती है, इस एकजुटता के मूल में धार्मिक और सामुदायिक एकता को सहजता से देखा जा सकता है।

जनजातीय विद्रोहों की श्रृंखला को समझने के लिए झारखंड में आदिवासियों के भूमि-सम्बन्धी अधिकारों की संक्षिप्त जानकारी आवश्यक है। 'सोसोबोंगा' नाम से जनजातीय इतिहास में जो कथा मिलती है, उससे यह निष्कर्ष निकलता है कि झारखंड में मुंडाओं के पूर्व असुरों की उपस्थिति थी। मुंडाओं ने उन्हें यहाँ से और भीतर या पीछे ढकेलने का काम किया। "हर परिवार ने अक्षत जंगलों में अपने हिस्से की खुद सफाई की थी, जो हातू के नाम से जाना गया था और बाद में खूँटकट्टी हातू या आरम्भिक बाशिन्दों के परिवार का गाँव कहलाया।"[31] तब न तो जमीन की

कोई कीमत थी और न ही किल्लत। आज भी झारखंड में बड़ी संख्या में गाँवों के नाम मुंडारी परम्परा में मिलते हैं, जो इस बात का परिचायक हैं कि इन गाँवों की स्थापना मुंडाओं ने की थी। बल्कि उराँव बहुल गाँवों के नाम भी मुंडारी परम्परा में मिलते हैं, यह भी इस बात का परिचायक है कि वहाँ कभी मुंडाओं की अच्छी आबादी रहा करती थी। बल्कि यही कारण है कि उराँव बहुल गाँवों में अभी भी पहान (पुजारी के अर्थ में समझें) कोई मुंडा ही होता है। इसके मूल में वजह यह बताई जाती है कि 'खूँटकट्टी गाँव की चौहद्दी में ग्राम देवताओं को मुंडा स्थापित किया करते थे। इन्हें आत्माओं के तौर पर भी देखा जाता है। उराँवों का मानना है कि इन गाँवों को मुंडाओं ने बसाया था तो उन पुरखों-कुलपिता-ग्रामदेवता-अदृश्य प्रेतात्माओं आदि को पूजने का अधिकार भी उनका है और वे ही इसके सर्वथा योग्य हैं।'[32]

ऐसा माना जाता है कि उन ग्राम देवताओं की नाराजगी अनिष्टकारी होती है। मुंडाओं का यह जो 'खूँटकट्टी हातू' हुआ करता था। सन्तति के बढ़ने पर, उनका विवाह होने पर वे उसी हातू में अपने लिए नया घर बना लिया करते थे। "इस तरह आरम्भिक गाँव का परिवार एक ही किली या वंश से सम्बद्ध अनेक अलग परिवारों में बँटकर फैल जाता था। गाँव के संस्थापक की मृत्यु होने पर उसका ज्येष्ठ पुत्र परिवार के विभिन्न शाखाओं का प्रधान कुलपिता बन जाता था।...ऐसा लगता है समय बीतने के साथ, गाँव के परिवार से असम्बद्ध पुरुषों को गाँव में दाखिल कराया गया था। विवाह से बने रिश्तेदार-दूसरे किलियों या वंशों के पुरुष-उदाहरण के लिए कोई दामाद कभी-कभी गाँव में आते थे और वहीं बस जाया करते थे। पुनः एक आदिम खेतिहर कबीले जैसा कि मुंडा लोग कथित रूप से प्रतीत होते थे, जब उन लोगों ने खुद को छोटानागपुर में स्थापित किया था, को अपने हलों की धार बनाने और मरम्मत करने के लिए लोहारों, पशुओं की देखभाल करने के लिए चरवाहों और उनके कपड़े बुनने के लिए बुनकरों की सेवाओं की जरूरत थी।...इन्हें पारिश्रमिक के लिए गाँव में भूमिखंड दिये गए थे। ये बाहरी लोग (एटाहातुरेंको) कालान्तर के 'परजाहोड़ोको' थे। और वे 'हातू होड़ोको' से पूरी तरह से भिन्न थे, जो कि आरम्भिक ग्राम परिवार के वंशज खूँटकट्टीदार लोग थे।...इन बाहरियों को ग्राम भूमि पर किसी तरह का हक प्राप्त नहीं था अपितु वे सिर्फ वैसे विशेष भूमि खंडों के फसलों का उपभोग कर सकते थे जो उनके भरण-पोषण के लिए खूँटकट्टीदारों द्वारा उन्हें आबंटित किये गए थे।"[33] इन्हीं आरम्भिक खूँटकट्टी गाँवों से अन्य वैसे ही स्वरूप वाले गाँवों का विस्तार हुआ। गाँवों के समूह से एक पट्टी का विकास हुआ। उस पट्टी का प्रमुख मानकी कहलाया। चूँकि यह गाँव मुंडाओं के होते थे और उनके प्रमुख को 'मानकी' कहते थे। इसलिए यह व्यवस्था 'मुंडा-मानकी' व्यवस्था कहलाई। जैसा कि हम जानते हैं कि जब यह 'खूँटकट्टी हातू' आबाद हो

रहे थे, तो बाहरी दुनिया का यहाँ बहुत दखल नहीं था। इसलिए मुंडा इसे अपना देश ही मानते थे। इन मुंडाओं के देश में पहले "अवांछनीय घुसपैठिये कुरुख लोग थे, जिन्हें हम उराँवों के रूप में बेहतर जानते हैं।"[34]

उराँव भी झारखंड की एक जनजाति है। जैसे मुंडाओं के यहाँ ग्राम स्वशासन की 'मुंडा-मानकी' व्यवस्था थी, उराँवों के यहा 'पड़हा-राजा' की व्यवस्था थी। असुरों, मुंडाओं और उराँवों के मध्य हुए आपसी संघर्षों की जानकारी तो मिलती है, लेकिन तथ्य बहुत व्यवस्थित तरीके से नहीं मिलते कि वस्तुतः यह कब-कब, कहाँ और किन कारणों से हुआ? बस इनके एक क्षेत्र में होने, वहाँ से पीछे या आगे बढ़ने की जानकारी-भर मिल पाती है। उसके लिए भी उन गाँवों के नाम, वहाँ की आबादी, उनकी स्मृति, उनके रिवाज आदि के आधार पर ऐसे नतीजे निकाले जाते हैं। जैसे शरतचन्द्र रॉय की ऐतिहासिक किताब से ही यह दो उद्धरण देखिए :

> तेजी से सन्तान पैदा करनेवाले उराँव लोगों में, जो मुंडाओं के बीच में रहने के लिए आए थे, इतनी घनी और तीव्र वंश-वृद्धि हुई थी कि मुंडाओं ने नई भूमि और नये चरागाहों की तलाश करना वांछनीय समझा था।[35] अब दूसरा देखिए—परम्परागत कथा आगे चलकर बतलाती है कि कैसे, जब बलिष्ठ कद-काठीवाले मुंडा लोग प्रदेश में पहुँचे, तो टिर्की और असुर लोग बुरी तरह भयभीत हो उठे थे, क्योंकि विजयी भाव से ऐसा दावा किया जाता है कि उस समय की मुंडा स्त्रियाँ दस सेर वजन तक के चमकीले जेवरात पहना करती थीं और पुरुष उतना ही मन वजन को बोझ ढो सकते थे। मुंडा लोग आज भी एक दोहा सुनाते हैं जो बयान करता है कि कैसे तिर्की लोग झुंड-के-झुंड में भाग खड़े हुए थे जब उन लोगों ने नागपुर मुंडाओं को उनके धूप में चमकते अनेक गहनों के साथ अपने निकट आते देखा था।

तिरिकि तिकि तिकि चि, नागुरि जालाव जिलिब।[36]

इनसे दो बातें तो निश्चित तौर पर निकलती हैं कि झारखंड के अलग-अलग क्षेत्रों में आबाद होने के क्रम में जनजातीय समुदायों के मध्य आपसी संघर्ष हुए थे और जो जहाँ सामर्थ्यवान साबित हुआ था, वहाँ उसने दूसरी आबादी को ढकेलने का काम किया था। हर जगह इसके घटित होने की प्रक्रिया एक-सी नहीं रही है। हाल के वर्षों में जनजातीय चेतना का जो विकास हुआ है, उसका असर इस रूप में भी देखने को मिल रहा है कि प्रत्येक आदिवासी समुदाय अपने इतिहास और मिथकों को संयोजित कर रहा है, लिख रहा है। लेकिन उसमें अपने समुदाय को गौरवान्वित करने की एक ऐसी प्रवृत्ति घर कर गई है कि सब अपनी ऐतिहासिकता

को साझे और अलग-अलग ढंग से 'क्लेम' कर रहे हैं। इससे किसी नतीजे पर पहुँचना खासा मुश्किल हो गया है। क्योंकि वाचिकता या मौखिक परम्परावाले इन समुदायों के पास अपनी कही गई बात के पक्ष में दस्तावेजी प्रमाण का अभाव देखने को मिलता है। दूसरी बड़ी समस्या किसी घटनाक्रम के काल-निर्धारण की आती है। आदिवासी समुदायों के मध्य भी खुद को इस क्षेत्र का प्राचीनतम या आरम्भिक बाशिन्दा बताने की होड़-सी मची है। इसलिए मुंडा हों, उराँव हों या सन्ताल हो सब अपने-अपने इतिहास को सर्वाधिक प्राचीन और प्रामाणिक बताने में लगे हैं। लेकिन जैसा कि अपने सीमित अध्ययन से समझ पाया हूँ, इस भौगोलिक क्षेत्र (छोटानागपुर) में मुंडाओं से पहले असुरों की उपस्थिति थी, फिर मुंडा आए और उसके बाद उराँव। और ऐसा प्रतीत होता है कि आदिवासियों या जनजातियों के लिए समूहवाचक संज्ञा के बतौर 'कोल' शब्द का इस्तेमाल किया जाता था। उनकी विभिन्नता या विशिष्टता की पहचान ठीक-ठीक न कर पाने के कारण मानो सबको 'कोल' के अन्तर्गत परिगणित कर लिया गया। (बताता चलूँ कि जनजातियों के लिए यह एक खासा अपमानजनक सम्बोधन है।) मुंडा, उराँव की बात करते-करते 'कोल' का सन्दर्भ लाने की वजह यह है कि इनके प्रसंग में अनायास ही यह शब्द समानार्थी के बतौर विद्वान इस्तेमाल करने लगते हैं। जैसे इस उद्धरण को देखिए :

> मानभूम परगनों में अनेक जगहों और पहाड़ों के विशिष्ट मुंडारी नाम, उनके पूर्व मुंडा कब्जे के बाबत शक की कोई गुंजाइश नहीं छोड़ते हैं। स्थानीय परम्परा के अनुसार, कुर्मियों ने मानभूम जिले के इन पश्चिमी भागों से कोलों को खदेड़ भगाया था।[37]

इस उद्धरण का उद्देश्य यह था कि इस बात को रेखांकित किया जा सके कि यद्यपि झारखंड में जनजातीय आबादी को आरम्भिक निवासी मानने से इनकार नहीं किया जा सकता है लेकिन पूरे झारखंड में इनके फैलने और बसने की कहानियाँ एक-सी नहीं हैं। लेकिन सोलहवीं शती तक झारखंड के लगभग सभी हिस्सों में यह व्यवस्थित हो चुके थे। सोलहवीं शती के बाद इन पर फिर से बाहरी दुनिया या गैर-आदिवासी सभ्यता का प्रवेश और हमला होता है। इस बाहरी आक्रमण को समझने और लड़ने के तौर-तरीके को समझने में ही दो शताब्दी गुजर जाती है। आमतौर पर भारतीय प्रायद्वीप के मनुष्यों की यह विशेषता रही है कि वे किसी भी परिस्थिति में खुद को समंजित करके जीवन का निर्वाह करना चाहते हैं, तब तक, जब तक कि उनके जीवन और सर्वस्व के लुट जाने का भय न उपस्थित हो जाए। सत्रहवीं शताब्दी से इस दिशा में जनजातीय आबादी के लिए उस खतरे की पदचाप सुनाई देने लगती है। उन्नीसवीं शताब्दी के आते-आते उससे मुँह चुराना मुश्किल

हो जाता है। एक आदिम संसार जो जंगलों और पहाड़ों की ओट में सदियों से निरापद था, मानो सारे 'कोलम्बस' उस 'सोना लुकुम देश' का पता पा जाते हैं। अमेरिकी धरती पर तो एक ही कोलम्बस ने पाँव धरा था, यहाँ तो भाँति-भाँति के कोलम्बस आ पहुँचते हैं।

उन्नीसवीं शताब्दी में अलग-अलग स्तरों और जगहों पर जो टकराव देखने को मिलता है। उसकी पृष्ठभूमि दुर्जन साल के 1628 ई. में ग्वालियर किले से छूट कर आने के बाद ही निर्मित होनी आरम्भ हो जाती है। यद्यपि फिर यहाँ झारखंड के इतिहास की एक गुमशुदा कड़ी मौजूद है, जिससे ठीक-ठीक इस समस्या का अंकन के बजाय हमें अनुमान करना होता है। और वह है नागवंशी शासकों का भूमि-विषयक अधिकार कि आखिर कैसे जनजातीय प्राधिकार वाली भूमि में वह आधिकारिक हस्तक्षेप करने की स्थिति में आ जाते हैं? नागवंशियों का जमीन-विषयक प्राधिकार या व्यवस्था कैसे विकसित होती है। इस 'मैकेनिज्म' के बारे में चीजें स्पष्ट नहीं हैं। इस किस्म की जानकारियाँ मिलती हैं कि इन नागवंशी राजाओं ने धीरे-धीरे कुछ गाँवों की जमीनों को अपनी मिल्कीयत बना ली। यह राजा की निजी भू-सम्पत्ति ही 'खास भंडार' के तौर पर पहचानी गई।

> राजा ने जिस भूमि को अपने रिश्तेदारों और ठाकुरों और लाल को दिया, वह भूमि 'खोरपोश' कहलाई। 'खोरपोश' का अर्थ होता है भरण-पोषण। लेकिन जैसे-जैसे राजा अधिकाधिक महत्त्वाकांक्षी होता चला गया और बिहार और मध्यवर्ती प्रदेशों से आए हिन्दू साहसी योद्धाओं से बने राज-दरबार से खुद को चारों ओर से घेरना शुरू किया। इन दरबारियों और अमलाहों को उनकी सेवाओं के लिए गाँवों के अनुदानों (जागीरों) से पुरस्कृत किया जाने लगा था। राजा और उनके सम्बन्धियों से अलग ये बाहरी दुस्साहसी गाँवों के ऊपर वैसे मामूली अधिकारों के साथ सन्तुष्ट होकर नहीं बैठ सकते थे...इन बाहरी जागीरदारों ने धीरे-धीरे अपने जागीरों के अन्तर्गत आनेवाले गाँवों और जमीनों पर अपने वास्तविक अधिकारों का दावा करने और उन्हें हासिल करने का प्रयास करने लगे थे। राजा और उनके खोरपोशदार कथित रूप से ऐसे प्रयासों को कमोबेश अपना समर्थन देते हुए प्रतीत होंगे। स्वाभाविक रूप से आरम्भिक बाशिन्दों ने लड़ाई का रास्ता चुना था। और परिणामस्वरूप राजा और उनके जागीरदारों ने आदिम खेतिहर भूस्वामियों को आतंकित करके अधीनता कबूल करवाने के लिए अधिक संख्या में लड़ाकू बाहरी योद्धाओं की मदद मँगा ली थी। इन नये आए जंगी दुस्साहसियों-क्षत्रियों, बड़ाइकों, रौतियों आदि को भी उसी तरह गाँवों की जागीरों के अनुदान

से पुरस्कृत किया गया था और जागीरदारों ने जब कभी जरूरत पड़ने पर जंगी सहायता देने का वादा किया था।[38]

उन्नीसवीं शताब्दी जमीन के मामले में निर्णायक क्यों हो जाती है, इसके लिए इस विवरण को भी देखना जरूरी है :

> उन्नीसवीं शती के पहली तिमाही में, दुस्साहसियों का एक अलग वर्ग प्रदेश में दिखाई पड़ा था। ये उत्तर भारतीय कारोबारी थे मुसलमान, सिख और दूसरे हिन्दू—जो अपने तरह-तरह के (मुख्तलिफ) माल-असबाब के साथ प्रदेश में इकट्ठा हो गए थे और उन्हें नागवंशी राजा और उनके बड़े जागीरदारों और खोरपोशदारों को ऊँचे दामों पर बेच डाला था। तब भी बाद में कुछेक राजाओं और जागीरदारों की बढ़ती हुई विलासपूर्ण आदतों और आम अपव्ययिता ने उन्हें साहुओं, सूदखोरों और दूसरों से उसी प्रकार की अन्य ऋणों का बोझ अपने ऊपर लेने के लिए मजबूर किया था। अपने ऋणदाताओं को नकदी में चुकाने में असमर्थ राजा और उनके जागीरदारों और खोरपोशदारों ने समय-समय पर आदिम भूस्वामियों के सर के ऊपर इन विभिन्न वर्गों के ऋणदाताओं को स्थायी (दोआमी) अथवा अस्थायी (मियादी) इजारों (ठीकों), नियत किराये (मदारी) पर निरन्तर ठीकों और भोगाधिकारवाले ठीकों (जरपेशगी और भुगुत) का अनुदान दिया था। कभी-कभार खुद नासमझ मुंडारी खूँटकट्टीदारों को साहुओं के द्वारा अपर्याप्त मुआवजा के लिए अपने गाँवों को उन्हें हस्तान्तरित करने के लिए ठग लिया गया था। अपने सौदे का अधिकतम लाभ लेने के लिए दृढ़-संकल्प इन विभिन्न वर्गों के जागीरदारों, पट्टेधारियों और खरीदारों ने मुंडाओं और उराँवों के मौलिक ग्रामीण प्रणाली को ध्वस्त करने में कोई कसर नहीं छोड़ी थी और राँची जिले के गाँवों में विभिन्न वर्गों के मौजूदा जमीनी पट्टे प्रदेश के विभिन्न हिस्सों में इस प्रयास से हासिल की गई सफलता के विविध स्तरों को चिह्नित करते हैं।[39]

लेकिन इस और ऐसे उदाहरणों से पूरे झारखंड के बारे में एक सरलीकृत और सामान्यीकृत समझदारी नहीं बनाई जा सकती है। अलग-अलग आदिवासी बहुल क्षेत्रों में जमीन को गैर-आदिवासियों द्वारा हस्तगत किये जाने के अलग-अलग तौर-तरीके देखने को मिलते हैं। मतलब यह कि छोटानागपुर के प्रकरण से कोल्हान या पंच परगना या सन्ताल या मानभूम आदि क्षेत्रों के भूमि-विषयक जटिलताओं को नहीं समझा जा सकता है। लेकिन बाहरी घुसपैठ का चरित्र कमोबेश ऐसा ही

रहा है, जैसा कि ऊपर वर्णित है। लेकिन इसी सिलसिले में तमाड़ और खूँटी क्षेत्र के अध्ययन कुछ अलग तथ्यों को सामने रखते हैं। जैसा कि हम देख चुके हैं कि मुंडाओं द्वारा बसाए गए गाँवों को हम 'मुंडारी खूँटकट्टी गाँव' के रूप में जानते हैं। बाद में ऐसे गाँवों को दो रूपों में हम पाते हैं, एक 'अक्षत मुंडारी खूँटकट्टी गाँव' और दूसरा 'विखंडित मुंडारी खूँटकट्टी गाँव'। 'अक्षत मुंडारी खूँटकट्टी गाँव' का स्वत्वाधिकार मुंडारी ग्राम-व्यवस्था के पास होता था। इस गाँव की जमीन पर उसके खूँटकट्टीदारों का सामूहिक अधिकार होता था। उनके प्रधान मुंडा, मानकी या पहान के पास सम्पत्ति का कोई विशेष उच्चतर अधिकार नहीं होता था। इसे इस बात से समझा जा सकता है।

> अक्षत खूँटकट्टी गाँव के प्रत्येक खूँटकट्टीदार के पास गाँव की परिसीमा के अन्तर्गत किसी भी बंजर जमीन को जोत में लाने अथवा गाँव के जंगलों से वैसे किसी जंगल उत्पाद या लकड़ी, जिसकी उसे जरूरत है, को हासिल करने का अधिकार है।[40]

अंग्रेजी राज में खूँटी, तमाड़, बूंडू आदि में ऐसे अक्षत खूँटकट्टी गाँवों की उपस्थिति दर्ज है। इन्हीं अक्षत खूँटकट्टी गाँवों के विखंडन से विखंडित खूँटकट्टी गाँव अस्तित्व में आए। इन विखंडित गाँवों को तमाड़ के अन्तर्गत देखा जा सकता है। इन्हें विखंडित खूँटकट्टी गाँव इसलिए कहा गया कि यहाँ :

> राजा कुछ एकड़ जमीन को अपने हिस्से (राज अंग) के तौर पर लेने में सफल हो गया है और ऐसी जमीन को 'राज-हस' का नाम दिया था। उस समय से वह जमीन पर चाहे तो जोतकर कब्जा बनाए रखा है या फिर ऐसे जमीन पर अपने जोतदारों को बसा करके। जब तमाड़ का 'राजा' अथवा टिकैत ऐसे गाँवों को किराये पर देने लगा था, ये 'राज-हस' जमीनों को मध्यवर्ती पट्टेदारी से बाहर रखा जाने लगा था और ऐसी जमीनों पर राजा के द्वारा बसाए गए प्रजाओं ने सीधे 'राजा' को ही लगान देना शुरू कर दिया था। इस सम्बन्ध में तमाड़ में राज-हस जमीनों का इतिहास असली नागपुर के गाँवों से कुछ हद तक भिन्न प्रतीत होता है।[41]

लेकिन थोड़ा आगे चलकर तमाड़ परगना में ही मध्यवर्ती जमींदारों के एक नये वर्ग को हम उगते हुए देखते हैं, जिसे आरम्भ में सम्भवत: 'माँझी' कहा जाता था। राज-हस की जिन जमीनों को शुरुआती दौर में राजा ने मध्यवर्ती पट्टेदारी से बाहर रखा था बाद के दिनों में उसी मध्यवर्ती पट्टे पर नये जमींदार-वर्ग का उदय हुआ।

> मध्यवर्ती जमींदार महज उसके पट्टा दाता के रूप में हर एक व्यक्तिगत खूँटकट्टीदार से सीधे चन्दा वसूलने लगे थे—जिसे गाँव को पट्टे पर देने के पहले राजा खुद किया करता था। यह मध्यवर्ती जमींदार अथवा 'माँझी' भी शीघ्र ही गाँव की जमीनों पर अपनी ललचाई नजरें गड़ाने लगे थे और जल्दी ही इन जमीनों में से कुछ को अपने लिए हासिल कर लिया था, जिन पर सम्भवतः शुरू-शुरू में कुछ 'एटाहातुरेकों' अथवा परजाओं का कब्जा था, जो उन्हें एक या उससे अधिक खूँटकट्टीदारों के अन्तर्गत अधिकार में रखते थे। ये जमीनें 'माँझीहस' अथवा 'माजी-हस' कहलाई थीं और गाँव के पट्टेदार की विशेषाधिकारवाली जमीनें बन गई थीं।[42]

इस प्रकार देखें तो जब खूँटकट्टी गाँव की भूमि-व्यवस्था को छिन्न-भिन्न कर दिया तो जो पुश्तैनी जमीन के टुकड़े आरम्भिक ग्रामीण वंशजों के पास रह गए, उन्हें 'भुईंहरी जमीन' का नाम दिया गया। अक्षत मुंडारी खूँटकट्टी जमीनों को विखंडित बाहरियों ने तो किया ही पर कहीं-कहीं मुंडाओं ने भी उसे विखंडित करने में भूमिका अदा की। जैसे तमाड़ से इतर यदि खूँटी क्षेत्र की बात करें तो ऐसे मामले भी देखने में आए, जहाँ खूँटकट्टी जमीनों के सामुदायिक या सामूहिक अधिकार का हनन खुद मुंडा या किसी बाहरी जमींदार ने किया। यह कुछ ऐसे घटित हुआ :

> चाहे तो वरिष्ठ जमींदार या मुंडा अथवा कोई जरपेशगीदार (गिरवीदार) अथवा उसका कोई नीलामदार ने पहले खुद परजाओं (एटा-होड़ोको) से चन्दा वसूलना शुरू किया था, उसके बाद खूँटकट्टीदारों के द्वारा दिये जानेवाले लगानों को बढ़ाने का काम किया था और अन्त में अधिकांश खूँटकट्टीदारों को मामूली रैयतों के दर्जे तक घटा दिया गया था। पाहन का पद अपरिहार्य था और इसलिए उसके खूँटकट्टी दर्जे के साथ कोई छेड़छाड़ नहीं की जा सकती थी। मुंडा के नजदीकी सम्बन्धियों को बाबुओं अर्थात् खोरपोशदारों के दर्जे तक घटा दिया गया था। बाकी की बिरादरी धीरे-धीरे गिरकर रैयतों के दर्जे तक पहुँच गई थी। अन्ततः मुंडा ने गाँव के जंगलों और बंजर जमीनों पर अपना कब्जा जमा लिया था। खूँटकट्टी समाज पूरे गाँव के इलाके पर अपने सामूहिक मालिकाना हक को खो चुका था। प्रत्येक खूँटकट्टीदार के पास मात्र उसी पुरानी जमीन के ऊपर उसका मालिकाना हक कायम रहता था, जिसे वह जोतता था। ये जमीनें अब उसकी निजी 'मुंडारी खूँटकट्टी जोतदारी का गठन करती थी, जिसके लिए उसे अपना निश्चित चन्दा (अभी का भूमिकर) सीधे अपने नये जमींदार को देना था।[43]

इस तरह देखें तो जनजातीय सामुदायिक भूमि-व्यवस्था का स्वत्वाधिकार सौ-दो सौ साल में तितर-बितर हो चुका था। और जो भी बचा रह गया था, उसे भी हस्तगत करने की तैयारी थी। इसे गँवाने के बाद फिर से उन्हें नये इलाकों की ओर प्रयाण करना पड़ता। पर इस बार आदिवासियों ने पीछे हटने या पलायन करने की बजाय टिककर लड़ने का फैसला किया। यहीं से विद्रोहों की जो परम्परा आरम्भ होती है, वह तब तक थमने का नाम नहीं लेती है, जब तक अपने लक्ष्य को हासिल नहीं कर लेती है। जो बात गौर करने की है, वह यह कि जमीन की लूट के साथ विद्रोहों का यह सिलसिला ईस्ट इंडिया कम्पनी के शासन में आरम्भ होता है, जो आगे अंग्रेजी राज में भी जारी रहता है। इसलिए जनजातीय सन्दर्भों में औपनिवेशिक काल की भूमिका को गौर से देखे जाने की जरूरत है। क्योंकि सवाल तो यह है कि क्या कारण रहे कि औपनिवेशिक काल में जनजातीय विद्रोह थमने का नाम नहीं लेते हैं? ऐसा प्रतीत होता है कि भू-राजस्व उगाही के क्रम में आदिवासियों की जमीन पर सबसे व्यवस्थित हमला अंग्रेजी राज में ही होता है। अन्यथा क्या कारण रहे कि अंग्रेजों के आने से पहले इस ओर विद्रोहों की ऐसी शृंखला देखने को नहीं मिलती है।

जनजातीय सन्दर्भों में किसी भी विद्रोह पर बहुत वर्गीकृत तरीके से बात नहीं की जा सकती है। एक-एक विद्रोह के मूल में इतनी किस्म की चीजें आपस में घुली-मिली होती हैं कि कई बार उन्हें ठीक-ठीक अलगाना कठिन हो जाता है। अपने चरित्र में वे बहुस्तरीय हैं और कई बार सतह में जो चीजें दिख रही होती हैं, वैसी होती नहीं हैं। उनके सन्दर्भ सूत्र कई अलग-अलग क्षेत्रों में फैले होते हैं। मसलन इनके सामाजिक-धार्मिक आन्दोलनों की ही बात करें तो उसे समझने के लिए जनजातियों के भूमि-विषयक अधिकारों को समझे बिना शायद ही कोई बात हो सकती थी। जमीन का सवाल इन सामाजिक-धार्मिक आन्दोलनों के लिए एक अनिवार्य सन्दर्भ की तरह है। लेकिन इससे इतर भी अनेक वजहें हैं। उन सब कारणों ने मिलकर न सिर्फ जनजातीय विद्रोहों बल्कि सुधारात्मक आन्दोलनों के लिए प्रेरक का काम किया। इसे दरकिनार कर झारखंड के जनजातीय सन्दर्भों के किसी पहलू को समझ पाना लगभग असम्भव है। इसलिए परिप्रेक्ष्य के बतौर जनजातियों के भूमि-विषयक अधिकारों और उनके ग्राम सभाओं की परम्परागत संरचना को थोड़ा समझ लेना आवश्यक था। अब जाकर हम अन्य कारकों के आलोक में जनजातीय सामाजिक और धार्मिक आन्दोलनों की बेहतर समझदारी अर्जित कर पाएँगे। तब शायद इस वाक्य का आशय भी ठीक-ठीक समझ पाएँगे जो क्रिस्टोफर फौन फ्यूरेर हैमेनडोर्फ ने सुरेश सिंह के 'बिरसा मुंडा और उनका आन्दोलन' के विश्लेषण के क्रम में कहा था :

> वे (सुरेश सिंह) बहुत अच्छी तरह स्पष्ट करते हैं कि जनजातीय अधिकारों के अतिक्रमण के कारण मुंडाओं की प्रतिरक्षात्मक प्रतिक्रिया ने धीरे-धीरे एक पुनरुत्थानवादी किस्म के मसीही आन्दोलन का रूप ले लिया।[44]

अंग्रेजों के आने के पहले झारखंड की अलग-अलग जनजातियों में स्वशासन की अपनी पद्धतियाँ विकसित हो चुकी थीं। भूमि-विषयक उनके परम्परागत अधिकार थे, जिस पर नागवंशी राजाओं के द्वारा दिये जानेवाले ठीके, पट्टों के कारण एक असन्तोष की भावना बैठी थी और शायद फैल भी रही थी। लेकिन ऐसे मामलों में हम पाते हैं कि जनजातीय समूह एकजुट होकर जाकर ठीकेदारों, पट्टेदारों को खदेड़ देते थे। जमींदारों के खिलाफ भी एकजुट होकर अपने जमीन की रक्षा कर ले जाते थे। ऐसा केवल छोटानागपुर में मुंडा और उराँव ही नहीं किया करते थे बल्कि सन्ताल परगना में पहाड़िया भी खैतौरी जमींदारों के खिलाफ लामबन्द होकर निपट लिया करते थे। लेकिन असल बखेड़ा अंग्रेजों के आगमन के बाद आरम्भ होता है। अंग्रेजों को मालगुजारी चाहिए थी। इसके लिए उनके पास बंगाल का अनुभव था। लेकिन झारखंड के जनजातीय बहुल इलाकों में भामला बंगाल सरीखा नहीं था। इसे समझने की सलाहियत भी तत्काल ईस्ट इंडिया कम्पनी के पास नहीं थी। न तो वे जनजातीय भाषाओं के जानकार थे और न जनजातीय समूहों को अंग्रेजी आती थी। बल्कि दुर्भाग्यपूर्ण बात यह थी कि जनजातीय समूहों के यहाँ भूमि-विषयक अधिकारों के भी लिखित दस्तावेज नहीं थे क्योंकि उनके पास कोई लिपि नहीं थी। लिपि का अभाव किसी जनजाति के अस्तित्व के लिए इतना निर्णायक हो सकता है, इसका अनुमान आज हम नहीं लगा सकते हैं। समाजशास्त्री रूडोल्फ सी. हेराडिया ने इस सन्दर्भ में एक लेख लिखा है और लिखित इतिहास या लिपि के अभाव में जो खामियाजा जनजातीय समुदायों को उठाना पड़ा है उसका आकलन करते हुए लिखा है :

> जब यूरोपीय औपनिवेशिक सत्ता की मौखिक संस्कृतियों से भेंट हुई तो वे उसे संरक्षण देने या प्रोत्साहन देने के बदले यह अनुमान लगाने लगे कि जिस प्रकार भाषा मानव और पशु में अन्तर करती है उसी प्रकार लेखन-क्षमता सभ्यों और असभ्यों के बीच अन्तर करती है। इस प्रकार 'लेखन-क्षमता' ने तकनीकी विशिष्टता के रूप में इस मुठभेड़ में औपनिवेशिक सत्ता को बढ़त दिला दी। जब तक 'वे' कथित अशिक्षित लोग लिखना आरम्भ करते उन्हें 'अन्य' मानकर अन्य लोगों ने अपनी भाषा में इतना कुछ लिख दिया कि 'वे' (मौखिक परम्परा के लोग) अपने खुद को सही-सही परिभाषित किये जाने से वंचित कर दिये गए। स्वजातीय उत्कृष्टता एवं अति श्रेष्ठता-बोध से ओत-प्रोत औपनिवेशिक

सत्ता अपने-अपने उपनिवेशों के कथित अशिक्षित-असभ्य-बर्बर लोगों को अपने 'अन्य' भाव के नजरिये और राजनीतिक उद्‌देश्य से शिक्षित और सभ्य बनाने के उत्साह में भरी हुई थी।[45]

लिपि के अभाव में जनजातीय समुदायों के साथ सभ्यता-विमर्श के नाम पर जो बौद्धिक और अकादमिक हिंसा हुई उसका आकलन करते हुए रणेन्द्र कई सवाल उठाते हैं :

> लेकिन सबसे ज्यादा विचारणीय प्रश्न यह है कि आखिर 'सभ्यताओं की टकराहट' में लेखन-क्षमतावाली सभ्यता को इतनी अभूतपूर्व सफलता क्यों मिली? आखिर क्यों 'मौखिक परम्परा' वाली संस्कृति उनका सामना करने में अक्षम प्रमाणित हुई? 'मौखिक इतिहास' पर विचार करते समय इन प्रश्नों से बचा नहीं जा सकता। 'लेखन' मानव-जाति के इतिहास में लम्बी छलाँग के रूप में चिह्नित की जाती रही है। श्वेतन तोदोरोव (Tzvetan Todorov) ने अपनी पुस्तक 'द क्लेश ऑफ कल्चर्स इन द न्यू वर्ल्ड' के निष्कर्ष में यह लिखते हैं कि 'उस परिवेश में लेखन का अभाव एक निर्णायक कारक रहा है, सम्भवत: सबसे ज्यादा निर्णायक।' चूँकि मौखिक परम्परा की संस्कृतियों में 'स्मृति' को अत्यन्त महत्ता प्राप्त थी अतएव लेखन-क्षमता की अनुपस्थिति से भी अतीत के औपचारिक विमर्श को बहुत फर्क नहीं पड़ता था। जबकि लेखन-क्षमवाली वर्चस्वशाली संस्कृतियों ने लेखन के क्रम में अधीनस्थ संस्कृतियों की व्याख्या को अपने हिसाब से गढ़ा, छलयोजित (मैनिपुलेट) किया।[46]

आगे वे इस मैनिपुलेशन के प्रभावों का भी विस्तृत आकलन करते हैं कि आखिर लेखन के अभाव में जनजातीय समुदायों को मुख्यधारा द्वारा जिस ढंग से चित्रित किया गया उसके मूल में कौन-से कारक काम कर रहे थे और इसका क्या दूरगामी प्रभाव जनजातीय समुदायों के अस्तित्व पर पड़ा? रणेन्द्र जोर देकर लिखते हैं :

> औपनिवेशिक नजरिया और 'अन्य' की अवधारणा के आलोक में यह माना जाता रहा है कि भारत का जनजातीय समुदाय एक इतिहासविहीन समुदाय है। यह माना जाता रहा है कि उनकी (जनजातियों की) जो अतीत के सन्दर्भ में मौखिक परम्पराएँ हैं, वे मिथकों और किंवदन्तियों से इतनी गुत्थमगुत्था हैं, इतनी घुली-मिली हैं कि उनमें इतिहास खोजना दुरूह है। इसलिए जनजातियों का इतिहास उतना ही भर है जितना कि अन्य समुदाय के 'विद्वतजनों' द्वारा अभिलिखित किया गया जो

कि दरअसल उन विद्वतजनों का ही अपने समुदाय का इतिहास की छाया-भर था। दरअसल यह उत्पाद एक अन्य द्वारा अपने लिए एक 'अन्य' के अतीत का गढ़न था। यह एक महान सांस्कृतिक वंचन था, जिसमें एक समुदाय की 'साझी स्मृति' की पूर्ण उपेक्षा की गई थी जिसके माध्यम से उस समुदाय विशेष के अस्तित्व और गरिमा को नकारा गया। इतिहास की यह समझ जनजातीय समुदायों को एक महत्त्वपूर्ण सांस्कृतिक संसाधन से वंचित करती है जिसके माध्यम से वह अपने अतीत की गरिमा के साथ वर्तमान की प्रतिकूल परिस्थितियों का सामना करता है।[47]

अंग्रेजों के आगमन के पूर्व हिन्दू आबादी धीरे-धीरे इन जनजातीय समूहों के इर्द-गिर्द किसी-न-किसी रूप में छिटपुट तरीके से आबाद हो रही थी। जनजातीय समूहों के लिए वे बहुत स्वागत-योग्य आगन्तुक तो नहीं ही थे। इन बाहरियों के प्रति जनजातीय समूहों की राय अच्छी नहीं थी क्योंकि वे उनकी निगाह में घुसपैठिये थे। और इनकी बढ़ती उपस्थिति उनके रोजमर्रा के जीवन में नित नई मुसीबतें पैदा कर रही थीं। यह महाजन, साहूकार, जागीरदार, ठीकेदार, जमींदार और रैय्यत के तौर पर उपस्थित आबादी जनजातीय समूहों के जमीन पर ही पाँव पसार रही थी। अंग्रेजों के यहाँ आने के बाद कानूनी तौर पर दखल की गई उन जमीनों को कानून के जरिये वैधता प्रदान करने की प्रक्रिया आरम्भ हुई। यह प्रक्रिया यहाँ के भूमि-विषयक परम्परागत अधिकारों को समझे बगैर अंग्रेजों के द्वारा आरम्भ की गई थी। इससे हुआ यह कि जनजातीय समूहों को उन्हीं के जमीन से बेदखल करने की एक कानूनी प्रक्रिया को ईस्ट इंडिया कम्पनी ने जाने-बूझे बगैर अमली जामा पहना दिया था। इसके परिणाम का अन्दाजा इस तथ्य से लगाया जा सकता है :

> 1856 में जागीरदारों की संख्या करीब 600 थी। इनमें से कुछ के पास किसी एक गाँव में जमीन थी तो कुछ 150 गाँवों में जमीन हड़पे हुए थे।[48]

1857 के विद्रोह के बाद जब ईस्ट इंडिया कम्पनी का शासन खत्म हुआ और क्वीन विक्टोरिया का शासन आरम्भ हुआ तब भी हालात में अगले दस-बीस साल में कोई खास तब्दीली देखने को नहीं मिली। इसे एक दूसरे तथ्य से हम समझ सकते हैं।

> 1874 तक हालात इस कदर बदल चुके थे कि पुराने मुंडा और उराँव सरदारों का प्रभाव मटियामेट हो चुका था। उनके स्थान पर अब एकाएक प्रभावशाली हो जानेवालों में गैर-आदिवासी किसान थे, जिन पर बड़े जमींदारों का वरदहस्त था और साथ ही ऐसे अन्य लोग, जो धार्मिक

या भरण-पोषण के अनुदानों के रूप में मिली बड़ी-बड़ी जमीनों के मालिक बन गए थे। अब कुछ गाँव तो ऐसे थे, जहाँ आदिवासी लोग जमीन पर अपना स्वामित्व बिलकुल ही छोड़ देने को मजबूर और पूरी तरह फटेहाल बना दिये गए थे। जो लोग पहले थोड़ी या ज्यादा जमीन के मालिक थे, वही अब खेत-मजूर बने घूम रहे थे।[49]

तो जमीनों की कानूनी बन्दोबस्ती ने जनजातीय समूहों के लिए 'अलार्मिंग' स्थितियाँ पैदा कर दी थीं। यह सब घटित कैसे हुआ? और इसके नतीजे क्या हुए? उस ऐतिहासिक प्रक्रिया को थोड़ा समझकर ही हम आगे बढ़ सकते हैं।

हम देख चुके हैं कैसे मुंडारी खूँटकट्टी गाँव पहले विखंडित हुए फिर खूँटकट्टीदारों के भुईंहरी जमीनें बनकर रह गए। ईस्ट इंडिया कम्पनी और अंग्रेजी राज दोनों ने जनजातियों के जमीन-विषयक विशेषाधिकार को समझे बगैर जो शासन किया उसमें न्यायालयों का रवैया जाने-अनजाने ही जनजाति विरोधी साबित हुआ। अदालत-पुलिस के साझा विशेषाधिकारों और अदालती भाषा की अज्ञानता, मौखिक परम्परा के कारण लिखित दस्तावेजों के अभाव ने जनजातियों की अवस्था बहुत दयनीय कर दी थी। उस वक्त के विवरण यदि आप पढ़ें तो आपको मार्केस की 'जादुई यथार्थवाद' वाले वे ब्योरे याद आएँगे, जहाँ मूल बाशिन्दों को यह यकीन दिलाना पड़ता है कि यह जो घर दिख रहा है, कभी मेरा हुआ करता था। सवाल उठता है यह सब घटित कैसे हो सका? मध्यवर्ती पट्टों से जो जमींदारी विकसित हुई थी। उनका प्रमुख काम भुईंहरी जमीनों को मझियस जमीन में परिणत करने का हो गया था। इसके लिए वे साम, दाम, दंड, भेद आदि सबका इस्तेमाल किया करते थे। राजा से हासिल पट्टों के बूते वे खुद को न्यायालयों में जमींदार के माफिक पेश किया करते और आदिवासियों को अपना रैय्यत बताया करते थे :

> मानकियों और मुंडाओं के खिलाफ उन लोगों द्वारा दायर किये गए दीवानी या फौजदारी मुकदमों में उनके दस्तावेजी सबूत मुंडाओं के मौखिक बयानों या अलिखित परम्पराओं की तुलना में कारगर हो जाते थे। उन न्यायालयों का यह हाल था कि मुंडारी खूँटकट्टी काश्त के बारे में बिलकुल अबोध रहने के कारण वहाँ के न्यायाधीशगण मुंडा भूमि-प्रणाली और जमींदारी प्रथा के बीच का अन्तर न समझ पाते थे। इसके साथ जुल्म की बात यह थी कि 1863 तक लागू वह कानून, जिसके अधीन जमींदारों को पुलिस के जैसे अधिकार प्राप्त थे, भूमि-छिन्न, निर्दोष आदिवासियों पर कहर बरपा रहा था।[50] यूरोपियन जजों और अफसरों की तटस्थता के विरुद्ध किसी भी रूप में उँगली नहीं उठाई जा सकती थी, पर मुंडाओं और उराँवों से सम्बन्धित मुकदमों

की उचित सुनवाई में उनकी अक्षमता यह थी कि वे इस प्रान्त के अधिकांश लोगों द्वारा बोली जानेवाली भाषा—मुंडारी या उराँव—नहीं समझ पाते थे।[51]

वकील या दुभाषिया उनकी इस अज्ञानता का लाभ उठाकर अपने पक्ष में निर्णय करा ले जाते थे। अठारहवीं सदी के उत्तरार्द्ध में छोटानागपुर ईस्ट इंडिया कम्पनी के शासन के अधीन आया था। अदालत और पुलिस की मौजूदगी इससे पहले कभी जनजातीय क्षेत्र में नहीं रही थी। इसलिए वे इन्हें ही अंग्रेजी राज का प्रतिनिधि समझते आए थे। और इन प्रतिनिधियों ने जनजातियों के पक्ष में ऐसी कोई भूमिका नहीं निभाई थी कि उनके बारे में वे अच्छी राय रखते। तो इस कारण एक बात तो यह हुई कि ब्रिटिश राज या अंग्रेजी राज के प्रति जनजातीय समूहों में भरोसा नहीं रह गया। ईस्ट इंडिया कम्पनी का जब आगमन हुआ तो खूँटकट्टी गाँवों का प्रधान (सरदार या मुखिया) होने के नाते अंग्रेजों ने मुंडा को ही हर बात में तरजीह दी। जबकि मुंडा शासक नहीं, अपने समाज का अगुआ भर था। लेकिन बाहरी दुनिया की अगुआ-विषयक जो समझदारी थी, उसमें अगुआ का मतलब केवल नेतृत्वकर्ता-भर नहीं होता था बल्कि उसमें एक मालिकपना भी अनुस्यूत होता था। इस लिहाज से मुंडा अपने गाँव और अंग्रेजों के बीच एक 'मिडल मैन' बनकर उभरा। इससे हुआ यह :

> लगान की रसीदें मुंडाओं के नाम काटी जाने लगीं। मुंडा तो पाहन की ओर से सड़क उपकर (रोड-सेस) का विवरण भरने लगे। चूँकि मुंडाओं को नये काम सौंपे गए और क्षेत्र के बाहर से आए लोगों की निगाह में उन्होंने नया अधिकार ग्रहण किया, इसलिए पाहनों के मुकाबले मुंडाओं ने अपनी स्थिति मजबूत बना ली और पाहन विस्मृति के गर्भ में खोए गाँव के एक पुरोहित मात्र बनकर रह गए।[52]

जबकि वास्तविकता यह थी कि मुंडाओं के संग पहान भी उसी पायदान पर खड़ा था। अपनी अनदेखी से पहान नाराज हो गए। एक ही वंश की मूल शाखाओं से ताल्लुक रखने के बावजूद दोनों के बीच ठन गई थी। "बात यहाँ तक बढ़ी कि उन दोनों के लिए तीसरे पक्ष (जागीरदार-जमींदार-ठेकेदार) को जो भी भुगतान देने थे, वे उसे देने से इनकार कर देते थे। सबसे बड़ा जमींदार इस कारण उन पर बकाये के लिए मुकदमा चलाता था और मुकदमे में हार जाने पर उनके गाँव बेच दिये जाते थे। इसके अलावा यह भी हुआ कि मुंडा जो पहले अपने समाज में बराबर लोगों के बीच प्रथम स्थान रखता था, अब बाहर से इस क्षेत्र में आए जमींदारों की भाँति अपना वैसा अधिकार दिखाने लगा जो उसकी वास्तविक स्थिति को देखते हुए

बहुत ज्यादा थी। कुछ मामलों में ऐसा हुआ कि जमींदारों ने उन्हें जमीन देकर अपने पक्ष में करना चाहा और उसके तथा उनके जाति-भाइयों के बीच फूट डालने की कोशिश की। इसके फलस्वरूप समूचे मुंडा समाज को खतरनाक परिणाम भुगतने पड़े। क्षत-विक्षत मुंडारी खूँटकट्टी गाँव इस प्रक्रिया के साक्षी हैं।"[53]

यह पूरा ब्योरा तीन कारणों से दिया गया है एक तो यह कि "जिस क्षेत्र में बिरसा-आन्दोलन आरम्भ हुआ, वह ऐक्यबद्ध मुंडारी खूँटकट्टी-प्रणाली का अभेद्य गढ़ था और अभी भी है।"[54] और दूसरा यह कि "जब पुरानी भूमि-व्यवस्था तमाड़, सोनपुर या भुईंहरी क्षेत्र में समाप्त हो गई। इन्हीं क्षेत्रों में 1859 से 1880 तक सरदारों का आन्दोलन चला था।"[55] और तीसरा यह कि "मुंडा लोग अभी भी अपने अधिकारों और विशेष अधिकारों का उपभोग कर रहे थे। वे जिस क्षेत्र में थे, वह पहाड़ी था, वहाँ आबादी विरल थी और खेती के लायक कोई खास जमीन भी न थी। यही कारण था कि बिरसा-आन्दोलन का आरम्भ में धार्मिक स्वरूप था।"[56]

मुंडारी भूमि-व्यवस्था का विघटन ही असल में बिरसा-आन्दोलन के मूल में है। यह विघटन घटित कैसे हुआ? इस पूरी प्रक्रिया से परिचित कराने में ही यह सिलसिला थोड़ा विस्तृत हो गया। तो बिरसा आन्दोलन को समझने का प्रस्थान बिन्दु यह मुंडारी भूमि-व्यवस्था का विघटन ही है। इसी जमीन पर आगे चलकर पूरा आन्दोलन विकसित होता है। यद्यपि मुंडारी भूमि-व्यवस्था का विघटन ऊपरी तौर पर देखने से एक आर्थिक परिघटना जान पड़ती है। लेकिन जैसा कि मैंने कहा कि जनजातीय आन्दोलन और विद्रोहों में एक साथ इतने सूत्र गुँथे हुए होते हैं कि उसे एकसूत्रीय तरीके से नहीं समझा जा सकता है। तो अब इसकी परतदार संरचना पर बात की कायदन शुरुआत करते हैं।

सामाजिक अन्तःक्रिया के विविध रूप

साम्राज्यवादियों या औपनिवेशिक शक्तियों के शासन का एक बुनियादी सूत्र है—'मानसिक औपनिवेशन'। आसान शब्दों में 'मानसिक गुलामी'। किसी को लम्बे समय तक गुलाम बनाए रखना हो तो अपनी श्रेष्ठता का बोध पराधीनों और पराश्रितों के मन में इस ढंग से बिठाना चाहिए कि वे कभी बराबरी का खयाल भी मन में न ला सकें। वे लगातार एक हीनता-बोध की ग्रंथि से ग्रस्त रहें। इस बुनियादी सोच को साकार करने के लिए बाकी बाहरी उपादान होते हैं, जिसे तंत्र या व्यवस्था कहते हैं। इस तंत्र के जरिये सत्ता पराधीनों के मन में अपनी श्रेष्ठता या उच्चता का बोध बोने का काम करती है और एक बार ऐसा कर दिये जाने पर शासन करना या पराधीन बनाए रखना आसान हो जाता है। यह बुनियादी प्रविधि पूरे संसार में प्रचलित है। अंग्रेजी राज में झारखंड के जनजाति इससे अछूते नहीं थे। फर्क केवल इतना

था कि यह श्रेष्ठता-बोध केवल अंग्रेज उनके मन में बोने में कामयाब नहीं हुए थे बल्कि अंग्रेजों से पहले 'दिकुओं' के तौर पर उपस्थित एक बाहरी व गैर-जनजातीय आबादी इसमें आंशिक सफलता हासिल कर चुकी थी। अंग्रेजी राज में दिकुओं के साथ अंग्रेज भी आ खड़े हुए थे। इससे जनजातीय समूहों के मध्य जो पराधीनता और असमर्थता का बोध पैदा हुआ था, उससे उबरने की कई अलग-अलग कोशिशें हमें देखने को मिलती हैं। जनजातीय विद्रोह और जनजातीय सामाजिक व धार्मिक-सुधार आन्दोलन इससे उबरने की ही गतिविधियाँ थीं। जब तक 'अन्य' के रूप में किसी बाहरी आबादी ने अपने धर्म के साथ इस क्षेत्र में दस्तक नहीं दी थी, तब तक सब कुछ अपनी गति से चल रहा था। यह वैसा ही है कि किसी मजबूत टीम के सामने आने से आपका 'डिफेंस' गड़बड़ा जाता है। गैर-जनजातीय आबादी के बतौर हिन्दुओं की मौजूदगी से फिर भी आपसी साझेदारी की एक प्रक्रिया गतिशील थी। इसे जनजातीय समूहों के हिन्दूकरण के बतौर भी देख सकते हैं और हिन्दू आबादी के जनजातीयकरण के रूप में भी। कोई भी सामाजिक अन्त:क्रिया यदि सचेत राजनीति से चालित न हो तो धार्मिक और सांस्कृतिक मोर्चे पर आदान-प्रदान की एक प्रक्रिया को साकार करती है। जाहिर है जो विजित पक्ष होता है वह पराजित पक्ष को ज्यादा प्रभावित करता है। लेकिन ऐसे सम्पर्कों से मनुष्य का पूरा मानसिक गठन प्रभावित होता है। ऐसे सभ्यतागत सम्पर्कों के बाद सोच के धरातल पर मनुष्य अपने पुरखों की तरह नहीं रह जाता है। अठारहवीं शती के आसपास से झारखंड के जनजाति बहुल क्षेत्रों में एक 'अवांछित अन्य' की मौजूदगी सामंजस्य और विरोध के द्वैत के बीच अस्तित्वमान रहती है। लेकिन उन्नीसवीं सदी में 'अन्य' की मौजूदगी का न केवल दायरा बढ़ता है, बल्कि अतिक्रमण बढ़ता है। एक ऐसा हाहाकारी अतिक्रमण जिसके आगे तमाम परम्परागत शक्तियाँ अर्थहीन हो जाती हैं। जनजातीय समूह तो यों भी अदृश्य 'बोंगाओं' के भरोसे अपनी धार्मिकता का पोषण करती आई थी। सम्बल के लिए कोई मूर्त देवी-देवता मौजूद नहीं था। अपनी कमजोर होती स्थिति के मद्देनजर जनजातीय समूहों में धार्मिक स्तर पर दोनों प्रभाव देखने को मिलते हैं। एक ओर तो वे आगन्तुक दिकुओं के धार्मिक रीति-रिवाज, पूजा-पद्धति आदि को अपनाने की कोशिश करते हैं तो वहीं दूसरी ओर अपने धर्म के ज्यादा पवित्र और प्राकृत रूप की उपासना-पद्धति को पुनर्जीवित करने की कोशिश भी करते हैं। इस तरह जनजातीय समूह के सामाजिक व धार्मिक आन्दोलनों में एक साथ यह परस्पर विरोधी 'एप्रोच' देखने को मिलते हैं। ईसाइयत का असर हिन्दू धर्म की संगत की तुलना में अलग ढंग से जनजातीय समूहों में देखने को मिलता है। लेकिन कुमार सुरेश सिंह यहाँ एक ऐसे तथ्य की ओर ध्यान दिलाते हैं, जिसे एक हिन्दू आम तौर पर जनजातीय सन्दर्भों में देख नहीं पाता है। और वह यह कि जिसे हम जनजातीय धर्म की अपनी विशेषता मानकर चल रहे होते हैं, दरअसल वह भी सभ्यता के किसी

पड़ाव पर उन्होंने दूसरों से अर्जित किया हुआ होता है। जैसे मुंडाओं के प्रसंग में वे रेखांकित करते हैं कि उनकी संस्कृति में केवल हिन्दुओं या ईसाइयों का ही असर नहीं था, बल्कि असुरों का भी था। इसलिए जब मुंडाओं में सुधारात्मक आन्दोलनों की शुरुआत हुई तो उनके संज्ञान में आसुरी पूजा-पद्धतियाँ भी थीं। और वे इसके प्रभावों को बहुत सकारात्मक अर्थ में नहीं लेते थे।

> असुरों के बारे में मुंडाओं और उराँवों दोनों की ही धारणा है कि वे ही भूत-प्रेतों के जन्मदाता हैं।...मुंडाओं ने अनुभव किया कि असुरों का यह प्रभाव अनुचित है, क्योंकि इससे उन लोगों के सामाजिक जीवन में बहुत बड़ी-बड़ी बुराइयाँ आ गई थीं। जादूगरनियों और भूत-प्रेतों का डर लोगों के मन में बैठ गया था और समाज में जादू-टोना आदि का प्रचलन शुरू हो गया था।[57]

सभ्यता के विकास के साथ-साथ धार्मिक विश्वासों और उसके प्रचलित कर्मकांडों के स्वरूप में भी बदलाव होता चलता है। झारखंड के जनजातीय विश्वासों के संसार में यह ऐतिहासिक समय संयोग से अंग्रेजों के आगमन के बाद घटित होता है।

ईसाइयों के आगमन से पहले हिन्दुओं की संगत का एक लम्बा जनजातीय इतिहास रहा है। इसलिए किसी भी अन्य धर्म की तुलना में हिन्दुओं के साथ धार्मिक और सांस्कृतिक स्तर पर आदान-प्रदान की एक लम्बी परम्परा मिलती है। बल्कि हिन्दी साहित्य में जिसे भक्ति काल कहते हैं, उस काल में यहाँ भी जनजातीय भाषाओं में भक्ति-विषयक पद और दोहे मिलते हैं :

> ऐसे प्रमाण मिलते हैं कि मध्ययुग के आरम्भ में हिन्दू धर्म और खासकर सूर्य तथा देवी की उपासना-पद्धति तमाड़ में प्रचलित थी। सांस्कृतिक दृष्टि से पंचपरगना के मैदानों से होकर वैष्णव धर्म ने मुंडा-प्रदेश में प्रवेश किया। कांची और करकरी नदियों की घाटियों में मन्दिरों के जो अवशेष मिलते हैं, वे सम्भवत: पाँच या छह सौ वर्ष पुराने हैं। वे इस बात के सबूत हैं कि उन पर सुदूरस्थ भुवनेश्वर की वास्तुकला का प्रभाव है।...जैसा कि अन्य सभी जगहों की जनजातियों के साथ हुआ, इतिहास के मध्य युग के अन्त में मुंडा भी हिन्दू धार्मिक आन्दोलनों के प्रभाव में आए। महाप्रभु चैतन्य नीलाचल से मथुरा जाते हुए झारखंड से होकर गुजरे, जिससे आदिवासियों में से अनेक उनके भक्त हो गए। झारखंड शब्द का प्रयोग भी चैतन्यचरितामृत में मिलता है। मुंडा क्षेत्र के बिनन्द दास ने मुंडारी भाषा में भक्ति-रस के गीत गाए।...वैष्णव

धर्म का प्रभाव राँची के पूर्वी भागों के केवल कुछ थोड़े से परिवारों तक सीमित न रहा। विभिन्न व्यक्ति समूहों जैसे गोसाइयों, माँझियों, ताँतियों, स्वाँसियों और अधिकारियों ने भी वैष्णव धर्म के प्रभाव-विस्तार और प्रसार में महत्त्वपूर्ण भूमिका निबाही, हालाँकि उनका तरीका कुछ-कुछ भोंडा मूल सिद्धान्त से हटा-सा एवं विजातीय विचारों से प्रभावित था।...कबीरपंथियों के भी अनुयायी मुंडा प्रदेश में पाए जाते हैं, पर उराँवों में उन लोगों की संख्या कहीं ज्यादा है। एक ऐसा समय भी था जब वे लोग काफी सम्माननीय थे और कुछ गाँवों में तो एक मुंडा परिवार में कम-से-कम एक कबीरपंथी होता ही था। तोरपा में कबीरपंथी मुंडाओं में से अधिकांश ने ईसाई धर्म अपनाया।[58]

यह अपेक्षाकृत विस्तृत उद्धरण केवल इसलिए कि मध्यकाल में जिस अखिल भारतीय भक्ति आन्दोलन की बात की जाती है, उसका असर इस क्षेत्र में भी दिखता है। आदिवासियों और हिन्दुओं के मध्य यह धार्मिक प्रभाव केवल वैष्णव भक्ति तक सीमित नहीं रही। भगवान शिव आदिवासियों के यहाँ महादेव बोंगा के रूप में और पार्वती चंडी बोंगा के रूप में स्वीकृत हैं। या क्या मालूम हिन्दू धर्म में शिव और पार्वती की संकल्पना के मूल में जनजातीय प्रभाव ही हो? कई हिन्दू तीज-त्योहार आदिवासियों में भी उसी रीझ के साथ मनाया जाता है और कई जनजातीय पर्व हिन्दू सदानों के द्वारा मनाया जाता है। यहाँ उसके ब्योरे में नहीं जा रहे हैं। मूल बात बस यह रेखांकित करनी थी कि सामी धर्म-परम्परा के धर्मों की भाँति अपने धर्म के प्रचार या धर्मान्तरण की कोई 'प्रैक्टिस' हिन्दुओं के यहाँ नहीं रही। मतलब यह जो भी असर था, इसके मूल में स्वाभाविकता थी। यह विशुद्ध सांस्कृतिक लेन-देन जैसी चीज थी। यद्यपि हिन्दू और आदिवासी अपने धार्मिक विश्वासों और 'प्रैक्टिस' को लेकर एक-दूसरे से खुद को अलग तो जरूर मानते थे। लेकिन यह अलगाव वैसा नहीं था जैसा मुसलमानों और हिन्दुओं के बीच दिखता है। बल्कि हिन्दुओं का एक बड़ा वर्ग भी आदिवासियों को हिन्दू के बतौर ही देखता है। जबकि वास्तविकता इससे भिन्न है। इस भिन्नता को नहीं समझनेवाले ही 'सरना धर्म कोड' के सवाल को हैरत के साथ देखते हैं। लेकिन इस धार्मिक या सांस्कृतिक आदान-प्रदान से यह राय नहीं कायम कर लेनी चाहिए कि आदिवासियों और हिन्दुओं के बीच बहुत सामान्य सम्बन्ध थे। बल्कि वास्तविकता का एक दूसरा पहलू यह भी है कि इन्हीं आदिवासियों के यहाँ हिन्दू 'दिकू' के बतौर एक बाहरी आक्रमणकारी के रूप में मौजूद हैं। एक विजित जाति के तौर पर मौजूद है और जैसा कि होता आया है कि विजित लोग पराजित लोगों को ज्यादा सहजता से प्रभावित करने की स्थिति में होते हैं तो इस बात से इनकार नहीं किया जा सकता है कि हिन्दू धर्म का प्रभाव

जनजातियों पर रहा है। यद्यपि यह प्रक्रिया दोहरी रही है। इसी प्रक्रिया का साक्षात् उदाहरण यहाँ की 'सदानी' संस्कृति है, जहाँ सहजता से जनजातीय संस्कार और रिवाजों को सदान हिन्दुओं के यहाँ होनेवाले नेग-बिध में देखा जा सकता है।

झारखंड में जनजातीय समुदायों में सामाजिक और धार्मिक-सुधार आन्दोलनों के मूल में कई कारण और कारक थे। बल्कि हर आन्दोलन के मूल में कुछ बातें सामान्य होने के बावजूद कुछ अन्य विशिष्टताएँ मौजूद थीं। कुछ कारणों और कारकों की चर्चा हम पीछे कर चुके हैं। कुछ की आगे करेंगे। दरअसल एक लम्बे समय तक बाहरी प्रभाव से मुक्त रहने के कारण जनजातीय समूहों को कभी अपने ईश्वर की शक्ति पर भरोसा नहीं डगमगाया था। इसे दूसरे शब्दों में कहें तो शायद उसकी शक्ति को परखने का भी वक्त नहीं आया था। लेकिन बाहरी जातियों के आगमन के साथ जब लगातार उनके जल, जंगल, जमीन और महिलाओं पर अत्याचार की घटनाएँ बढ़ने लगीं तो उन्हें खुद की और अपने ईश्वर की असमर्थता का भान हुआ। उन्हें लगा कि इन बाहरी लोगों के पास एक ताकतवर ईश्वर और धर्म मौजूद है, जिनके सामने उनका धर्म और ईश्वर नाकाफी साबित हो रहा है। तो एक बड़ी वजह तो यह थी कि वे ईसाइयों के आने के पूर्व हिन्दू धर्म के प्रति आकर्षित हुए थे। लेकिन हिन्दुओं के यहाँ धर्मान्तरण जैसी प्रथा अस्तित्वमान नहीं थी और हिन्दू ही उस वक्त शत्रु के बतौर मौजूद थे। इसलिए जनजातीय समूहों के साथ यह धार्मिक प्रभावों के आपसी आदान-प्रदान तक सीमित रहा। लेकिन अंग्रेजों के और खासकर ईसाई मिशनरियों के आगमन के बाद और उनके द्वारा शिक्षा-चिकित्सा के क्षेत्र में किये जानेवालों कामों से इतर जमीन के मसले पर की जानेवाली कानूनी सहायता ने उन्हें बड़ी मात्रा में ईसाई धर्म को अपनाने को प्रेरित किया। ईसाइयत उनके परम्परागत सामाजिक-धार्मिक संरचना में बदलाव के एक वैकल्पिक प्रारूप के साथ आया था। यद्यपि ईसाइयत को भी इन जनजातीय समुदायों का विश्वास जीतने में वक्त लगा, लेकिन एक बार विश्वसनीयता अर्जित कर लेने के बाद धर्मान्तरण ने इन जनजातीय क्षेत्रों में जोर पकड़ा। इस धर्मान्तरण की प्रक्रिया में थोड़ा अवरोध 1857 और अन्य जनजातीय धार्मिक-सामाजिक आन्दोलनों ने पैदा किया अन्यथा यह अपनी रफ्तार से जारी रहा। केवल झारखंड की बात करें तो अंग्रेजी राज में सन्तालों के मध्य हम सफा-होड़ आन्दोलन को पाते हैं, छोटानागपुर के मुंडाओं के बीच बिरसाइत आन्दोलन को और उराँवों के मध्य टाना भगत आन्दोलन को देखते हैं। इसके अलावा भी छोटे पैमाने पर आन्दोलन हुए। लेकिन उपर्युक्त उल्लिखित आन्दोलनों ने इस समूचे भूभाग पर बड़ा प्रभाव डाला।

इन धार्मिक और सामाजिक स्वरूपवाले आन्दोलनों का विश्लेषण करते हुए वर्जीनियस खाखा ने बहुत सुचिन्तित और रेखांकित करनेवाली बातें की हैं, उनका मानना है :

इस बात से कतई इनकार नहीं किया जा सकता है कि यह आन्दोलन एक किस्म की संस्कृतिकरण की प्रक्रिया से प्रभावित रहे हैं। इन आन्दोलनों का मकसद उतना सामाजिक अन्तरण की प्रक्रिया को बढ़ावा देना नहीं रहा है, जितना कि एक बड़ी आबादी की निगाह में सम्मान हासिल करना रहा है। बावजूद इसके संस्कृतिकरण की प्रक्रिया और सामाजिक गतिशीलता के अन्त:सम्बन्धों को नकारा नहीं जा सकता है। फिर भी यह सांस्कृतिक होने की बजाय राजनीतिक आन्दोलन ज्यादा रहे हैं। लेकिन इन आन्दोलनों को बारीकी से देखा जाए तो यह अपने समाज का क्रिटिक रचते जान पड़ते हैं। इन आन्दोलनों के जरिये वे अपने समाज की आन्तरिक कमजोरियों की ओर अपने समुदाय का ध्यान आकर्षित करना चाहते थे।[59]

जैसा कि ऊपर मैंने कुमार सुरेश सिंह के हवाले से यह बात रेखांकित की है कि जिसे हम आदिवासियों की पूजा या उपासना-पद्धति मानते आए हैं। उसमें से प्रेतात्माओं को पूजने और जादू-टोना के उपक्रमों को मुंडा समुदाय भी असुरों के प्रभाव के रूप में देखता है। इसमें भली या पवित्र आत्माओं के साथ दुष्ट या शत्रु आत्माएँ भी हुआ करती थीं। उनको शान्त और प्रसन्न रखने के लिए पशु-पक्षी की बलि और पूजा का प्रावधान हुआ करता था। किसी भी आदिवासी गाँव के संरक्षक के बतौर इन बोंगाओं को देखा जाता था। लेकिन अंग्रेजों के आगमन के बाद जनजातियों की परम्परागत व्यवस्था या संरचना में जिस बदलाव की शुरुआत हुई थी वह अप्रत्याशित थी। अप्रत्याशित इस रूप में कि अधिसंख्य जनजातीय समुदाय अपनी आजीविका के लिए पशुचारण, खाद्य-संग्रहण और खेती-किसानी पर आश्रित थे। प्राकृतिक संसाधनों पर उनका दैनन्दिन जीवन निर्भर था। अंग्रेजों ने एक झटके से उनके जीवन की उस पूरी तारतम्यता को छिन्न-भिन्न कर दिया था। अनायास इन जनजातीय समुदायों के समक्ष सभ्यतागत सोपानिकता में आगे की एक दुनिया आकर उपस्थित हो गई थी। अंग्रेज इस दुनिया के कर्ता-धर्ता थे। बगैर-आदिवासियों की दुनिया को समझे, उन्होंने बाहरी दुनिया के नियमों से ही उन्हें हाँकने की शुरुआत कर दी थी। उन दिनों जमीन जीविका का प्रमुख साधन या आधार हुआ करती थी। आदिवासियों की भूमि-व्यवस्था को समझे बिना भूमि-सम्बन्धी जो नियम-कानून अंग्रेजों ने लागू करने आरम्भ किये, उसने तो आदिवासियों की परम्परागत भूमि-व्यवस्था का नाश किया ही। आदिवासियों के यहाँ मुंडा-मानकी या पड़हा राजा जैसी जो स्वायत्त ग्राम सभाएँ थीं, अंग्रेजों की कचहरियों और पुलिस ने उसकी महत्ता को भी खत्म करने का काम किया। अब मुंडा-मानकी या पड़हा समिति के निर्णयों से जिन्हें असहमति होती थी, वह कचहरी की शरण में चला जाता था।

इस तरह आदिवासियों की भूमि-व्यवस्था ही नहीं परम्परागत न्याय-व्यवस्था भी पूरी तरह चरमरा गई थी। रही-सही कसर ईसाइयत के प्रचार-प्रसार ने पूरी कर दी थी। इस तरीके से देखें तो बेहद कम समय में पूरी परम्परागत जनजातीय व्यवस्था अचानक से अप्रासंगिक हो गई थी। अंग्रेजों ने एक नई व्यवस्था ही एक तरीके से आरोपित कर दी थी। यही वजह रही कि इतिहास में कभी जनजातीय विद्रोहों की ऐसी क्रमिकता देखने को नहीं मिलती है, जैसी अंग्रेजी राज में देखने को मिलती है। इस लिहाज से देखें तो जमीन, जंगल, जीविका, विश्वास और व्यवस्था का सहस्त्राब्दियों से अर्जित जनजातीय साँचा और बोध, अंग्रेजी राज में समापन की ओर अग्रसर था। यह एक सभ्यतागत संकट था। जनजातीय सन्दर्भों में इसे ऐतिहासिक संकट कहना चाहिए। इसलिए इस संकट के सामने जनजातीय समूहों के पास खुद को पुनर्संयोजित करने के अलावा दूसरा कोई विकल्प नहीं रह गया था। उपस्थित चुनौतियों के समक्ष उन्हें सम्भावित विकल्पों की तलाश करनी थी। इतिहास साक्षी है कि जब-जब ऐसा सभ्यतागत संकट आया है, तब या तो जातियाँ और नस्लें तबाह हुई हैं या फिर ज्यादा ऊर्जा के साथ पुनर्जीवित हो उठी हैं। यह पुनर्जीवित होने की प्रक्रिया में ही वैश्विक पटल पर पुनर्जागरण और नवजागरण के तत्त्व देखने को मिलते हैं। झारखंड के जनजातियों के मध्य भी पुनर्जागरण और नवजागरण का यह ऐतिहासिक क्षण अंग्रेजी राज में उपस्थित हुआ था। और ऐसे सभ्यतागत टकरावों से जो ऊर्जा उत्सर्जित होती है, वह विजित और पराजित दोनों को बदलने का काम करती है। लेकिन यह बात सुनने में जितनी आसान लगती है, धरातल पर इसे घटित होते देखना उतना ही मुश्किल और चुनौतीपूर्ण होता है। यह मुश्किलें और चुनौतियाँ जनजातियों के समक्ष भी थीं। अपने अनुभव और समझदारी से इस संकट के जितने सम्भावित विकल्प हो सकते थे। वह सब उन्होंने अपने जानते आजमाए। इस आजमाने के क्रम में वे स्वयं दो विपरीत छोरों पर खड़ा होकर देखने से भी नहीं हिचके। मसलन अंग्रेजी राज के दौरान जनजातीय धार्मिक और सामाजिक आन्दोलनों की गहन पड़ताल करें तो हमें दो विपरीत ध्रुव देखने को मिलते हैं। मतलब एक ओर तो वे अपने मूल धर्म या जनजातीय विश्वासों के प्राचीनतम रूपों की ओर मुड़ते हैं। मानो अपने मूल विश्वासों से डिगने के कारण ही उन्हें यह दिन देखना पड़ रहा हो। इसलिए एक ओर तो वे प्राचीनतम धार्मिक मूल्यों की पुनर्स्थापना की कोशिशों में संलग्न देखे जा सकते हैं तो वहीं दूसरी ओर हिन्दू या ईसाइयत जैसे उपलब्ध धर्मों के कई तत्त्वों को आत्मसात कर अपने को आधुनिक सन्दर्भों में रूपायित करने की कोशिशें भी उनके यहाँ उसी दौर में देखी जा सकती हैं। ऐसा नहीं कि यह कोई अनूठी बात है। भारत में अन्य प्रादेशिक सांस्कृतिक नवजागरणों में भी यह प्रवृत्ति देखने को मिलती है। जैसे राममोहन राय पर बात करते हुए सौम्येन्द्रनाथ टैगोर ने एक मार्के की बात कही थी जो भारतीय प्रदेशों के नवजागरण-विषयक आन्दोलनों

के सन्दर्भ में प्रासंगिक जान पड़ती है। और वह यह कि :

> राममोहन रॉय ने जिस आधुनिक भारत की नींव रखी थी, वह दरअसल आपसी संघर्षों में उलझे तीन धर्मों के संश्लेषण से निर्मित हुई थी। यह तीन धर्म थे—हिन्दू, मुस्लिम और ईसाई।[60]

झारखंड में जनजातियों के मध्य हुए सामाजिक-धार्मिक आन्दोलनों को भी गौर से देखने पर यहाँ भी 'एंटीथीसिस' और 'सिन्थीसिस' की प्रक्रिया देखी जा सकती है। फर्क सिर्फ इतना है कि यहाँ इस्लाम धर्म की भूमिका गौण है। जनजातीय विश्वासों के बरक्स ईसाइयत और हिन्दू धर्म उपस्थित है। तो इन जनजातीय धार्मिक-सामाजिक आन्दोलनों को भी किसी एक दिशा में व्याख्यायित नहीं किया जा सकता है। हर आन्दोलन के साथ उसकी कुछ खास विशिष्टताएँ उभरती हैं। उसके परिवेशगत सन्दर्भों को ध्यान में रखे बगैर उसके साथ न्याय नहीं किया जा सकता है। इसलिए आगे भी इन जनजातीय आन्दोलनों के ऐतिहासिक परिप्रेक्ष्य को पहले प्रस्तुत किया गया है, तदुपरान्त उन आन्दोलनों के विविध पहलुओं की चर्चा की गई है। जनजातीय सन्दर्भों में और औपनिवेशिक सन्दर्भों में भी अंग्रेजी राज को भारतीय आधुनिकता के साथ जब जोड़कर देखा जाता है तो अंग्रेजी राज के अन्तर्विरोधों को कई बार दरकिनार कर दिया जाता है। जनजातीय सन्दर्भों में भी हम देखते हैं कि भूमि की पैमाईश और काश्तकारी अधिनियमों के जरिये अंग्रेज जनजातियों के भूमि-सम्बन्धी अधिकारों की रक्षा करते दिखाई देते हैं। लेकिन असलियत यह है कि जनजातीय अधिकारों का पर्याप्त हनन होने के बाद इस दिशा में वे कानून लाते हैं। पूरी परम्परागत जनजातीय व्यवस्था को धूलिसात करने के बाद वे अपनी शासनगत सुविधा के लिए इन कानूनों का निर्माण करते हैं। क्योंकि लगातार होनेवाले जनजातीय विद्रोहों के दमन में अंग्रेजों को काफी समय, श्रम, संसाधन, ऊर्जा खर्च करना पड़ रहा था। बल्कि एक के बाद एक बननेवाले इन अधिनियमों का अध्ययन करें तो जान पड़ेगा कि यह पूर्वस्थिति बहाल करने की बजाय असन्तोष को कम करने के उद्‌देश्य से लाया गया था। इन अधिनियमों के जरिये जनजातीय समुदायों को कानूनी माध्यमों से नियंत्रित करने की कोशिश की गई थी। इनमें से कुछ अंग्रेजी राज के लिए 'सेफ्टी वाल्व' के बतौर लाए गए थे, जिसमें ज्यादातर काश्तकारी अधिनियमों को रखा जा सकता है तो वहीं दूसरी ओर साधारण मामलों में भी कई ऐसे अधिनियम पारित किये गए थे जो इन जनजातीय समुदायों के रोजमर्रा के जीवन को कठिन बनानेवाले थे, जिनके जरिये बहुत मामूली प्रसंगों में उन्हें परेशान किया जा सकता था। मसलन हँड़िया के बेचने से लेकर वनोपज के उपयोग और लकड़ी के इस्तेमाल तक पर पाबन्दी लगाई गई तो जानवरों के जंगलों पर चरने को लेकर भी पाबन्दियाँ आरोपित की गईं।

ईस्ट इंडिया कम्पनी के आने के काफी बाद उनके पीछे ईसाई मिशनरी धर्म-प्रचार के उद्देश्य से भारत आए। 1765 ई. में बंगाल, ओड़िसा के साथ बिहार की दीवानी भी ईस्ट इंडिया कम्पनी को मिल गई थी। लेकिन उस वक्त उनका मकसद व्यापार था, शासन नहीं। इसलिए जब उनके पीछे ईसाई मिशनरी भी भारत आने की तैयारी कर रहे थे तो एकबारगी उन्हें स्वीकृति नहीं मिली थी। भारत में धर्म के प्रचार-प्रसार के मामले में ईस्ट इंडिया कम्पनी आरम्भ में हस्तक्षेप नहीं करना चाहती थी। वह जानती थी कि यह एक संवेदनशील मसला है। लेकिन इसे लम्बे समय तक टाला नहीं जा सका। ब्रिटिश मिशनरियों से पहले जर्मन मिशनरियों ने इस दिशा में अपने पाँव बढ़ा दिये थे। छोटानागपुर में ईसाई मिशनरियों के पाँव 1845 ई. में पड़े। इस दिशा में कदम रखनेवालों में जर्मन लूथरन-एंग्लिकन मिशन के लोग पहले थे। यह प्रोटेस्टेंट मत को माननेवाले थे। इनके बाद 1868 ई. में रोमन कैथोलिक मिशन का आगमन होता है। किसी को इस बात का अनुमान नहीं था कि इन ईसाई मिशनरियों के आगमन का क्या दूरगामी परिणाम जनजातीय आबादी पर पड़ने जा रहा है? इस सिलसिले में विस्तृत शोध और अन्य अकादमिक काम मौजूद हैं। यहाँ उसके विस्तार में न जाकर संक्षेप में कुछ बातों का उल्लेख-भर कर देना जरूरी है। क्योंकि उस दौर के जनजातीय सामाजिक और धार्मिक आन्दोलनों के लिए यह एक अनिवार्य सन्दर्भ की तरह है।

चाहे वह ईस्ट इंडिया कम्पनी हो या अंग्रेजी राज के अधिकारी, जब वे झारखंड के जनजातीय बहुल क्षेत्रों में आए, तो अपने साथ बाहरी दुनिया के प्रशासनिक अनुभवों को लेकर आए। और उन अनुभवों के आधार पर ही उन्होंने शासन चलाने की कोशिश की। जैसे जमीन के मामले में अंग्रेजों की नीति इस सोच पर आधारित थी कि जमीन का कोई-न-कोई मालिक अवश्य होता है। जमीन सामुदायिक सम्पत्ति हो सकती है, यह उनकी सोच में ही शामिल नहीं था।

> लार्ड कार्नवालिस के भूमि-विषयक नीतियों के निर्धारण के मूल में यही समझ कार्य कर रही थी कि अगर जमीन है तो उसका मालिकाना हक होगा। और यह मालिकाना हक किसी इलाके में उसके राजा का होना चाहिए। इस निष्कर्ष पर ईस्ट इंडिया कम्पनी भारत की जाति आधारित हिन्दू सामुदायिक व्यवस्था के प्रचलित परम्परागत व्यवस्था के अपने अनुभवों के आधार पर पहुँची थी। कम्पनी ने देखा था कि गैर-जुताई वाली जमीनों के भी मालिक हुआ करते थे, और जिन जमीनों की जुताई हुआ करती थी, उन जमीनों का मालिक भी जोतदार के बजाय कोई और हुआ करता था। जनजातीय सन्दर्भों में उन्होंने आदिवासियों को उन जोतदारों की तरह बरता जिनके पास मानो मालिकाना हक नहीं

था। बिना स्थानीयता का खयाल किये या उसके इतिहास को जाने, पूरे क्षेत्र में बन्दोबस्ती के नये प्रावधानों को लागू कर दिया गया।[61]

यह दुर्भाग्य ही था कि ऐन अंग्रेजों के आगमन के पूर्व जागीरदारों, ठीकेदारों, जमींदारों, महाजनों, साहूकारों के द्वारा आदिवासियों की जमीन पर दखल की प्रक्रिया आरम्भ हो गई थी। अंग्रेजों ने जब बिना जाने-बूझे राजस्व की उगाही के क्रम में यहाँ भूमि बन्दोबस्ती के कायदे-कानून लागू किये तो आदिवासियों के अपने परम्परागत जमीन से बेदखली की एक ऐसी प्रक्रिया आरम्भ हो गई, जिसे कानूनी वैधता अंग्रेजों ने प्रदान कर दी थी। अब पुलिस के बूते रसूखवाली गैर-जनजातीय आबादी आदिवासियों की जमीन पर अपना दखल कायम करने लगी। भूमि से इतर भी आदिवासियों के रोजमर्रा के जीवन से जुड़े चीजों में तरह-तरह के कर लगा दिये गए। पहले जमीन के एवज में नाममात्र का चन्दा हर घर से गाँव का मुंडा (सरदार) इकट्ठा कर छोटानागपुर के महाराज को पहुँचा दिया करता था। उसमें कमी होने पर ऊपर और श्रम से उसकी पूर्ति कर दी जाती थी। लेकिन अब हर जमीन का लगान सुनिश्चित कर दिया गया था। बात इतने पर ही खत्म नहीं हुई थी। आदिवासियों के जीवन का अनिवार्य पेय हँड़िया पर भी उत्पाद-शुल्क लगा दिया गया था। चावल से बननेवाला यह नशीला पेय-पदार्थ आदिवासियों के जीवन का अभिन्न अंग था। उनके धार्मिक रीति-रिवाजों, परब-त्योहारों में इसकी उपस्थिति अनिवार्य थी। हँड़िया पर कर का आरोपण आदिवासियों के लिए हवा और पानी पर कर लगाने सरीखा था। आदिवासी पहली बार इस किस्म के कराधान का अपने जीवन-काल में अनुभव कर रहे थे। पहली बार पराधीनता का अहसास उन्हें हुआ था। यह पराधीनता एक स्तर तक नहीं सिमटी थी। वन की जिस ऊपज पर उनका जीवन केन्द्रित था, उस पर भी अब रोक-टोक आरम्भ हो गया था। बाजार-हाट में माहसुल (माहशुल्क) लिया जाने लगा था। इस तरह अचानक उनके जीवन में नगद रुपयों की जरूरत बढ़ गई थी। पहले धान की खेती से निपटने के बाद कुछ नगदी के लिए वे साल के बचे हिस्से में कुछ दूसरे काम कर लिया करते थे, चाय बगान कमाने चले जाते थे। लेकिन अब तरह-तरह के कामों के लिए जनजातियों के जीवन में नगद रुपयों की आवश्यकता पैदा हो चुकी थी। साहूकार और महाजन सूद पर रुपये देकर उनके जमीन को हथियाने लगे थे। ऐसे मुकदमों का भरा-पूरा इतिहास मौजूद है। इस तरह देखें तो अंग्रेजी राज ने एक नई मूल्य-व्यवस्था ही लागू कर दी थी। जिसके लागू होने से जनजातियों का पूरा परम्परागत समाज और संसार छिन्न-भिन्न हो उठा था। एक ओर वे अपनी जमीन से बेदखल हो रहे थे। उन्हें अब नगद रुपयों की आवश्यकता थी। जमीन के झगड़े के लिए न्यायालय जाने पर भी नगदी की जरूरत होती थी। न्यायालय की भाषा की जानकारी के अभाव और

जनजातीय परम्परा में लिखित दस्तावेजों के अभाव के कारण उन्हें वहाँ भी न्याय नहीं मिल पा रहा था। ऐसे ही निराशा के क्षणों में जनजातीय बहुल क्षेत्रों में ईसाई मिशनरियों का आगमन हुआ। ईसाई मिशनरी अपने साथ केवल धर्म लेकर नहीं आए थे, वे अपने साथ पूरी एक सामाजिक-धार्मिक व्यवस्था लेकर आए थे। उसमें अंग्रेजी शिक्षा थी, जमीन के विवादों में कानूनी मदद शामिल थी, नगदी कमाने के लिए सिखाए जानेवाले कौशल थे और वक्त बेवक्त जरूरत पड़ने पर प्रदान की जानेवाली चिकित्सकीय सुविधा थी। इन सुविधाओं का लाभ सहजता से धर्मान्तरित आदिवासियों के लिए उपलब्ध थे। पर बावजूद इसके ऐसा नहीं था कि ईसाई मिशनरियों के आगमन के साथ ही धर्मान्तरण की बाढ़ आ गई। वास्तविकता इससे उलट थी। 1845 ई. में जर्मन लूथरन मिशन की स्थापना के बावजूद अगले पाँच वर्षों तक एक भी आदिवासी को ईसाई बना सकने में वे कामयाब नहीं हो सके थे। यह ऐतिहासिक तथ्य है। लेकिन 1850 ई. में चार उराँवों के धर्मान्तरण के साथ इस दिशा में कामयाबी का सफर शुरू होता है। 'दिलचस्प बात यह है कि यह धर्मान्तरित उराँव इससे पहले कबीरपंथी थे।'[62] इसके बाद मुंडाओं ने धर्मान्तरण का रुख किया। ईसाई मिशनरियों के द्वारा झारखंड में धर्म के प्रचार-प्रसार की दिशा में जो भी काम किये गए हैं, उस पर पर्याप्त सामग्री उपलब्ध है। अत: उसके विस्तार में न जाकर हम उन हिस्सों का चुनिन्दा इस्तेमाल करेंगे। जिससे हमारे विषय पर प्रकाश पड़े।

इस सिलसिले में जो बातें ध्यान में रखने की हैं वह यह कि आरम्भिक ईसाई मिशनरियों में लूथरन-एंग्लिकन मत के माननेवाले प्रोटेस्टेंट ईसाई मिशनरियों का दल यहाँ पहुँचा था। उसके उन्नीस साल बाद रोमन कैथोलिक मिशन यहाँ पहुँचा। लेकिन प्रोटेस्टेंट मिशनों की तुलना में कैथोलिक मिशन को अभूतपूर्व कामयाबी मिली। इसके मूल में प्रोटेस्टेंट मत का अपने नियम-कानून के प्रति सख्त रूप से पाबन्द होना रहा। प्रोटेस्टेंट की तुलना में कैथोलिक ज्यादा उदार और लचीले रहे, इस कारण वे बहुत कम समय में बड़ी जनजातीय आबादी को आकर्षित करने में कामयाब हो सके।

इस तरह तत्कालीन परिप्रेक्ष्य पर गौर करें तो हम उस सभ्यतागत संकट के स्वरूप को समझ पाने की स्थिति में आ सकते हैं कि किस प्रकार इतिहास के उस क्षण में जनजातीय समुदायों के लिए अस्तित्वगत संकट पैदा हो गया था। अपने अस्तित्व को बनाए और बचाए रखने की हर सम्भव कोशिश जनजातियों ने अपने स्तर से की। इसी क्रम में सामाजिक-धार्मिक और राजनीतिक आन्दोलनों की एक श्रृंखला को हम आकार लेता हुआ पाते हैं। यह आन्दोलन हिंसक हो या अहिंसक, इन आन्दोलनों के सन्दर्भ में जोर देकर रेखांकित करने योग्य तथ्य यह है कि अपने स्वरूप में यह प्रतिरक्षात्मक आन्दोलन रहे हैं। मतलब अपनी अस्मिता पर होनेवाले हमलों की रक्षा के क्रम में यह आन्दोलन आकार ग्रहण करते हैं। यह हमला उनके

सभ्यता-संस्कृतिगत जिस पहलू पर हुआ, प्रतिरक्षा का उपक्रम उस मोर्चे पर देखने को मिला। प्रतिरक्षात्मक आन्दोलन भले किसी एक मुद्दे या मोर्चे पर आरम्भ होता रहा हो, लेकिन उसका दायरा बढ़ता जाता था और कई बार उस आन्दोलन का चरित्र भी आगे चलकर बदल जाता था। इसमें किसी तात्कालिक घटना की भी महती भूमिका होती थी।

मुंडा जनजाति के मध्य बिरसा मुंडा के नेतृत्व में संचालित बिरसाइत आन्दोलन की ही बात करें तो बिरसाइत आन्दोलन तो बुनियादी तौर पर अपने स्वरूप में धार्मिक आन्दोलन रहा है। लेकिन इसकी पृष्ठभूमि में मौजूद 'सरदारी आन्दोलन' जिसे 'मुल्की लड़ाई' भी कहते हैं, अपने स्वरूप में धार्मिक नहीं था। एक सामाजिक-राजनीतिक चेतनावाला आन्दोलन आगे चलकर कैसे धार्मिक आन्दोलन का रूप अख्तियार करता है? यह अब कोई अनसुलझी पहेली नहीं है। झारखंड या भारत में ही नहीं अपितु वैश्विक परिदृश्य में आन्दोलन की ऐसी परिणतियों के काफी उदाहरण मौजूद हैं। विशेषकर किसी बाहरी आक्रान्ता के आगमन पर जो सभ्यतामूलक अस्मिता को बचाए रखने के आन्दोलन हुए हैं, उसमें प्रतिरक्षा की शुरुआत भले हिंसा से हुई हो पर उसका अवसान एक किस्म के धार्मिक और सामाजिक प्रतिरक्षात्मक आन्दोलन में कई बार हुआ है। भारतीय सन्दर्भों में इसका बड़ा उदाहरण भक्ति आन्दोलन और प्रादेशिक नवजागरणवाले आन्दोलन रहे हैं। जिनमें बंगला नवजागरण, मराठी नवजागरण, अवध या हिन्दी नवजागरण जैसे आन्दोलन रहे हैं। चाहे भक्ति आन्दोलन हो या औपनिवेशिक काल के नवजागरण के प्रारूप वाले आन्दोलन। इस लोक-जागरण और नवजागरणवाले आन्दोलनों की बड़ी ऊर्जा अपनी सामाजिक और धार्मिक सीमाओं को सम्बोधित करने में खर्च हुई है। मतलब इन आन्दोलनों ने अपनी कमजोरियों के मूल में अपने सामाजिक और धार्मिक प्रैक्टिस को पाया है। बहिरागतों ने उन्हें इसका सम्भवतः अहसास कराया है। इसलिए उसके प्रतिरोध में भी जो राजनीतिक आन्दोलन हुए हैं, उसमें एक बदली हुई सामाजिक और धार्मिक चेतना की अन्तर्धारा मौजूद रही है। यही वजह रही है कि उसे हम धर्म-सुधार और समाज-सुधार के फ्रेमवर्क में देखते आए हैं। जबकि यह धर्म-सुधार और समाज-सुधार किसी भी समाज का आन्तरिक मामला रहा है, जो उनकी बदलती राजनीतिक समझदारी का भी सूचक रहा है। इसलिए बजाय इसको धार्मिक, सामाजिक या राजनीतिक खाँचे में बाँटकर देखने के सम्मिलित तौर पर देखे जाने की जरूरत है, समग्रता में देखे जाने की जरूरत है कि अन्ततः इन रक्षात्मक आन्दोलनों के जरिये कोई समुदाय या जाति किन लक्ष्यों को पाना चाहती थी? यहाँ झारखंड के सन्दर्भ में एक परिप्रेक्ष्य के निर्माण की चेष्टा की गई है, जिससे औपनिवेशिक काल में जनजातीय समुदायों के समक्ष उपस्थित सभ्यतागत संकट के आशयों के कई परतों को हम समझ सकें। कुछ और परतों को हम आगे समझेंगे।

झारखंड की बात करते हुए छोटानागपुर और अन्य जनजातियों के बनिस्पत मुंडा और उराँवों के जरिये कुछ तथ्य निवेदित करने का अर्थ केवल इतना-भर था कि आगे चलकर जब हम बिरसाइत आन्दोलन और टाना भगत आन्दोलन की बात करें तो फिर से उस परिप्रेक्ष्य के निर्माण की अलग से बहुत सचेष्ट कोशिश न करनी पड़े। सन्तालों का या सन्ताल परगना के परिप्रेक्ष्य का यहाँ उल्लेख नहीं किया गया है, उसकी चर्चा सफा-होड़ वाले अध्याय में है। आगे पुनः इन जनजातीय समुदायों और उनके द्वारा चलाए गए प्रतिरक्षात्मक धार्मिक-सामाजिक आन्दोलनों की बारी-बारी से सविस्तार चर्चा की गई है।

अध्याय-3

खरवार आन्दोलन : परिप्रेक्ष्य, कारण, प्रभाव, प्रसार और परिणाम

ऐतिहासिक परिप्रेक्ष्य

झारखंड के बड़े जनजातीय समुदायों में मुंडा और उराँव के साथ सन्ताल भी शामिल हैं। मुंडा और उराँवों की तुलना में भौगोलिक दृष्टि से सन्ताल थोड़ा हटकर आबाद हुए। मुंडा और उराँव यदि छोटानागपुर में फैलते रहे, तो पहाड़िया जनजाति राजमहल की पहाड़ियों में जा बसी और उसकी तराई में काफी बाद में सन्ताल आबाद हुए। राजमहल की पहाड़ियों में पहाड़िया जनजाति सन्तालों से काफी पहले से रहती आ रही थी। ऐसा माना जाता है कि उराँव जनजाति जब रोहतास से पलायित होकर आगे बढ़ी, तो उसकी एक शाखा छोटानागपुर पहुँच गई और दूसरी दामोदर नदी पार करके राजमहल की पहाड़ियों में जा बसी। राजमहल की पहाड़ियों में जो शाखा जाकर बसी, वह पहाड़िया के नाम से जानी गई। उराँवों की एक शाखा के तौर पर पहाड़िया को चिह्नित किये जाने के मूल में एक भाषिक आधार है। उराँव और पहाड़िया दोनों की भाषा मुंडा और सन्तालों की तुलना में अलग द्रविड़ भाषा परिवार की भाषा मानी जाती है। राजमहल की पहाड़ियाँ मुगलकाल से ही सामरिक दृष्टि से बहुत महत्त्वूपर्ण रही हैं। उत्तर भारत को बंगाल से जोड़ने का यही मुख्य मार्ग रहा है। इसके सामरिक महत्त्व को इस बात से समझा जा सकता है कि अकबर के शासन-काल में मानसिंह ने राजमहल को बंगाल की राजधानी बनाया था। बाद में जब अंग्रेजों को बंगाल की दीवानी मिली तो राजमहल की पहाड़ियों और गंगा के तटीय इलाके का थोड़ा-सा भूभाग ही उत्तर भारत से जोड़ने के लिए उपलब्ध था। परेशानी यह थी कि इस पूरे भूभाग पर पहाड़िया जनजाति का दबदबा था। लम्बी स्वाधीनता और स्वायत्तता की अपनी आदत के कारण वे किसी को अपने भूभाग पर पाँव धरने नहीं देते थे। पहाड़िया के रौब-दाब का अनुमान इस ऐतिहासिक तथ्य से लगाया जा सकता है कि राजमहल के सामरिक और व्यापारिक महत्त्व को देखते हुए

ईस्ट इंडिया कम्पनी ने उसे अपने नियंत्रण में लेने की प्राणपण से कोशिश की थी। गौर कीजिए कि 1765 ई. में ईस्ट इंडिया कम्पनी को बिहार, बंगाल और उड़ीसा की दीवानी समवेत रूप से मिलती है। 1766 ई. में रमना अल्हाड़ी के नेतृत्व में पहाड़िया आन्दोलन शुरू कर देते हैं :

> पहाड़िया आन्दोलन को दबाने के लिए सन् 1772 ई. में बंगाल के गवर्नर वारेन हेस्टिंग्स ने कप्तान ब्रुक के नेतृत्व में 800 सैनिकों की एक टुकड़ी इस क्षेत्र में भेजी, इस निर्देश के साथ कि पहाड़िया को काबू में कर उनसे इस क्षेत्र में व्यवस्थित ढंग से खेतीबारी करानी है। लेकिन अपने तमाम युद्धक साधनों के बावजूद अंग्रेज पहाड़िया लोगों को हरा नहीं पाए। इसका मूल कारण था—पहाड़िया लोगों की युद्ध-शैली और सांगठनिक सामाजिक व्यवस्था।[1]

इसलिए ईस्ट इंडिया कम्पनी ने पहाड़िया जनजाति को नियंत्रित करने की अपनी नीति में आमूलचूल परिवर्तन किये। पहला काम तो प्रशासकीय नीतियों में बदलाव किया इसकी चर्चा आगे करेंगे। और दूसरा गैर-जनजातीय आबादी की बजाय सन्ताल जनजाति को राजमहल की पहाड़ियों की तराई में बसने को प्रोत्साहित किया। राजमहल की पहाड़ियों की तराई में सन्तालों को बसाने के मूल में ईस्ट इंडिया कम्पनी की एक मंशा पहाड़िया के प्रभाव को कम करने की थी। पहाड़िया के प्रभावों को कम करने की नीयत से ही सन्तालों को 'जंगल तराई' में बसने को ईस्ट इंडिया कम्पनी ने प्रोत्साहित किया था। इस बात का उल्लेख और स्पष्ट प्रमाण मिलता है कि "1770 ई. से पहले सन्ताल परगना में सन्ताल आबादी नहीं थी। सन्तालों के बसने की यह पूरी प्रक्रिया 1770 ई. के बाद आरम्भ होती है।"[2] सवाल उठता है कि क्या कारण रहे कि 1770 ई. के आसपास सन्ताल आबादी के बसने की एक प्रक्रिया सन्ताल परगना में आरम्भ हुई और वह अगले एक शताब्दी तक अनवरत रूप से जारी रही? इसके कारणों की पड़ताल करने पर तीन बातें प्रमुखता से निकलकर आईं। एक तो 1765 ई. में ईस्ट इंडिया कम्पनी को बंगाल, बिहार और उड़ीसा का दीवानी मिलना। इसके कारण मालगुजारी वसूली की एक व्यवस्था कम्पनी ने बंगाल, बिहार और उड़ीसा पर समवेत रूप से थोप दी। बिहार के आदिवासी बहुल क्षेत्र भी इससे अछूते नहीं रह सके। चाहे वे मुंडा हों, उराँव हों, सन्ताल हों, पहाड़िया हों या झारखंड की अन्य जनजातियाँ हों, सर्वत्र जनजातियों को कराधान (मालगुजारी) के दायरे में लाने का जनजातियों के द्वारा किसी-न-किसी रूप से विरोध हुआ। यह विरोध अलग-अलग रूपों में प्रकट होता रहा।

> चूँकि आदिवासियों का हमेशा से विश्वास रहा है कि जो भूमि को कृषि-योग्य बनाता है, उसे उस पर खेती करने का अधिकार है। और

उनकी सन्तानों को उस भूमि पर आगे खेती का हक हासिल होगा। और उस परिवार के मृतकों को उनकी वंशावली में गिना जाएगा, जिससे उस जमीन पर उनका वंशानुगत अधिकार माना जाएगा।[3]

पुश्तैनी जमीन पर मालगुजारी मुक्त वंशानुगत अधिकार के इस सामुदायिक पद्धति की कोई समझदारी ईस्ट इंडिया कम्पनी या अंग्रेजी राज के समक्ष उपलब्ध नहीं होने से इसका सीधा खामियाजा जनजातीय समुदायों को भुगतना पड़ा। यह अलग बात है कि इसे जोर देकर दर्ज करने की जरूरत मुख्यधारा के इतिहास ने कभी नहीं समझी। बंगाल के वीरभूम, मानभूमवाले इलाके में जो सन्ताल थे, पहले-पहल तो वे मालगुजारी से बचने के लिए अपेक्षाकृत सघन वन क्षेत्रों और सीमावर्ती प्रदेशों में पलायन कर गए। 1770 ई. में बंगाल और बिहार के हिस्सों में भीषण अकाल पड़ा, जिससे सन्तालों की एक छोटी आबादी बंगाल के वीरभूम क्षेत्र से अभी के सन्ताल परगना की ओर प्रयाण करती है। कारण स्पष्ट था कि जब खाने को भोजन नहीं था, तो मालगुजारी कहाँ से अदा की जाती। मानभूम से भी सन्ताल इस क्षेत्र में आते हैं। वैसे तत्कालीन गजेटियर और उस समय के दूसरे स्रोतों को देखें तो मालूम पड़ता है कि न केवल मानभूम, वीरभूम बल्कि :

कटक, ढालभूम, बड़भूम, छोटानागपुर, पलामू, हजारीबाग, मिदनापुर, बाँकुड़ा से सन्ताल इस क्षेत्र में आते हैं। पहाड़िया जनजाति जो कम्पनी राज के लिए सिरदर्द साबित हो रही थी, उसे सन्तुलित करने के लिए सन्तालों को इस क्षेत्र में बसने को प्रेरित-प्रोत्साहित किया गया था।[4]

यूँ तो यह खासियत झारखंड के लगभग जनजातीय समुदायों में देखी जाती है कि वे जंगलों को साफ करके उसे कृषि-योग्य जमीन में तब्दील करने की अभूतपूर्व क्षमता रखते हैं। लेकिन इस मामले में सन्तालों की विशेषज्ञता से ईस्ट इंडिया कम्पनी के अधिकारी विशेष रूप से परिचित और प्रभावित थे। 1765 ई. में बंगाल, बिहार और ओड़िसा की दीवानी हासिल होने के बाद जब वे बंगाल में पहले-पहल मालगुजारी वसूलने की कवायद आरम्भ करते हैं, तो उस क्रम में मानभूम, वीरभूम आदि के सन्ताल अपने श्रम से साफ की गई जमीन छोड़कर सीमावर्ती जंगली क्षेत्रों में पलायन कर जाते हैं। वे पुनः जंगलों को साफ करके खुद के लिए खेती-योग्य जमीन तैयार करते हैं। इससे जनजातीय समुदायों में भूमि-विषयक इस 'इस्टेब्लिश्ड प्रैक्टिस' की पुष्टि होती है कि आबादी के बढ़ने से जंगलों को साफ करके अतिरिक्त भूमि पैदा करते आई थी। आबादी ज्यादा बढ़ जाए, तो जंगल को साफ करके, थोड़ी दूरी पर दूसरे गाँव आबाद कर लिये जाते थे। इसलिए जनजातीय समुदायों में जल, जंगल, जमीन आदि ऐसी नेमतें रही हैं, जिसके लिए किसी किस्म का लगान या मालगुजारी देना उनकी जातीय स्मृति का कभी हिस्सा नहीं रहा। मतलब यह कि इन संसाधनों

पर किसी का व्यक्तिगत अधिकार नहीं हो सकता था, यह सब सामुदायिक सम्पत्ति थी। साझी सम्पदा थी। जिस पर सबका बराबर का हक था। साथ ही इनका दोहन इस ढंग से किया जाना चाहिए कि आनेवाली पीढ़ियों के लिए भी यह संसाधन पर्याप्त मात्रा में उपलब्ध रहें। जनजातीय समुदायों के बुनियादी जीवन-दर्शन में यह आरम्भ से शामिल रहा है। इसलिए जब जमीन से मालगुजारी वसूली की बात आई तो जनजातियों में यह प्रवृत्ति देखी गई है कि वे अपेक्षाकृत और भीतर और सघन वन क्षेत्रों में घुसते चले गए हैं। लेकिन पीछे हटने की यह प्रक्रिया कहीं जाकर थमनी थी, सो थम गई। और जब अपने एकान्त और अपने रहवास को बचाना बिलकुल ही मुश्किल हो गया, तो आमना-सामना होना ही था। इसे सौभाग्य कहें या दुर्भाग्य; संयोग या दुर्योग से यह अंग्रेजों के दौर में ही घटित हुआ। अंग्रेज किस हद तक अपनी नीतियों को जनजातीय बहुल भूभागों में लाद देना चाहते थे, इसका अनुमान इस सूची को देखकर लगाया जा सकता है। अकेले विद्रोहों की इस सूची से इस बात की पुष्टि होती है कि कुछ तो अंग्रेजों की प्रशासकीय नीति के साथ गलत था अन्यथा जनजातीय आक्रोश इस बड़े पैमाने पर इससे पहले इतिहास में कभी घटित नहीं हुआ था। इसकी निरन्तरता यह बताती है कि अंग्रेजों ने अपनी औपनिवेशिक नीतियों में बदलाव करने की बजाय उसे लगातार आरोपित करने की नीति पर ही काम किया। अन्यथा मुझे याद नहीं पड़ता कि भारत का कोई भूभाग इस कदर विद्रोहों की पूरी श्रृंखला पैदा करता हो। विद्रोहों की यह श्रृंखला ही यह बताती है कि जनजातीय समुदायों को व्यवस्था के अधीन लाने की कितनी घनघोर कोशिश ईस्ट इंडिया कम्पनी और बाद में अंग्रेजी राज के द्वारा होती है। बल्कि यह इस बात की भी पुष्टि करता है कि रानी विक्टोरिया का शासन जनजातियों के मामले में ईस्ट इंडिया कम्पनी के राज से बेहतर तो नहीं ही था :

1766 - रमना आहड़ी के नेतृत्व में पहाड़िया विद्रोह
1770-78 - मनसा पहाड़िया का विद्रोह
1772-78 - बगड़ी के जमींदार जादू सिंह, धालभूमगढ़ के महाराज थल, बाराभूम के पाइक सरदार का विद्रोह
1781-82 - महेशपुर राज्य की रानी सर्वेश्वरी देवी के नेतृत्व में पहाड़िया रानी की तरफ से लड़े थे।
1781-85 - तिलका माँझी का नेतृत्व
1782-98 - तमाड़ विद्रोह
1795-1800 - चुआड़ विद्रोह
1797-98 - विष्णु मानकी के नेतृत्व में बुंडू में मुंडा विद्रोह
1798-99 - मानभूम में भूमिज विद्रोह

1800 - भूखम सिंह के नेतृत्व में पलामू में चेरो विद्रोह
1800-08 - तमाड़ में दुखन मानकी के नेतृत्व में मुंडा विद्रोह
1819-20 - तमाड़ में रदु कोंटा के नेतृत्व में मुंडा विद्रोह
1820 - रूदु देव और कोन्ता मुंडा के नेतृत्व में पहला कोल विद्रोह
1820-21 - सिंहभूम का हो विद्रोह
1831-32 - सिंगरा-बिन्दराय के नेतृत्व में द्वितीय कोल विद्रोह
1832 - सिल्ली गाँव में बुधु भगत का विद्रोह
1832-33 - मानभूम और सिंहभूम भूमिज विद्रोह
1837 - सेरेंगसिया घाटी की लड़ाई
1855-56 - हजारीबाग में सन्ताल विद्रोह
1857-59 - सिपाही विद्रोह
1857-59 - सिंहभूम के पोड़ाहाट के राजा अर्जुन सिंह के नेतृत्व में विद्रोह
1857-58 - पलामू में नीलाम्बर-पीताम्बर का विद्रोह
1857 - हजारीबाग के भुईयाँ, टिकैतों का विद्रोह
1860 - सन्ताल परगना में जमींदारी जुल्म के खिलाफ सन्ताल विद्रोह
1866-67 - वामन घाटी में सन्ताल परगना
1869-70 - टुंडी का सन्ताल विद्रोह
1871 - खरवार आन्दोलन
1874-79 - भगीरथ माँझी का आन्दोलन
1881-82 - पलामू में कोरबा विद्रोह
1881-95 - मुंडा सरदारों का आन्दोलन
1880 - तेलंगा खड़िया का आन्दोलन
1888-91 - बोनाई में गोंड विद्रोह
1896-97 - फत्ते सन्ताल के नेतृत्व में आन्दोलन
1895-1900 - बिरसा उलगुलान
1902 - सराईकेला के सन्तालों का विद्रोह
1914 - टाना भगतों का आन्दोलन
1917 - कोका माँझी और कालिया महतो के नेतृत्व में मयूरभंज में मेली आन्दोलन
1930-31 - सिंहभूम का हरिबाबा आन्दोलन
1938 - जयपाल सिंह मुंडा का झारखंड आन्दोलन
1939 - गंगापुर आदिवासी विद्रोह और सिमको गोलीकांड
1948 - सरायकेला-खरसावाँ में आदिवासी विद्रोह और गोलीकांड

1765 ई. में जब ईस्ट इंडिया कम्पनी को बंगाल की दीवानी हासिल होती है, तब ओड़िशा और बिहार बंगाल का हिस्सा हुआ करता था। ईस्ट इंडिया कम्पनी या कहें अंग्रेजों के आगमन के बाद ही जनजातीय बहुल क्षेत्रों के बारे में व्यवस्थित जानकारियाँ मिलनी आरम्भ होती हैं। जॉन मैकडॉवल लिखते हैं :

> बिहार के जनजातीय बहुल क्षेत्रों में अंग्रेजों के आगमन के पूर्व सामाजिक-आर्थिक और राजनीतिक स्तर पर निस्सन्देह मुंडा, उराँव और सन्ताल बड़ी संरचनागत परिवर्तन के साक्षी रहे हैं। लेकिन दुर्भाग्य से ब्रिटिश काल के पहले इन समाजों के सन्दर्भ में जो द्वितीयक सामग्री मिलती है, वह भी अंग्रेजों के आगमन के पहले इन आदिवासी समुदायों में आए बदलावों के बारे में बहुत थोड़ी जानकारी मुहैया करा पाते हैं।[5]

इसलिए इन समुदायों के बारे में दावे के साथ बात अंग्रेजों के आगमन के बाद ही की जा सकती है, वही उनके आगमन के पहले के दौर के बारे में दावे के साथ कुछ कह पाना थोड़ा कठिन जान पड़ता है। सन्ताल परगना में अंग्रेजों की कायदन उपस्थिति 1770 ई. के आसपास से देखी जाती है। इसलिए सन्तालों के बारे में यहाँ भी 1770 ई. को एक प्रस्थान बिन्दु के तौर पर लिया जा रहा है। 1765 ई. के बाद सन्ताल जब अभी के सन्ताल परगनावाले क्षेत्र में दाखिल होते हैं तो पहाड़िया जनजाति पहले से यहाँ मौजूद मिलती है। पहाड़िया जनजाति को मालगुजारी के दायरे में लाने की कम्पनी की सारी कोशिशें असफल साबित होती हैं। चूँकि अंग्रेजों की बुनियादी चिन्ता ज्यादा-से ज्यादा मालगुजारी उगाही की है। राजमहल की पहाड़ीवाले क्षेत्र में पहाड़िया जनजाति की मौजूदगी से इस दिशा में उन्हें अपेक्षित सफलता हाथ लगती नहीं दिखती है। इसकी काट के बतौर वे सन्तालों को रियायती मालगुजारी का लोभ देकर बसाना आरम्भ करते हैं। सन्तालों के पास जंगलों को साफ करके जमीन को समतल करने का वंशानुगत अनुभव पीढ़ियों से मौजूद है। कम्पनी राज इसका भरपूर लाभ उठाती है और यह पूरा क्षेत्र अगले साठ-सत्तर सालों में सन्तालों से आबाद हो उठता है। ऐसा नहीं है कि यह एकबारगी घटित होता है। सन्ताल इस क्षेत्र में कई चरणों में आते हैं। ईस्ट इंडिया कम्पनी के इन आरम्भिक प्रोत्साहन से इतर दूसरी बड़ी भूमिका 'स्थायी बन्दोबस्ती' की ठहरती है। 1793 ई. में ईस्ट इंडिया कम्पनी बंगाल में स्थायी बन्दोबस्ती का कानून लेकर आती है। इसे इस दिशा में एक दूसरे महत्त्वपूर्ण पड़ाव के तौर पर देखा जाना चाहिए। 'स्थायी बन्दोबस्ती' के लागू होने से पूरे बंगाल में पहली बार भूमि-सम्बन्धी मामलों में ऐतिहासिक बदलाव घटित होता है। विशेषकर तब के बिहार और अब के झारखंड के जनजातीय बहुल इलाकों में हम वैसे परिवर्तन के साक्षी बनते हैं, जो उससे पहले घटित नहीं हुए थे। जनजातीय बहुल क्षेत्रों में भूमि के

सामुदायिक सम्पत्ति से निजी सम्पत्ति में बदलने का ऐसा विराट और भव्य आयोजन इससे पहले देखने को नहीं मिलता है। इस प्रक्रिया को कम्पनी राज अंजाम देना आरम्भ करती है। जाहिर है इसकी प्रतिक्रियाएँ दर्ज होनी थीं और वह दर्ज हुईं। यह अलग बात है कि जिसे मुख्यधारा कहते हैं, उसने इन घटनाओं को रेखांकित करना जरूरी नहीं समझा। अपनी जातीय स्मृति से इन घटनाओं को बाहर कर अपने ढंग से घटनाओं को इतिहास में जगह दी। इसका परिणाम यह हुआ कि मुख्यधारा के इतिहास, इतिहास-बोध और जातीय स्मृति तीनों में जनजातीय प्रतिरोधों का इतिहास दर्ज ही नहीं मिलता है। इसका असर इस रूप में होता है कि जनजातीय इतिहास-बोध की यह धारा ही विलुप्तप्राय-सी हो जाती है। जनजातीय जीवन-दर्शन और उससे उपजे मूल्य-बोध को कहीं जगह नहीं दी गई। जनजातीय समुदायों के पक्ष की अनवरत अवहेलना के कारण जो हमें इतिहास मिलता है, उसमें निरन्तरता का अभाव तो होता है, कई मर्तबा बीच की कड़ियाँ भी गायब मिलती हैं, उसके बारे में हमें अनुमान, लोकश्रुतियों और स्मृतियों पर निर्भर रहना पड़ता है।

अंग्रेजों या ईस्ट इंडिया कम्पनी के शासन के पूर्व आदिवासियों का अपना रहन-सहन था, अपनी व्यवस्था थी। उसे छिन्न-भिन्न करने का काम ईस्ट इंडिया कम्पनी ने आरम्भिक तौर पर और बाद में विक्टोरिया शासन के औपनिवेशिक राज ने क्रमशः सुनियोजित तरीके से किया। इस सिलसिले में पुनः दो बातें यहाँ रेखांकित करने योग्य हैं। पहला, तो छोटानागपुर के सन्दर्भ में भी हम पाते हैं कि मुंडाओं की मौजूदगी में उराँव आकर आबाद होते हैं, दोनों के मध्य किसी किस्म के संघर्ष का प्रमाण नहीं मिलता है। वैसे ही पहाड़िया बहुल राजमहल की पडाड़ियों में जहाँ गैर-पहाड़िया आबादी को बसने की न तो हिम्मत थी और न अनुमति। वहाँ सन्ताल आकर बसना शुरू करते हैं। पहाड़िया और सन्तालों के मध्य भी किसी संघर्ष का प्रमाण नहीं मिलता है। पर दोनों की बसाहट अलग-अलग ही होती है। पहाड़िया और सन्ताल के मध्य संघर्ष का कोई प्रमाण नहीं मिलने के बावजूद सन्ताल परगना में इन दोनों जनजातियों के बीच सहमेल की बात नहीं मिलती है। ऊपर बताया जा चुका है कि सन्तालों को 'जंगल तराई' में बसाने के मूल में अंग्रेजों का स्वार्थ इतना-भर था कि अधिक-से-अधिक मालगुजारी उगाही जा सके। दरअसल पहाड़िया झूम की खेती (शिफ्टिंग कल्टीवेशन) में निपुण हो चुके थे। ऐसा जिस ऐतिहासिक प्रक्रिया से सम्भव हुआ था, उसका सविस्तार वर्णन हम पिछले अध्याय में कर चुके हैं। जंगल तराई में सन्तालों को बसाने के बावजूद झूम की खेती के कारण जमीन की पैमाइश के आधार पर लगान वसूलना काफी चुनौतीपूर्ण हो गया था। सन्ताल चूँकि बंगाल के वीरभूम और मानभूमवाले इलाके में वर्षा आधारित धान की खेती किया करते थे, तो अंग्रेज उनको बड़ी संख्या में इस क्षेत्र में बसाने की दिशा में बढ़ रहे थे। मुगल काल से राजमहल की पहाड़ियों की तराई का वह पतला कॉरीडोरनुमा

रास्ता रणनीतिक तौर पर काफी महत्त्वपूर्ण रहता आया था। अंग्रेज भी उसके सामरिक महत्त्व को समझ रहे थे। इसलिए इस पर अपना अधिकार पुख्ता करने की दिशा में लगातार अग्रसर थे, इसी क्रम में आगे चलकर वे यहाँ रेलवे लाइन बिछाने का निर्णय भी लेते हैं। इस पूरे परिप्रेक्ष्य को ध्यान में रखें तो सन्ताल परगना में सन्तालों की उपस्थिति को बेहतर तरीके से समझा जा सकता है। ई.जी. मान की पुस्तक 'सन्तालिया एंड द सन्ताल्स' से दो उद्धरण इस सन्दर्भ में रख रहा हूँ। जिससे कुछ बातें और साफ हो पाएँगी। 1765 ई. से पहले मतलब जब कम्पनी को बंगाल की दीवानी हासिल नहीं हुई थी, मानभूम, वीरभूम, बर्द्धमान, कटक आदि के क्षेत्रों में "सन्तालों को जमीन का अधिकार बिना किसी बिचौलिये या जमीन-मालिक के हस्तक्षेप से सीधे बंगाल के सरकार से हासिल होता था। जैसा कि सन्तालों के यहाँ परम्परागत तौर पर मिलता है।"[6]

वे उसकी कोई निर्धारित रकम चुकाने को बाध्य नहीं थे। वे अपनी इच्छा के मालिक थे। लेकिन ईस्ट इंडिया कम्पनी ने जमीन की बन्दोबस्ती के नाम पर जमीन के सामुदायिक और स्वाभाविक अधिकार से उन्हें बेदखल करने का काम किया था। यह बेदखली भूमि बन्दोबस्ती से निकलकर जनजातीय अधिकारों वाले अन्य क्षेत्रों में भी अपना प्रभाव विस्तार करते चली गई। सुरेन्द्र झा और शिव शंकर राउत ने अपनी किताब 'हिस्ट्री ऑफ द सन्ताल ऑफ जंगल तराई' में जोर देकर इस तथ्य को रेखांकित किया है कि परम्परागत भूमि-सम्बन्धी अधिकारों से वंचित करके जब कम्पनी राज ने उन्हें मालगुजारी वाले व्यवस्था की ओर ढकेला तो वह एक किस्म का 'पैराडाइम शिफ्ट' जैसा था। मतलब यह कि जनजातीय समुदायों का संसार एक मुद्रा विहीन संसार था। जहाँ वन और कृषि से प्राप्त उपज और वस्तु विनिमय से उनके जीवन का कार्य-व्यापार चल जाता था। पर मालगुजारी के नाम पर जब रुपयों के वसूली की बात लागू हुई तो अनायास ही उस आदिम समाज में न केवल (रुपये-पैसे) मुद्रा का प्रवेश हुआ अपितु उसके साथ एक बिलकुल नई व्यवस्था का प्रवेश हुआ, नई जमात का प्रवेश हुआ, जिसमें सूदखोर साहूकार और महाजनों के साथ कानून और प्रशासन का हस्तक्षेप बढ़ा। इन सबने पचास साल के भीतर सन्तालों की पूरी दुनिया उलट-पुलट कर धर दी। कुछ नगदी कमाने के लिए उनका पलायन भी बढ़ा। 1770 से 1830 तक के कालखंड को सन्तालों के सन्दर्भ में एक संक्रमण काल की तरह देखना चाहिए। सन्तालों के जीवन का कोई भी हिस्सा इस संक्रमण काल में प्रभावित हुए बिना नहीं रह सका। इस दौर में ही आनेवाले भविष्य के बीज छिपे थे। इस कारण इस परिप्रेक्ष्य की भी थोड़ी चर्चा यहाँ कर ली गई। अब बारी-बारी से एक-एक करके देखते हैं कि कैसे सन्ताल समाज की सामाजिक-आर्थिक-न्यायिक संरचना में एक-एक करके तब्दीली आती चली जाती है और वह समाज हूल से लेकर सफाहोड़ आन्दोलन तक का सफर तय करने को विवश होता है।

जैसा कि हम जानते हैं कि किसी भी संघर्ष या आन्दोलन के मूल में एक किस्म का असन्तोष होता है। भारत जैसे देश में जहाँ न केवल जनजातीय समुदायों में अपितु आम भारतीय में सहन और समंजन की प्रवृत्ति प्राय: देखी जाती है, वहाँ असन्तोष एक दिन में नहीं पनपता है, उसकी एक लम्बी पृष्ठभूमि होती है। राजमहल वाले क्षेत्र में सन्तालों के आगमन के बाद से ही धीरे-धीरे यह स्थितियाँ समानान्तर रूप से विकसित होनी आरम्भ हो जाती हैं। यह फूटता ही तब है जब कोई विकल्प शेष नहीं रह जाता है। ऊपर वर्णित परिप्रेक्ष्य के आलोक में अब हम सिलसिलेवार तरीके से फिर से एक बार देखते हैं कि ईस्ट इंडिया कम्पनी को बंगाल, बिहार और उड़ीसा की दीवानी मिलने के बाद वस्तुत: होता क्या है? सन्तालों की दृष्टि से देखें तो 1770 के बाद के 85 वर्षों में वे कई शताब्दियों की यात्रा इस अन्तराल में तय करने को विवश हो जाते हैं। बल्कि अंग्रेजों के आगमन के बाद बिहार-झारखंड की जनजातियाँ कमोबेश हर भूभाग में इस सभ्यतागत बदलाव की साक्षी और भुक्तभोगी दोनों बनीं।

सन्तालों के बारे में एक बात जो अमूमन हर जानकार दुहराता नजर आता है, वह यह कि यह जनजाति एक जगह टिककर रहने की बजाय लगातार अलग-अलग भू-भागों को अपना निवास बनाती रही। जाहिर है इसके कारण उन्होंने किसी भी बीहड़ और दुर्गम इलाकों को रहने योग्य बना सकने की एक विशेषज्ञता अर्जित कर ली थी। ईस्ट इंडिया कम्पनी ने उनकी इस विशेषज्ञता का लाभ राजमहल वाले इलाके के सघन वन क्षेत्रों को साफ कर कृषि-योग्य और निवास-योग्य भूमि के निर्माण में किया। इस क्रम में पहाड़िया जनजाति की प्रतिकूलताओं ने उन्हें सन्तालों के सन्दर्भ में अपनी नीति बदलने को विवश और प्रेरित किया। अव्वल तो अपनी लाख कोशिशों के बावजूद वे पहाड़िया जनजाति को सभ्यता के अपने तौर-तरीके सिखा पाने में नाकाम रहे। मुगल काल से पहाड़िया जिस किस्म के जीवन के अभ्यस्त रहते आए थे, वैसे में उन्होंने अंग्रेजों के तौर-तरीकों और प्रस्तावों को स्वीकार करने की बजाय सिरे से नकार दिया। कम्पनी सीधे-सीधे उनसे निबट पाने में सक्षम भी नहीं थी। कई बार जब सत्ता किसी से नहीं निपट पाती है तो उसके बारे में प्रवाद फैलाती है ताकि उसके दमन के लिए अपनाई गई नीतियों को न्यायसंगत ठहराया जा सके। अंग्रेजी का एक मुहावरा इस कूटनीति पर सटीक बैठता है। 'गिव अ डॉग अ बैड नेम एंड हैंग हिम'। चूँकि जनजातीय इतिहास की ज्यादातर व्यवस्थित सामग्री औपनिवेशिक काल में मिलती है, उसमें भी वह स्वयं जनजातियों के द्वारा लिखी तो न के बराबर मिलती हैं। गजेटियर से लेकर डायरी, पत्र और सरकारी अभिलेखों और दस्तावेजों में जो जानकारियाँ दर्ज हैं, वह पहाड़िया को एक लूटमार करनेवाली जनजाति के तौर पर चित्रित करती है। ऐसा प्रतीत होता है कि समझौता नहीं करने के अपने स्वभाव के कारण उनको इस रूप में चित्रित किया गया है।

यह बात इसलिए भी रेखांकित कर रहा हूँ कि जिन जनजातियों ने समझौतावाला नमनीय रुख नहीं अपनाया, वे समय के साथ ज्यादा विपन्न होते चले गए। लेकिन बजाय उनके लड़ाकू तेवरों को रेखांकित करने के उन्हें लूटमार करनेवाली जनजाति के तौर पर रेखांकित करने में अंग्रेजों ने ज्यादा दिलचस्पी दिखाई। तिलका माँझी के द्वारा क्लीवलैंड की हत्या कोई मामूली घटना नहीं थी। इस एक घटना से भी पहाड़िया जनजाति के विद्रोही तेवरों का अनुमान किया जा सकता है। हमें इस घटना को याद रखना चाहिए। नहीं भूलना चाहिए। इसलिए अंग्रेजों के रिकार्ड में दर्ज पहाड़िया जनजाति के सन्दर्भ में नकारात्मक बातों को अक्षरश: सच नहीं माना जा सकता है। बावजूद इसके चूँकि हमें उनके बारे में दस्तावेजी जानकारियाँ इसी रूप में मिलती हैं तो उसे देखना भी आवश्यक हो जाता है।

पहाड़िया जनजाति के बारे में इतिहास में इस किस्म के तथ्य मिलते हैं :

> आदिम जनजाति की यह नस्ल नियमित श्रम से अपार घृणा करती थी तथा लूटपाट और राहजनी के जरिये जीवन-यापन करती थी। मुगल काल में राजमहल से लेकर पाकुड़ तक के इलाके में जरूर खेतौरी जमींदारों का एक वक्त दबदबा था। 18वीं शती के मध्य तक इन खेतौरी जमींदारों के साथ माल पहाड़िया के अच्छे सम्बन्ध थे। लेकिन कुछ पहाड़िया प्रमुखों की खेतौरी जमींदारों के द्वारा की गई हत्या के बाद स्थिति नियंत्रण से बाहर हो गई। लकरगढ़ को अपने तूफान से पहाड़िया जनजाति ने उसके बाद हिलाकर रख दिया। इसके बाद पहाड़िया जनजाति ने न सिर्फ खेतौरी जमींदारों को इस इलाके से खदेड़ बाहर किया बल्कि उसके बाद पहाड़ों से उतरकर तराई के गाँवों पर लगातार हमला और लूटपाट को उन्होंने अपने जीवन-शैली का अनिवार्य अंग बना लिया। कम्पनी को जब इस इलाके की दीवानी मिली तो यहाँ एक अराजक स्थिति व्याप्त थी। कानून का दूर-दूर तक अता-पता नहीं था। सरकारी कारिन्दे और उनकी सम्पत्ति तक सुरक्षित नहीं थी। बंगाल और बिहार को जोड़नेवाली सँकरी गली और तेलियागढ़ का इलाका इनके रहमोकरम पर था। डाक लाने ले जानेवाले तक मार दिये जाते थे, चिट्ठी-पत्री तक यह लूट लेते थे। 1770 ई. के दुर्भिक्ष ने न केवल इस इलाके की जनसंख्या में घटोत्तरी की बल्कि अराजकता को और बढ़ाने का काम किया।...अकाल के पहले जमींदारों और जागीरदारों के द्वारा तराई के गाँवों की रक्षा के लिए चौकियाँ स्थापित की गई थीं। 1770 ई. तक भागलपुर की ओर अकाल के कारण एक चौकी आबाद नहीं रह गई थी।[7]

इन चौकियों का एक काम पहाड़िया के द्वारा हमला किये जाने पर तराई क्षेत्र में घंटी बजा कर आबादी को सचेत करना था। 1770 ई. तक यह पूरी व्यवस्था उजड़ चुकी थी। अब पहाड़िया जनजाति जब जी चाहे तब लूटपाट को अंजाम दे देती थी। उनके भय से गंगा के कछारी इलाके में जलोढ़ भूमिवाले उपजाऊ जमीन को लोग खाली छोड़कर जा चुके थे। ऐसे अराजक समय में ईस्ट इंडिया कम्पनी इस इलाके में दाखिल होती है। जब इस क्षेत्र की पूरी अर्थव्यवस्था अकाल के कारण छिन्न-भिन्न हो चुकी है।

> ऐसी दुविधा और अनिश्चितता के माहौल में वारेन हेस्टिंग्स कार्टियर से गवर्नर का प्रभार 13 अप्रैल, 1972 ई. को ग्रहण करते हैं। और इस अराजकता का आकलन करने के बाद कैप्टन राबर्ट ब्रुक को 800 हथियारबन्द सैनिकों के साथ जंगल तराईवाले इलाके में चौकियों को फिर से बहाल करने के आदेश के साथ भेजते हैं।...जंगल तराई वाले क्षेत्र को गवर्नर काउंसिल के अधिकार-क्षेत्र से बाहर निकालकर सीधे अपने अधिकार-क्षेत्र में लेते हैं। और कैप्टन ब्रुक को दमन और सुलह की नीति अपनाने का निर्देश देते हैं।[8]

अब परिदृश्य में खेतौरी जमींदारों की जगह घटवाल हैं और पहाड़िया जनजाति है। दुर्भाग्य यह है कि इनमें से कोई भी इस क्षेत्र में ईस्ट इंडिया कम्पनी के अधिकार को सहजता से स्वीकार करने को तैयार नहीं है। इन दोनों से निबटने में कम्पनी को तकरीबन तीस वर्षों का समय लगता है। उसके ब्योरे में यहाँ नहीं जा रहे हैं। 1803 ई. तक कम्पनी के द्वारा घटवालों का दमन कर दिया जाता है और एक हद तक पहाड़िया जनजाति के तराई क्षेत्र में किये जानेवाले हमलों पर भी अंकुश लगाने में वे कामयाब हो जाते हैं। जब स्थिति थोड़ी सामान्य होती है तो कम्पनी अपने बुनियादी एजेंडे को लागू करने की दिशा में आगे बढ़ती है, मतलब इस क्षेत्र से अधिकतम मालगुजारी वसूलने की दिशा में। इसके लिए वह एक राजस्व व्यवस्था इस क्षेत्र में विकसित करने की दिशा में कदम बढ़ाती है। राजस्व उगाही का एक ऐसा मॉडल जिससे कम-से-कम इस प्रदेश में कानून-व्यवस्था बनाए रखने का खर्च निकाला जा सके।

> आधुनिक युग के औपनिवेशिक अभियान मध्यकालीन सैन्य अभियानों की तुलना में बुनियादी तौर पर इस मामले में अलग ठहरते हैं कि जहाँ मध्यकालीन सैन्य अभियानों का लक्ष्य अपने से कम सामर्थ्यवान मानव समुदाय पर शासन करना था, तो आधुनिक औपनिवेशिक अभियानों का उद्देश्य संसाधनों या वस्तुओं पर प्रभुत्व स्थापित करने का था।...

> इस औपनिवेशिक निगाह से जनजाति बहुल क्षेत्रों को देखें तो वे एक ऐसे सामाजिक क्षेत्र के तौर पर सामने आते हैं, जहाँ की आबादी को ध्यान में रखकर अब तक लक्ष्याधारित शासन नहीं किया गया था।[9]

यही कारण रहे कि विभिन्न समुदाय और उनके समाजों पर बेहतर तरीके से शासन कर सकने के उद्देश्य से अंग्रेज नृतत्त्वशास्त्र से लेकर मानव-जाति का विज्ञान आदि अनुशासन लेकर आए। उनके स्वभाव, आदत, संस्कार, रीति-रिवाज के अध्ययन के आधार पर उन्होंने समुदायों पर शासन की बेहतर रणनीति ईजाद की। इसलिए इन अनुशासनों को नवजागरण या प्रबोधन की सुनियोजित और सुविचारित परिणति के तौर पर देखा गया न कि बाईप्रोडक्ट की तरह। "इसलिए चाहे वह नृतत्त्वशास्त्र हो या मानव-जाति का अध्ययन, एक अर्थ में वे अनिवार्यत: औपनिवेशिक शासन का हिस्सा बनकर उभरे।"[10] चूँकि अंग्रेजों के पास यूरोप के सैन्य अभियानों और शासन का अनुभव था। तो ऐसी परिस्थितियों का सामना वे अमेरिका में रेड इंडियन के सन्दर्भ में कर चुके थे। ऐसे ही अवसरों के लिए उनके पास 'सभ्यता का अभियान' (सिविलाइजिंग मिशन) जैसा चमकता शब्द था, इसके जरिये वे सभ्यता के ध्वजवाहक-प्रकाशवाहक की भूमिका में आ जाते थे। लेकिन इसके लिए उनको एक तीसरे सिरे को तलाशना पड़ता था। यह तीसरा सिरा वह हुआ करता था, जिसके मत्थे अव्यवस्था और बदहाली का पूरा ठीकरा फोड़ा जा सके। भारतीय सन्दर्भ में यह तीसरी पार्टी मुसलमानों की ठहरती है और जनजातीय सन्दर्भों में यह तीसरा सिरा 'दिकुओं' का ठहरता है। जिन्हें ऐसा लग रहा हो कि चूँकि मैं स्वयं आदिवासी समुदाय से नहीं आता तो इसे दिकुओं के बचाव में लाया गया एक तर्क समझा जाए, तो मैं स्पष्ट कर देना चाहता हूँ कि ऐसा कहकर मैं दिकुओं का बचाव करने की चेष्टा नहीं कर रहा हूँ अपितु उस पैटर्न की ओर संकेत कर रहा हूँ जो कहीं भी औपनिवेशिक शासन में देखने को मिलता है। औपनिवेशिक शासन अपने लूट, झूठ, फरेब, साजिश आदि को ढँकने के लिए एक 'थर्ड पार्टी' को खलनायक के तौर पर खड़ा करती आई है। जनजातीय सन्दर्भों में इसे एक सवाल के आलोक में देखने की आवश्यकता है कि क्या कारण रहे कि सिंहभूम, कोल्हान, छोटानागपुर, पलामू से लेकर सन्ताल परगना तक में जनजातीय विद्रोहों का अनवरत सिलसिला अंग्रेजों के आने के बाद ही आरम्भ होता है। सन्ताल हूल के सन्दर्भ में एक बात बहुत जोर-शोर से अंग्रेजों के द्वारा रेखांकित की जाती है कि "जहर बुझे तीरों के इस्तेमाल की विशेषज्ञता के बावजूद सन्ताल हूल के दौरान अंग्रेजों पर सन्तालों के द्वारा एक भी जहर बुझा तीर कभी-कहीं नहीं चलाया गया। उनके निशाने पर साहूकार, महाजन, जागीरदार और जमींदार रहे।" लेकिन यहीं जब सिदो मुर्मू और कान्हु मुर्मू के द्वारा सन्ताल हूल में

मालगुजारी कम किये जाने की मुखर माँग की बात सामने आती है तो यह कैसे कहा जा सकता है कि सन्तालों की बदहाली का सम्बन्ध केवल सूदखोर साहूकारों और बेईमान महाजनों से था न कि अंग्रेजी राज और उनकी मालगुजारीवाली व्यवस्था से भी? सन्ताल हूल जिन माँगों को लेकर हुआ था, गौर से देखें तो सन्ताल हूल से सन्ताल के द्वारा उठाए गए किसी आर्थिक समस्या का निदान अंग्रेजों के द्वारा नहीं किया गया था। बावजूद इसके वे संरक्षक और उद्धारक की भूमिका में थे। आधुनिकता की सैद्धान्तिकी की यही खूबसूरती थी, उसकी परिकल्पना (डिजाइन) ही इस किस्म की थी कि बुनियादी आशय छिपे रहते थे और सतह पर तैरती दूसरी चीजों पर लोग उलझ जाते थे। मतलब जैसे ही किसी समुदाय की बदहाली के लिए वे किसी 'अन्य' की कल्पना को साकार और मूर्त करने का काम करते थे। वे स्वयं को निर्दोष साबित कर रहे होते थे। शासक के बतौर वे संरक्षक की भूमिका में आ जाते थे और इसी क्रम में ईसाई मिशनरियों के लिए भी धर्म के मोर्चे पर सम्भावनाओं के द्वार खुल जाते थे।

> यह साधारण-सा दिखनेवाला मॉडल एक ओर कम्पनी राज को वैधता प्रदान करता था, वहीं दूसरी ओर ईसाई मिशनरी गैर-आदिवासियों के सामने आदिवासियों का मसीहा बनकर भी खड़ा हो जाता था।[11]

बहरहाल, सभ्यता के अभियान के राजनीतिक निहितार्थों को दरकिनार कर वापस लौटते हैं 1803 ई. तक के राजमहल की पहाड़ियोंवाले भू-भाग में, जहाँ कैप्टन राबर्ट ब्रुक ने 'दंड और प्रोत्साहन' की नीति अपनाकर घटवाल और पहाड़िया जनजाति को कम्पनी राज के अनुकूल कर लिया था। यह अपने-आपमें इतनी बड़ी उपलब्धि थी कि वारेन हेस्टिंग्स ने इस उपलब्धि के बाबत ईस्ट इंडिया कम्पनी के बोर्ड ऑफ डाइरेक्टर को सूचित करते हुए साफ-साफ शब्दों में लिखा था :

> जंगल तराई में बटालियन की नियुक्ति के उपरान्त, इस क्षेत्र का एक खास भू-भाग जो अब तक एक तरह से अज्ञात और अगम्य था और केवल डकैतों की शरणगाह था। अब सरकार के अधीन है और उसके निवासी सभ्यता की राह पर हैं। यह क्षेत्र अब तक राजस्व के नुकसान और दूसरी तबाही-बर्बादी के लिए ख्यात था। इन कारणों को न केवल दूर कर दिया गया है बल्कि इस क्षेत्र के विकास के लिए अब राजस्व की उगाही भी यहीं से की जा रही है।[12]

वारेन हेस्टिंग्स के निर्देशों से कैप्टन राबर्ट ब्रुक ने इस क्षेत्र को नाथने की जो पद्धति विकसित की थी, आगे चलकर ब्राउन और क्लीवलैंड ने उसे ही आगे बढ़ाकर इस क्षेत्र में कानून का राज स्थापित करने की दिशा में अपना योगदान दिया। यदि

इनके प्रयत्नों को समेकित तौर पर देखें तो इस बात की पुष्टि होती है कि कम्पनी के लिए साम्राज्यवादी हितों का पोषण प्राथमिकता की सूची में था, न कि मिशनरियों के धर्म-प्रचार के लिए अनुकूल जमीन उपलब्ध कराना। यह अलग बात है कि क्षेत्र के अपेक्षाकृत थोड़ा शान्त होते ही ईसाई मिशनरी धर्म-प्रचार में संलग्न हो गए थे। हम पहाड़िया प्रमुखों को शान्त करने के क्लिवलैंड के प्रयासों पर अलग से बात नहीं कर रहे हैं। लेकिन क्लिवलैंड ने मासिक अनुदान के जरिये ऐसे असन्तुष्टों को शान्त करने का काम किया था। और सरकार के खजाने में पड़नेवाले इस अतिरिक्त बोझ को मालगुजारी की वसूली से पूरा करने का कार्य किया था। यह इस क्षेत्र के लिए एक बड़ी उपलब्धि थी। ईस्ट इंडिया कम्पनी ने इसके जरिये दो ऐतिहासिक कामों को इस इलाके में अंजाम दे दिया था और आनेवाले दिनों में इसका बड़ा असर होने जा रहा था। इनमें से पहला तो झूम खेती की जगह स्थायी कृषि के विकल्प की स्वीकार्यता थी और दूसरा जनजातीय समुदायों का वस्तु विनिमय के दौर से निकलकर बाजार और पूँजी के दौर में दाखिल होना रहा। इन दो बदलावों ने पूरे जंगल तराई की 'डेमोग्राफी' बदलकर रख दी। इसमें निर्णायक भूमिका 1793 ई. में लागू स्थायी बन्दोबस्ती की रही। इससे कृषि-योग्य जमीन की मालगुजारी निर्धारित कर दी गई। और जंगल साफ करके कृषि-योग्य जमीनें बनाने में सन्तालों को लगा दिया गया। इस क्रम में शाहाबाद, भोजपुर, छपरा और आरा से जमींदारों की एक नई पौध इस इलाके में आई, जिसने सन्तालों के श्रम से जंगलों को साफ कर अपने लिए कृषि-योग्य भूमि का निर्माण कराया। सन्ताल भी धीरे-धीरे आबाद होते चले गए। जनसंख्या के धरातल पर सन्तालों ने धीरे-धीरे पहाड़िया जनजाति को पीछे छोड़ दिया। लेकिन जिसे बाजार-व्यवस्था 'मार्केट इकोनोमी' कहते हैं, उसमें सन्ताल पारंगत नहीं थे। और यहीं बंगाली महाजन, साहूकारों के साथ बिहार से आई दबंग जातियों ने सन्तालों को उनकी जमीन से धीरे-धीरे बेदखल करना आरम्भ किया। यह बेदखली की प्रक्रिया जिस ढंग से अंजाम दी गई, उस प्रक्रिया को देखना और जानना जरूरी है।

बेदखली का आख्यान

सन्ताल इस इलाके में दाखिल होने के पहले न जाने कितनी मर्तबा विस्थापन के शिकार हुए थे, इसकी ठीक-ठीक गिनती भी उपलब्ध नहीं है। 1793 ई. के बाद और 1810 ई. के मध्य तक सन्ताल इस इलाके में आकर ठीक-ठाक संख्या में आबाद हो चुके थे। यदि उस समय की मालगुजारी का तुलनात्मक आकलन करें तो छोटानागपुर के मुंडाओं की तुलना में इस इलाके में सन्तालों को जमीन के उसी रकबे के लिए आधी मालगुजारी निर्धारित थी। पर असल समस्या वही थी कि

ईश्वर प्रदत्त प्राकृतिक उपादानों के लिए सन्ताल किसी सरकार को अलग से बहुत मालगुजारी देने को न तो उत्सुक रहते थे और न ही इच्छुक। मालगुजारी न चुकाने का जो अंजाम सन्तालों को भुगतना पड़ा, वह काफी दुखद है। न केवल 'जंगल तराई' बल्कि आज जिसे हम सन्ताल परगना के नाम से जानते हैं, उसके घने जंगलों को काटकर उसे कृषि-योग्य और रहने योग्य बनाने में बुनियादी तौर पर सन्तालों का श्रम रहा है। जंगलों को काटकर कृषि-योग्य जमीन का निर्माण इस पूरे इलाके में बड़े पैमाने पर इसलिए भी सम्भव हो सका क्योंकि ईस्ट इंडिया कम्पनी इस क्षेत्र से राजस्व उगाही को लेकर अतिरिक्त सजग थी। इस दिशा में कम्पनी की राह में सबसे बड़ी बाधा पहाड़िया थे, जिससे 1831-32 तक आते-आते उन्होंने पूरी तरीके से दूर कर लिया था। 1833 ई. में ही पहाड़िया जनजाति की स्वायत्तता का विशेष खयाल रखते हुए 'जंगल तराई' क्षेत्र की अलग से परिकल्पना साकार होती है। इसके अन्तर्गत दुमका, गोड्डा, पाकुड़ और राजमहल के कुछ हिस्सों में खम्भे गाड़ कर उसे 'दामिन-इ-कोह' नाम की संज्ञा दी जाती है और उसे गैर-अधिसूचित क्षेत्र का दर्जा दिया जाता है। मतलब इस क्षेत्र के लिए अलग नियम-कानूनों की व्यवस्था की जाती है। पहाड़िया के लिए एक तरह से यह मालगुजारी मुक्त क्षेत्र हो जाता है। और यह क्षेत्र सीधे बंगाल के गवर्नर के प्रत्यक्ष शासन में शामिल कर लिया जाता है। पहाड़िया जनजाति और जंगल तराई को हासिल इन विशेषाधिकारों पर गौर करें तो मालूम होगा कि क्यों अंग्रेज इन्हें लूटमार और राहजनीवाली जनजाति घोषित करते आए थे। और अगर ऐसा था तो इतनी रियायतें पहाड़िया जनजाति को क्यों दी गई थी? जाहिर-सी बात है वे अंग्रेजों की शर्तों पर झुकने को तैयार नहीं हुए थे। इसलिए ईस्ट इंडिया कम्पनी से लेकर विक्टोरिया शासन तक वे सर्वाधिक रियायतें पानेवाली जनजाति के तौर पर पहचानी जा सकती हैं। इससे अंग्रेजों द्वारा उन्हें लूटमार और राहजनी करनेवाली जनजाति के बतौर स्थापित करनेवाला 'नरेटिव' सन्दिग्ध हो जाता है।

1837 ई. में आर. पोंटेट को जंगल तराई के राजस्व प्रशासन विभाग का अधीक्षक नियुक्त किया जाता है। जे. त्रोईसी की बात का भरोसा करें तो साल 1851 तक आते-आते केवल 'दामिन-इ-कोह' में सन्तालों की आबादी में 30 फीसदी का इजाफा देखने को मिलता है। इसमें इन आँकड़ों को शामिल कर लें तो बात बेहतर तरीके से समझी जा सकती है :

> दामिन-इ-कोह से जहाँ 2611 रुपये का राजस्व मिला था अब वह बढ़कर 58,033 रुपया तक पहुँच गया है। कैप्टेन शेरवेल के राजस्व के सर्वे रिपोर्ट के अनुसार दामिन-इ-कोह में तब तक सन्तालों की संख्या 83,265 और सन्ताल गाँवों की संख्या 1478 पहुँच चुकी थी जबकि

पहाड़िया जनजाति की बात करें तो उनकी संख्या 38,780 और उनके गाँवों की संख्या 921 ठहरती है।[13]

इससे इस क्षेत्र में सन्तालों की बढ़ती आबादी की पुष्टि होती है। फिर सवाल यह उठता है कि आखिर ऐसा क्या हो जाता है कि सन्ताल विद्रोही हो उठते हैं और इसी भू-भाग से सन्ताल हूल की ध्वनि सुनाई देती है?

ऐसा प्रतीत होता है कि एक जनजाति जो इतिहास में अब तक एक क्षेत्र से दूसरे क्षेत्र प्रयाण करते आई थी। "सन्तालों ने किसी के अधीन रहने की तुलना में लगातार नये भूभाग में प्रयाण करना पसन्द किया था।"[14] सन्तालों के पास मुंडाओं और उराँवों की भाँति एक सुनिश्चित भूभाग नहीं रहा है, जिसे वह अपना कह सके। इतिहास में पहली बार सन्तालों को किसी भू-भाग में एकजुट होकर रहने का अवसर मिलता है और उनकी सृष्टि-कथाओं में जिस स्वर्णिम कालखंड की स्मृतियाँ मौजूद थीं, उनके मन में अपने उस स्वर्णिम अतीत को पुनर्जीवित कर सकने का एक स्वप्न आकार लेने लगता है। लेकिन इससे पहले कि यह स्वप्न साकार हो, फिर बेदखली की एक नई कहानी आरम्भ हो जाती है। इस दफा परिदृश्य में गैर-सन्ताली या कहें गैर-जनजातीय आबादी जिसे 'दिकु' कहा जाता है, उसकी प्रभावी उपस्थिति देखने को मिलती है। इन्हें जमींदार के तौर पर देखा जा सकता है और इसमें बंगाल और बिहार दोनों प्रदेशों की गैर-जनजातीय आबादी समान रूप से शामिल दिखती है। ईस्ट इंडिया कम्पनी का एक मात्र लक्ष्य अधिकतम जंगलों को साफ करके कृषि-योग्य भूमि के क्षेत्रफल को बढ़ाना था, जिससे उन्हें राजस्व वृद्धि में सहूलियत हो। चूँकि जमीन की मिल्कियत इस बात से तय होने लगती है कि कौन उसका मालगुजारी अदा करता है, तो इस कारण आसपास की गैर-जनजातीय आबादी इस क्षेत्र में बड़ी संख्या में अपना पाँव जमाना आरम्भ करती है। दिलचस्प यह है कि जंगलों को साफ करने के लिए मजदूरों के रूप में वे सन्तालों का ही इस्तेमाल करते थे। लेकिन 'दामिन-इ-कोह' वाले क्षेत्र में पहाड़िया जनजाति के भय से गैर-जनजातीय आबादी कभी आबाद नहीं हो सकी थी। सन्ताल ही पहाड़िया से बिना किसी संघर्ष के इस क्षेत्र में आबाद होने में कामयाब हो सके थे। अब जब पहाड़िया जनजाति और उसके प्रमुखों को ईस्ट इंडिया कम्पनी की ओर से विशेष सुविधाएँ उपलब्ध करा दी गईं, तो इलाके के रोजमर्रा की अराजकता खत्म हो गई। और पुन: बाहरी आबादी भी सन्तालों के साथ इस क्षेत्र का रुख करती है। मालगुजारी कहें या राजस्व उगाही के क्रम में ईस्ट इंडिया कम्पनी एक पूरी प्रशासनिक संरचना को इस भूभाग में खड़ा करती है। इस संरचना में दीवानी और फौजदारी दोनों किस्म की संरचनाएँ शामिल हैं। जमीन की पैमाइश करनेवाले अमीन, सुरक्षा की चौकियाँ, सिपाही, दारोगा, सेजवाल समेत पूरा अमला यहाँ आ उपस्थित होता है। अब जो असल समस्या उत्पन्न होती है, वह इस बात से कि किसी सन्ताल

के द्वारा मालगुजारी न दिये जाने पर उसकी जमीन नीलाम कर दी जाती है। सन्तालों में-आदिवासियों में जमीन का जो परम्परागत आधार रहा है, उसमें नीलामी या निजी सम्पत्ति की अवधारणा नहीं रही है। वे अपनी परम्परागत चेतना के साथ ही सक्रिय रहते हैं कि उन्हें उनके द्वारा साफ की गई जमीन से कोई बेदखल नहीं कर सकता है। इसके साथ बाजार-व्यवस्था का आगमन भी सन्तालों के लिए नई चुनौतियाँ लेकर आता है। अब तक उनके जीवन में बाजार वस्तु विनिमय की एक जगह थी। जहाँ अपने कृषि उत्पादों से इतर वे वनोपज (जंगल से प्राप्त उपज) से ही लेन-देन की सारी गतिविधियों को अंजाम दे दिया करते थे। जनजातीय समाज में कर्ज या ऋण की अवधारणा नहीं थी। 'पइचा' की अवधारणा थी। मतलब आप किसी अनाज या मुद्रा पइचा के तौर पर लेते थे तो उस पर किसी किस्म का सूद या ब्याज नहीं देना होता था। उतना ही अनाज या पैसा बाद में लौटा देना होता था। पइचा को आप बिना ब्याज के दिया जानेवाला उधार समझ सकते हैं। स्थायी बन्दोबस्ती की तयशुदा मालगुजारी और बाजार-व्यवस्था ने सन्तालों के जीवन में रुपयों-पैसों की जरूरत पैदा कर दी थी। ऐसे आड़े वक्त में ही सूदखोर महाजन, साहूकारों, बनियों और दबंग जमींदारों की पूरी एक पौध खड़ी हो गई थी, तो जालसाजी और चालबाजी के जरिये सन्तालों की जमीन को हड़पने का प्रतिक्षण जुगत लगाते रहते थे। कुछेक उदाहरण इन चालबाजियों और जालसाजियों का रखना भी आवश्यक है, जिससे सन्तालों के आक्रोश को बेहतर तरीके से समझा जा सके। यदि रोजमर्रा के जीवन में भी किसी सन्ताल को कर्ज की एक बार जरूरत पड़ गई तो सूदखोर-महाजन उसके जीवन की पूरी जमापूँजी के साथ-साथ आनेवाले वर्षों की उसकी पूरी फसल और उसका श्रम सब कुछ हड़प लेने में सफल हो जाते थे। बल्कि ऐसे महाजन उसे और उसकी आनेवाली पीढ़ियों तक को बँधुआ मजदूरी के जाल में फँसा लिया करता था। कोर्ट-कचहरी, चौकी और थानों में व्याप्त भ्रष्टाचार की कथाओं को उस वक्त के गजेटियर और ईस्ट इंडिया कम्पनी के अधिकारियों के रिपोर्ट में ढूँढ़कर पढ़ा जाए तो मनुष्यता जैसे शब्द से भरोसा उठ जाए। सन्ताल परगना से बँधुआ मजदूरी खत्म करनेवाले अधिकारी विलियम ले फ्लेमिंग रोबिन्सन ने एक मामले के सन्दर्भ में लिखा है :

> एक सन्ताल ने 25 रुपया कर्ज लिया था, जिसके एवज में उसने अपनी पूरी उम्र बँधुआ मजदूरी करते हुए बिताई थी और उसके बेटे ने भी उसी रकम की अदायगी में अपनी पूरी जिन्दगी बँधुआ मजदूरी में बिताई। सन्ताल के परपोते को उस बँधुआ मजदूरी से मुक्त कराने का काम रोबिन्सन ने कराया था।[15]

दरअसल कोई सन्ताल एक बार कर्ज के लिए किसी महाजन के यहाँ पहुँच जाता था तो उसे उसकी जमीन बन्धक रखने के एवज में वह कर्ज दिया जाता था।

सन्तालों में शिक्षा का घनघोर अभाव था। तो सादे पेपर पर वे अँगूठा लगाकर आ जाते थे, जिस पर बाद में महाजन तसल्ली से उसका घर, जमीन, फसल, ब्याज और बँधुआ मजदूरी आदि की शर्तें जोड़ दिया करता था। बाद में चूँकि दारोगा से लेकर कचहरी तक की उसमें हिस्सेदार हुआ करती थी, तो सन्ताल के पास कोई विकल्प नहीं रह जाता था। कोर्ट भी देवघर और भागलपुर में था। एक सन्ताल के लिए हर तारीख पर महीने और साल-दर-साल कचहरी की दौड़ लगाना बूते की बात नहीं थी। अन्ततः एक सन्ताल के पास सब कुछ गँवाने के अलावा कोई विकल्प बचता नहीं था। बेदखली और बँधुआ मजदूरी के इस दुष्चक्र से बचने का एक ही तरीका था, भाग जाना। पर इस बार सन्ताल पलायन नहीं करते हैं। टिक जाते हैं और टिककर मुकाबला करना ज्यादा पसन्द करते हैं। अत्याचार, अन्याय और दमन के व्यूह में सन्ताल इस कदर घिर जाते हैं कि उस विद्रोह के अलावा कोई विकल्प शेष नहीं रह जाता है। इसी का परिणाम 1855 के हूल के तौर पर हम देखते हैं। अत्याचार, अन्याय और दमन का यह चक्र केवल सन्ताल परगना में नहीं बल्कि इस कालखंड को ध्यान रखें तो अब के झारखंड के समस्त जनजाति बहुल क्षेत्रों में देखने को मिलता है जो अपने-आपमें इस बात का प्रमाण है कि अंग्रेजों के आने के बाद इन जनजाति बहुल क्षेत्रों की पूरी परम्परागत व्यवस्था पर हमला हुआ था। इस संगठित आक्रमण के प्रतिकार में ही प्रत्येक जनजाति बहुल क्षेत्र ने अपने ढंग से अपने प्रतिरोध की इबारत लिखी थी। यह कहीं सशस्त्र और हिंसक रहा तो कहीं अशस्त्र और अहिंसक। हमें यह नहीं भूलना चाहिए कि 1857 की सशस्त्र हिंसा के पहले झारखंड की जनजातियाँ हिंसक आन्दोलन कर चुकी थीं और गांधी के पहले अहिंसक आन्दोलन का भी सूत्रपात कर चुकी थीं। परिस्थितियों और उसके अर्जित-बोध से इन्होंने तब अपने विद्रोहों और आन्दोलनों को मूर्त आकार प्रदान किया था। आप खुद देखिए कि भारत का कौन-सा भू-भाग इस कदर आन्दोलित और लगातार आवेश और रोष से तपतपाता रहा है? भूमिज आन्दोलन (1966), चुहाड़ आन्दोलन (1969), तमाड़ आन्दोलन (1789-94), मुंडाओं और उराँवों का आन्दोलन (1811-17), 'पुनः तमाड़ में ही ई. सन् 1819 में रुदन कोन्ता मुंडा के नेतृत्व में आन्दोलन हुए।'[16] कोल विद्रोह (1832), सन्ताल विद्रोह (1855), खरवार आन्दोलन (1862-66), सरदार आन्दोलन (1858-95), बिरसाइत आन्दोलन (1900-1910), टाना भगत आन्दोलन (1914-21) लेकिन इनमें से कितनों के बारे में हमें इतिहास की किताबों में पढ़ाया या बताया जाता है? इनमें से प्रत्येक आन्दोलन के मूल में जनजातियों की निर्णायक सहभागिता रही है, एकाध को छोड़ दें तो वे नायक रहे हैं। अपने प्राणों की आहुति दी है। इससे अनुमान किया जा सकता है कि यह संकट आदिवासियत के इतिहास में कितना बड़ा रहा है और इस संकट को समझने में उन्होंने कतई भूल नहीं की है। प्रतिकार और प्रतिरोध की

ऐसी निरन्तरता शायद ही भारतीय इतिहास में कहीं और इस अवधि में देखने को मिले! क्या जागरूकता का इससे बड़ा प्रमाण दिया जा सकता है? लेकिन जागरण के इस प्रारूप का अलग से संज्ञान नहीं लिया गया है।

> ध्यातव्य यह भी है कि उपर्युक्त आदिवासी (कथित) विद्रोहों के नायक ऐसे राजे-रजवाड़े नहीं थे, जो अपने राज्य की रक्षा हेतु तब तलवारें लेकर उठे जब अंग्रेजों की हड़प नीति ने एक-एक कर उनके सिंहासन को निगलना प्रारम्भ कर दिया।...सन् सतावन के पूर्व के झारखंडी आन्दोलनों के नायक वे आदि विद्रोही थे जिनके जल-जंगल-जमीन के नैसर्गिक अधिकारों से उन्हें लगातार बेदखल किया जाता रहा था। अंग्रेज-जमींदार-साहूकार के त्रिगुट ने वस्तुतः वनपुत्रों को उनके जीने के प्राकृतिक अधिकार तक से वंचित कर रखा था। इंग्लैंड के 'जेम्स' द्वितीय की सत्ता को चुनौती दी गई तो इसे इंग्लैंड की महान क्रान्ति (ई. सन् 1688) कहा गया। ब्रितानी दासता के विरुद्ध अमरीकी स्वतंत्रता संग्राम के उदय को 'बोस्टन टी-पार्टी' (ई. सन् 1773) जैसा सभ्य शिष्ट नाम दिया गया। 'लुई सोलहवें' के विरुद्ध भूमिहीन किसानों-बेरोजगारों ने 'फ्रांसीसी क्रान्ति' (ई. सन् 1789) का शंख फूँका। साम्राज्यवादी सत्ता के विरुद्ध चीन में 'चीनी क्रान्ति' (ई. सन् 1911) हुई। रूस के जार 'निकोलस द्वितीय' के विरुद्ध कृषकों-श्रमिकों का जनान्दोलन 'रूसी क्रान्ति' (ई. सन् 1917) के नाम से इतिहास में दर्ज किया जाता है परन्तु...साम्राज्यवादी शक्ति के विरुद्ध भारतीय सिपाहियों—निम्न-मध्यवर्गीय आम भारतीय जन-द्वारा क्रान्ति (रिवोल्यूशन) के लिए 'सैन्य द्रोह' (म्यूटिनी) की शब्द-छलना गढ़ी जाती है। पश्चिम के आन्दोलन 'द्रोह' नहीं क्रान्तियाँ थीं, परन्तु अपनी भूमि, वन एवं स्वशासन के आदिम अधिकारों की वापसी हेतु झारखंड के वनपुत्रों के मुक्तिकामी संघर्षों को 'विद्रोह' (रिवोल्ट) की संज्ञा दी जाती है। इतिहास की एक विडम्बना यह भी है कि अंग्रेजों तथा अंग्रेज समर्थक देशी शोषकों के विरुद्ध मरणान्तक लड़ाई लड़नेवाले महानायक बिरसा मुंडा (ई. सन् 1856-1900) तक को स्वतंत्रता संग्राम के नायकों की श्रेणी में नहीं रखा जाता।[17]

यदि इन जनजातीय विद्रोहों और आदिवासी नायकों को इतिहास में उनका दाय दिया गया होता तो आज हमारे समक्ष 'जनजातीय नवजागरण' की संकल्पना भी उसी रूप में मौजूद होती, जिस रूप में अवध का नवजागरण, मराठी नवजागरण और बंगला नवजागरण की अवधारणाएँ मौजूद हैं। बल्कि जिन संसाधनों से इन्होंने ईस्ट इंडिया कम्पनी और बाद में औपनिवेशिक ताकतों से लोहा लिया उसके ब्योरों से गुजरने पर जनजागरण या नवजागरण के प्रणेता तो यह ठहरते ही हैं। बिना

जागरूकता के न तो बन्धन का बोध सम्भव है और न ही मुक्ति का प्रयत्न सम्भव है। और मुक्ति के प्रयत्नों की ऐसी निरन्तरता भारतीय इतिहास में कम ही देखने को मिलती है। बावजूद इसके भारतीय इतिहास के फुटनोट में भी न तो इनके संघर्षों को जगह दी गई है और न इनके बलिदानों को स्मरण किया गया है। सवाल तो है ही कि ऐसा क्यों हुआ?

खरवार आन्दोलन

खरवार आन्दोलन पर बात करने के पूर्व इतनी लम्बी पृष्ठभूमि को निवेदित करने का आशय यह था कि आप इस तथ्य से परिचित हो सकें कि कैसे वस्तुतः इन आन्दोलनों की पृष्ठभूमि निर्मित हुई। खरवार आन्दोलन के पूर्व सन्ताल परगना में हूल जैसे व्यापक आन्दोलन को आकार लेता हुआ हम देखते हैं। उसके तकरीबन एक दशक बाद खरवार आन्दोलन अस्तित्व में आता है। बल्कि हूल और खरवार आन्दोलन के बुनियादी चरित्र का तुलनात्मक आकलन करें तो एक अलग से रेखांकित करनेवाला तथ्य निकलकर आता है। वह यह कि हूल विद्रोह में हिंसा का स्वर शामिल रहा है, लेकिन उसके बाद के खरवार आन्दोलन में इसका स्वरूप थोड़ा धार्मिकता की ओर झुका हुआ दिखता है। ऐसे ही मुंडा और उराँवों के हिंसक आन्दोलन के बाद बिरसाइत आन्दोलन में भी देखने को मिलता है, खरवार आन्दोलन में भी देखने को मिलता है और ताना भगत आन्दोलन में भी देखने को मिलता है। क्या इसे महज संयोग माना जा सकता है? आखिर भौतिक सत्ता का प्रतिकार करते हुए जनजातीय समाज किन कारणों से धार्मिक-सामाजिक आन्दोलनों की ओर मुड़ जाते हैं? क्यों धार्मिकता का सवाल जनजातीय समुदायों में सम्बोध्य हो जाता है? क्या इसका सम्बन्ध पराजित मनोवृत्ति से है? जैसा कि एक वक्त इस्लाम के आगमन के साथ पूरे भारत में भक्ति आन्दोलन के रूप में पाते हैं या इसका सम्बन्ध ईसाइयत, इस्लाम और हिन्दुत्व के बढ़ते प्रभाव से है? जनजातीय सन्दर्भों में यह विशेष रूप से याद रखने की बात है कि हिन्दू धर्म भी इनके लिए एक बाहरी प्रभाव के तौर पर मौजूद है। किसी भी जनजातीय धार्मिक-सामाजिक आन्दोलन के मूल में प्रेरक तत्त्वों के तौर पर इन दो कारकों को सहजता से रेखांकित किया जाता है या जा सकता है। पर इस बिन्दु पर आने के पूर्व इतनी लम्बी भूमिका की वजह यह थी कि इस तथ्य को रेखांकित किया जा सके कि ईस्ट इंडिया कम्पनी के शासन में जनजातियों को धार्मिक-सामाजिक आन्दोलनों की ओर धकेलनेवाली असल वजहें भूमि-विषयक कानून रहे हैं, जिसने जनजातियों के लिए अस्तित्व का संकट खड़ा कर दिया था।

गौरतलब है कि सन्ताल परगना के नक्शे को आप देखें तो यह बात सहजता से लक्षित कर पाएँगे कि बंगाल और बिहार दोनों की सीमाएँ इससे लगती हैं। अतः

इस प्रदेश में भले सन्तालों का आगमन अलग-अलग भूभागों से हुआ लेकिन उसी के साथ बंगाल और बिहार से बड़ी संख्या में 'दिकु' (गैर-जनजातीय आबादी) भी 1793 ई. की स्थायी बन्दोबस्ती के लागू होने के बाद इस भू-भाग में आ बसे। दुर्भाग्य यह था कि इन्होंने अपने लिए कृषि-योग्य भूमि तैयार करने में सन्तालों की मदद ली और धीरे-धीरे सन्तालों को उनकी भूमि से प्रशासनिक हथकंडों का इस्तेमाल कर बेदखल करते चले गए। यही कारण रहा कि सन्ताल हूल के जनजातीय आक्रोश के केन्द्र में 'दिकु' साहूकार, महाजन, जागीरदार, जमींदार, ठीकेदार, दारोगा, कचहरी का अमला, सेजवाल आदि रहे, न कि ईस्ट इंडिया कम्पनी के अधिकारी और सिपाही। लेकिन इन दिकुओं के बचाव में ईस्ट इंडिया कम्पनी ने अपने सैनिकों को उतारा। कारण कि यही वह वर्ग था जो सन्तालों का शोषण कर ईस्ट इंडिया कम्पनी के खजाने को मालगुजारी से भरने का काम करता था। आदिवासियों की दुर्दशा के जिम्मेदार कारकों को पर्दे के पीछे से संरक्षण और प्रश्रय ईस्ट इंडिया कम्पनी ही देती रही। चूँकि दिकु ईस्ट इंडिया कम्पनी और बाद में चलकर अंग्रेजी राज के 'सेफ्टी वॉल्व' के रूप में काम करते रहे, इसलिए ईस्ट इंडिया कम्पनी और अंग्रेजी राज, दोनों ने सीधे-सीधे कभी इन पर अंकुश लगानेवाली कार्यवाही नहीं की। यह ध्यान में रखने योग्य बात है। इस प्रश्रय का लाभ उठाकर जो लूट दिकुओं ने मचाई अगर उसके ब्योरों का दस्तावेजीकरण किया जाए तो जैसा कि मैंने पीछे भी लिखा है कि इंसानियत शर्मसार हो जाए। दो उदाहरण उस समय के दस्तावेजों से रख रहा हूँ। ओ मैली ने बंगाल डिस्ट्रिक्ट गजेटियर में इस घटना का उल्लेख किया है, इसमें निर्धन और निश्छल सन्तालों को लूटने के लिए जिस तरीके को अपनाया गया है, वह अपने किस्म का अनूठा है। ऐसी मिसालें बेहद कम देखने को मिलती हैं। जैसा कि हम परिचित हैं कि एक तो लम्बे समय तक जनजातियाँ वस्तु-विनिमय के जरिये अपना जीवन-यापन करती रहीं। इसमें जिस एक पदार्थ के लिए वह सबसे ज्यादा जंगल के बाहरी दुनिया पर आश्रित थी, वह था नमक। महुआ से लेकर साल-सखुआ की लकड़ियाँ हों, चिरौंदा हो, सबके बदले नमक। इस वस्तु-विनिमय से महाजन और व्यापारियों ने अकूत लाभ कमाया था क्योंकि बाहरी दुनिया में इन वनोपज की कीमतों से तकरीबन जनजातीय समुदाय अनभिज्ञ थे। यह तो खैर अनभिज्ञता के कारण उनके श्रम और संसाधन की लूट हुई। लेकिन एक दूसरी भी शातिर किस्म की लूट का उल्लेख मिलता है, जो अविश्वसनीय होते हुए भी सत्य है। और वह यह कि यही व्यापारी या महाजन खरीद और बिक्री के लिए अलग किस्म के बटखरों का इस्तेमाल करते थे। कुटिलता और धूर्तता की ऐसी मिसाल मिलनी मुश्किल है जिसमें धूर्त महाजन किसी सन्ताल को कर्ज देते समय 'बेचाराम' नाम के बटखरे का इस्तेमाल करते थे, जो तौल में कम होता था। और जब उस कर्ज के चुकाने का वक्त आता तो 'केनाराम' नामक बटखरे का इस्तेमाल

करते जो वजन में काफी ज्यादा होता था। मतलब कम तौलकर वे ज्यादा अनाज कर्ज में देते थे और वसूली में उससे कहीं ज्यादा वसूलते थे। ऐसा नहीं था कि यह भेद सहज और निश्छल सन्तालों को दिखता नहीं था। पर इसके लिए इन महाजनों ने गजब का टोटका ईजाद कर रखा था। मतलब वे अपने बटखरों पर सिन्दूर मल दिया करते थे और कहते थे कि यह इतना पवित्र है कि क्या हम ईश्वर के नाम पर ठगी कर सकते हैं? इस दूसरी घटना का जिक्र ई. जी. मान ने किया है। गरीब सन्तालों के पास एक लम्बे समय तक उन पर भरोसा करने के अलावा कोई विकल्प नहीं था। इससे मिलती-जुलती एक कहानी देवघर के आसपास लोकस्मृति में मौजूद है जिसमें एक साहूकार-महाजन की लेन-देन का जिक्र आता है। जब उसे किसी को अनाज सूद-ब्याज पर देना होता था तो वह अपने भीतरखाने में आवाज लगाता कि छोटी बहुरिया जरा बाट (बटखरा) ले आओ। और जब कोई अनाज लौटाने आया होता तो वह आवाज लगाता कि बड़ी बहुरिया जरा बाट दे जाओ। किसी ने उससे बाद में पूछा था कि आपकी तो एक ही बहू है फिर यह आप बड़ी बहुरिया और छोटी बहुरिया कहकर क्यों बुलाते हैं। दरअसल बड़ी और छोटी से वह संकेत किया करते थे कि कौन-सा बटखरा लाना है।

ऐसे घटनाओं की फेहरिस्त बड़ी लम्बी है। इन सबने सन्तालों के जीवन में अन्तहीन दुखों और यातनाओं की ऐसी इबारत लिख डाली थी, जिससे मुक्ति का कोई मार्ग नहीं बचा था सिवाय विद्रोह के। और उसी की परिणति था सन्ताल हूल। सन्ताल हूल की व्यापकता को देखते हुए उसकी ऐतिहासिकता के सन्दर्भ में जो भी दावे किये जाएँ पर सन्तालों ने जिस मकसद से हूल किया था, वह आर्थिक, सामाजिक मोर्चे पर उनके लिए उतना फलदायी साबित नहीं हुआ था। मतलब उनके जीवन में जो दुख और यातनाएँ थीं, उसका अन्त हूल के बाद भी नहीं हो सका था। हूल के दमन में ईस्ट इंडिया कम्पनी के सैन्य टुकड़ियों ने जो निर्मम नरसंहार किया था, उसके ब्योरे से भी परिचित होना आवश्यक है, जिससे खरवार आन्दोलन के धार्मिक पहलू को समझने में सहायता मिलेगी। मेजर जर्विस, जिन्होंने सन्ताल हूल के दमन में कई सैन्य टुकड़ियों का नेतृत्व किया था, हूल में शामिल सन्तालों के चरित्र को स्पष्टता से व्याख्यायित करते हुए लिखा है :

> यह युद्ध नहीं था, वे (सन्ताल) बस किसी के सामने झुकना नहीं जानते थे। जब तक उनकी डुगडुगी बजती रहती थी, तब तक पूरा दल दम साधे निष्कवच खड़ा रहता था, और गोली का शिकार होने से अविचलित रहता था। जब उनकी डुगडुगी या नगाड़ा बजना बन्द हो जाता था तो वे एक-चौथाई मील पीछे हटकर यथावत खड़े हो जाते थे। चूँकि उनके तीर हमारे आदमियों के प्राण हर लेते थे, इसलिए मजबूरन हमें

> गोलियाँ चलानी पड़ती थीं, जब वे शान्तचित्त खड़े रहते थे और वे तब तक खड़े रहते थे, जब तक हम फिर से आकर गोलियों से कुछ लाशें न गिरा दें। इस युद्ध में कोई ऐसा सिपाही नहीं था, जिसे अपने इस कृत्य पर लाज न आई हो।[18]

सन्ताल हूल जिस मकसद को हासिल करने के लिए किया गया था, यदि वह हासिल हो गया होता तो शायद आगे चलकर अन्य आन्दोलनों की पृष्ठभूमि नहीं बनी होती। पहले देखते हैं कि सन्ताल हूल का हासिल क्या रहा? सन्तालों की शिकायतों में ईस्ट इंडिया कम्पनी ने सचाई देखी और उसके निवारण की दिशा में निम्नांकित प्रशासनिक सुधारों को मंजूरी दी :

> सन्तालों के लिए 5470 वर्ग मील के अलग भू-भाग को सन्ताल परगना जिला का नाम दिया गया। इसमें भागलपुर और वीरभूम के कुछ हिस्सों को काटकर शामिल किया गया। इसके चार उप-जिलों के तौर पर दुमका, देवघर (इसमें जामताड़ा शामिल), गोड्डा और राजमहल (इसमें पाकुड़ शामिल) को शामिल किया गया। दुमका को इसका मुख्यालय बनाया गया। एक उपायुक्त और सहायक आयुक्तों के साथ नान-रेग्युलेशन सिस्टम को लागू किया गया। इसके द्वारा सन्तालों को मुख्य रूप से यह तीन सहूलियतें मुहैया कराई गईं। पहला, अब एक सन्ताल अपनी शिकायत सीधे सहायक आयुक्त से कर सकता था, इसके लिए उसे किसी के मदद की दरकार नहीं थी। दूसरा, अपनी शिकायत वह मौखिक तौर पर बिना किसी लिखित याचिका के अमला की अनुपस्थिति में भी दर्ज करा सकता था और तीसरा, आपराधिक मामलों में सन्तालों को ही यह अधिकार दिया गया कि मामले से सम्बन्धित आरोपी और गवाहों को कचहरी तक लाने की जवाबदेही उनकी ठहरी। दस्तावेज यह बताते हैं कि पहले उपायुक्त सर एशले ईडन और आयुक्त जार्ज यूल के कार्यकाल तक चीजें व्यवस्थित और न्यायपूर्ण तरीके से जारी रहीं।[19]

लेकिन उनके बाद फिर से पहलेवाली अव्यवस्था सिर उठाने लगी। "हम पाते हैं कि विद्रोह के तुरन्त बाद 1861 ई. में दुमका उपखंड के हन्दवे परगना में जमीन की मालगुजारी बढ़ाने को लेकर सन्ताल एक संगठित जन-प्रतिरोध आन्दोलन की शक्ल में कुछ हद तक तब्दील करने में सफल होते हैं।"[20] कहने का आशय यह कि जिस मालगुजारी और महाजनी, सूदखोरी और बँधुआ मजदूरी के खिलाफ हूल विद्रोह हुआ था, उसके आर्थिक मसलों पर सन्तालों को कोई रियायत हासिल

नहीं हुई थी। 1860 ई. में सर विलियम रोबिन्सन की वजह से जरूर 'कमियौती प्रथा' (बँधुआ मजदूरी) खत्म कर दी गई थी, यही एक मात्र उपलब्धि थी। लेकिन इन सबके बीच हमें इस बात को नहीं भूलना चाहिए कि सन्ताल हूल के दमन के लिए सन्तालों के साथ ईस्ट इंडिया कम्पनी ने जो निर्ममता और क्रूरता दिखलाई थी, उसकी भरपाई इन सुधारों से तत्काल नहीं हो सकी थी। कम्पनी के द्वारा फसलों को नष्ट कर देने, गाँवों को जला देने के कारण सन्ताल फिर से अपनी जिन्दगी शुरू करने के लिए उन्हीं महाजनों, सूदखोरों की शरण में थे। बल्कि इस बार तो अनाज के रूप में लिये गए ऋण को रुपयों-पैसों के ऋण में तब्दील कर दिया गया था। परिणामत: इस बार सन्तालों की जमीनें केवल मालगुजारी न चुकाने की वजह से नहीं अनाज और दूसरी जरूरतों के लिए साहूकार-महाजनों से मामूली कर्जों के कारण ज्यादा नीलाम हुईं। इसके लिए जो तरीका अपनाया जाता था तो वह यह कि सन्ताल जब अपनी जमीन गिरवी रखता था तो महाजन, व्यापारी, सूदखोर, जमींदार आदि का तबका उसकी मालगुजारी नहीं जमा करता था, इसकी जानकारी भी सन्तालों को नहीं देता था। इस तरह सन्तालों की जमीन मालगुजारी बकाये के कारण नीलामी में चढ़ जाती थी, जिसे वह खुद बेनामी तरीके से खरीद लेता था। मतलब यह कि जिन सन्तालों ने दुर्गम जंगलों को रहने-खाने योग्य बनाया, उसी से उनको बेदखल करने का मानो एक संगठित अभियान चल निकला। इस संकट को और ज्यादा गहराने का काम 1865-66 के अकाल ने किया। इसने एक तरीके से सन्तालों की कमर तोड़ दी। भूखे मरने की नौबत आ गई थी, इस बात का जिक्र मिलता है कि सन्ताल कच्चा बेल उबाल कर खाते हुए पाए गए। चावल की भूसी, महुआ का फल और कन्द-मूल से किसी तरह उन्होंने इस दौर को काटा। इस अवधि में केवल हैजा से हजारों सन्तालों के मरने की पुष्टि मिलती है। यह वह दौर है, जिसमें महाजनों के कर्जे तले दबकर अपनी जमीन से बेदखली को सन्ताल बहुत बड़े पैमाने पर मूकदर्शक होकर देख रहे थे। कोढ़ पर खाज यह कि 1865 ई. में ही अंग्रेज प्रथम वन अधिनियम लेकर आते हैं। और जनजातीय समुदायों को वन से प्राप्त होनेवाली उपज के उपयोग से रोक देते हैं। चूँकि जनजातीय समुदायों के लिए जंगल उनके अस्तित्व का परिचायक था। तो अंग्रेजी राज ने इस वन अधिनियम के जरिये एक तरीके से जनजातीय समूहों को नियंत्रित करने का काम किया था। इससे रोजमर्रा के जीवन की जरूरतों को पूरा करना उनके लिए बहुत मुश्किल हो गया था। उनके पास पलायन और विद्रोह का ही विकल्प बचा रह गया था। अभी-अभी गुजरे हूल की हिंसा से पूरा क्षेत्र उबरा नहीं था। अत: बड़ी संख्या में इस वक्त पलायन देखने को मिलता है। इसलिए यही वह दौर है जब सन्ताल पुन: सन्ताल परगना से छोटानागपुर और गंगा के पार पूर्णिया जिले का रुख करते हैं। मतलब आप देखें तो दुखों और यातनाओं का कोई अन्त नहीं है। ऐसे ही दौर में

सन्ताल परगना में ईसाई मिशनरियों का प्रवेश होता है।

> स्कैंडिवेन्याई लूथरन मिशन की स्थापना दुमका में 1867 ई. में होती है। छोटानागपुर की तुलना में सन्ताल परगना में यह मिशनरी गतिविधियाँ 'इंडियन होम मिशन' के नाम से संचालित होती हैं। 'इंडियन होम मिशन' नाम के मूल में यह निहितार्थ था कि मिशनरी गतिविधियों के लिए सारे खर्चे, वे यहीं से उगाहने को कटिबद्ध थे।[21] दुख, यातना और संकट की इस निरन्तरता ने सन्तालों को अपनी इस स्थिति के बारे में सोचने को विवश किया कि आखिर उनके दुख, दुश्चिन्ता, परेशानियाँ खत्म होने का नाम क्यों नहीं लेती हैं। अपने जानते उन्होंने हर सम्भव कोशिश करके देख ली थी। लेकिन अपने दुखों से पार नहीं पा सके थे। यदि सन्ताल परगना के साथ उस वक्त के छोटानागपुर को जोड़कर देखें तब स्थिति की भयावहता का ठीक-ठीक अनुमान किया जा सकता है। यद्यपि 1872 का अधिनियम III अपने काश्तकारों के अधिकारों को संज्ञान में रखते हुए, उसकी रक्षा के लिए आश्वस्त करता था। इसके लिए मालगुजारी की दर को नियत करता था। पर इन सबके बावजूद इसके लागू होने के दस साल के भीतर 10,000 रैय्यतों की भूमि की अदालती नीलामी और 40,000 रैय्यतों के निजी स्वामित्व की बिक्री दर्ज है। जनजातीय क्षेत्रों में बढ़ते औपनिवेशिकरण के इस प्रभाव को आदिवासियों के स्थानान्तरण के उदाहरण के जरिये समझा जा सकता है। केवल छोटानागपुर में 1871 से 1931 के बीच अपना घर-बार छोड़कर जानेवालों की संख्या 96,000 से बढ़कर 3,07,000 पहुँच गई थी।"[22]

अपने घर और जमीन से बेदखली और परम्परागत अधिकारों से वंचना का ऐसा दौर जनजातियों ने कभी नहीं देखा था। वह भी तब जब वे लगातार यथासामर्थ्य और यथासम्भव संघर्ष कर रहे थे, लगातार बलिदान दे रहे थे। बावजूद इसके उनकी स्थितियों में बहुत बदलाव दृष्टिगत नहीं हो रहा था। वनोपज से वंचित करने के औपनिवेशिक कानूनों को इस पूरी परिस्थिति के साथ रखकर देखें तो तब ज्ञात होता है कि जनजातियों के लिए यह 'जीवन-मरण' का मामला हो गया था, जहाँ उनके अनुकूल कुछ भी नहीं रह गया था। इससे उबरने की कोशिशों में ही हम कई जनजातीय आन्दोलनों को आकार लेता देखते हैं, जो अपने चरित्र में जटिल होने के साथ-साथ अलग-अलग प्रकृति को धारण किये हुए दिखते हैं। इसलिए झारखंड के जनजातीय आन्दोलनों के अध्येता के. एस. सिंह इस दौर के

आन्दोलनों की प्रकृति की व्याख्या करते हुए यह लिखते हैं :

> इस दौर के आन्दोलनों में हैरतंगेज तरीके से कृषि-सम्बन्धी, धार्मिक और राजनीतिक मसले घुले-मिले हैं और इनके ठीक बाद सामाजिक-धार्मिक या पुनरुत्थानवादी आन्दोलनों को भी घटित होता हुआ हम पाते हैं।[23]

ऐसी विषम परिस्थितियाँ किसी भी जाति या समुदाय के लिए आत्ममन्थन और आत्मावलोकन का दौर लेकर आती हैं। ऐसे प्रतिकूल समय में संघर्ष की रणनीति और प्रविधि में लगातार बदलाव देखने को मिलते हैं और किसी भी ताकतवर सत्ता से जब अपेक्षाकृत संसाधन और शक्तिहीन समुदाय लड़ते हैं तो लड़ाई के तौर-तरीकों में लगातार बदलाव देखने को मिलता रहता है। जनजातीय संघर्षों के इतिहास को भी गौर से देखें तो हम पाते हैं कि हिंसक आन्दोलनों के बाद अपेक्षाकृत शान्तिपूर्ण तरीके से चलाए जानेवाले सामाजिक-धार्मिक आन्दोलनों का भी एक चक्र आता है।

सन्तालों के सन्दर्भ में हूल के बाद अपेक्षित परिणाम नहीं निकलने पर कुछ समय बाद पुनः हम सामाजिक-धार्मिक आन्दोलनों के उदय की परिघटना के साक्षी बनते हैं। इसकी शुरुआत सफाहोड़ आन्दोलन से होती है, जिसकी अगली कड़ी के तौर पर हम खरवार आन्दोलन को पाते हैं और उसके बाद दुबिया गोसाईं का आन्दोलन भी इनके प्रभाव को और थोड़ी दूर खींच ले जाता दिखता है। यह तीनों अपने स्वरूप में यूँ तो धार्मिक-सामाजिक कलेवर लिये हुए हैं। लेकिन उसमें निहित राजनीतिक चेतना को पूरे तरीके से नकारा नहीं जा सकता है।

सवाल उठता है कोई भी मनुष्य या समुदाय ईश्वर की ओर उन्मुख कब होता है? जब भौतिक परिस्थितियों और शक्तियों के आगे वह बेबस हो जाता है, तब जाकर अदृश्य शक्तियों की ओर सहायता के लिए वह कदम बढ़ाता है। आदिवासियों के यहाँ जो धर्म की संकल्पना है, वह हिन्दू धर्म की संकल्पना से भिन्न है। उनके यहाँ हिन्दुओं की भाँति मन्दिर, मूर्ति और देवता का प्रावधान नहीं है।

> ऐसी बात नहीं है कि आदिवासियों के देवता ही नहीं होते। देवता हैं किन्तु दूसरों की भाषा में वे भूत-प्रेत ही रह जाते हैं। आदिवासियों के देवताओं को भूत-प्रेत कहकर उन्हें दुष्ट देवताओं की श्रेणी में रख दिया गया है। आधुनिक सुधारवादी धर्म-समाजों ने यही बात दुहराने की कोशिश की है और हिन्दुओं के साथ ईसाई मिशनरियों को इसमें सम्मिलित किया जा सकता है।[24]

हिन्दुओं और ईसाइयों, दोनों ने आदिवासियों के हृदय में एक किस्म की हीनता ग्रंथि बोने का काम किया। इस प्रक्रिया को 'मानसिक औपनिवेशन' के तौर पर विचार-जगत में जाना जाता है। यह अपने-आपमें राजनीतिक उद्देश्यों की पूर्ति

के लिए ईजाद किया गया आधुनिकता का एक खूबसूरत तर्क या विचार है। इसके जरिये जिन पर शासन करना होता है उनके मन में एक हीनता का भाव पैदा किया जाता है और लगातार उसे बनाए रखने की कोशिश की जाती है। इससे होता इतना है कि प्रभुवर्ग या सत्ताशाली वर्ग स्वयं को उनकी निगाह में श्रेष्ठ स्वीकार कराने में सफल हो जाता है जिससे शासन करना आसान हो जाता है, और अपनी पराधीनता और दुर्व्यवस्था के लिए वह अपनी नियति और क्षमताओं पर सन्देह करने लगता है। इससे होता इतना है कि सामनेवाला मनुष्य उसका ईश्वर, रीति-रिवाज, पोशाक, रहन-सहन सब आदर्श लगने लगता है। अपने जड़ों से कटकर वैसा बनने की चाह विकसित होने लगती है। कहना न होगा कि उस कठिन दौर में ऐसी ही मानसिक स्थितियाँ आदिवासी सन्तालों के लिए पैदा कर दी गई थीं। कुछ धर्मान्तरण के जरिये इसका समाधान तलाशने की कोशिश कर रहे थे, तो कुछ दूसरे धर्मों के प्रभावों को आत्मसात कर अपने धर्म को दुरुस्त करने की कोशिश में संलग्न थे। इनसे इतर एक तबका ऐसा भी था, जो इस अपार दुख और उसके कारणों को अपने समुदाय के स्तर पर तलाशने की कोशिश कर रहा था। आत्मावलोकन और आत्ममन्थन के दौर में उनका अतीत उनके सामने आ खड़ा हुआ था। भविष्य के निर्माण के लिए अतीत और स्मृतियों की ओर लौटने की एक परिपाटी रही है। इसका सम्बन्ध जागरण की भावना से रहा है और कहीं भी पुनर्जागरण आदि की बात होती है तो उसके मूल में एक पुनरुत्थानवादी चेतना भी अन्तर्धारा के तौर पर काम करती दिखती है। सन्तालों के सन्दर्भ में भी वह अन्तर्धारा अतीत की स्मृतियों के बतौर मौजूद रही है। बल्कि ध्यानपूर्वक देखें तो जिन मुंडा, उराँव और सन्ताल समुदाय की बात हम कर रहे हैं, उन सबके यहाँ अतीत की यह स्मृति समान रूप से मौजूद है। और तीनों समुदाय खुद को खड़ा करने के लिए अक्षय ऊर्जा स्रोत के रूप में अतीत की उन स्मृतियों के पास जाते हैं। मुंडाओं के पास 'सोना लिकुम देश' है, 'लिमुरिया' है तो सन्तालों के पास 'हीहरी पीपरी', 'चाय-चम्पा' की स्मृतियाँ हैं। जिसे हम जनजातीय नवजागरण कह रहे हैं, उसके मूल में सुनहरे अतीत का एक दृढ़ आधार मौजूद है। और औपनिवेशिक काल में जनजातीय समुदायों के मध्य घटित हुए सामाजिक-धार्मिक-सुधारात्मक आन्दोलनों के केन्द्र में इसे एक प्रेरक बिन्दु के तौर पर रेखांकित किया जा सकता है।

आदिवासी समुदायों के पास स्मृतियों के अलावा कोई लिखित या दस्तावेजी प्रमाण नहीं है, जिससे उनके दावों की ऐतिहासिकता की जाँच हो सके। अच्छी बात है कि अब से पहले तक इन दावों को हवा में उड़ा दिया जाता था। लेकिन उत्तर-आधुनिकता और उत्तर संरचनावाद के दौर में इतिहास-लेखन की जिन प्रविधियों का विकास हुआ है, उसमें इतिहास की एक अध्ययन पद्धति या स्कूल का नाम 'सबाल्टर्न स्टडीज' है। इतिहास-लेखन की धारा में यूँ तो इसने निर्णायक हस्तक्षेप

किया है, पर उसके ब्योरे में न जाकर हम इसके उस हिस्से का जिक्र-भर कर रहे हैं, जो आदिवासी इतिहास-लेखन की दृष्टि से अत्यन्त महत्त्वपूर्ण ठहरता है। 'सबाल्टर्न स्टडीज' ने मौखिक परम्परा में विन्यस्त स्मृति को 'आर्काइवल एवीडेन्स' के बतौर स्वीकार करने की जमीन विकसित की। स्मृति को भी अभिलेखागार के दस्तावेज की तरह महत्त्वपूर्ण मानने की समझदारी विकसित करने में 'सबाल्टर्न स्टडीज' का बहुत बड़ा योगदान रहा है। इससे हुआ इतना है कि जो बात बिलकुल हवा में उड़ा दी जाती थी, अब उसके सारतत्त्व तक पहुँचने की कोशिश की जा रही है। इससे आदिवासी इतिहास-लेखन की दुनिया में एक बहुत बड़ा और रेखांकित करनेवाला बदलाव आया है। अपने अतीत को फिर से देखने का मिथकों के पुनर्पाठ के नये अवसर अब उपस्थित हैं। भाषाशास्त्र, नृतत्त्वशास्त्र, समाजशास्त्र, इतिहास आदि के प्रविधियों का इस्तेमाल अब औपनिवेशिक और साम्राज्यवादी शासन के हित-पोषण के लिए नहीं अपितु उसके प्रत्याख्यान के लिए किया जा रहा है। आनेवाले वर्षों में न केवल आदिवासियों के इतिहास बल्कि मिथकशास्त्र, सौन्दर्यशास्त्र, दर्शनशास्त्र पर हैरतंगेज काम सामने आनेवाले हैं, एक-एक करके आ भी रहे हैं। मुख्यधारा के दावों के प्रत्याख्यान की पूरी धारा विकसित हो रही है। लोकस्मृति को पहली बार संजीदगी से संज्ञान में लिया जा रहा है। इससे इतिहास की गुम हुई कड़ियों को जोड़ने में मदद मिल रही है और टूटी हुई कड़ियों के जुड़ने से जनजातीय अतीत और इतिहास को देखने और समझने का अब एक सिलसिला-सा बन रहा है। इस बदले परिदृश्य में आदिवासी समुदायों की उपस्थिति का एक बेहतर पाठ निर्मित होने की पूरी सम्भावना है।

सन्तालों के यहाँ या मुंडाओं के यहाँ जो सृष्टि-निर्माण की कथाएँ मिलती हैं। अब उसकी अर्थवत्ता की तलाश की जा रही है। इस दृष्टि से देखें तो यद्यपि व्यवस्थित कालक्रम वाले साँचे में चीजें ठीक-ठीक न उपलब्ध होने के बावजूद बार-बार उसके अन्तरालों को समझकर पाटने की कोशिशें जारी हैं।

बहरहाल, उस दौर में अस्तित्व के संकट से जूझते सन्ताल जब अपनी स्थितियों को लेकर आत्मावलोकन करते हैं, तो वे पाते हैं कि चाय-चम्पा उनकी यात्रा का वह आखिरी पड़ाव था, जब उनकी सामुदायिक स्मृति में सुख-शान्ति-अवकाश-स्वायत्तता-समृद्धि सब मौजूद था। सन्तालों के उपलब्ध इतिहास पर दृष्टि डालें तो उनका इतिहास लगातार एक भू-भाग से दूसरे भू-भाग की यात्रा और प्रवास का इतिहास रहा है। इस क्रम में धीरे-धीरे वे अपने सामुदायिक मूल्यों से दूर होते चले गए। सभ्यता के इतिहास में हर समुदाय या जाति इस प्रक्रिया का हिस्सा बनती आई है। लेकिन जनजातीय समूहों के सन्दर्भ में अंग्रेजी राज में यह अलग से विचारणीय इसलिए हो जाता है कि अपने हाड़तोड़ श्रम और ईमानदारी के बावजूद उनके जीवन में यातनाओं का सिलसिला खत्म होने का नाम नहीं लेता है। अपनी

दुर्दशा पर चिन्तन के क्रम में वे इस नतीजे पर पहुँचते हैं कि सभ्यता के विकास के क्रम में वे अपनी जड़ों, पुरखों के बताए रास्तों और सामुदायिक मूल्यों से न सिर्फ दूर होते चले गए बल्कि दूसरों की सभ्यता-संस्कृति के तत्त्वों को आत्मसात करते चले गए और इसी का परिणाम उनकी वर्तमान दुरावस्था है। इससे उबरने के लिए उन्हें अपने स्वर्णिम दिनों को पुनर्जीवित करना होगा। अपने स्वर्णिम दिनों में सन्ताल 'खरवार' के नाम से जाने जाते थे। मतलब खरवार सन्तालों का ही प्राचीन नाम है, जब उनका जीवन बाहरी सभ्यता-संस्कृति के प्रभाव में नहीं आया था। उन दिनों की स्मृति में प्राचीन सन्ताल मूल्यों की ओर लौटने की प्रक्रिया से इस 'सफाहोड़ आन्दोलन' की शुरुआत हुई। इसे एक किस्म की सामुदायिक शुद्धता के आन्दोलन के तौर पर हम जन्म लेता हुआ देखते हैं। बाहरी सभ्यता के प्रभावों से खुद को 'डिटॉक्सीफाई' करने की प्रक्रिया से इसका आरम्भ होता है। आन्दोलन के आरम्भिक चरण में यह 'सफाहोड़ आन्दोलन' के रूप में उभरता है। सन्ताल और दूसरी जनजातीय भाषाओं में होड़ का अर्थ मनुष्य या आदमी होता है। और सफा का अर्थ साफ-सुथरेपन से है तो सफाहोड़ का अर्थ हुआ साफ या शुद्ध मनुष्य। इस शुद्धतावादी आन्दोलन में जो सन्ताल शामिल हुए उन्होंने खुद को सन्ताल के बजाय 'खरवार' बुलवाना पसन्द किया। और जैसा कि चलन रहा है कि जो शुद्धता पर बहुत बल देता है, वह दूसरों की तुलना में खुद को ऊँचा समझता है, तो खरवार भी अन्य साथी सन्तालों की तुलना में खुद को श्रेष्ठ मानने लगे। इस तरह देखें तो वह सन्ताल जिन्होंने प्राचीन जीवन-मूल्यों के आधार पर खुद को सामुदायिक तौर पर पुनर्संगठित किया वे 'खरवार' कहलाए। इस दौर को कालखंड की दृष्टि से देखें तो सन्तालों के जीवन में यह सर्वाधिक उथल-पुथल वाला दौर था। इसी दौर में सन्ताल परगना में ईसाई मिशनरियों का प्रवेश होता है। तो इसके मूल में जो धार्मिक प्रेरणा है, वह अन्तःकरण की आवश्यकता के साथ अपनी सामुदायिकता की रक्षा के प्रयत्नों से भी उपजी जान पड़ती है। वापस अपने सामुदायिक मूल्यों की ओर लौटने के मूल में सन्ताल समुदाय की बालसुलभ भावना थी कि शायद ऐसा करके वे अपने वैभवशाली और स्वर्णिम दिनों को पुनर्जीवित कर पाएँगे। स्वर्णिम दिनों से उनका आशय 'सन्ताल राज' से था। जब जंगलों को साफ कर तैयार किये गए खेतों और जंगलों से प्राप्त उपज के लिए उन्हें कोई कर नहीं देना पड़ता था। उनके मन में यह विश्वास बैठ गया था कि अपने जड़ों से दूर होने के कारण ही उनकी यह दुर्गति हो रही है। यदि वे अपनी जड़ों की ओर वापस लौट जाएँ तो उनके स्वर्णिम दिन लौट आएँगे। इसके लिए सर्वप्रथम उन्होंने खुद को धार्मिक और व्यक्तिगत आचरण के स्तर पर सुधारना जरूरी समझा। ऐसा करने के क्रम में एक किस्म की आचरण संहिता पुनः निर्मित होनी आरम्भ हुई और सामुदायिक स्तर पर उसके अनुपालन के लिए कोशिशें तेज हुईं, जो इसके लिए तैयार नहीं हुए उन्हें खुद से अलग मानने की

शुरुआत हुई। उनके इस कदम से इतिहास के उस दौर में सन्ताल तीन समूहों में विभक्त हो जाते हैं। एक तो सन्ताल, दूसरा जो पुराने सामुदायिक मूल्यों को फिर से धारण करना चाहता है अर्थात् खरवार और तीसरा धर्मान्तरित ईसाई सन्ताल। एक ही नस्ल या जाति तीन अलग-अलग धार्मिक विश्वासवाले समूहों में विभाजित हो जाते हैं। जाहिर है इन तीनों समूहों में बने रहने के अलग-अलग कारण मौजूद थे। सन्ताल वह आधार समूह है जो खरवार और सन्ताल ईसाइयों में बँटता है। जिस कालखंड में यह घटित होता है, यह वही कालखंड है, जिसमें ईसाई मिशनरी सन्ताल परगना में प्रवेश करते हैं। ऐसी परिस्थितियों में एक बाबा जी के रूप में भगीरथ माँझी का उदय होता है। अब यह बाबा जी का उपनाम अपने-आपमें हिन्दुओं के प्रभाव को प्रदर्शित करता है। जो इस बात का परिचायक है कि "सन्तालों ने अपने आसपास के विजातीय तत्त्वों से बड़ी मात्रा में विचार और संस्थान अपने समुदाय में अपनाए हैं।"[25] इसके साथ यदि भगीरथ माँझी के उपदेशों और प्रस्तावित उपासना-पद्धतियों को जोड़कर देखें तो हिन्दुत्व के साथ ईसाइयत का प्रभाव भी देखने को मिलता है। भगीरथ माँझी ने बाबा जी के बतौर अपने अनुयायियों को जो पूजा-पद्धति प्रस्तावित की थी उसके बारे में निम्नांकित विवरण मिलते हैं :

> प्रातःकाल में जो अनुयायी उनसे मिलने के लिए आते थे, वे अपने साथ एक दोना धूप में सुखाया हुआ धान, एक लोटा दूध, एक कसैली (सुपारी) और एक पैसा उस दोने पर रखकर लाते थे। इसे बाबा जी के समक्ष रखकर वे उनके उपदेश सुनते थे। जब तक बाबा जी बोलते थे, सब शान्त होकर सुनते थे। उसके बाद उनकी अर्जियाँ माँगी जाती थी। उसके बाद उन सबको इकट्ठा करके बाबा जी पुनः भाषण देना आरम्भ करते थे। 'तुम सब अपनी याचना लेकर मेरे पास आए हो, मैं उन्हें चाँदो (भगवान) के समक्ष रख दूँगा। ईश्वर जिस पर प्रसन्न होंगे उसकी पुकार सुनी जाएगी, जिनकी अनसुनी रह जाएगी। उन्हें दोबारा, तीबारा या बार-बार आना पड़ सकता है। मैं अपनी ओर से तुम्हारी अर्जियाँ ईश्वर तक पहुँचाता रहूँगा और दुआएँ माँगता रहूँगा। तुम्हें भी ईश्वर से प्रार्थनाएँ करते रहनी चाहिए तभी जाकर समय आने पर फल मिलेगा। और यदि किसी की समस्या बहुत विकट है तो उसे पूरी रात ईश्वर को देखने की चेष्टा करनी चाहिए। अगली सुबह सूर्योदय के पहले अपने अनुयायियों से वे पूछते कि क्या कल रात उन्हें चाँदो दिखे? यदि वे कहते कि वे सो गए थे तो उन्हें डाँट पड़ती कि वे केवल खाने के लिए उसके पास आते हैं। यदि वे कहते कि हाँ देखा था, तब वे उलटकर पूछते कि क्या उन्होंने आकाश से उतरते चाँदों को भगरित (भगीरथ) से

> बात करते देखा था? यह उनके लिए एक सूचना की भाँति होता, और अब उन्हें फिर से एक नया प्रवचन सुनना होता। जिसमें वे सन्तालों पर आरोप लगाते, झूठ कहते और बातें बनाते कि उनकी पुकार उनके कारण ही अनसुनी रह जा रही है। फिर वे उपदेश देना आरम्भ करते जो कमोवेश ईसाइयों के 'टेन कमांडमेंट्स' की भाँति होता। वे इस बात पर बल देते कि उन्हें उनके बताए मार्ग पर चलना है, बुरी आत्माओं को अपने पास नहीं आने देना है। यदि वे उनके सम्पर्क में आते हैं तो उन्हें ईश्वर की कृपा प्राप्त नहीं होगी।[26]

जाहिर है भगीरथ माँझी की उपासना-पद्धति से सन्तालों का भला नहीं होना था और नहीं ही हुआ। परिणामत: अनुयायियों का आना कम होता गया। पुराने पैंतरे निष्प्रभावी होते देखे, उन्होंने कुछ नये टोटके ईजाद किये। जिनमें से एक यह था कि हम सबका जीवन इतना पापपूर्ण हो रखा है कि हमारी प्रार्थनाएँ अनसुनी रह जा रही हैं। जब तक हम अपने पापों का प्रायश्चित कर पूर्णतया इससे मुक्त नहीं हो जाते हैं तब तक सन्ताल-राज नहीं आएगा। इन बातों पर गौर करें तो पाएँगे कि बाबा जी लोगों को ही उनके दुखों का दोषी बताकर अपना प्रभुत्व बनाए रखना चाहते थे। बेहतर दिनों के वादे के उलट 1874 में भीषण अकाल पड़ गया। 1874 के अकाल ने सन्तालों के लिए जीवन को और ज्यादा कठिन बना दिया था। उन्हें पहले से कहीं ज्यादा दैवीय मदद की आवश्यकता थी। ऐसे क्षण में भगीरथ माँझी को अपने प्रभुता बनाए रखने के लिए नई युक्तियाँ चाहिए थीं। यहीं बाबा जी ने दूर की कौड़ी लाई जो अन्तत: इस आन्दोलन के लिए मारक साबित हुआ। 1974 ई. के भीषण अकाल से उबरने के लिए अंग्रेजी राज ने 'बर्मा राईस' आयात किया था। जनजातीय समुदायों में धान से चावल निकालने की कई पद्धतियाँ हैं, धार्मिक कार्यों के लिए वे अलग तरीके से चावल को परिष्कृत करते हैं और रोजमर्रा के इस्तेमाल के लिए अलग तरीके से। बर्मा राईस कुछ इस किस्म का चावल था जो अब तक अपने बोंगा (देवता या भूतों) को चढ़ाते आए थे। अब इस संकट के क्षण में वैसे ही चावल को संयोग से अकाल से लड़ने के लिए अंग्रेजी राज ने आयात किया था।

> बर्मा राइस को देखकर भगीरथ माँझी ने सन्तालों से कहा कि अब वे देख सकते हैं कि ईश्वर किस ढंग से उनकी मदद कर रहा है। बोंगा को चढ़ाया हुआ चावल उनके कठिन वक्त में उनके पास लौट आया था। इसके इस्तेमाल में उन्हें पर्याप्त सावधानी बरतनी होगी कि कोई मुर्गा या सूअर उसे जूठा न कर दे। उन्हें प्रतिदिन स्नान करके अपना भोजन तैयार करना चाहिए। ध्यान रखना चाहिए कि यह भोजन बनाने का एक हिन्दू तरीका था। अब उन्हें बस थोड़ी सावधानी बरतने की

> जरूरत है, सन्तालों को उनकी भूमि भी वापस मिल जाएगी। सिदो-कान्हु के हूल के समय ही ईश्वर ने सन्तालों को उनकी जमीन वापस करने का निर्णय ले लिया था। लेकिन सन्तालों के द्वारा बाहरी स्त्रियों से सम्पर्क के कारण उपजी अशुद्धता के कारण ईश्वर ने उनकी मदद नहीं की। इसलिए अब उन्हें स्वच्छता पर विशेष ध्यान देने की आवश्यकता है। इसके बाद सन्तालों ने अपने मुर्गे और सूअर की बलि दे दी। और कहते हैं इसी के साथ भगीरथ माँझी के अनुयायी विधिवत तरीके से 'खरवार' नाम से जाने जाने लगे।[27]

भगीरथ माँझी की कही गई बातों पर भरोसे के कारण ही 'खरवार आन्दोलन' एक आकार ले पाता है। सन्ताल परगना गजेटियर में इस बात का उल्लेख मिलता है कि जो लोग भगीरथ माँझी के प्रभाव में थे, उनके मन में यह विचार आता है कि अकाल प्रभावित क्षेत्रों के लिए उपलब्ध यह आयातित चावल मुफ्त की वस्तु है। वितरण केन्द्रों से जितना चावल मुफ्त में लेकर भरा जा सकता था, उतना सन्ताल बैलगाड़ियों में भरकर ले आए थे। गाँव में लाकर आबादी के स्तर पर उसका आपसी बँटवारा उन्होंने कर लिया था। अपने बोंगा को पूजकर, काले बकरे की बलि चढ़ाकर। बाकायदा हिन्दू तौर-तरीकों से उस चावल को पकाकर खाना आरम्भ किया। जब सरकार प्रदत्त उस अनाज अनुदान की वापसी का वक्त आया तब भगीरथ माँझी के प्रति उनके मन में अविश्वास पैदा हुआ। भगीरथ अब भी इस मामले में उन्हें भरमाना चाह रहा था, पर तब तक अंग्रेज भगीरथ की हरकतों से वाकिफ हो चुके थे और भगीरथ माँझी को पकड़कर अंग्रेजी सरकार ने जेल में डाल दिया। और इसी के साथ यह पूरा आन्दोलन एकबारगी बैठ गया। इसके मूल में यह कारण रहा कि सन्ताल व्यक्तिगत स्तर पर बहुत क्रियाशील नहीं रहते थे। वे सामूहिक स्तर पर एक चट्टानी एकता और फौलादी इरादों का परिचय तो देते थे। लेकिन इसके लिए हमेशा उन्हें एक नेतृत्वकर्ता की आवश्यकता होती थी, जिसकी अगुआई में वे खुद को झोंक सकें। लेकिन जैसे ही अगुआ पकड़ा जाता, अक्सर उनका आन्दोलन बैठ जाता। लेकिन इससे सम्भावनाएँ खत्म नहीं हो जातीं, फिर अन्तराल के बाद कोई नेतृत्व करने को तैयार हो जाता तो वे उठ खड़े होते। यही वजह रही कि 'हूल' के बाद ऐसी छोटी सम्भावनाओं को भी कुचलने में अंग्रेजी राज विलम्ब नहीं करती थी।

अब यदि इस पूरे आन्दोलन पर नजर दौड़ाएँ तो कुछ बातें और निकलकर आती हैं। एक तो भगीरथ माँझी की गिरफ्तारी के बाद उसी प्रकृति के कई और बाबा जी उभर आए थे, जो भगीरथ माँझी के उपदेश और पूजा-पद्धति में थोड़ी फेर-फार के साथ सन्तालों से सम्पर्क बनाए हुए थे। उनका बल वैसे ही स्वच्छता पर था।

इन सबका आरम्भिक केन्द्र गोड्डा ही ठहरता है, वहीं से यह दक्षिण या पूर्व की ओर फैलता है। बाबाओं या गुरुजी के इस किस्म के छोटे-बड़े धार्मिक आन्दोलनों में हिन्दू और ईसाई धर्मों के मिले-जुले प्रभाव या तौर-तरीकों को सहजता से लक्ष्य किया जा सकता है। लेकिन इन बाबा जी और गुरुओं ने खुद को प्रासंगिक बनाए रखने के लिए कई किस्म के हथकंडे अपना रखे थे। बीच-बीच में वे कुछ नई बातें जोड़ दिया करते थे, जो सन्ताल समाज में बहुत तीव्रता से फैल भी जाती थी। जैसे एक बात यह भी फैली थी कि सन्तालों को अपनी जमीन पर मालगुजारी देने की आवश्यकता नहीं है क्योंकि इस जमीन को साफ करके खेती-योग्य बनाने का काम उसने या उसके पुरखों ने किया है तो मालगुजारी क्यों और किस बात की दी जाए? जो बात ध्यान देने की है कि ऐसे ज्यादातर अफवाहों का केन्द्र गोड्डा के आसपास का ही क्षेत्र होता था। 1855 ई. के हूल के बाद अंग्रेजी राज के कान इन अफवाहों के प्रति कुछ ज्यादा ही संवेदनशील हो रखे थे। अब वे ऐसे किसी अवसर को उपस्थित ही नहीं होने देना चाहते थे। इसे भगीरथ माँझी की गिरफ्तारी के प्रसंग से भी समझा जा सकता है। यद्यपि भगीरथ माँझी को अंग्रेज हल्के में लेने की गलती नहीं कर सकते थे, कारण कि भगीरथ माँझी के बारे में जो जानकारी मिलती है, उसके अनुसार उसने 1855 के हूल में भाग लिया था। 1868 में देशद्रोही गतिविधियों में संलिप्तता के आरोप पर कारावास की सजा पाई थी। मतलब उसे सन्ताल क्षेत्र की वस्तुस्थिति और जन असन्तोष की ठीक-ठीक जमीनी जानकारी थी। और शायद यह भगीरथ माँझी का अनुभव ही था कि उसने 'सफाहोड़ आन्दोलन' के आधार पर 'खरवार आन्दोलन' की परिकल्पना कर डाली थी। शायद यही वजह रही कि 1866 ई. के आसपास जिस 'सफाहोड़ आन्दोलन' को आकार लेता हम पाते हैं, 1874 ई. तक आते-आते वह 'खरवार आन्दोलन' के रूप में परिणत हो जाता है। बस, भगीरथ माँझी के साथ ज्ञान परगनैत का नाम भी संयुक्त रूप से खरवार आन्दोलन में देखने को मिलता है। ज्ञान परगनैत के बारे में भगीरथ माँझी के समान बहुत जानकारी नहीं मिलती है। सन्ताल परगना गजेटियर में ओ. मैली भगीरथ माँझी को हर जगह भगरित के नाम से दर्ज किया है। साथ ही यह लिखा भी है कि यह भगीरथ का बिगड़ा हुआ रूप जान पड़ता है। बहरहाल भगीरथ माँझी और भगरित माँझी एक ही व्यक्ति हैं और 'खरवार आन्दोलन' के नायक के बतौर इन्हें ही चिह्नित किया जाता है। भगीरथ माँझी को 'खरवार आन्दोलन' के प्रसार में मिली अप्रत्याशित सफलता के मूल में उस दौर की सन्ताल परगना की परिस्थितियाँ थीं। पर इस आन्दोलन की शुरुआत और विकास को बारीकी से देखें तो प्रतीत होता है कि यह एकबारगी राजनीतिक नहीं हो गया था। इसकी शुरुआत यूँ ही गाँव-समुदाय के स्तर पर हुई थी और आरम्भ में वह धार्मिक आन्दोलन ही था। धीरे-धीरे मौखिक प्रचार के जरिये इसका प्रसार होता गया। अपने अनुयायियों के

मध्य अपनी लोकप्रियता और साख को बनाए रखने के लिए भगीरथ ने कुछ-कुछ उसमें जोड़ना जारी रखा। परिस्थितियाँ ही ऐसी थी कि एकजुटता ही अपने-आपमें उस दौर में एक राजनीतिक कार्यवाही सरीखी हो गई थी। अपने प्रभाव-विस्तार या साख को बनाए रखने के लिए भगीरथ माँझी के किये जानेवाले प्रयत्नों से ही यह धार्मिक आन्दोलन राजनीतिक चरित्र की ओर बढ़ गया था। बस, एक आखिरी बात जो भगीरथ माँझी ने जोड़ी थी, वही उसकी गिरफ्तारी और इस आन्दोलन की समाप्ति का कारण बना। तो इस तरह हम देखते हैं कि कैसे 'विशुद्ध सन्ताल' अर्थात् 'खरवार' का विचार जिन कारणों से अस्तित्व में आया, उसमें गुजरते वक्त के साथ बदलाव होता गया। इससे यह साबित होता है कि कोई जरूरी नहीं है कि जो चीज जिन कारणों से अस्तित्व में आई हो, उसका स्वरूप वैसा ही बना रहे। 'सफाहोड़' और 'खरवार' मिलते-जुलते आशयों को धारण करने के बावजूद अपने उद्देश्य में थोड़े भिन्न हो गए थे और यह सिलसिला यहीं रुका नहीं था। चूँकि भगीरथ के रहते ही इस इलाके में बाबाओं और अन्य स्थानीय गुरुओं की एक परम्परा आरम्भ हो गई थी, जो हिन्दू धर्म के ज्यादा निकट थे। तो भगीरथ माँझी की गिरफ्तारी के बाद उपजे शून्य को भरने के लिए दो साल की ही प्रतीक्षा करनी पड़ी और सफाहोर से होती हुई जो धारा खरवार तक पहुँची थी, उसी का असर 1881 ई. के दुबिया गोसाईं के आन्दोलन में देखने को मिलता है। लेकिन पिछले आन्दोलनों की भाँति दुबिया गोसाईं का आन्दोलन गोड्डा जिले में न होकर देवघर के पास आरम्भ होता है और इसका प्रसार पाकुड़ और जामताड़ा प्रमंडल की ओर ज्यादा होता है। दुबिया गोसाईं को सफाहोड़ और खरवार आन्दोलन के सिलसिले में देखने की वजह यही है कि इसमें खेरवारों के लिए विशेष प्रावधान या प्रस्तावों का उल्लेख मिलता है।

भगीरथ माँझी की गिरफ्तारी के दो साल बाद 1877 ई. में उसे रिहा कर दिया गया था। 1879 ई. में भगीरथ माँझी की मृत्यु हो जाती है और ऐसा प्रतीत होता है कि खरवार आन्दोलन खत्म हो गया। लेकिन दो साल बाद मालूम होता है कि आन्दोलन समाप्त नहीं हुआ था, बल्कि भीतर-ही-भीतर गोपनीय तरीके से वह बचा हुआ था। 1881 ई. में जनगणना अभियान के आरम्भ होने के साथ ही यह पुनः प्रकट हो जाता है। बल्कि इस बार यह जिस रूप में प्रकट होता है, वह खासा दिलचस्प होने के साथ-साथ विचारणीय भी है। जैसा कि ऊपर हम चर्चा कर चुके हैं कि भगीरथ माँझी के समय और उनके बाद ही इस पूरे क्षेत्र में कई बाबाओं का उदय होता है और अपने प्रभाव को बनाए रखने के लिए वह तरह-तरह के झूठे आश्वासन आदि दिया करते थे। दुबिया गोसाईं के आन्दोलन के मूल में ऐसी ही अफवाह की निर्णायक भूमिका थी। उस दौर के किसी भी आन्दोलन को उठाकर देख लें, हर आन्दोलन के मूल में अफवाहों की एक बड़ी भूमिका रही है। लेकिन

सवाल यह है कि आखिर यह अफवाहें इतनी तेजी से फैलती क्यों थीं? इसका जवाब आज की परिस्थितियों में सहजता से उपलब्ध है, लोग जो सुनना चाहते थे, वैसी खबरें या अफवाहें बहुत तेजी से तब भी फैलती थीं। आन्दोलनों के नायक स्वयं अपना एक आभामंडल निर्मित करते थे। ऐसी कथाएँ बनाते-बताते थे, जिससे उनका ईश्वर से सम्बन्ध साबित होता था अथवा वे दैवीय शक्ति से सम्पन्न होने का दावा करते थे। बाबाओं के माध्यम से उनके चमत्कारपूर्ण व अविश्वसनीय कृत्यों के समाचार एक नियमित अन्तराल पर अलग-अलग जनजातीय समूहों को मिलते रहते थे। गहन निराशा के दौर में वे चमत्कारों से मसीहा के अवतरण की उम्मीद लगा बैठते थे। और जब किसी ऐसे चमत्कारिक कृत्य की खबर या सूचना उनके हाथ लगती थी तो वह किसी छूतहा बीमारी की भाँति तेजी से समाज में फैलती थी। इन अफवाहों के दो पक्ष हुआ करते थे, एक शत्रु पक्ष से सम्बन्धित होता था और दूसरा उस समाज से। एक में विरोधी पक्ष के ताकत के छिन जाने की सूचना होती थी, इसमें स्वयं ईश्वर उनकी सहायता करनेवाले होते थे। ऐसे में जनजातीय समुदाय विश्वासियों के जत्थे में बदल जाया करते थे। 1881 ई. में दुबिया गोसाईं के आन्दोलन में जो अफवाह फैली थी उसके लिए जमीन तो खुद अंग्रेजों ने उपलब्ध करा रखा था। भले ही इसकी शुरुआत का श्रेय दुबिया गोसाईं को जाता है, पर इसे एक अवसर के तौर पर लपक कर इसको विस्तारित करने का श्रेय खरवार आन्दोलन के नायकों को जाता है।

> इसके जरिये खरवार नेतृत्व ने अपने अनुयायियों का सम्मान अर्जित किया और अपने सिद्धान्तों को मजबूती प्रदान की। इस आन्दोलन के पुनरुत्थान को सरकार के द्वारा खतरनाक और संक्रामक माना, इसमें शामिल लोगों को बेगुनाह मानने को अंग्रेज तैयार नहीं थे। पाकुड़ में इसके इकलौते कर्ता-धर्ता भगराई और उसका लिपिक लाखन थे। लेकिन उनकी याचिकाएँ स्थानीय मामलों से सम्बन्धित हुआ करती थीं जैसे लगान की दर या चौकीदारी व्यवस्था का भुगतान आदि। नये कृषि के लिए दामिन-ई-कोह में लगान की दर पुनर्निधारित की गई थी, जिसमें 80 फीसदी तक की राजस्व में बढ़ोतरी दर्ज की गई थी।[28]

इसे लेकर एक किस्म का असन्तोष और रोष जनजातीय समुदाय में व्याप्त था। क्योंकि इस बार उनके मवेशियों को गोचर जमीनों में चरने-चराने की भी मनाही थी। ऐसे बहुत छोटे-बड़े कारण मिलकर इस असन्तोष को गाढ़ा करने का काम कर रहे थे। सन्ताल परगना में अंग्रेजी राज की निगाह बनी हुई थी। पर इस बार आन्दोलन का केन्द्र सन्ताल परगना न होकर इससे थोड़ा बाहर हजारीबाग था। सवाल उठता है कि फिर सन्ताल परगना में उसकी जमीन कैसे तैयार हो गई।

दुबिया गोसाईं सन्ताली भाषा और सन्ताली समुदाय की तकलीफों से परिचित था। अपनी आडम्बरहीनता से उसने सन्तालों का ध्यान अपनी ओर खींचने में कामयाबी अर्जित की थी। ऐसी जानकारी मिलती है कि प्रभाव विस्तार के लिए दुबिया गोसाईं के आदमियों ने ही अफवाहों को फैलाने का काम किया था। इससे पहले भी खुद की चमत्कारिक शक्तियों के प्रचार-प्रसार के लिए वे इस तंत्र का इस्तेमाल करते आ रहे थे। इस बार जो अफवाह फैलाई गई थी, उसमें लिखित और मौखिक दोनों रूपों का इस्तेमाल किया गया था। पहले देखते हैं वह अफवाह थी क्या?

> मुर्गों और सूअरों से मुक्ति की बात थी, नशामुक्ति, हिन्दू देवी-देवताओं की पूजा और रीतियों को अपनाने का उपदेश था। इसके अनुपालन में अनुशासन बना रहे इसके लिए अग्निवर्षा व जलप्रलय का खौफ उन लोगों के लिए दर्शाया गया था, जो इसका अनुपालन नहीं करेंगे। यदि वे दशहरा तक बाबा जी के बताए निर्देशों के अनुरूप खुद को तैयार कर लेते हैं तो बाबा जी के अनुयायियों के लिए सन्ताल राज आ जाएगा। उसके बाद उनके दुख और यातनाओं का अन्त हो जाएगा।[29]

दुबिया गोसाईं के सन्तालों पर असर को समझने के लिए यह उद्धरण अपने-आपमें पर्याप्त होगा :

> भागलपुर और सन्ताल परगना के तत्कालीन कार्यकारी आयुक्त बार्लो के अनुसार सन्तालों के ऊपर दुबिया गोसाईं का बहुत भारी असर था। दुमका अनुभाग, देवघर जिला और जामताड़ा के न्यायिक क्षेत्रों के 16000 सन्तालों पर उसका सीधा प्रभाव था।[30]

संयोग से इसी दुबिया गोसाईं के आन्दोलन के आसपास ही अंग्रेजों के द्वारा वर्ष 1981 ई. में जनगणना का अभियान आरम्भ किया जाता है। सन्ताल परगना में जनगणना की इस मुहिम के खिलाफ लामबन्द होनेवालों में खरवार समेत सन्ताल अग्रगण्य थे। बल्कि दुबिया गोसाईं के कारण निष्प्राण हो चुका खरवार आन्दोलन फिर से प्राणवान हो उठता है और इसके अनुयायियों की संख्या में भी बढ़ोत्तरी देखी जाती है। सवाल उठता है कि क्या केवल सन्ताल राज के स्वप्न के कारण खरवार फिर से लामबद्ध हो गए थे? बात केवल इतनी-भर नहीं थी। इस सारे आन्दोलन के मूल में जनगणना की मुहिम थी जिसके बारे में कई भ्रामक खबरें जमीन पर फैली हुईं थीं। उन भ्रामक खबरों को सच मानकर ही वापस से खरवार और सन्ताल एकजुट हो गए थे। अफवाह की सफलता ही इस बात पर निर्भर है कि वह झूठ न जान पड़े। अफवाह की तुलना आज के 'फेक न्यूज' से की जा सकती है। फर्क इस बात का है कि आज इसके उत्पादन और वितरण का एक

संगठित तंत्र है। तब यह असंगठित था, फिर भी अंग्रेज इसे लेकर पर्याप्त सजग थे। बावजूद इसके अलग-अलग माँझी, भगीरथ माँझी के अनुयायी, दुबिया गोसाईं के अनुयायी आदि ने मिलकर अफवाह को फैलाने में निर्णायक भूमिका निभाई थी। यही वजह थी कि यद्यपि :

> इसकी शुरुआत जामताड़ा सम्भाग के घटवाल तालुक नारायणपुर से होती है। लेकिन जल्द ही यह तालझारी, नुनीहाट, दुमका, गोड्डा, काठीकुंड, देवघर समेत दामिन-ई-कोह तक फैल जाती है।[31]

अब आते हैं, उस अफवाह पर जो इतने बड़े आन्दोलन की जनक साबित होती है। जनगणना अभियान के विरोध की शुरुआत जामताड़ा अनुभाग के नारायणपुर से होती है। जहाँ समवेत रूप से वहाँ की सन्ताल आबादी जनगणना का न केवल विरोध करती है बल्कि हिंसक भी हो जाती है। उन सन्तालों या खरवारों के पास इस आशय की सूचना मौजूद थी :

> जनगणना में शामिल सन्ताल पुरुषों को काम करने के लिए चाय बगान भेज दिया जाएगा और सन्ताल स्त्रियों को अफगानिस्तान (सम्भवतः रशिया के साथ आसन्न युद्ध के मद्देनजर)। साथ ही अप्रैल 1881 ई. में सन्ताल राज के आगमन की घोषणा थी, जब जमींदार और तमाम अधिकारी खत्म कर दिये जाएँगे।[32]

इतना बड़ा वादा या भरोसा हाल के वर्षों में सन्तालों के बीच किसी आन्दोलन ने खड़ा नहीं किया था। सफाहोड़ आन्दोलन से चली यह परम्परा खरवार आन्दोलन से होती हुई दुबिया गोसाईं के आन्दोलन तक पहुँचते-पहुँचते सन्ताल परगना के बड़े हिस्से को अपने प्रभाव में ले लेती है। इस आन्दोलन की विचारधारा का विश्लेषण करते हुए जॉन मैकडॉगेल पाँच बिन्दुओं को रेखांकित करते हैं और इसका सर्वोपरि कारण इन आन्दोलनों के अगुआ के बीच धन-सम्पदा के प्रति किसी किस्म के लोभ के न रहने को भी बताते हैं। इन आध्यात्मिक और धार्मिक गुरुओं ने ही इस आन्दोलन को खड़ा करने में निर्णायक भूमिका निभाई थी। वे पाँच बिन्दु थे :

1. कुछ व्यक्ति, मुख्यतः खरवार के अगुआ, ईश्वर के द्वारा सन्तालों को सही धर्म दिखाने के लिये चुन लिए गए थे।
2. सन्तालों से यह अपेक्षित था कि खरवार आन्दोलन के धार्मिक गुरुओं के द्वारा निर्देशित देवताओं की उपासना करें एवं उनके द्वारा निर्देशित पद्धति से रीति-रिवाजों का पालन करें।
3. जो इन खरवार गुरुओं की अवज्ञा करेगा, वह दैवीय कोप का भाजन होगा।

4. जो इन नई रीतियों का अनुपालन करेंगे वे सम्पन्न और समृद्ध होंगे।
5. जब इन नई रीतियों का अनुपालन होगा तो नये स्वर्ण युग का आगमन होगा, तब सरकारी अधिकारी, जमींदार और ईसाई सन्तालों को सन्ताल परगना छोड़ना होगा। सम्भवत: वे खेरवारों के द्वारा इस भूभाग से खदेड़ दिये जाएँगे। यद्यपि यह पाँचवाँ विश्वास उपर्युक्त चार विश्वासों की तुलना में कम ही अभिव्यक्ति पाता था।[33]

सन्ताल परगना से खेरवारों के द्वारा अंग्रेजों के खदेड़ दिये जाने को लेकर जो भरोसा था, उसके मूल में भी एक अफवाहनुमा चीज थी। जिसमें यह बात फैल रही थी कि सन्ताल काले हैं इसलिए इस काली मिट्टी पर सन्तालों का हक होगा। गोरे अपने वतन जाएँगे जहाँ की माटी का रंग उनकी तरह सफेद है। यदि इन अफवाहों पर गौर करें तो इनके ब्योरों से उस बात का अनुमान किया जा सकता है कि क्यों इन बातों पर खरवार और सन्ताल जरूरत से ज्यादा भरोसा करने लगे थे। लेकिन इन सारे अफवाहों को जमीनी स्तर पर 'ट्रिगर' करने का काम जनगणना के अभियान ने किया। सन्तालों के बीच जनगणना के नाम पर जो अफवाह फैली उसके लिए अंग्रेज और अंग्रेजी शासन दोनों जवाबदेह थे। अंग्रेजों के पूर्व के शासन से हासिल अनुभवों के कारण सन्तालों में इन अफवाहों को जड़ जमाने का अवसर मिला। और वह वैसे ही फैलता गया जैसे चीजें आज 'वायरल' होती हैं। जनगणना में शामिल पुरुष चाय बगानों में काम के लिए भेज दिये जाएँगे। इस अफवाह का आधार खुद अंग्रेजी राज ने उपलब्ध कराया था। सन्ताल परगना के सन्दर्भ में तो यह बात इसलिए खास हो जाती है कि यहाँ के ईसाई मिशनरियों को अपने धर्म के प्रचार-प्रसार के लिए खुद ही धन जुटाना था, इसी क्रम में उन्होंने असम में चाय बगान भी खरीद लिया था, जहाँ के लिए सन्ताल और दूसरे आदिवासी समुदायों से मजदूर भेजे गए थे। सन्ताल या किसी भी आदिवासी समुदाय के लिए मजदूरी आखिरी विकल्प हुआ करता था। खेती के बाद खाली वक्त में जरूर अपने मन-मिजाज से वे मजदूरी कर लिया करते थे, लेकिन अपना जल-जंगल-जमीन छोड़कर स्वेच्छा से बाहर कमाने जाना कभी उनकी प्राथमिकता नहीं रही है। दूसरा, जिस बात का बड़ा विरोध था वह यह कि कोई भी सन्ताल जनगणना में अपने परिवार के साथ अपने बहनोई या साला आदि का नाम नहीं देना चाहता था। तीसरा, जनगणना में प्रयुक्त होनेवाले मकान संख्या आदि को भौतिक तौर पर दर्ज किये जाने को लेकर उनकी खासी आपत्ति थी। कारण पूर्व में अंग्रेजों ने जो भी सर्वे किया था, उसका सन्ताल या अन्य आदिवासी समुदायों ने नुकसान ही उठाया था। अत: वे जनगणना के दावों पर भरोसा करने की स्थिति में तो नहीं ही थे, उलट उनके पास ऐन इसी वक्त जनगणना को लेकर दूसरी किस्म की अफवाहें पहुँच रही थीं। जिसमें अंग्रेजी

राज के पिछले रिकार्ड को देखते हुए उनके मन में यह विश्वास घर कर गया था कि इस जनगणना के बाद फिर से लगान या मालगुजारी में वृद्धि होनी तय है। परिणामतः जनगणना का एक मुखर और हिंसक विरोध दुबिया गोसाईं के समय देखने को मिलता है। जिसके बारे में यहाँ तक कहा गया कि 'हूल के बाद सन्ताल परगना इतने हिंसक आन्दोलन का साक्षी नहीं रहा।' यद्यपि उपलब्ध साक्ष्यों की बारीकी से जाँच की जाए तो दुबिया गोसाईं आन्दोलन के बारे में ऐसा प्रतीत होता है कि यह मुख्यतः प्रदेश के औपनिवेशिकरण के खिलाफ एक आन्दोलन था। यह कृषि आधारित मसलों पर केन्द्रित आन्दोलन था न कि धार्मिक मुद्दों पर, क्योंकि सन्तालों की माँग उनके भूमि-विषयक अधिकारों की पुनर्स्थापना, बढ़ते लगान का विरोध और उनके गोचर जमीन और वनोपज से उन्हें बेदखल किये जाने के खिलाफ था। यद्यपि उन्होंने अपने मिथकीय प्रतीकों, निजन्धरी कथाओं और अन्धविश्वासों तक का इस्तेमाल लोगों को एकजुट करके उनके आर्थिक स्थिति को बेहतर बनाने के लिए किये जानेवाले संघर्ष के लिए किया था।"[34]

जाहिर है दुबिया गोसाईं के आन्दोलन से जुड़े सभी छोटे-बड़े नेताओं और बाबाओं को गिरफ्तार कर अंग्रेजों ने जेल में डाल दिया था। इस आन्दोलन का दमन क्रूरतापूर्वक किया गया था। दुबिया गोसाईं को तो गिरफ्तारी के बाद लखनऊ तड़ीपार कर दिया गया था। खरवार आन्दोलन के अध्येता जॉन मैकडॉगल ने 1880-81 के दुबिया गोसाईं आन्दोलन के पश्च प्रभाव के तौर पर साफ शब्दों में इस बात को रेखांकित किया है :

> इस आन्दोलन को सरकार खुद के साथ सन्तालों के द्वारा किये गए धोखे के तौर पर देख रही थी। फलतः एक नई पुलिस-व्यवस्था के जरिये सन्ताल गाँवों में नये अधिकारियों की तैनाती कर दी गई थी। अब गाँव के प्रधान (माँझी) के पुलिसिया अधिकार छीन लिये गए थे। इसके लागू होने के बाद सन्ताल गाँवों के आर्थिक स्थिति का क्षरण 1880 के मध्य और तेज होता है।[35]

सफाहोर, खरवार और दुबिया गोसाईं के आन्दोलन की त्रयी ने एक तरीके से अंग्रेजी राज की प्रगतिशीलता की कलई खोलकर धर दी थी। इनके साथ हूल को भी जोड़ लें तो यह साबित हो जाता है कि खुद को सन्तालों का भाग्य निर्माता या रक्षक कहने के दावों की इन आन्दोलनों ने हवा निकाल दी थी। क्योंकि हर आन्दोलन के बाद सन्तालों को उनके विरासती संसाधनों से वंचित करने का एक नया दमनकारी कानून लागू कर दिया जाता था, जिससे इस समुदाय को नियंत्रित किया जा सके।

अध्याय-4

बिरसाइत आन्दोलन : परिप्रेक्ष्य, कारण, प्रभाव, प्रसार और परिणाम

बिरसाइत आन्दोलन झारखंड की मुंडा जनजाति का सामाजिक-धार्मिक आन्दोलन माना जाता है। यद्यपि इसमें उराँव और खड़िया समुदाय ने भी बाद में सहभागिता प्रदर्शित की थी, पर इसकी प्राथमिक पहचान मुंडा जनजाति के आन्दोलन के बतौर ही स्थापित है। बिरसाइत आन्दोलन अपने आरम्भिक स्वरूप में धार्मिक था, लेकिन उसके मूल में जनजातियों का एक सभ्यतागत संकट था। एक ऐसा सभ्यतागत संकट जिसका सामना झारखंड की जनजातियों ने इससे पहले इतने व्यापक पैमाने पर कभी नहीं किया था। यह एक चौतरफा संकट था, जिसकी बुनियाद में मुंडाओं की पुश्तैनी जमीन से बेदखली की औपनिवेशिक पृष्ठभूमि थी और पुरखों से चली आती 'पुरखौती स्वशासन-पद्धति' के अप्रासंगिक हो जाने का संकट था। मुंडा समुदाय के धार्मिक-नैतिक-सामाजिक मूल्यों के क्षरण का भी वह दौर था। इन सबने मिलकर उस सभ्यतागत संकट को साकार किया था, जिससे निकलने की कोशिश में बिरसा मुंडा ने बिरसाइत आन्दोलन को जन्म दिया था। मुंडा जनजाति और अन्य जनजातियों के लिए ईस्ट इंडिया कम्पनी ने जो संकट जाने-अनजाने खड़ा कर दिया था। उसकी एक पूरी श्रृंखला है, उस श्रृंखला के आलोक में ही बिरसाइत आन्दोलन को समझा जा सकता है। मतलब बिरसाइत आन्दोलन को समझने के लिए सरदार आन्दोलन को समझना होगा और सरदार आन्दोलन के लिए कोल विद्रोह को। और कोल विद्रोह को समझने के लिए 'जनजातीय पुरखौती स्वशासन-पद्धति' को, जिस पर सबसे भयंकर प्रहार औपनिवेशिक शासन के दौरान अंग्रेजों ने किया। जनजातियों के वर्तमान को समझने की कुंजी उनके अतीत में छिपी है, जितना इतिहास में गहरे उतरेंगे उतना उनके वर्तमान को ज्यादा बेहतर समझ पाएँगे। इस सिलसिले में आगे बढ़ते हुए बिरसाइत आन्दोलन को समझा जा सकता है। औपनिवेशिक काल में जनजातीय जमीन की लूट का जो सिलसिला आरम्भ होता है, उसकी प्रतिक्रिया और प्रतिरक्षा में ही कोल विद्रोह (1831-32)

और सरदारी आन्दोलन (1858-95) अस्तित्व में आते हैं। संक्षेप में बस इतना समझें कि 'कोल विद्रोह' का जब दमन हुआ तो अत्याचार और बर्बरता से बचने के लिए 'कोल' अपने क्षेत्र से पलायन कर गए। जब कुछेक वर्षों के बाद लौटे तो उनकी भूमि पर बिचौलियों और जमींदारों का कब्जा हो गया था। उनकी जमीन को लौटाने से उन बहिरागतों या दिकुओं ने इनकार कर दिया। बेदखली के शिकार इन्हीं जनजातीय समुदाय के मुंडाओं ने 'सरदार आन्दोलन' की नींव डाली। कोल विद्रोह के हिंसक रास्ते को छोड़कर नई समझदारी के आलोक में मुंडा और अन्य जनजातियाँ न्यायिक धरातल पर 'सरदारी आन्दोलन' का हिस्सा बनती हैं। न्यायिक मामले लम्बे चलते हैं, यह न्यायिक लड़ाई भी लम्बी चलती है। तकरीबन चालीस वर्ष। पर इसके नतीजे भी इन जनजातीय समुदायों के पक्ष में नहीं गए। समवेत रूप से मुंडा और उराँव जनजाति मिलकर 'सरदारी आन्दोलन' को जन्म देते हैं। इस आन्दोलन को 'मुल्की लड़ाई' के तौर पर भी जाना जाता है। सरदारी आन्दोलन या मुल्की लड़ाई की अगली कड़ी के रूप में ही 'बिरसाइत आन्दोलन' को देखना समीचीन होगा। सरदारी आन्दोलन का आरम्भ 1858-59 ई. से माना जाता है, जो प्रखर रूप से 1880 ई. तक जारी रहता है। सरदारी आन्दोलन के भी तीन चरण की चर्चा की जाती है—"भूमि आन्दोलन (1858-1881), पुराने मूल्यों की पुनः स्थापना (1881-1890) और राजनीतिक आन्दोलन (1890-1895)। पर इस आन्दोलन का सबसे निचला आधार भूमि-सम्बन्धी आन्दोलन ही था।"[1] भूमि-सम्बन्धी संकट की विस्तृत चर्चा हम पीछे कर चुके हैं। इसलिए यहाँ उसे पुनः नहीं दोहरा रहे हैं। उस संकट के साथ कुछ बातें जो और आ जुड़ी थीं। उस पर थोड़ी बात जरूरी जान पड़ती है, जिससे बिरसाइत आन्दोलन की परिघटना को ठीक-ठीक समझा जा सके।

छोटानागपुर के पठारी और पहाड़ी इलाके कृषि के मामले में बिहार या बंगाल के मैदानी इलाकों के कतई समतुल्य नहीं थे। लेकिन कृषि ही यहाँ की जनजातियों की जीविका का सबसे बड़ा आधार था। ईस्ट इंडिया कम्पनी के आगमन के पहले जमीन और जंगल इन दोनों पर ही उनकी जीविका आश्रित थी। जनजातीय जीवन बहुत बुनियादी संसाधनों और बुनियादी जरूरतों पर टिका था। बाहरी दुनिया जहाँ सामन्ती समाज की हदबन्दियों को लाँघकर पूँजीवादी समाज के दौर में दाखिल हो रहा था, वहीं झारखंड का जनजातीय समुदाय प्राकृतिक संसाधनों पर आधारित और हाट-हटियों तक सिमटा था। अपने सम्पन्न दिनों को गँवाकर अब यह अतिसाधारण जीवन जी रहे थे। सामूहिकता इनकी सामुदायिकता की सबसे बड़ी पूँजी थी। यह एक साथ खेती-किसानी, मजदूरी, खाद्य-संग्रहण, पशुपालन और शिकार के इर्द-गिर्द ही जीवन-यापन कर रहे थे। दूसरे अध्याय में भंग्या भूख्या के हवाले से जिस 'विसियस सर्किल' की चर्चा हमने की है; छोटानागपुर में उस शातिर कुचक्र से गुजरकर मुंडा भी अपना राज्य गँवाकर साधारण जीवन गुजार रहे थे।

इतिहास का चक्र किसी भी देश के समस्त भूभाग पर समरूप तरीके से नहीं घूमता है। इस जनजातीय भूभाग में जो एक यथास्थिति लम्बे वक्त से बहाल थी, उसे औपनिवेशिक शासन ने अपनी उपस्थिति से तोड़ा था। मालगुजारी की वसूली या कहिए नगदी की अचानक आ पड़ी जरूरत ने इन जनजातीय समुदायों को अवकाश और आनन्द की अपनी दुनिया से बाहर आने को विवश कर दिया था। उनके लिए हाथ-पर-हाथ धरकर जीवन गुजारने का विकल्प समाप्त हो चुका था। उन्हें खुद के लिए नहीं अपने अख्तियार में मौजूद जमीन की मालगुजारी के लिए नगदी की जरूरत थी। आप कल्पना कीजिए उस समुदाय की जहाँ जीवन-यापन के लिए रुपयों पैसों की बहुत अनिवार्यता नहीं थी। जितनी नगदी की जरूरत होती थी, वे खेती किसानी से निबटकर कुछ महीनों की मजदूरी और वनोपज के जरिये हासिल हो जाया करती थी। उनके जीवन में कोई विलासिता नहीं थी। सुदीर्घ जीवन की बजाय आनन्दपूर्ण जीवन की कामना थी। उत्तमजीविता की जगह साहचर्य जीवन की प्राथमिकताओं में शामिल था। सूद की बजाय 'पइचा' वाला समुदाय था। 'पइचा', 'मदइत' और 'वस्तु विनिमय' के जरिये शताब्दियाँ गुजार देनेवाले इन समुदायों के लिए नगदी की जरूरत ने एक ऐसी आपात स्थिति पैदा कर दी थी कि अपनी दुनिया से बाहर निकलना उनकी मजबूरी हो गई थी। उनके जीवन में एक धीमापन था, हड़बड़ाहट नहीं थी। एक तसल्ली एक इत्मीनान उनकी सभ्यता का कुल जमा हासिल था। बहुत हुआ तो त्योहार में हँड़िया के नशे में पूरा दिन नाचते-गाते-अलसाते बिताना ही उनके जीवन की शायद सबसे बड़ी विलासिता थी। बहिरागतों (दिकुओं) के आगमन ने उनकी स्वायत्तता पर आरम्भिक चोटें करनी प्रारम्भ की थीं। मजबूरन उन्हें अपने 'कंफर्ट जोन' से बाहर आना पड़ा। औपनिवेशिक शासन के पूर्व इन बहिरागतों से उनका सम्बन्ध कैसा था? इसके बारे में दावे के साथ तो कुछ कहने की स्थिति में नहीं हूँ, पर वे इन जनजातियों के लिए उतना बड़ा खतरा नहीं बने थे, जैसा वे औपनिवेशिक काल में साबित होते हैं। ऐसा भी प्रतीत होता है कि इन दिकुओं से जनजातियाँ औपनिवेशिक शक्तियों के आगमन के पूर्व संगठित होकर निपट लिया करती थीं। लेकिन औपनिवेशिक ताकतों के दिकुओं के साथ खड़ा हो जाने के कारण या कहें औपनिवेशिक तौर-तरीकों की बेहतर समझदारी दिकुओं द्वारा अर्जित कर लिये जाने के कारण औपनिवेशिकों और बहिरागतों का एक ऐसा 'पवित्र गठबन्धन' निर्मित हो गया था, जिससे निबटने का कोई कारगर तरीका इन जनजातीय समुदायों के पास नहीं था। साथ ही लगातार बाहरी आबादी के आव्रजन ने इन जनजातियों की परेशानी और बढ़ाने का काम किया था। चरम हताशा के क्षणों में हिंसक होना एक स्वाभाविक मानवीय विशेषता है। झारखंड के जनजातियों के पास भी इसके अलावा कोई विकल्प नहीं रह गया था। चूँकि यह हताशा सामुदायिक थी, तो हिंसा भी सामुदायिक

होनी थी। इसलिए औपनिवेशिक शक्तियों के कदम धरते ही हिंसक विद्रोहों की एक शृंखला इस भूभाग में देखी जा सकती है (इसकी सूची हमने पीछे दी है)। चूँकि ऐसी लड़ाइयों का भी जनजातीय समुदायों के पास कोई अनुभव नहीं था तो दिकुओं से निबटने के बावजूद, औपनिवेशिक शक्तियों से निबट पाना उनके बूते के बाहर की बात थी। लेकिन ऐसे मौकों पर, वे जिस नैसर्गिक साहस का परिचय दिया करते थे, वह विरल था। अंग्रेज और दिकु दोनों उनकी इस अपराजेयता से परिचित थे। इसलिए दमन के तौर-तरीकों पर बहुत मेहनत की गई थी। बहुत श्रम और बुद्धिमत्तापूर्वक जनजातियों को नियंत्रित करने के तरीके ईजाद किये गए। इन तरीकों को एक नियमित अन्तराल पर प्रशासकीय स्तर पर आजमाया जाता रहा। इसी क्रम में औपनिवेशिक शक्तियों ने लड़ाई के मैदान बदल दिये थे। हरबे-हथियार की जगह वे दस्तावेजों को हथियार के बतौर लेकर आए थे और युद्ध के मैदान की जगह थाना-कचहरी ने ले ली थी। इसके लिए एक अलग किस्म की व्यवस्थागत बुनियादी समझदारी की आवश्यकता थी। साथ ही प्रशासनिक भाषा और लिपि का ज्ञान चाहिए था, जनजातीय समुदायों के पास इस सबका घनघोर अभाव था। यह एक ऐसी लड़ाई की शुरुआत थी, जिसमें जनजातीय समुदायों की हार पूर्वनिश्चित थी। केवल अपने हौसले और बलिदानों के बूते वे इस लड़ाई को टिकाये हुए थे और अपनी निर्णायक हार को मुल्तवी किये हुए थे। ऐसे में किसी समुदाय के लिए जो आत्ममन्थन का क्षण होता है, उससे निकलनेवाले नतीजों ने आगे उनकी आन्दोलन की दिशा तय की। इसलिए हिंसक आन्दोलनों के बाद जनजातीय समुदायों में खुद को पुनर्गठित या पुनर्संयोजित करनेवाले अपेक्षाकृत शान्त सामाजिक-धार्मिक आन्दोलन देखे जा सकते हैं। यह केवल झारखंड में ही नहीं बल्कि देश-विदेश के अन्य हिस्सों में भी देखे जा सकते हैं। अगर झारखंड की ही बात करें तो सन्ताल हूल के बाद सन्तालों के मध्य खरवार आन्दोलन, कोल विद्रोह और सरदार आन्दोलन के बाद मुंडाओं और उराँवों के मध्य क्रमशः बिरसाइत आन्दोलन और टाना भगत आन्दोलन को देखा जा सकता है। भारतीय परिवेश में इस्लामी आक्रमणकारियों के दौर में हिंसक टकरावों के बाद भक्ति आन्दोलन को हम पाते हैं तो औपनिवेशिक काल के 1857 के सशस्त्र विद्रोह के बाद ही गांधी के अहिंसक आन्दोलन को हम आकार लेता देखते हैं। तो यह एक परिपाटी रही है, जिसमें कोई भी समुदाय जब संघर्ष के अपने तौर-तरीके को कारगर होता नहीं पाता है तो अपनी रणनीति पर आत्ममन्थन करता है। अन्तोनियो ग्राम्शी ने इसे ही 'समझौता-संघर्ष-समझौता' की नीति कहा था, जो वस्तुतः एक किस्म का 'ट्रायल एंड एरर मेथड' था। निरंकुश शासकों के समक्ष कम संसाधनों से लड़ी जानेवाली लड़ाई में यह रणनीति तकरीबन पूरे संसार में देखी जा सकती है। इस पर किसी सभ्यता-संस्कृति का दावा नहीं है, बल्कि यह मनुष्य के वैश्विक

आचरण को दर्शाता है कि वह संकट के समय कैसे 'रेस्पांड' करता है। आधुनिक समाज में संसाधनहीन मनुष्यों का आन्दोलन इसी ढंग से विकसित हुआ है। यदि आपको लग रहा हो कि यह जनजातीय समुदाय की विशेषता है तो महात्मा गांधी के अंग्रेजों के साथ किये जा रहे संघर्ष की रणनीति के प्रारूप पर गौर करेंगे तो इस समझौता-संघर्ष-समझौता वाली रणनीति को वहाँ भी क्रियाशील पाएँगे। इस रणनीति में पूर्व में की गई गलतियों को दुरुस्त करने की एक सुविधा मौजूद होती है। साथ ही आन्दोलन के अगले चरण के लिए सुस्ताकर ऊर्जा इकट्ठा करने का अवकाश निकल आता है। समझौता वाला अन्तराल नये सिरे से लड़ाई की रणनीति तैयार करने के लिए वक्त मुहैया कराता है। औपनिवेशिक काल के झारखंड में घटित जनजातीय सामाजिक-धार्मिक आन्दोलनों को अपने समुदाय को पुनगर्ठित करने की ऐसी ही रणनीतिक समझदारी के तौर पर देखे जाने की जरूरत है। जब कोई समाज धर्म-सुधार और समाज-सुधार के ऐसे आन्तरिक प्रयत्नों से गुजरता है तो उस सामुदायिक प्रयत्न या आन्दोलन को ही पुनर्जागरण, नवजागरण या जागरण के बतौर अभिहित किया जाता है। शेष काम उस समुदाय का बौद्धिक और अकादमिक तबका करता है। वे इस सन्दर्भ में तथ्य और ब्योरे जुटाकर इस पुनर्जागरण, नवजागरण या जागरण की अवधारणा को एक सैद्धान्तिकी प्रदान करता है। पुनर्जागरण या नवजागरण के जरिये एक किस्म के गौरव-बोध को जाग्रत करने की कोशिश की जाती है। आमतौर पर पराजित समुदायों में यह वैचारिकी विकसित होती है। चाहे वह बंगला नवजागरण हो, मराठी नवजागरण हो या अवध नवजागरण (हिन्दी नवजागरण)। इन सब नवजागरणों के मूल में औपनिवेशिक पराधीनता ही है। लेकिन औपनिवेशिक पराधीनता सामुदायिक स्मृति का हिस्सा न बन जाए इसलिए उसकी दूसरी खूबियों को रेखांकित कर अन्य समुदाय और प्रदेशों को पिछड़ा साबित करने की एक समान्तर कवायद भी चलती है। इसके जरिये खुद को सभ्य और विकसित दिखाने की एक अनकही बौद्धिक प्रतिस्पर्धा देखी जा सकती है। यह समुदाय तो छोड़िए राष्ट्र तक में ऐसी नवजागरण की अवधारणा के घटित होने का एक नैतिक दबाव बनाता है। भारत ही नहीं पश्चिमी देशों के कई देश भी इस बौद्धिक भेड़चाल का शिकार हुए हैं। इतालवी रेनेसाँ के बरक्स 'नार्दन रेनेसाँ' की अवधारणा में इस नैतिक दबाव को साफ-साफ देखा और महसूस किया जा सकता है। यह भी 'मानसिक औपनिवेशन' का ही एक उदाहरण है। इसकी सैद्धान्तिकी को समझ जाएँ तो यह समझते देर नहीं लगेगी कि नवजागरण की अवधारणा वस्तुतः पराधीनता की बेड़ियों को सौभाग्यसूचक समझने-समझाने का एक औपनिवेशिक और साम्राज्यवादी वैचारिक अभियान था। और इतिहास के सफलतम वैचारिक अभियानों में से यह एक रहा है, जिसने मानसिक औपनिवेशन की क्रिया को बखूबी अंजाम दिया है।

जनजातीय समुदायों के पास न तो अकादमियाँ रहीं और न ही देश के अकादमिक संस्थाओं ने उनके संघर्षों का ससमय संज्ञान लिया। फलतः इसका खामियाजा उन्हें कई स्तरों पर भुगतना पड़ा। यों भी झारखंड बंगाल और बिहार के आन्तरिक उपनिवेशन का शिकार बना रहा तो इन तथ्यों पर व्यवस्थित तरीके से बातचीत की शुरुआत हो ही नहीं सकी। पर धीरे ही सही शिक्षा और चेतना के प्रसार के साथ ही इतिहास के पुनर्पाठ के क्रम में जब चीजें मिलनी आरम्भ हुईं तो इतिहास को झुठलाना या दबाना इस अर्थ में मुश्किल हो गया कि जिन बातों के आधार पर प्रादेशिक या सामुदायिक नवजागरण की बात की जाती है, उसके सूत्र, तथ्य और ब्योरे तो झारखंड में भी बिखरे हैं। जरूरत उसके अन्तर्दृष्टिपूर्ण संयोजन की है। लेकिन इसके नायक बंगला, मराठी या अवध नवजागरण के नायकों की तरह सम्भ्रान्त और सम्पन्न घरों से नहीं आते हैं। वे भूमिहीन और किसानों की पृष्ठभूमि से आते हैं, जो सभ्यता की शर्तों पर तो नायक ही नहीं ठहरते हैं। पर बावजूद इसके इतिहास में नायकत्व अर्जित करते हैं।

भारतीय सन्दर्भ में अंग्रेजों की मौजूदगी में ही क्रमशः बंगला नवजागरण, मराठी नवजागरण और अवध नवजागरण की संकल्पनाएँ सामने आती हैं। इनके मूल में जो भी बुनियादी तर्क है, जिसके आधार पर इन प्रादेशिक नवजागरणों की संकल्पनाएँ सगर्व प्रस्तुत की जाती हैं, झारखंड के जनजातीय आन्दोलनों का गहराई से अध्ययन करें तो स्पष्टतः पाएँगे कि यह तमाम विशेषताएँ यहाँ भी मौजूद हैं। बस दस्तावेजीकरण के अभाव में और मुख्यधारा के संज्ञान में नहीं आने के कारण ऐसे किसी जनजातीय जागरण की कहीं कोई चर्चा नहीं मिलती है। बल्कि कुछेक मामलों में झारखंड के जनजातीय आन्दोलनों को देखें तो बंगला नवजागरण, मराठी नवजागरण और अवध नवजागरण से बढ़ी हुई राजनीतिक चेतना का भी वे परिचायक जान पड़ते हैं। लेकिन वहीं जोर देकर सप्रमाण रेखांकित किये जाने के प्रयत्न के अभाव के कारण इस पर कोई चर्चा नहीं होती है।

बिरसाइत आन्दोलन के केन्द्र में 'धरती आबा' बिरसा मुंडा हैं। बिरसा मुंडा के व्यक्तित्व और चिन्तन के इर्द-गिर्द पूरा बिरसाइत आन्दोलन केन्द्रित है। बिरसाइत आन्दोलन को समझने के लिए बिरसा मुंडा के व्यक्तित्व गठन और वैचारिक निर्मिति के पहलुओं से भी परिचित होना आवश्यक है। बिरसा के किशोरावस्था तक की जो जानकारी हासिल है, उसमें दो बातें अलग से रेखांकित करने लायक जान पड़ती हैं। पीढ़ी-दर-पीढ़ी विस्थापन के बावजूद अभावग्रस्त जीवन से उनके परिवार को मुक्ति नहीं मिल पाई थी। बिरसा के जन्म के वर्ष को लेकर थोड़ा विवाद है। यह साल 1872 से 1875 तक दोलायमान है। ईसाइयत से उनके सम्पर्क के बाद उनके बारे में जो जानकारियाँ मिलती हैं, उसके प्रमाण उपलब्ध हैं। मुंडा और उराँव बहुल क्षेत्रों में 1850 ई. के आसपास से धर्मान्तरण में तेजी आती है। उसके मूल

में इन जनजातियों को यह उम्मीद थी कि धर्मान्तरण के जरिये चर्च से मिलनेवाली मदद से वह अपनी जमीनें बचा पाने में कामयाब होंगे। चर्च के जरिये इस दिशा में उन्हें शुरुआती मदद हासिल भी होती है। लेकिन अंग्रेजों की राज्यसत्ता को इस बात का अहसास हो जाता है कि धर्मसत्ता को राजसत्ता की नीतियों से अलगाकर ही वे राजस्व उगाही की अपनी गतिविधि को सुचारु रूप से जारी रख सकते हैं तो विभिन्न ईसाई मिशनरियों को कड़े शब्दों में जनजातीय समुदायों को न्यायिक मदद पहुँचाने से मना कर दिया जाता है। यह इन जनजातीय समुदायों के लिए ईसाइयत से मोहभंग का काल साबित होता है। कारण कि मुंडा और उराँवों के द्वारा ईसाई धर्म अपनाने के मूल में मिशनरियों का वह वादा था, जिसमें उन्होंने महाजन और सूदखोर दिकुओं द्वारा हड़पी गई उनकी जमीन को वापस कराने का आश्वासन दिया था। लेकिन ईसाई मिशनरियों की कानूनी मदद से मुंडा और उराँव जब महाजनों और सूदखोरों को चुनौती देने लगे तो कम्पनी राज हो या विक्टोरिया-राज, मिशनरियों को भूमि-विषयक मामलों से हाथ खींच लेने की सख्त ताकीद की गई। परिणामत: मुंडा और उराँवों की कानूनी सहायता की आखिरी उम्मीद भी चूक गई। मतलब यह दौर एक-एक करके जनजातीय समुदायों के लिए उपलब्ध विकल्पों के चूकने का भी काल है। संगठित हिंसक विरोध, संगठित न्यायिक लड़ाई, धर्मान्तरित होकर अपने हक की लड़ाई आदि तमाम विकल्प एक-एक करके चूकते जाते हैं। ऐसे में किसी भी समुदाय के पास आत्ममन्थन के अलावा दूसरा कोई विकल्प नहीं बचता है। एक हताशा और निराशा मनोमस्तिष्क में घर करने लगती है। भाग्य और चमत्कार जैसी चीजों पर उनका विश्वास बढ़ने लगता है। अपने ईश्वर पर भी एक किस्म का अविश्वास या सन्देह पैदा होने लगता है। बिरसाइत आन्दोलन के जन्म के मूल में तकरीबन इसी किस्म की सामुदायिक मनोदशा को हम पाते हैं। पूरे समुदाय को इस मनोदशा से बाहर निकालने के लिए एक नये किस्म की आस्था-पद्धति की आवश्यकता तो महसूस की जा रही थी, पर उसका स्वरूप क्या होगा? इसकी कोई स्पष्ट रूपरेखा सामने नहीं थी। बिरसा ऐसे वक्त में बिरसाइत आन्दोलन के साथ सामने आते हैं। ऐसा प्रतीत होता है कि बिरसा मुंडा इस तथ्य से परिचित थे कि मुंडा समुदाय अब तक के अपने सभ्यतागत विकास में तीन किस्म के बाहरी धार्मिक प्रभावों से गुजरा है। असुर, हिन्दू और ईसाई।

> असुरों के बारे में मुंडाओं और उराँवों दोनों की ही धारणा है कि वे ही भूत-प्रेतों के जन्मदाता हैं। मुंडाओं और असुरों के बीच युद्ध के बारे में असुर कथा (सोसोबोंगा) में जो स्मरण गीत आते हैं, उनसे इस बात का प्रमाण मिल जाता है कि असुरों का व्यापक प्रभाव था। इस कथा के जरिये पाहनों द्वारा भूत-प्रेतों की पूजा उचित ठहराई जाती रही

है। इन आत्माओं में सर्वप्रधान 'सिंगबोंगा' को दिया गया। मुंडाओं ने अनुभव किया कि असुरों का यह प्रभाव अनुचित है, क्योंकि इससे उन लोगों के सामाजिक जीवन में बहुत बड़ी-बड़ी बुराइयाँ आ गई थीं। जादूगरनियों और भूत-प्रेतों का डर लोगों के मन में बैठ गया था और समाज में जादू-टोना आदि का प्रचलन शुरू हो गया था।[2]

जहाँ तक हिन्दू धर्म के मुंडा समुदाय पर असर की बात है तो पीछे भी हम इस बात की चर्चा कर चुके हैं, यहाँ उसी को पुनः दुहरा रहे हैं :

> ऐसे प्रमाण मिलते हैं कि मध्ययुग के आरम्भ में हिन्दू धर्म और खासकर सूर्य तथा देवी की उपासना-पद्धति तमाड़ में प्रचलित थी। सांस्कृतिक दृष्टि से पंचपरगना के मैदानों से होकर वैष्णव धर्म ने मुंडा-प्रदेश में प्रवेश किया। कांची और करकरी नदियों की घाटियों में मन्दिरों के जो अवशेष मिलते हैं, वे सम्भवतः पाँच या छह सौ वर्ष पुराने हैं। वे इस बात के सबूत हैं कि उन पर सुदूरस्थ भुवनेश्वर की वास्तुकला का प्रभाव है।...जैसा कि अन्य सभी जगहों की जनजातियों के साथ हुआ, इतिहास के मध्य युग के अन्त में मुंडा भी हिन्दू धार्मिक आन्दोलनों के प्रभाव में आए। महाप्रभु चैतन्य नीलाचल से मथुरा जाते हुए झारखंड से होकर गुजरे, जिससे आदिवासियों में से अनेक उनके भक्त हो गए। झारखंड शब्द का प्रयोग भी 'चैतन्यचरितामृत' में मिलता है। मुंडा क्षेत्र के बिनन्द दास ने मुंडारी भाषा में भक्ति-रस के गीत गाए।...वैष्णव धर्म का प्रभाव राँची के पूर्वी भागों के केवल कुछ थोड़े-से परिवारों तक सीमित न रहा। विभिन्न व्यक्ति समूहों जैसे गोसाइयों, माँझियों, ताँतियों, स्वाँसियों और अधिकारियों ने भी वैष्णव धर्म के प्रभाव-विस्तार और प्रसार में महत्त्वपूर्ण भूमिका निबाही, हालाँकि उनका तरीका कुछ-कुछ भोंड़ा मूल सिद्धान्त से हटा-सा एवं विजातीय विचारों से प्रभावित था।[3]

मुंडाओं पर ईसाइयत के असर के बाबत अलग से कुछ निवेदित करने की कोई आवश्यकता इसलिए नहीं है कि इसकी थोड़ी चर्चा हम पीछे कर चुके हैं। दरअसल इन तीनों धर्मों के परिपाक से बिरसाइत धर्म का स्वरूप निर्मित होता है। बिरसा मुंडा इस मामले में मुझे पर्याप्त चिन्तनशील जान पड़ते हैं, न केवल बिरसाइत धर्म और आन्दोलन के परिप्रेक्ष्य में अपितु इसके बाहर भी उनकी कई गतिविधियाँ उनकी सामाजिक और राजनीतिक सूझ-बूझ से चालित दिखती हैं। यदि राजनीतिक न भी कहें तो भी अपने समुदाय को एकजुट करने की अपूर्व समझदारी से चालित दिखती हैं। आज की भाषा में उसे राजनीतिक ही कहा जा

सकता है। इसकी चर्चा हम आगे करेंगे।

कोई भी सामाजिक-धार्मिक आन्दोलन अपने गर्भ में इतने संश्लिष्ट सूत्रों को धारण किये रहता है कि कई बार वक्त के साथ ही उसके रेशों को अलगाकर देख सकने की योग्यता विकसित हो पाती है। 'सरदारी आन्दोलन या मुल्की लड़ाई' अपने उद्देश्य को जिस रूप में पाना चाहती थी, उस रूप में पा न सकी थी। बल्कि आन्दोलन भी अब कमजोर पड़ता जा रहा था, बल्कि उसमें एक किस्म का बिखराव आ रहा था। कोई भी सत्ता हो यदि वह किसी समुदाय के प्रति अन्यायपूर्ण हो जाए तो उन समुदायों के हाथ में बहुत विकल्प नहीं रह जाते हैं। सत्ता के पास वह तमाम प्रशासनिक संसाधन होते हैं जिससे वह बिना सामने आए एक अदृश्य हिंसा के दायरे में पूरे समुदाय को दीर्घ काल तक लपेटे रह सकता है। और औपनिवेशिक काल में जनजातीय समुदाय इसी दृश्य-अदृश्य हिंसा के दायरे में ले आए जाते हैं। ऐसे वक्त में बिरसा मुंडा सरदारों के लिए वरदान बनकर सामने आते हैं। पर यह मामला भी एकतरफा न होकर दोतरफा था। मतलब यह कि सरदारों ने बिरसा और बिरसाइत आन्दोलन को सामाजिक आधार मुहैया कराने में एक भूमिका अदा की थी, जिससे बिरसाइत आन्दोलन कम समय में ही कल्पनातीत तरीके से प्रचार-प्रसार पा गया था। सरदारों के द्वारा यह निःस्वार्थ भाव से नहीं किया गया था, बल्कि उनका भी अपना एजेंडा था।

> इन सरदारों में प्रमुख थे चलकद के साँई किलों के मंगा मुंडा और जौन मुंडा, कसमार का जौन मुंडा और नारंग का मार्टिन मुंडा। एक और सरदार वीर सिंह इस आन्दोलन से अपना एक गुप्त प्रयोजन साधना चाहता था। यह स्मरणीय है कि वीर सिंह ने बिरसा के पिता को शरण दी थी। वह इस आशा में था कि अगर बिरसा का आन्दोलन अंग्रेजों के विरुद्ध एक सफल सशस्त्र विद्रोह बन सका तो उसे उन बाईस गाँवों का मानकी पद वापस मिल सकेगा, जिसे कोल विद्रोह के बाद कैप्टन विल्किंसन ने उसके दादा से छीन लिया था।[4]

फादर हॉफमैन ने भी अपने ब्योरे में इस बात की तस्दीक की है। इससे इतना साबित होता है कि 1895 में जिस बिरसाइत आन्दोलन की शुरुआत धार्मिक आन्दोलन के रूप में हुई थी, वह जल्द ही औपनिवेशिक शासन के विरुद्ध एक राजनीतिक आन्दोलन का शक्ल अख्तियार करने लगा था। एक सवाल यह भी उठता है कि क्या सब कुछ सरदारों का ही किया-धरा था? क्या बिरसा की अपनी कोई भूमिका नहीं थी? दरअसल, आन्दोलन को जन्म तो बिरसा ने ही दिया था। सरदारों ने उसकी बढ़ती लोकप्रियता और नेतृत्व शक्ति को भुनाने की नीयत से उसे अपना सामाजिक आधार प्रदान किया था। सरदार यहीं तक नहीं रुके थे उन्होंने बाकायदा

बिरसाइत आन्दोलन में अपने सरदारों को प्रवेश कराया था, जिससे आन्दोलन की दशा और दिशा को नियंत्रित किया जा सके।

"चन्दा सरदार एलियाजर का नाम ऐसे सरदारों में प्रमुखता से लिया जाता है। एक और सरदार प्रभुदयाल बिरसा का सहायक बन गया था।"[5] बिरसा और उसके आन्दोलन को इसका नफा और नुकसान दोनों हुआ। नफा यह हुआ कि आन्दोलन बिजली की गति से फैला और नुकसान यह कि अंग्रेजी प्रशासन की निगाह में बिरसाइत आन्दोलन को सरदारी आन्दोलन की एक कड़ी के तौर पर संज्ञान में लिया गया। "अफसरों के अनुसार सिंहभूम में यह आन्दोलन साफ तौर पर मारकस एंड कं. (सरदार आन्दोलनकारियों का एक गिरोह) के आन्दोलन की श्रृंखला में ही था।"[6] परिणामत: दमन की कोशिशें भी त्वरित गति से आरम्भ हुईं, जिसका शिकार अन्तत: बिरसा मुंडा को ही होना पड़ा।

बिरसाइत आन्दोलन को देखने-परखने की कई दृष्टियाँ हैं, सबमें कुछ-न-कुछ छिपा लिया गया है। मसलन ईसाई मिशनरियों के दस्तावेज से गुजरें तो कुछ तथ्यों पर पर्दा डाल दिया जाता है। प्रशासनिक दस्तावेजों से गुजरें तो वहाँ भी कुछ एकांगी किस्म के विवरण मिलते हैं। भरमी मुंडा द्वारा बिरसा पर लिखी पांडुलिपि के मिलने से इस पर कुछ और रोशनी पड़ सकती थी, ऐसा ही रोगतो पांडुलिपि के सामने आने से भी कुछ बेहतर परिप्रेक्ष्य मिल सकता था। इस तरह देखें बिरसा और बिरसाइत आन्दोलन से जुड़े ईसाई मिशनरियों के विवरण मिलते हैं, सरकारी अफसरों के दस्तावेज मिलते हैं, लेकिन स्वयं बिरसा और उनके समर्थकों के हवाले से बातें कम मिलती हैं। इससे होता इतना है कि बिरसा और बिरसाइतों का पक्ष सटीकता से सामने नहीं आ पाता है और दूसरों को अपनी व्याख्या करने की छूट मिल जाती है। मसलन ऊपर के ब्योरों पर गौर करें तो, बिरसा के श्रेय को कम करने की कोशिश साफ-साफ देखी जा सकती है। मानो बिरसाइत आन्दोलन में भी सरदारों की ही ऐतिहासिक भूमिका रही हो। जबकि एक तथ्य यह भी है कि :

> जिस क्षेत्र में बिरसा-आन्दोलन शुरू हुआ, वह ऐक्यबद्ध मुंडारी खूँटकट्टी-प्रणाली का अभेद्य गढ़ था।...जब पुरानी भूमि-व्यवस्था तमाड़, सोनपुर या भुईंहरी क्षेत्र में समाप्त हो गई। इन्हीं क्षेत्रों में 1859-1880 तक सरदारों का आन्दोलन चला था।...इस क्षेत्र में तत्काल कोई भूमि-समस्या नहीं थी। यहाँ मुंडा लोग अभी भी अपने अधिकारों और विशेष सुविधाओं का उपभोग कर रहे थे। वे जिस क्षेत्र में थे, वह पहाड़ी था, वहाँ आबादी विरल थी और खेती के लायक कोई खास जमीन भी न थी। यही कारण था कि बिरसा-आन्दोलन का आरम्भ में धार्मिक स्वरूप था।[7]

इसके धार्मिक स्वरूप में ही इसके राजनीतिक होने के सूत्र छिपे थे। दरअसल बिरसाइत आन्दोलन उस भूभाग में बहुत तेजी से फैल रहा था, जहाँ ईसाई मिशनरियाँ को धर्म-प्रचार और धर्मान्तरण का काम तेजी से विस्तार पा रहा था। बिरसाइत आन्दोलन ने न केवल धर्मान्तरण की उस पूरी प्रक्रिया को बेपटरी कर दिया था, बल्कि जिन्होंने धर्मान्तरण किया था, वे भी बिरसाइत धर्म के प्रति वापस मुड़ रहे थे। यह उसका एक ऐसा सामाजिक-धार्मिक पहलू है, जिसको छिपाने के लिए बिरसा से उसका श्रेय छिनने की कोशिश की जाती है। बल्कि एक विवरण तो यहाँ तक दावा करता है कि असल में :

> लूथरन स्कूल का अध्यापक गोडियन ही आन्दोलन का नेता था। गोडियन सरदार आन्दोलन में भाग ले रहे सभी व्यक्तियों में बुद्धिमत्ता की दृष्टि से सबसे ज्यादा चतुर था। वह आन्दोलन का प्रधान बनने का इच्छुक था पर उसे ऐसा करने से चम्पईडीह के जौहान ने रोका, जो तोरपा में 1889-90 में हुए सरदार आन्दोलन का नेता था। इसलिए गोडियन ने इन सभी लोगों को मात देने के ख्याल से बिरसा के जरिये अपना उद्देश्य साधना चाहा, उसे भगवान घोषित किया और उसकी आड़ में सरदार आन्दोलन का अधिकतर काम चलता रहा। गोडियन ही वह व्यक्ति था जिसने पैगम्बर को हिदायतें दीं कि क्या करना चाहिए।[8]

इन व्याख्याओं की अपनी राजनीति रही है, जो तब भले स्पष्ट नहीं थे, पर अब स्पष्ट है। मतलब यह कि अंग्रेजी अफसरों के दस्तावेजों से गुजरें तो वे इस आन्दोलन के मूल में सरदारों की भूमिका को रेखांकित करते हैं। ऐसा करके वे प्रशासनिक तौर पर बिरसाइत आन्दोलन को सरदारी आन्दोलन का ही विस्तार साबित करके अपनी दंडात्मक और दमनमूलक नीतियों के लिए वैधता की एक जमीन विकसित करना चाहते थे। इसमें वह तात्कालिक तौर पर कामयाब हो गए थे। वहीं ईसाई मिशनरियों के विवरण को भी गौर से पढ़ें तो बिरसा किसी नायक की तरह नहीं अपितु एक खब्ती या उन्मादी युवक के बतौर चित्रित किया जाता है। बिरसा के महत्त्व को कमतर आँकने की अनवरत कोशिश इनके यहाँ देखी जा सकती है। इसके समानान्तर लोक या आमजन में किंवदन्ती या अफवाह के शक्ल में बिरसा मुंडा के नायकत्व की इतनी कहानियाँ मौजूद हैं कि उसका भी अभी तक ठीक-ठीक आकलन नहीं किया जा सका है। लेकिन लोक में मौजूद इन कहानियों में बिरसा मुंडा एक 'लीजेंड' की तरह हैं। राज्यसत्ता और धर्मसत्ता के द्वारा निषेधात्मक छवि तैयार किये जाने के बावजूद लोकस्मृति में वे अनवरत किसी निजन्धरी नायक की तरह मौजूद रहते आए हैं। यह भी उनके जीवन में प्रवेश करने की एक दिशा हो सकती है। बिरसाइत आन्दोलन के आरम्भिक दिनों के इस प्रसंग से इसे थोड़ा बेहतर

तरीके से समझा जा सकता है। बिरसा मुंडा पहली बार बिरसाइत आन्दोलन के बेहद शुरुआती दिनों में गिरफ्तार कर लिये गए थे। हर गिरफ्तारी के मूल में कोई-न-कोई कहानी होती है, लेकिन गिरफ्तारी के लिए जरूरत आधार की होती है कि किस धारा में जुर्म किया गया है? बिरसा मुंडा की गिरफ्तारी के मूल में कहानियाँ रही हैं। कहानियों और अफवाह के आधार पर उनकी पहली गिरफ्तारी हुई थी। और उन्हें दो वर्ष का कारावास भुगतना पड़ा था। इन कहानियों का भी एक ही वर्जन उपलब्ध नहीं है। तीन-तीन वर्जन उपलब्ध हैं। एक सरकारी, एक मिशनरी और एक जनजातीय लोकस्मृति वाला। सरकारी और मिशनरी कहानियाँ एक दूसरे को मदद पहुँचाती हैं और लोकस्मृति एक नये पहलू के साथ खड़ी मिलती है। यह खासा दिलचस्प है। क्योंकि इसमें एक 'पैटर्न' उभरता है। एक ऐसा पैटर्न जो बिरसा मुंडा और उनकी गतिविधियों के दमन का आधार निर्मित करता है। इससे इतना साफ-साफ स्पष्ट होता है कि अंग्रेजी अफसर और मिशनरी दोनों बिरसा मुंडा की उपस्थिति से असहज महसूस कर रहे थे और उसके दमन के लिए सतत क्रियाशील थे। बिरसा मुंडा के जीवन से जुड़ी कहानियों की दुनिया में उतरे तो जमींदारों का भी एक सूत्र मिलता है, जो बिरसा से जुड़ी अलग किस्म की कहानियों के उत्पादन में लगे थे। कुल मिलाकर देखें तो बिरसा के जीवन-काल में ही उनको अलग-अलग तरीके से 'पेंट' करने की बहुत सुनियोजित कवायद शुरू हो चुकी थी। इसलिए बिरसा के जीवन में नामालूम-सी जान पड़नेवाली घटनाओं को भी ठीक से देखने की आवश्यकता है, जिससे असलियत को समझा जा सके, क्योंकि उनके जीवन की किसी भी घटना की कम-से-कम तीन व्याख्याएँ तो समान्तर रूप से चलती रहती हैं। कभी-कभी वे चार भी हो जाती हैं। ऐसे में निर्णायक और प्रामाणिक पाठ की समस्या कदम-कदम पर बनी है। बिरसा और बिरसाइत आन्दोलन को समझने के क्रम में अंग्रेजी मशीनरी, ईसाई मिशनरी और जमींदारों के आपसी सम्बन्धों और अन्तर्विरोधों को जानना जरूरी है। यह 'बरमुडा त्रिभुज' की तरह ही जटिल है। अंग्रेजी सत्ता ईसाई मिशनरी और जमींदारों के साथ खड़ी थी। जनजातीय समुदाय इन तीनों के खिलाफ थे। ईसाई मिशनरी अन्य दोनों के खिलाफ लड़ाई में मदद के भरोसे के साथ जनजातीय समुदायों के मध्य विश्वास अर्जित करती है और उनको लड़ाई में जरूरी मदद पहुँचाना आरम्भ करती है। परिणामत: जमींदार ईसाई मिशनरियों की शिकायत अंग्रेजी हुकूमत से करती है। ईसाई मिशनरियों के हाथ बाँध दिये जाते हैं। जनजातीय समुदाय पहली बार में केवल जमीनें गँवाकर खड़े थे, दूसरी बार में धर्म भी गँवाकर वहीं खड़े मिलते हैं। इसलिए धार्मिक पुनरुत्थान के जरिये जब जनजातीय समुदाय के पुनर्गठन की कोशिशें आरम्भ होती हैं तो ईसाई मिशनरियाँ भी ऐसे जनजातीय धार्मिक आन्दोलनों के खिलाफ खड़ी मिलती हैं। यहाँ लगातार बनते-बिगड़ते समीकरणों को भी बिरसा और बिरसाइत आन्दोलन के सन्दर्भ में

ध्यान में रखने की आवश्यकता है।

ईस्ट इंडिया कम्पनी हो या रानी विक्टोरिया का शासन, जनजातीय समुदायों के जीवन में अनायास उग आए दुखों का अन्त नहीं था। राज्यसत्ता लगान या मालगुजारी के जरिये उनके जीवन में व्यवधान पैदा कर रही थी। मालगुजारी न चुकाने की स्थिति में जमीनें नीलाम कर रही थी। जमीन और जंगल इन दोनों से बेदखली ने उनके लिए अस्तित्व का संकट खड़ा कर दिया था। जंगल से बेदखली से आशय वन अधिनियम (1865 ई.) के लागू होने से है। यह बात साफ कर देनी जरूरी है कि जनजातीय समुदाय के शत्रुओं को पदसोपान के आधार पर समझना हो तो पहले पायदान पर अंग्रेजी राजसत्ता थी, जिसमें राज्यसत्ता की पूरी मशीनरी शामिल थी मतलब अफसरशाही, न्यायिक व्यवस्था अर्थात् थाना-कचहरी सब। दूसरे नम्बर पर दिकु या बाहर से आई गैर-जनजातीय आबादी जो थाना-कचहरी की मदद से उनकी बेदखली के काम को अंजाम दे रहे थे। तीसरे नम्बर पर चर्च या मिशनरी आते हैं। यह पूरी व्यवस्था काम कैसे कर रही थी। जनजातीय समुदाय एक ऐसी कौम बनकर रह गई थी, जिसके सत्त्व का दोहन ही उपर्युक्त तीनों का एक मात्र ध्येय रह गया था। राज्यसत्ता के लिए वह राजस्व उगाही का उपादान था, बहिरागत या दिकु उसकी भूमि और श्रम का अनवरत दोहन कर रहे थे, चर्च और मिशनरी उसकी आस्था-पद्धति की जगह अपने धर्म का प्रचार-प्रसार कर रहे थे। राजस्व उगाही के क्रम में जो संकट पैदा किया जाता था, उसको टालने के क्रम में आदिवासी दिकुओं के चंगुल में फँसते थे। इन दोनों से निपटने के फेर में धर्मान्तरण की राह बचती थी। जहाँ इन दोनों से बचाए जाने का आश्वासन मौजूद था। कुल मिलाकर यही इस समुदाय का 'बरमुडा त्रिभुज' था, जहाँ जाकर इनके द्वारा अर्जित सभ्यतागत विरासत तिरोहित हो जाती थी। शोषण के ब्योरे थोड़े अलग हो सकते हैं, तरीके थोड़े जुदा हो सकते हैं लेकिन पूरे झारखंड में जनजातीय समुदायों की त्रासदी इसी रूप में घटित होती है। औपनिवेशिक शासन यूँ तो पूरे भारत के लिए 'पैराडाइम शिफ्ट' लेकर आता है। लेकिन जनजातीय समुदायों में तो यह 'पैराडाइम शिफ्ट' इस रूप में घटित होता है कि वे लगभग अपने विरासत से दूर हो जाते हैं। पूरा-का-पूरा 'पुरखौती स्वशासन-पद्धति' हाशिये पर चला जाता है। हिंसा के जरिये इस संकट से पार पाने की कोशिशें जब नाकाम होती हैं तो वह औपनिवेशिक तौर-तरीकों के जरिये अपनी लड़ाई को आगे बढ़ाते हैं। सरदारी आन्दोलन तकरीबन न्यायिक रास्ते पर तीस साल तक चलता है और फिर दम तोड़ देता है। ऐसे में धर्म की ही ओट बचती है। पर पूरा-का-पूरा समुदाय अपने बूते किसी धार्मिक विकल्प की ओर चल नहीं देता है। वहाँ भी उसे नेतृत्व की आवश्यकता होती है। धार्मिक और सामाजिक आन्दोलनों के प्रसार के लिए अनुकूल स्थितियाँ बाहरी परिस्थितियाँ निर्मित करती हैं। कहना न होगा कि अंग्रेजों ने इसमें कोई कोर-कसर नहीं छोड़ रखी थी। ऐसे

परिवेश में ही अलग-अलग जनजातीय समुदाय क्रमशः खरवार आन्दोलन, बिरसाइत आन्दोलन और टाना भगत आन्दोलन का हिस्सा बनते हैं।

इन जनजातीय सामाजिक-धार्मिक आन्दोलनों के सन्दर्भ में एक बात और याद रखने की है कि इनका स्वरूप उसके नेतृत्वकर्ता के आन्दोलन-विषयक समझदारी और तत्कालीन परिवेश से बहुत ज्यादा प्रभावित है। बिरसाइत आन्दोलन में एक साथ असुर, हिन्दू और ईसाई प्रभावों से मुंडाओं को मुक्त करने की कोशिश है, तो इन धर्मों के कई 'प्रैक्टिस' का अक्षरशः और बदले रूपों में अनुपालन भी है। अन्य धर्मों से ग्रहण और त्याग की मात्रा या अनुपात नेतृत्वकर्ता के ऊपर निर्भर होता आया है। (इसे अन्य प्रादेशिक धार्मिक-सामाजिक सुधारों के आलोक में भी देखा-दिखलाया जा सकता है।) 'सोसोबोंगा' के अनुसार चूँकि मुंडाओं ने असुरों को अपदस्थ कर इस भूभाग में अपने लिए जगह बनाई थी। तो उनके बोंगाओं के दुष्प्रभाव से बचने के लिए उन्होंने उनके ही धार्मिक रीति-रिवाजों को अपना लिया था। दुनिया से अलग रीत यहाँ भी देखने को मिलती है। और वह यह कि आमतौर पर विजेता अपने धर्म को पराजित समुदाय पर आरोपित करता है। लेकिन जनजातीय समुदाय में यह 'प्रैक्टिस' इसके उलट रूप में देखने को मिलती है। इसके मूल में दो कारण गिनाए जा सकते हैं। एक तो असुरों के अभिशाप या दुष्प्रभाव से बचने के क्रम में वे असुरों के धार्मिक प्रभावों को आत्मसात करते हैं और दूसरे असुरों के प्रति कृतज्ञता ज्ञापन का भाव भी है। पराजितों के धार्मिक प्रभावों और रीति-रिवाजों को विजितों के द्वारा अपनाए जाने की ऐसी रीत कम ही देखने को मिलती है। इन धार्मिक रीति-रिवाजों में उनकी आदिमता की छाप मौजूद थी। यदि कोई चाहे तो उनके तीज-त्योहार, जन्म-मरण के संस्कारों में अनुपालन किये जानेवाले रीति-रिवाजों के अध्ययन से उनके आचारशास्त्र को खड़ा कर सकता है। अपने अध्ययन के क्रम में मैंने पाया कि उनके प्रैक्टिस में जिन बातों की स्मृतियाँ मौजूद हैं, उससे उनका 'शास्त्र' विकसित किया जा सकता है। 'शास्त्र' से आशय आदिवासियत के अर्थ, आशय, विचार और दर्शन से है। उनके यहाँ लोकस्मृति में चीजें बेहद गझिन रूप में मौजूद हैं। उसे सुलझाकर रखना श्रमसाध्य है, पर कठिन नहीं।

बहरहाल, बिरसाइत आन्दोलन के दौरान असुर प्रभावों से मुक्त होने की सबसे सचेत कोशिश देखी जा सकती है। इसके मूल में ईसाइयत के असर को देखा जा सकता है। असुरों के बाद चाहे वह मुंडा हों या उराँव-बहिरागत हिन्दू आबादी के सम्पर्क में आते हैं। अंग्रेजों के आने के पहले मध्यकाल से गैर-जनजातीय आबादी के साथ इनका सम्पर्क एक साझी जमीन विकसित करने में कामयाब हो जाता है। वृहत्तर अर्थ में जिसे सांस्कृतिक आदान-प्रदान कहते हैं। वह यहाँ गैर-जनजातीय समुदाय और जनजातीय समुदायों के मध्य स्पष्ट रूप से घटित होता हुआ देखा जा सकता है। जनजातीय समुदायों पर हिन्दू प्रभाव पर पूरी किताब मिल जाएगी तो

उसके उलट हिन्दू आबादी पर भी जनजातीय असर पर सुदीर्घ लेख और किताबें मिल जाएँगी। यहाँ एक पारस्परिकता दिखती है। जनजातीय समुदायों के साथ गैर-जनजातीय हिन्दू आबादी के साहचर्य और समंजन से ही 'सदान' की अवधारणा विकसित हुई। वैसी गैर-जनजातीय हिन्दू आबादी जो जनजातीय समुदायों के साथ रहन-सहन के स्तर पर घुल कर एकाकार हो गई, 'सदान' कहलाए। इस्लाम के सम्पर्क का क्या असर हुआ इसके बारे में ठीक-ठीक कह पाना मुश्किल है। यह अलग से शोध का विषय है। इस दिशा में भी सन्धान किया जाना चाहिए। सल्तनतकालीन और मुगलकालीन दस्तावेजों के अध्ययन से इस दिशा में छिटपुट ही सही लेकिन कुछ तो जानकारी अवश्य मिलेगी।

झारखंड के जनजातीय समुदायों में असुर और हिन्दुओं के मुकाबले दीर्घकालिक प्रभाव ईसाइयत का देखने को मिलता है। कारण स्पष्ट है, हिन्दुओं के यहाँ धर्मान्तरण की कोई व्यवस्था नहीं थी। न ही धर्म-प्रचार की कोई व्यवस्थित संस्था थी और न ही उसके लिए कोई सुनियोजित कार्यसूची थी। ईसाई धर्म के पास धर्म-प्रचार से लेकर धर्मान्तरण की पूरी प्रक्रिया और संस्थागत ढाँचा मौजूद था। जिसका निर्णायक असर पड़ना था और वह पड़कर रहा। मिशनरी मुंडाओं के दुर्गम पहाड़ी क्षेत्रों तक में अपनी पहुँच बना पाने में कामयाब रहे। यदि ईसाई मिशनरियों के काम को आप देखें तो उनके प्रति एक सम्मान तो पैदा होता ही है। 'मिशनरी' शब्द का अर्थ भी समझ में आता है। धर्म के प्रति ऐसा समर्पण और उदात्तता तो विरल है। उसका पारितोषिक उन्हें मिलना ही था और वह भी मिलकर रहा। इन शब्दों को समझने के लिए आपको ईसाई मिशनरियों के दस्तावेजों से गुजरना होगा कि आखिर कैसे और किन परिस्थितियों में उन्होंने इन जनजातियों का विश्वास अर्जित किया। कैसे उन्हें शिक्षा, चिकित्सा, सुरक्षा, संरक्षा और न्यायिक मदद के जरिये ज्यादा कठिन स्थितियों में पड़ने से बचाया। एक ज्यादा विकसित, शातिर और धूर्त सभ्यता के आगे जनजातीय समुदाय की कोई बिसात नहीं रह गई थी। वे पलायन, पराश्रय और पराजय के लिए अभिशप्त हो गए थे, ऐसे में इस शातिर सभ्यता और शासन से निपटने के तौर-तरीके सिखाने का काम उन्होंने किया। बस, इसकी कीमत उन्होंने धर्मान्तरण के तौर पर वसूली।

बिरसाइत आन्दोलन के परिप्रेक्ष्य को समझने की दृष्टि से छोटानागपुर में ईसाई मिशनरियों के द्वारा किये गए कामों की थोड़ी जानकारी आवश्यक है, जिससे बिरसाइत आन्दोलन के मूल में चर्च और मिशनरियों की भूमिका को ठीक-ठीक समझा जा सके। इसलिए अपेक्षाकृत एक लम्बे उद्धरण के जरिये इस वस्तुस्थिति को समझने की कोशिश करते हैं।

छोटानागपुर के आदिवासी बहुल क्षेत्र में ईसाई धर्म के प्रचार का बीड़ा

सबसे पहले गोस्सनर इंवैजेलिकल लूथर मिशन (जी.ई.एल.) ने उठाया। 1844 में बर्लिन के पेस्टर जौन इंवैजेलिस्ट ने चार मिशनरियों को भेजा। वे लोग सबसे पहले कोलकाता आए।

वहाँ उनकी मुलाकात कुलियों के रूप में काम कर रहे आदिवासी समुदाय के लोगों से हुई। तब उनकी जानकारी मुंडा-उराँव आदि में भेद करने लायक नहीं हुई थी। वे जनजातीय समुदाय को समवेत रूप से 'कोल' कहकर पुकारा करते थे। 'कोल' शब्द अपने-आप में बहुत सम्मानजनक नहीं था, यह एक अपमानजनक सम्बोधन था। बाद में जैसे-जैसे उनकी (मिशनरी हो या सरकारी मशीनरी) समझदारी जनजातीय समुदायों के बारे में बेहतर होती गई वे इन समुदायों को उनके नामों से पुकारने लगे। 1844 ई. में ही ईसाई मिशनरियों ने राँची की राह पकड़ ली थी। 1845 के मार्च में वे राँची में थे।

पर अपनी आशाओं के विपरीत वे 1850 तक किसी भी आदिवासी को ईसाई धर्म स्वीकार करने पर राजी न कर सके।...उराँव जनजाति के चार आदमियों ने ईसा मसीह का नाम पहले से सुन रखा था। वे इन पादरियों के पास आकर ईसाई बने। मुंडा सबसे पहले 1851 ई. में ईसाई बने। फिर तो मुंडाओं और उराँवों के बीच ईसाई धर्म अपनाने का काम धीरे-धीरे बढ़ने लगा। 1860 ई. में उनमें से ईसाई धर्म अपनानेवालों की संख्या 1227 और 1868 ई. में यह संख्या बढ़कर 12108 हो गई। 1857 ई. में जो गदर यानी अंग्रेजों के विरुद्ध भारतीयों की प्रथम क्रान्ति हुई, उसमें मिशन और ईसाइयों को अपने धर्म-प्रचार कार्य में धक्का लगा, पर उसका असर अल्पकालिक ही रहा। इस क्षेत्र में इसी क्रान्ति की आग से ईसाई धर्म और भी शुद्ध और विजयी बनकर निकला। मुंडा क्षेत्र के जंगलों के भीतरी भागों में मिशन केन्द्र स्थापित हो गए। बुरजू में मिशन केन्द्र 1869 ई. में स्थापित किया गया, गोविन्दपुर में 1870 ई. में और अमलेशा (तमाड़) में 1901 ई. में। मुंडा क्षेत्र के इर्द-गिर्द क्षेत्र में सबसे पहले चाईबासा मिशन 1865 ई. में बना और फिर चक्रधरपुर में 1893 ई. में, टकरमा में 1873 ई. में, लोहरदगा और चैनपुर में 1892 ई. में और खूँटी टोली में 1895 ई. में मिशन केन्द्र स्थापित हुए। 1895 ई. तक स्थिति यह हो गई कि छोटानागपुर में तेरह मिशन स्थापित हो चुके थे और मुंडाओं, उराँवों तथा अन्य जनजातियों के 40,000 व्यक्ति ईसाई धर्म में दीक्षा ले चुके थे। राँची में मिशन की स्थापना की स्वर्ण जयन्ती 1895 ई. में मनाई गई। इससे सिद्ध हो गया कि ईसाइयों का प्रभाव तब तक काफी बढ़

चुका था। उसके बाद ईसाई धर्म-प्रचार के मैदान में आए सोसाइटी और दी प्रोपेगेशन ऑफ गोस्पेल (एस.पी.जी.)। 1869 ई. में जर्मन मिशन में फूट पड़ जाने के कारण इस मिशन का उदय हुआ। मुरहू मिशन की स्थापना हुई। इस मिशन के अन्य केन्द्र थे मरंगहदा, गूरटू और तपकरा आदि स्थानों में। 1885 ई. में छोटानागपुर में ईसाई धर्माध्यक्ष (बिशप) का पद सृजित हुआ। उन्नीसवीं शताब्दी में मुंडा क्षेत्र में ईसाई धर्म-प्रचार के मैदान में सबसे बाद में आए रोमन कैथोलिक मिशन (आर.सी.) पर उन्हें सबसे ज्यादा सफलता मिली। 1887 ई. में उन लोगों ने 15,000 लोगों को ईसाई बनाया। 1897 ई. में यह संख्या बढ़कर 35,567 हो गई और 1900 ई. में 71,720। जिस मुंडा क्षेत्र में बिरसा और उसके साथ सरदारों की कार्रवाइयाँ होनेवाली थीं, उसका केन्द्र स्थान बन्दगाँव, सरवदा, डोल्डा और बुरूडीह के गिरजाघरों से घिरा हुआ था। इस प्रकार उसे चतुर्भुजीय क्षेत्र कहा जाता था। मुंडा क्षेत्र में बुरूडीह में रेवरेंड स्टोकमैन ने अपने सर्वप्रथम कैथोलिक केन्द्र की स्थापना की। यह केन्द्र दक्षिणी खूँटी की एक पहाड़ी की अधित्यकता पर था। कैथोलिक मिशन के अन्य केन्द्र करो (1891), खूँटी (1892-96), डोरमा (1889-1900) और तोरपा (1886-89) में थे। कैथोलिक के इन चार केन्द्रों में सबसे आकर्षक सरवदा का मिशन केन्द्र था। वह यूरोप के शानदार और स्मारक-से लगनेवाले ईसाई कैथीड्रल के नमूने पर बनाया गया था। वह इस उद्देश्य से बनाया गया था कि आनेवाले युगों में इस बात की घोषणा करते रहे कि मुंडा क्षेत्र एक कैथोलिक क्षेत्र था और भावी आदिवासी ईसाई समुदाय का केन्द्र।[9]

उपर्युक्त विवरण से चर्च और ईसाइयत के प्रसार की गति का थोड़ा अनुमान तो किया ही जा सकता है। इस गति और सफलता के मूल में कई कारण थे। आरम्भ में मिशनरियों ने जरूर ईसाई धर्म को अपने स्वरूप में अपनाने की तजवीज की थी। लेकिन बाद के वर्षों में उन्होंने एक लचीला रुख अख्तियार करते हुए अपेक्षाकृत नियमों में थोड़ी उदारता बरतते हुए ईसाइयत को प्रस्तावित किया। बल्कि ऐसा रास्ता तैयार करने की कोशिश की गई कि ईसाई धर्म को मुंडा समाज सहर्ष अपना ले। इस सम्बन्ध में निम्नलिखित उद्धरण उल्लेखनीय है :

हमारा उद्देश्य है कि ईसाई धर्म को देशी जाति (आदिवासियों) के लिए प्रस्तुत करें। हम ऐसा उनके प्रति विरोध भाव से नहीं, बल्कि इस उद्देश्य से कर रहे हैं कि उनकी आकांक्षाएँ पूरी हों, वे अपनी परम्परागत संस्कृति के स्थायी मूल्यों की रक्षा कर सकें और साथ ही इसलिए

> भी कि वे ईसाई धर्म में केवल उतने को स्वीकार करें जो उनके अपने विश्वासों और रस्म-रिवाजों के अनुकूल प्रतीत हो। यह कोई मामूली काम नहीं। इस प्रकार हम उन पर ईसाई धर्म थोप नहीं रहे हैं, बल्कि उनकी विधर्मिता को रूपान्तरित कर रहे हैं। किसी जीवन्त समुदाय के निर्माण का यही एक रास्ता है।[10]

याद रखने की बात यह है कि रोमन कैथोलिक चर्च को छोड़कर जर्मन और एंग्लिकन मिशन ने मुंडा समुदाय में प्रचलित कई प्रथाओं को लेकर कड़ा रुख अपनाया था। जैसे उनके मद्यपान की आदत, बालों में जट्ठा रखने की आदत, सामूहिक नृत्य पर भी उन्हें ऐतराज था। मुंडाओं के इन आदतों के प्रति कैथोलिक मिशन अपेक्षाकृत ज्यादा उदार था। इसलिए देर से आने के बावजूद कैथोलिक मिशन के अनुयायियों में अप्रत्याशित वृद्धि देखने को मिलती है।

औपनिवेशिक इतिहासकारों की भाँति मिशनरियों के यहाँ भी कुछ चतुराई बौद्धिक स्तर पर देखी जा सकती है। जैसे औपनिवेशिक इतिहासकारों ने अपनी शासन की वैधता के लिए पूर्ववर्ती मध्यकाल को अन्धकार काल बताना आरम्भ किया था और खुद को आधुनिक सभ्यता का प्रकाशवाहक बताना आरम्भ किया था। वैसे ही मिशनरियों ने भी जनजातीय समुदायों को यह समझाने की या उनके मन में बिठाने की कोशिश की कि उनके धार्मिक पतन के मूल में हिन्दू धर्म से उनका प्रभावित होना रहा है। हिन्दुओं के बहुदेववाद की जगह पर उन्होंने अपने एकेश्वरवाद और जनजातीय धर्म में भी एकेश्वरवाद जैसी चीज की समरूपता दिखाने की कोशिश की। ईसाई धर्म में ईश्वर को सबका पिता मानने का जो केन्द्रीय विचार है, उसकी जमीन जनजातीय धर्म में मिशनरियों ने विकसित करते हुए उसकी यह व्याख्या तैयार की कि "मुंडाओं का मूलतः यह विश्वास है कि सृष्टिकर्ता सभी मनुष्यों का पिता है। इसलिए वे लोग उसे हड़म अर्थात् सभी का मूल या पिता मानते हैं। ...उनकी इस धारणा, ने शायद आर्यों के साथ उनके सम्पर्क के कारण, एक दूसरी ही धारणा का रूप ले लिया जिसके अनुसार ईश्वर सम्राट एवं सर्वोच्च प्रभु है जो मनुष्यों तथा अन्य सांसारिक पदार्थों के जीवन को तो नियंत्रित करता ही है, उनकी रक्षक आत्माओं को भी जीवन्त करता है।" इन और ऐसी अन्य छोटी बड़ी कोशिशों के जरिये ईसाइयत ने अपनी जमीन जनजातीय समुदायों में तैयार की। कुछ और उदाहरण इस सन्दर्भ में रखता हूँ। मिशनरियों ने यह दावा किया कि जो लोग उनके धर्म को स्वीकार करेंगे, उन पर जादू-टोने का दुष्प्रभाव नहीं पड़ेगा। वे यहीं तक नहीं रुके उन्होंने जनजातीय इलाकों में डायनों की विनाशकारी भूमिका को डरावने तरीके से प्रचारित किया। और इसे खुद आदिवासियों के नैतिक पतन के लिए जिम्मेदार ठहराया। चर्च में की जानेवाली धार्मिक प्रार्थनाओं को जनजातीय लोकगीतों की धुन पर विकसित

किया। बाइबिल का अनुवाद जनजातीय भाषाओं में प्रस्तुत किया। आशय यह कि पूरी तैयारी के साथ वे धर्मान्तरण की दिशा में सक्रिय हुए थे। यही वह परिप्रेक्ष्य है, जिसमें बिरसा मुंडा और उनका आन्दोलन पैदा और विकसित होता है। अब सवाल उठता है मुंडाओं का प्रतिरक्षात्मक आन्दोलन किन परिस्थितियों में पुनरुत्थानवादी किस्म के मसीही आन्दोलन में रूपान्तरित हो जाता है? और क्या उसका स्वरूप ऐसा ही बना रहता है या उसमें समय के साथ बदलाव भी देखने को मिलता है? बिरसा में मसीहाई गुणों के आरोपण के मूल में तत्कालीन ईसाई धर्म के प्रभाव को साफ तौर पर रेखांकित किया जा सकता है।

'सरदारी आन्दोलन' या 'मुल्की लड़ाई' निढाल हो चुकने के बाद 1894-95 में बिरसा मुंडा पैगम्बरवाले रूप में उभरना आरम्भ करते हैं। मानो मरे हुए धान को बारिश मिल जाती है। बिरसा मुंडा के उभार के साथ परिदृश्य बदलना आरम्भ होता है। चीजें एक चमत्कारिक त्वरा के साथ घटित होनी आरम्भ होती हैं। यह महज संयोग-भर नहीं था, ऐसा प्रतीत होता है कि इन बदलावों के प्रति बिरसा मुंडा सचेत थे और इनके जरिये वे क्या हासिल कर सकते थे? इसका उन्हें ठीक-ठीक अनुमान था। इसलिए एक के बाद एक न केवल उनकी कहानियाँ फैलनी आरम्भ होती हैं, बल्कि वे अपनी भूमिकाओं में भी बदलाव करते चले जाते हैं। इन बदलती भूमिकाओं से उनकी ख्याति दिन-दूनी रात-चौगुनी गति से बढ़ती है। ठीक वैसे जैसे जंगल में आग फैलती है। चलकद एक केन्द्र के रूप में उभरता है, जहाँ न केवल आसपास के लोगों के आने का अन्तहीन सिलसिला शुरू होता है बल्कि दूर-दूर तक उनकी ख्याति पहुँचने लगती है। यह बहुत हद तक सम्भव है कि आरम्भ में उसकी दिशा व परिप्रेक्ष्य इतना साफ न रहा हो, पर बढ़ती लोकप्रियता व हासिल जनसमर्थन ने उन्हें आन्दोलन के प्रति ज्यादा जवाबदेह बनने तथा स्पष्ट मार्गदर्शन की दिशा निर्धारित करने की बाध्यता पैदा की होगी। ऐसा कहने का आधार उनके जीवन से सम्बन्धित मिलनेवाली छोटी-बड़ी कहानियाँ हैं, जिनके विश्लेषण से यह बात जाहिर होती है कि बिरसा मुंडा का प्रभाव विस्तार कोई तुक्केवाली चीज नहीं थी, बल्कि एक सुचिन्तित प्रयास था, जिसको असमय षड्यंत्रपूर्वक दबा दिया गया था।

बिरसा प्रवर्तित बिरसाइत धर्म को समझने के लिए हमें बिरसा के जीवन के जो कुछ ब्योरे मिलते हैं, उनसे होकर गुजरना होगा तब जाकर बिरसा और बिरसाइत आन्दोलन की अहमियत को ऐतिहासिक परिप्रेक्ष्य में समझ पाएँगे। हम इस तथ्य से परिचित हैं कि बिरसा भूमिहीन किसान या मजदूरवाली पृष्ठभूमि से आते थे। मिशनरी जब धर्म-प्रचार के सिलसिले में उस भूभाग में पहुँचे थे तो बिरसा को भी ईसाइयत के सम्पर्क में आने का अवसर प्राप्त हुआ था। ऐसी जानकारी मिलती है :

बिरसा के चाचा और पिता ईसाई धर्म स्वीकार कर चुके थे। बिरसा भी ईसाई धर्म स्वीकार कर चुके थे और लोग उन्हें दाऊद बिरसा के नाम से पुकारने लगे थे।...शुरू से ही साहसी बिरसा प्रखर बुद्धि के छात्र थे और विद्यार्थी जीवन से ही आदिवासियों के भूमि आन्दोलन के समर्थन और उनकी अन्य समस्याओं के प्रति काफी गम्भीर और संवेदनशील थे। उनकी शिक्षा महज सातवीं क्लास तक ही हो सकी थी। दरअसल भूमि-सम्बन्धी आन्दोलन के चलते अंग्रेजों ने जिन मुंडा सरदारों को सजा दी थी, स्कूल के पादरी उनकी निन्दा कर रहे थे। इस मुद्दे पर बिरसा की उनसे तीखी बहस हो गई। बहस के दौरान बिरसा ने डॉ. नोट्रेट (जर्मन मिशन के पादरी) के प्रति काफी कड़े शब्दों का प्रयोग किया, जिससे क्रुद्ध होकर डॉ. नोट्रेट ने इन्हें विद्यालय से निकलवा दिया।[11]

जर्मन मिशन से निकाले जाने के बाद वे थोड़े वक्त के लिए रोमन कैथोलिक चर्च के सम्पर्क में आए, उनके भटकाव का सिलसिला वहाँ पहुँचकर थमा नहीं।

उसके बाद वे आनन्द पानरे (पाँड़) नाम के व्यक्ति के सम्पर्क में आए, जो सरदारी लड़ाई के नायकों में से एक था, उनके सान्निध्य में वे वैष्णववाद से प्रभावित हुए।[12] (आनन्द पाँड़ पंडित न था बल्कि बन्दगाँव के गैरमुंडा आदिवासी जमींदार जगमोहन सिंह के यहाँ एक मुंशी था। वह स्वाँसी था। उसे क्षेत्र में प्रचलित वैष्णव धर्म के प्रारम्भिक सिद्धान्तों और रामायण-महाभारत महाकाव्यों की कथाओं का अच्छा ज्ञान था। बिरसा अक्सर आनन्द के साथ गोरबेरा और पाटपुर जाता था, पर उसका अधिकतर समय बन्दगाँव में ही उसके साथ या उसके भाई सुखनाथ पाँड़े के साथ बीतता था। इस तरह तीन साल बीत गए। बमनी के बड़ाइक के यहाँ आनेवाले एक वैष्णव साधु से भी बिरसा की मुलाकात हुई। साधु वहाँ आकर अढ़ाई महीने उपदेश करता था। उसके प्रभाव में बिरसा ने मांस खाना छोड़ दिया। उसने यज्ञोपवीत धारण कर लिया और शुद्धता तथा धर्म-परायणता पर जोर देना शुरू किया। वह तुलसी की पूजा भी करने लगा और माथे पर चन्दन लगाने लगा। उसने युगों के बारे में हिन्दुओं की धारणा की जानकारी हासिल की और गो-वध रुकवाया।[13])

ईसाइयत और वैष्णव धर्म से यह जो प्रभाव उन्होंने ग्रहण किया था, आगे चलकर जब उन्होंने बिरसा धर्म की नींव रखी तो यह दोनों अनुभव उसमें काम आए। इन दोनों धर्मों से हासिल धार्मिक-बोध को उन्होंने बिरसा धर्म के मूल आधार के

तौर पर विकसित किया। बिरसाइत धर्म के मूल उपदेश, आचरण और वेशभूषा के धरातल पर उन्होंने इन सबका समावेश किया। लोकस्मृति में भी जो कथाएँ मौजूद हैं, उसके कई संस्करण मिलते हैं। लेकिन हिन्दू धर्म की मुख्यधारा में एक प्रवृत्ति मिलती है कि भले अपने समय में उसने उस नायक का विरोध किया हो लेकिन बाद में अपनी परम्परा में आत्मसातीकरण (एप्रोप्रिएशन) में कोई देरी नहीं करता है। ऐसा वह इन कथाओं के माध्यम से करता है, जो लोक में कहीं-न-कहीं उपलब्ध होती हैं। जैसे मदरा मुंडा को जब फणि मुकुट राय एक नवजात के तौर पर मिला तब वहाँ एक सकलदीपी ब्राह्मण मौजूद था। कबीरदास विधवा ब्राह्मणी की कोख से पैदा हुए थे। बिरसा मुंडा को वैष्णव धर्म के बारे में जानकारी आनन्द पाँड़ से मिली। जबकि यह स्पष्ट है कि आनन्द पाँड़ पंडित न था। पर आज के राजनीतिक परिवेश में 15 नवम्बर बिरसा जयन्ती और झारखंड स्थापना दिवस के अवसर पर झारखंड के विश्वविद्यालय के ही एक कुलपति उस पाँड़ को पाँड़े के तौर पर याद कर रहे थे। कई बार लोकस्मृतियों का निर्माण ऐसे भी होता है।

ईसाई मिशनरियों ने पहले ही मुंडाओं के जनजातीय विश्वासों को ईसाइयत के निकट दिखाने की दिशा में काफी काम किया था, जिससे मुंडाओं को ईसाई धर्म के प्रति आकर्षित किया जा सके। बिरसा धर्म के जरिये बिरसा ने उन्हीं के तरीकों को उन पर आजमाने की कोशिश की थी। और चूँकि यह कोशिश मुंडाओं के बीच से की गई थी तो मुंडा समुदाय इस पर सहानुभूतिपूर्ण तरीके से देर-सबेर तो विचार करता ही। लेकिन ऐतिहासिक स्थितियाँ ऐसी बन पड़ी थी कि देरी की कोई गुंजाइश बची ही नहीं थी। ध्यान रहे :

> जर्मन और कैथोलिक दोनों ही मिशनों से सरदारों ने अपना सम्बन्ध-विच्छेद कर लिया था। 1886-87 में जर्मन लूथरन ईसाइयों ने जर्मन मिशन के डॉ. ए. नोट्रेट से माँग की कि यदि उन्हें वास्तव में कुछ शक्ति प्राप्त थी तो वे उन लोगों को अपनी-अपनी जमीनें वापस दिला दें। जब उन्होंने ऐसा करने से इनकार कर दिया तो सरदारों ने जर्मन मिशन से सभी प्रकार के सम्बन्ध तोड़ लेने की घोषणा की। साथ ही उन लोगों ने मिशनरियों के विरुद्ध बहुत ही कड़ी भाषा का प्रयोग किया। फिर वे लोग अपनी माँगों के लिए समर्थन प्राप्त करने के उद्देश्य से रोमन कैथोलिक मिशन की ओर मुड़े और तोरपा मिशन के सी. लैवेन्स की धर्माध्यक्षता में उस मिशन के ईसाई मुंडाओं की संख्या एकाएक बहुत ज्यादा बढ़ी। उन्होंने उत्पीड़कों के विरुद्ध पीड़ित मुंडा रैयतों की माँग बुलन्द की। 1889-90 रोमन कैथोलिक ईसाई आन्दोलन बसिया, पालकोट, सिसई, चैनपुर आदि थानों के क्षेत्र में बढ़ा। बड़ी संख्या

में ईसाई कोल गाँव-गाँव घूमते फिरे और बाल काटकर तथा उनकी फसलों को नुकसान पहुँचाने की धमकी दे-देकर उन्हें रोमन कैथोलिक धर्म स्वीकार करने के लिए तैयार किया।...पर सरकार भी हाथ-पर-हाथ धरे नहीं बैठी थी। कमिश्नर ने रोमन कैथोलिक मिशन की चेतावनी दी कि वे लोग भूमि-समस्या में अपनी टाँग अड़ाने की मूर्खता न करें। उसके बाद लीवेन्स तोरपा छोड़कर कहीं और चले गए।[14]

इससे ईसाइयत से मुंडा सरदारों और उनके समुदाय का मोहभंग हुआ। इन सबसे निराश होने के बाद वे कलकत्ता के वकीलों के फेर में पड़े थे वहाँ भी मुंडा सरदार जबर्दस्त लूट और ठगी के शिकार हुए तो अब उनके पास कोई विकल्प बचा नहीं था। हॉफमैन ने उस परिवेश के बारे में लिखा है :

इस समय मुझे सुनने में आया कि आन्दोलन के नेता सरदार लोग कहते फिरते हैं कि हमने सरकार के यहाँ अपना मामला रखा और कुछ भी पा न सके। फिर मिशनों की ओर मुड़े पर वे भी दिकुओं से हमारी रक्षा न कर सके। अब हमारे सामने इसके सिवाय कोई रास्ता नहीं है कि हम अपने ही बीच से कोई नेता ढूँढ़ निकालें।[15]

ऐसे वक्त में बिरसा मुंडा का अभ्युदय होता है। और यही वजह रही कि बिरसाइत धर्म अनुमान से कहीं तेज गति से फैला। इसके विस्तार के साथ बिरसा ने अपनी भूमिका में न केवल बदलाव किये बल्कि लगातार अपनी भूमिका का भी विस्तार किया। बिरसा मुंडा के जीवन के लगभग पहलुओं पर इतनी कहानियाँ लोक में मौजूद हैं कि ठीक-ठीक सब घटित कैसे हुआ कई बार इसका अनुमान लगा पाना कठिन होता है। पर इसकी शुरुआत साधारण तरीके से ही हुई थी और बदलते घटनाक्रम के साथ सब कुछ असाधारणता के दायरे में आता चला गया।

सरदार आन्दोलन की मद्धिम पड़ती रफ्तार को थोड़ी गति उसी वर्ष अंग्रेजों द्वारा लागू किये हुए 'सुरक्षित वन' के अनुदेश से मिलती है। इसके जरिये हुआ यह था कि गाँव के सभी बंजर भूमि को 'सुरक्षित वन' के दायरे में शामिल कर लिया गया था। इससे जनजातियों के सामने ईंधन और मवेशियों को चराने का संकट पैदा हो गया था। सरदारों ने इस मुद्दे के जरिये अपने आन्दोलन को बढ़ाने की कोशिश की थी। बिरसा के इस आन्दोलन में सक्रिय तरीके से शामिल होने की सूचना मिलती है। बल्कि बिरसा की सक्रियता देखकर आनन्द पानरे (पाँड़) ने उन्हें इस आन्दोलन से दूरी बनाने की सलाह दी थी। बिरसा ने बजाय जंगल सम्बन्धी इस आन्दोलन से खुद को दूर करने के आनन्द पानरे (पाँड़) के प्रभाव से खुद को दूर कर लिया था। इस दृष्टि से देखें तो 1893-94 का वर्ष बिरसा के जीवन में एक

निर्णायक वर्ष रहा है। धार्मिक चेतना से इतर एक सामाजिक-राजनीतिक चेतना के स्पष्ट उभार के संकेत यहाँ मिलते हैं। सरदार आन्दोलन के अगुओं से इस क्रम में उनका परिचय प्रगाढ़ होता है, आगे चलकर जब बिरसाइत आन्दोलन अपना प्रभाव विस्तार करता है तो यही सरदार बिरसा को अपने आन्दोलन का सामाजिक आधार उपलब्ध कराने का काम करते हैं।

1895 में बिरसा देवदूत के तौर पर अपने समुदाय में सामने आते हैं। इस विषय में अनेक जनश्रुतियाँ हैं। उनके विस्तार में न जाकर पैगम्बर या मसीहा के तौर पर उनके स्वीकार की जो परिणतियाँ हुईं, हम उस पर अपनी विवेचना केन्द्रित करते हैं। ईसाइयत ने अपने प्रचार-प्रसार के लिए चंगाई महासभा, धर्मोपदेश, प्रार्थना सभा आदि का व्यवहार किया था। बिरसा ने इन तमाम युक्तियों का इस्तेमाल अपने धर्म के प्रचार-प्रसार के लिए किया, बस अपनी वेश-भूषा में उन्होंने वैष्णव प्रभाव को स्वीकार किया। ईसाइयत और हिन्दुत्व को इस ढंग से उन्होंने अपने व्यक्तित्व में घुला लिया था। ऐसा प्रतीत होता है कि जनजातीय समुदाय अब तक के इतिहास में इन्हीं दो धर्मों से प्रभावित हो सका था, उन दोनों के प्रभावों का बिरसाइत धर्म में उन्होंने समाविष्ट कर लिया था। बिरसा की आरम्भिक ख्याति रोगों को ठीक करने की शक्ति से फैलनी आरम्भ हुई। जब इस सिलसिले में लोग इकट्ठे होने शुरू हुए तो उन्होंने धर्मोपदेश का काम आरम्भ किया। इस क्रम में—"बिरसा मुंडा जनेऊ पहने रहता। साथ ही काठ की खड़ाऊँ पहनता और हल्दी के रंग में रँगी धोती। उनकी यह वैष्णव वेशभूषा होती।"[16] चंगाई और धर्मोपदेश के बाद मुंडा प्रदेश के रहवासी उनका अनुयायी बनने को तत्पर देखे गए और तब अनुयायियों के लिए एक आचारशास्त्र की आवश्यकता हुई। बिरसा धर्म के आचारशास्त्र के बतौर आरम्भ में बेहद बुनियादी बातों की जगह दी गई। मसलन "लोग दिन में तीन बार प्रार्थना करें, सफाई के साथ रहा करें। एक-दूसरे से प्यार करें और एक साथ मिलकर प्रार्थना आयोजित किया करें।"[17]

यूँ देखें तो ईसाई धर्म-प्रचार के तरीकों और वैष्णव ताने-बाने का एक 'फ्यूजन' बिरसाइत धर्म में देखने को मिलता है। आगे चलकर जनजातीय विश्वासों को भी वे आलोचना के दायरे में लेकर आते हैं। मुंडा और उराँव दोनों अपने सामुदायिक अन्धविश्वासों के लिए असुरों के प्रभाव को जिम्मेदार मानते हैं। इसलिए मुंडा और उराँव समुदाय के सामाजिक-धार्मिक-सुधार आन्दोलनों में असुर प्रभावों से मुक्ति की एक कोशिश देखी जा सकती है। जैसे "बिरसा ने प्रेतवाद (बोंगाओं) और भगतों, सोखाओं और देवड़ों की पुरोहिती पर तीखा प्रहार किया।"[18]

यदि बिरसा मुंडा के द्वारा धार्मिक मोर्चे पर किये जा रहे इन हस्तक्षेपों को तत्कालीन जनजातीय समुदाय के सन्दर्भ में रखकर देखें तो जान पड़ेगा कि इसने ईसाइयत के प्रचार-प्रसार को न केवल अवरुद्ध कर दिया था, बल्कि एक किस्म

का 'रिवर्स कन्वर्जन' (अपने विश्वासों में पुनर्वापसी) की राह खोल दी थी। इससे ईसाई धर्म-प्रचार को बहुत बड़ा और अप्रत्याशित धक्का लगा था। बात इतनी-भर ही नहीं थी, बिरसा ने ईसाई धर्म की खुल कर आलोचना करनी भी आरम्भ कर दी थी। जैसे "पादरी गिरजाघर में चन्दा इकट्ठा करते थे और इस तरह लोगों से पैसा उगाहते थे, जो उचित नहीं था।"[19]

इसके अलावा भी एक सन्दर्भ था, जिसका संकेत करना आवश्यक है। मुंडा-उराँवों के पुश्तैनी खूँटकट्टी और भुईंहरी गाँवों में भूमि सामुदायिक सम्पत्ति थी। धार्मिक कार्यों के लिए भी सामुदायिक भूमि चिह्नित थी। जनजातीय समुदायों के मध्य जब धर्मान्तरण अपने चरम पर था तब ईसाई मिशनरियों ने धर्मान्तरित विश्वासियों को यह समझाना आरम्भ किया था कि चूँकि अब वे सरना धर्मावलम्बी नहीं रह गए हैं तो सरना धर्म के लिए चिह्नित धार्मिक प्रयोजनवाली भूमि अब चर्च को सुपुर्द कर देनी चाहिए, जिससे धार्मिक गतिविधियाँ सुचारु रूप से चल सके। कई जगहों पर चर्च को इस दिशा में कामयाबी भी हासिल हुई। इसे लेकर भी एक नाराजगी थी। इसके उलट जाकर 'बिरसाइत धर्म' ने अभावग्रस्त जनजातीय समुदायों के लिए चन्दा मुक्त धार्मिक व्यवस्था की प्रस्तावना की थी, जो स्वेच्छापूर्वक दिये गए दान पर आधारित थी। दान में फल-फूल, उपज आदि के मामूली चढ़ावे का प्रचलन था। बिरसाइत धर्म की तुलना में जनजातीय समुदायों ने ईसाइयत को खर्चीला पाया। यह भी बिरसाइत धर्म की लोकप्रियता का एक कारण था। लोकप्रियता ज्यों-ज्यों बढ़ती गई, बिरसा मुंडा के बारे में चमत्कारिक कहानियों में बढ़ोत्तरी होने लगी। इन सबने मिलकर बिरसा को पैगम्बर, मसीहा या देवदूत की श्रेणी में ला दिया। "उसे खसरा कोरा का अवतार माना जाने लगा।"[20]

बल्कि अवतार से आगे बढ़कर भगवान का दर्जा भी बहुत जल्दी मिल गया। इस उत्थान के मूल में बिरसा के व्यक्तित्व से सम्बद्ध चमत्कारिक कहानियों की महत्त्वपूर्ण भूमिका रही है। इन कहानियों की संख्या इतनी ज्यादा है कि हैरत होती है। जाहिर है कि उनमें अतिरंजना का पर्याप्त समावेश मिलता है। पर यह अतिरंजना बिरसा पर उनके अनुयायियों की तर्केतर आस्था का परिणाम थी। ऐसा होना स्वाभाविक था। एक समुदाय जिसके लिए धर्म और ईश्वर का अर्थ चमत्कार के इर्द-गिर्द ही विकसित हुआ हो, उस समुदाय के लिए यही राह बनी हुई थी। अविश्वसनीय प्रतीत होनेवाली इस लोकप्रियता की अनुगूँज को इस लोकगीत में भी सुनी जा सकती है।

"अरे भाई, मैं हाथ जोड़ता हूँ, मुझे बताओ चलकद कहाँ है? मैं वहाँ धीरे-धीरे जाऊँगा।

कुछ लोग कहते हैं, वह पूरब में है और कुछ दक्खिन की ओर बताते हैं।
ओ, मैं दक्खिन की ओर धीरे-धीरे जाऊँगा।

जंगल में तेन्दुए और भालू भरे पड़े हैं और वे भयानक आवाज करते हैं, ओ मैं जाऊँगा, दूसरों के साथ या धीरे-धीरे।

बिरसा के शब्द मधुर हैं, मैं भी वहाँ जाऊँगा और उनकी बातें सुनूँगा।"

बिरसा के पास आनेवाले लोगों की इस विशाल भीड़ के बारे में उस समय का एक विवरण इस प्रकार है :

> इस बीच लूले, लँगड़े अन्धे आदि मीलों-मीलों चलकर बिरसा के पास बड़ी संख्या में पहुँचने लगे। उसका गाँव एक सुदूर स्थान में है, जंगल के ठीक बीचोंबीच। वहाँ ठहरने की कोई जगह नहीं है। पर दर्शनार्थियों के लिए यह कोई बाधा नहीं है, इसके बावजूद कि बरसात का मौसम था जिसमें यात्रा और उस स्थान पर ठहरना, दोनों ही कष्टप्रद थे। यात्री अपने साथ बाँस के छाते लाते थे और मात्र वही वर्षा से उनके बचाव का साधन था। वे बिरसा के दर्शन और उपदेश के लिए वहाँ, उस अत्यन्त कष्ट की हालत में तब तक रहते थे जब तक उनके साथ की रसद चूक नहीं जाती थी और तब वे नई रसद लाने के लिए अपने घर की ओर चल पड़ते थे।[21]

उपर्युक्त दोनों बातें बिरसा मुंडा की ऐतिहासिक और अविश्वसनीय लोकप्रियता को सिद्ध करने के लिए पर्याप्त हैं। इस प्रसिद्धि के साथ-साथ बिरसाइत धर्म का स्वरूप भी विकसित होता गया। नई-नई बातें बिरसा धर्म के सिद्धान्त और आचारशास्त्र के साथ जुड़ते चली गईं। जैसे ऐसी ही एक बात थी सफेद मुर्गों और सूअरों से मुक्ति की बात।

जनजातीय समुदायों की आस्था-पद्धति में मनुष्यों में अविश्वसनीय किस्म के चमत्कारिक ताकतों पर विश्वास की एक परम्परा रहती आई है। इसे उनकी खूबी और खामी दोनों रूपों में व्याख्यायित किया जा सकता है। खामी इस अर्थ में कि इससे अन्धविश्वास की राह फूटती थी, जिसका खामियाजा अन्ततः उन्हें ही भुगतना होता था। खूबी यह कि इस असन्दिग्ध विश्वास के कारण पूरा समुदाय अभूतपूर्व एकजुटता का प्रदर्शन भी करता था। लगभग जनजातीय सामाजिक-धार्मिक आन्दोलन के नेतृत्वकर्ताओं ने अपने समुदाय को एकजुट करने के लिए अपने इस सामुदायिक गुण का इस्तेमाल बिना नागा किया है। बिरसा मुंडा भी अपवाद नहीं थे। जैसे इस घोषणा और इसके प्रभाव को देखें कि 'आसमान से आग और गन्धक की बारिश होगी, जिससे सभी मारे जाएँगे, बचेंगे वही जो उस दिन चलकद में मौजूद रहेंगे।' इस घोषणा पर भरोसे का आलम यह था कि लोगों ने अपने मवेशी को खुला छोड़ दिया था और अपनी धनराशि का इस्तेमाल खुद के लिए नये कपड़ों की खरीद पर किया था। प्रलय की उम्मीद में अपार जनसमूह चलकद में इकट्ठा हो गया

था। पर प्रलय को नहीं आना था, सो नहीं आया। इस दावे पर भरोसा करने का खामियाजा बाद में उन विश्वासियों पर आफत की तरह टूटा। मवेशियों को खुला छोड़ देने से फसलें बर्बाद हो चुकी थीं। संचित जमापूँजी नये कपड़ों की खरीद और दूसरे ताम-झाम में खर्च हो चुके थे। परिणामत: 1895-96 में जो अकाल पड़ा तो जनजातीय समुदायों की स्थितियाँ पहले से ज्यादा चुनौतीपूर्ण हो गईं। इस ढंग से देखें तो बिरसाइत धर्म के अभ्युदय से भी मुंडा जनजाति के किसी भी किस्म के दुख और दुश्चिन्ता का अन्त नहीं हुआ था। हुआ बस इतना-भर था कि मुंडा जनजाति के बीच से अपार जनसमर्थन वाला एक नेतृत्व पैदा हो रहा था, जिसकी जमीन यद्यपि धार्मिक-सामाजिक थी, लेकिन ऐसी एकजुटता ही अपने-आपमें एक राजनीतिक कार्यवाही सरीखी हो गई थी। बिरसा मुंडा के लिए भी इसे 'बिरसाइत धर्म' तक सीमित रख पाना सम्भव नहीं था। केवल चंगाई क्रिया-कलाप, प्रार्थना सभा और एक नये आचारशास्त्र के अनुपालन से जनजातीय समाज का दुख दूर नहीं होना था। दुख के मूल में राजनीतिक और प्रशासनिक नीतियाँ थीं। उसमें बदलाव के लिए राजनीतिक कार्यवाही की आवश्यकता थी। स्पष्ट राजनीतिक कार्यक्रम के अभाव में इतने बड़े जनसमूह की आशा और आकांक्षाओं का बोझ वहन कर पाना सम्भव नहीं था। ऐसा भी नहीं था कि बिरसा मुंडा इस दबाव को नहीं महसूस कर रहे थे। अपने जानते इससे निकलने का विकल्प वे भी तलाश रहे थे। उनके सामने इस सभ्यतागत संकट का जो सम्भावित विकल्प उभरकर आता है, वह है—'आबुआ राज'। अपना राज। दूसरा कोई विकल्प नहीं। पर यह साकार कैसे होगा इसकी कोई स्पष्ट रूपरेखा सामने न थी। बस एक स्वप्न या आदर्श था, जिसे साकार करना था।

'आबुआ राज' में ही वह धार्मिक और राजनीतिक स्वतंत्रता सम्भव थी, जिसकी कामना जनजातियाँ कर रही थीं। पर क्या यह इतना आसान था? भले बिखरते 'सरदारी आन्दोलन' को अपने जनाधार को बचाए रखने का एक आलम्बन मिल गया था और वे भी 'बिरसाइत आन्दोलन' में सक्रिय हो गए थे। इसका असर यह हुआ था कि एक ओर तो चर्च और मिशनरी बिरसा और 'बिरसाइत धर्म' के बढ़ते प्रभाव से खासे चिन्तित थे, वहीं दूसरी ओर उस इलाके के हिन्दू जमींदार बिरसा की बढ़ती ताकत से अलग खौफजदा थे। मिशनरी, दिकु महाजन, साहूकार और जमींदारों—इन सबका एक ही लक्ष्य था—बिरसा मुक्त मुंडा प्रदेश। उस दौर की घटनाओं को सिलसिलेवार तरीके से देखें तो मालूम हो जाएगा कि इन सबने इसके लिए प्राणपण से कोशिश की थी।

सब बिरसा विरोधी उस दिशा में अपने जानते सक्रिय हो गए थे। अब रस्साकशी की वह जमीन साफ-साफ तैयार हो चुकी थी। एक ओर बिरसा और उसके अनुयायी थे और दूसरी ओर चर्च-मिशनरी-जमींदार-साहूकार-अंग्रेज पदाधिकारी सब थे।

स्पष्ट ही है कि पलड़ा किसका भारी था। पर अपनी मौजूदगी से बिरसा मुंडा ने इसे अपने पक्ष में झुका रखा था। बिरसाइत आन्दोलन में सरदारों के प्रवेश ने 'बिरसाइत आन्दोलन' के सहज-स्वाभाविक विकास को प्रभावित किया था। सरदार आन्दोलन की कई माँगें बिरसाइत आन्दोलन का हिस्सा बनने लगी थीं। धीरे-धीरे धार्मिक और सामाजिक जमीन से जन्मा यह आन्दोलन राजनीतिक रूप अख्तियार करने लगा था। इसका स्वरूप जितना राजनीतिक होता जाता इसके दमन की राह उतनी आसान होती जाती। और हुआ भी ऐसा ही। बिरसा के धार्मिक क्रिया-कलापों की रिपोर्ट बढ़ा-चढ़ाकर ऊपर तक पहुँचाई गई। अंग्रेज अपने विगत अनुभवों से इस किस्म के किसी भी अफवाह को बहुत गम्भीरता से लेते थे क्योंकि पिछले मौकों पर मामूली चिंगारी को उन्होंने दावानल में तब्दील होते पाया था। बिरसा के बाबत जो रिपोर्टें भेजी जा रही थीं, उसमें उसे एक सम्भावित उपद्रवी और अंग्रेजी राज के लिए एक बड़े खतरे के बतौर पेश किया जा रहा था। ऐसा न केवल चर्च और मिशनरियों के द्वारा किया गया बल्कि उस क्षेत्र के जमींदारों के द्वारा भी किया गया। बिरसा मुंडा की ऐसी छवि प्रशासन की निगाह में चित्रित करने की कोशिश की गई। परिणामत: अगस्त 1895 की शुरुआत में ही बिरसा को पकड़कर लाने का फरमान जारी हो गया था। बिरसा को गिरफ्तार करने की कवायद तकरीबन दस दिनों तक चली। इसमें नाकामयाबी हाथ लगने पर पुन: कहानियाँ बनाई गईं। सिपाहियों ने अपनी असफलता के लिए अलग कहानी प्रस्तुत की। पुलिस की कहानी से मुंडाओं का विवरण मेल नहीं खाता है।

> बँदगाँव के जमींदार जगमोहन सिंह ने सरदारों और बिरसा के अनुयायियों के इरादे के बारे में सरकार के यहाँ बढ़ा-चढ़ाकर रिपोर्ट दी थी।...बाद में यह स्पष्ट हो गया कि इस तथाकथित षड्यंत्र की रिपोर्ट अधिकतर अफवाहों पर आधारित थी और निस्सन्देह अतिशयोक्तिपूर्ण थी। पर यह सही था कि बिरसा का अनुमोदन लेकर या उसके बिना ही सरदारों ने तैयारियाँ शुरू कर दी थीं और हथियार इकट्ठे किये जा रहे थे।[22]

अंग्रेजी सरकार के विश्वस्त सूत्रों ने प्रशासनिक स्तर पर यह बात बिठा दी थी कि बिरसा को अगर यूँ ही खुला छोड़ दिया गया तो फिर स्थिति नियंत्रण के बाहर हो सकती है। एहतियातन योजनाबद्ध तरीके से प्रपंचपूर्वक बिरसा की गिरफ्तारी हो गई। अब मामला आया आरोप गठन का। तो यह बहुत महत्त्वपूर्ण है कि बिरसा ने इतना कहा कि वह धर्मोपदेश करता है और यह अपराध के दायरे में नहीं आता है। भीड़ इकट्ठा करने के आरोप पर भी बिरसा का कथन था कि लोग स्वेच्छा से आते हैं, इसमें उसका क्या दोष है? सिर्फ कोचांग के एक बूढ़ा मुंडा को छोड़कर सारे गवाह बिरसा के पक्ष में खड़े हो गए थे। बावजूद इसके

ऐसा कुछ भी न था, जिससे बिरसा पर आरोप गठित होता। पर बिरसा को लेकर जमींदार, चर्च और मिशनरियों में जो भय था, उसे दूर करने का अंग्रेजी राज के पास दूसरा कोई विकल्प नहीं था, सिवाय बिरसा को जेल भेजने के। बिरसा को क्षेत्र न लौटने देने के नाम पर प्रोटेस्टेंट और कैथोलिक दोनों ईसाई मिशनरियाँ एकमत थीं। कमीश्नर और मेयर भी अपनी कोशिशों के बावजूद बिरसा से धर्मोपदेश के अलावा और कुछ नहीं निकलवा सके। पर हिरासत के बाहर वे भगवान का दर्जा पा चुके थे। बिरसा के इस प्रभाव को लोकमन से हटाने के लिए यह तय किया गया कि बिरसा के मामले की सुनवाई राँची के बजाय खूँटी में की जाए। बिरसा के आभामंडल या देवत्व को ध्वस्त करने की यह योजना सही तरीके से क्रियान्वित नहीं हो सकी। बल्कि इससे बिरसा का प्रभाव मुंडा समुदाय में और सुदृढ़ हुआ। बिरसा अंग्रेजी राज के लिए गले की फाँस बन चुके थे। दंड देने के लिए आरोप गठित होना और प्रमाणित होना जरूरी था। जो आरोप गठित हुए उसे और उनके सन्दर्भों को देखना और समझना आवश्यक है। बिरसा पर डिप्टी कमिश्नर ने यह आरोप लगाए थे :

> बिरसा प्रचार जारी रखे हुए था, जिसका उद्देश्य ब्रिटिश सरकार के प्रति घृणा फैलाना, सरकारी कोषागार के गायब हो जाने की घोषणा करना एवं सरकारी हथियारों और गोली-बारूद की व्यर्थता सिद्ध करना था। फैसले के अनुसार बिरसा लोगों को मालगुजारी अदा न करने या भारत सरकार और उसके पदाधिकारियों के प्रति और अधिक निष्ठा का भाव न रखने के लिए प्रेरित करता था। अन्य पन्द्रह अभियुक्तों पर आरोप लगाया गया था कि वे बिरसा की निष्ठाहीन और घृणापूर्ण बातें लोगों के बीच दुहराते चल रहे थे तथा लोगों को प्रेरित कर रहे थे कि वे सरकार के अधिकारियों की बातें न मानें।[23]

बिरसा पर लगे इन आरोपों का सन्दर्भ यह था कि जब बिरसा की गिरफ्तारी की कोशिशें चल रही थीं तो बिरसा ने अपने अनुयायियों को ढाढ़स बँधाने के लिए ऐसी कई बातें कही थीं। जैसे 'अंग्रेज सरकार उन्हें गिरफ्तार कर भी ले तो कैद नहीं रख पाएगी। अगर गिरफ्तार किया गया तो उसका शरीर लकड़ी के कुन्दे में तब्दील हो जाएगा। और वह तीन दिन के भीतर चलकद वापस आ जाएगा। कारावास में लकड़ी का कुन्दा धरा रह जाएगा। ऐसे ही पुलिस के गोली-बन्दूक के भय को दूर करने के लिए उन्होंने कहा था कि वह अपनी शक्ति से उसे पानी में बदल देंगे। गोली का कोई असर नहीं होगा। रुपये-पैसों के बारे में भी कहा था कि सब पानी हो जाएगा। तो इन बातों को आधार बनाकर आरोप गठित किया गया था। उनके समर्थक और अनुयायियों को भी सजा और आर्थिक जुर्माना लगाया गया था, जिससे

समाज में अंग्रेजी सरकार की सख्ती का सन्देश जाए। और लोग बिरसा के समर्थन का हिम्मत फिर से न जुटा सकें। इसका असर भी हुआ। पुलिसिया कार्यवाही और अंग्रेजी राज की ज्यादतियों से बचने के लिए जनजातीय समुदायों ने न केवल बिरसाइत धर्म से दूरी बनाई बल्कि वापस ईसाइयत का रुख किया। अप्रिय स्थिति को टालने के लिए बिरसा और उसके समर्थकों पर यह कानूनी कार्यवाही तो कर दी गई थी। लेकिन इस कार्यवाही के मूल में अंग्रेजी अधिकारियों का यह दृढ़ विश्वास था कि सरदार आन्दोलन और बिरसाइत आन्दोलन के मध्य प्रगाढ़ सम्बन्ध है और उसे तोड़ना जरूरी है। उस दिशा में ही यह कार्यवाही की गई थी। फौरी तौर पर देखने पर ऐसा प्रतीत होता है कि चीजें टल गई थीं। बिरसाइत आन्दोलन बे-पटरी हो गया था। अनुयायी बिखर गए थे। अंग्रेजों और मिशनरियों की निगाह में बिरसा का देवत्व खंडित हो गया था। लेकिन ऐसा ठीक-ठीक हुआ नहीं था। कानूनी हथकंडों और पुलिसिया लूट और दमन से बचने के लिए मुंडा जरूर फिर से ईसाइयत की ओर लौटे थे, लेकिन यह कितना स्थायी होने जा रहा था यह भविष्य के गर्भ में छिपा था। बिरसा ऐसे अपराध की सजा भुगत रहे थे जो कायदे से उन्होंने किया नहीं था। आरोप उन पर मढ़ दिया गया था। इसलिए बारम्बार पूछे जाने पर भी धर्मोपदेश के अलावा उन्होंने अन्य किसी बात को स्वीकार नहीं किया था।

यदि जनजातीय सामाजिक और धार्मिक नवजागरणों को गौर से देखें तो यह स्पष्ट दिखता है कि चाहे वह खरवार आन्दोलन हो, बिरसाइत आन्दोलन हो, टाना भगत आन्दोलन हो, हर कहीं जनजातीय समुदाय को अपने नायकों पर अगाध और अखंड आस्था रही है। अपने नायकों के चमत्कारिक दावों पर उन्होंने प्राणपण से यकीन किया है। यह भी उतना ही सच है कि उन दावों के झूठे साबित होने पर इन समुदायों को पहले से ज्यादा कठिन स्थितियों का सामना करना पड़ा है। इन आन्दोलनों के आसपास अकाल को एक अनिवार्य संकट के तौर पर देखा जा सकता है। अंग्रेजी राज में अकाल प्राकृतिक आपदा न होकर मानव-निर्मित आपदाएँ रही हैं। लगान, मालगुजारी, सूदखोरी, बेगारी आदि ने इस अकाल को बाज दफा पैदा किया है। कुछ मौकों पर अपने नायकों पर भरोसा करके इन जनजातीय समुदायों ने अपना संचित धन, बोया फसल आदि भी बर्बाद होने के लिए छोड़ दिया है। इन आन्दोलनों के असफल होने पर इन समुदायों का जीवन पहले से थोड़ा और कठिन हो जाया करता था। जीवन की बुनियादी जरूरतों को पूरा करने के लिए उन्हें नये सिरे से कर्जदार होना पड़ता था। एक नई किस्म की त्रासदी उनके जीवन में घटित हुआ करती थी। दुखों का सिलसिला थमने का नाम नहीं लेता था। बिरसा की गिरफ्तारी और कारावास के बाद मुंडा प्रदेश भी दो अकाल का सामना करता है। 1896-97 और 1899-1900 में यह दोनों अकाल क्रमशः पड़ते हैं। बादवाले अकाल में खूँटी को छोड़कर पूरा मुंडा प्रदेश प्रभावित होता है। इसमें अल्पवृष्टि की

भी अहम भूमिका थी। बारिश की कमी के कारण जमीन में पर्याप्त नमी की कमी हो गई थी, इसका सीधा असर रबी की फसल पर भी पड़ा। अकाल के आसपास अनाजों के दाम बहुत बढ़ जाया करते थे, इसका असर यह होता था कि जनजातियाँ थोड़ा और कर्जदार हो जाया करती थीं। सूद की कोई सीमा नहीं होती थी। कर्ज उनके जीवन में बेगार, बेदखली और बँधुआ की स्थिति पैदा कर जाया करता था। ऐसे गाढ़े वक्त में मिशनरियों का उपकार उनके बीच धर्मान्तरण की जमीन तैयार किया करता था। जनजातीय समुदायों के जीवन में उतर आए दुखों से लाभ अर्जित करने की एक पूरी दुनिया आबाद हो जाया करती थी। जिसमें आदिवासियों को छोड़कर सब मुनाफे में रहते थे। यह एक कड़वा सच था कि आदिवासी सबके लिए 'नरम चारा' के समान था।

आन्दोलन की स्पष्ट रूपरेखा के अभाव का खामियाजा बिरसा मुंडा को भुगतना पड़ा था। बहुत हद तक सम्भव है कि अपने जेल प्रवास के दौरान इन मसलों पर उन्हें पर्याप्त सोचने का मौका मिला हो, क्योंकि जेल से निकलने के बाद हम एक बदले हुए बिरसा मुंडा को पाते हैं। राजनीतिक दृष्टि से वे ज्यादा प्रखर दिखते हैं। रिहाई के बाद उनके द्वारा उठाए गए कदमों से उनकी राजनीतिक सजगता का पता साफ-साफ चलता है।

बिरसा मुंडा के शान्त और अनुशासित आचरण को देखकर समय के पूर्व ही 30 नवम्बर, 1897 को उनकी रिहाई कर दी गई। रिहा होने के बाद पहला काम जो उन्होंने किया, वह आन्दोलन को और खुद को भूमिगत करने का किया। बिरसा अपनी अगली बड़ी कार्यवाही के पूर्व तक अंग्रेज प्रशासन के लिए इसलिए भी चिन्ता का विषय नहीं थे क्योंकि :

> सिंहभूम के डिप्टी कमिश्नर अपनी इस धारणा के शिकार बने रहे कि बिरसा की सीमित भूमिका एक धर्मान्ध व्यक्ति की है। उसे अगर अकेले छोड़ दिया जाए तो उसे नाममात्र के मुंडा ईसाइयों में से अनुयायी मिल जाएँगे, जिन्हें उतना मिल गया था जितना कि वे ईसाई मिशनरियों से पा सकते थे। इसलिए डिप्टी कमिश्नर ने मिशनरियों द्वारा ईसाइयों पर बिरसा के अनुयायी बनने से रोक लगाने पर एतराज किया।[24]

इस प्रसंग से यह बात और स्पष्ट हो जाती है कि मिशनरियों के लिए बिरसा का धर्म असल चुनौती थी। इसलिए प्रोटेस्टेंट और कैथोलिक दोनों बिरसा के विरोधी बने हुए थे।

बिरसा ने रिहाई के बाद संगठन को पुनर्गठित करने की दिशा में पहल की, जिससे आन्दोलन में फिर से गति पैदा की जा सके। रिहाई के बाद बोरतोडीह बिरसाइत आन्दोलन का रणनीतिक केन्द्र बना।

> अनुयायी एवं शिष्यगण दो टुकड़ियों में बाँट दिये गए। एक टुकड़ी पर धार्मिक प्रचार का भार था और दूसरी विद्रोह की तैयारियों में लग गई थी। धार्मिक संगठन का प्रधान था जलमई का सोमा मुंडा और राजनीतिक संगठन का डोका मुंडा। राजनीतिक संगठन-कार्य में सरदारों का बोलबाला था।...आन्दोलन का स्वरूप बदल गया था। अब उनका उद्‌देश्य पुरातन धार्मिक मूल्यों को पुनरुज्जीवित करना था, जब कि पहले चलकद में पैगम्बर के रूप में कार्य करते हुए उसने धार्मिक-सुधारों पर बल दिया था।[25]

बिरसाइत आन्दोलन में यह एक बड़ा बदलाव था। आन्दोलन धार्मिक होते हुए भी अब अपने राजनीतिक लक्ष्य तय कर रहा था। आन्दोलन का ताना-बाना धार्मिक बनाए रखते हुए उसे राजनीतिक दिशा में मोड़ने की कवायद जारी थी। जिसे अंग्रेजी में 'रिवाइटलाइजेशन मूवमेंट' कहते हैं। यहाँ से बिरसाइत आन्दोलन उस दिशा की ओर मुड़ जाता है और धीरे-धीरे अपने चरित्र में राजनीतिक होता चला जाता है। इसे बिरसा के अगले कदम में साफ-साफ लक्ष्य किया जा सकता है। यह एक सैद्धान्तिक कदम था, जिससे आन्दोलन का एक विचार-दर्शन निर्मित करना था। यह देखने में एक मामूली कदम जान पड़ रहा था। पर अन्ततः इसको जिस ढंग से प्रस्तुत किया गया था, वह एक प्रखर राजनीतिक चेतना के बगैर सम्भव नहीं था। संगठन और विचार दोनों धरातलों पर इसे जिस ढंग से क्रियान्वित किया गया वह अलग से रेखांकित करनेवाली बात है। पहले संगठन के धरातल पर जो तरीका अपनाया गया उस पर बात कर लेते हैं। पहली रणनीति यह तय की गई कि राजनीतिक आन्दोलन भी धार्मिक आन्दोलन की ओट पर चलेगा। दूसरे इसकी कामयाबी के लिए गोपनीयता जरूरी है। गोपनीयता को बनाए रखने के लिए विश्वस्त लोगों की पहचान जरूरी है। विश्वस्तों की एक पद-सोपानिकता विकसित की गई, एक श्रेणीकरण किया गया। विश्वस्तों की इस सोपानीकृत व्यवस्था में साझा जानकारी का भी श्रेणीकरण किया गया। मतलब विश्वस्तों को उनकी दी गई भूमिका तक सीमित किया गया। पूरी जानकारी तक सबकी पहुँच नहीं थी। आंशिक जानकारी की अलग-अलग श्रेणियाँ गठित की गईं। पूर्व की तुलना में श्रमसाध्य तरीके से आन्दोलन के कुशल परिचालन का एक तरीका या कार्य-प्रणाली विकसित की गई। संगठन के भीतर एक किस्म की स्वायत्त इकाइयों को सम्भव किया गया और अपने काम से काम रखने की अहमियत समझाई गई। गोपनीयता को बरतने के लिए ही यह कार्य-पद्धति विकसित की गई थी, यह मामूली समझदारी नहीं थी। पिछली गलती से हासिल सबक को जिस ढंग से व्यवहार में बरता गया था, वह हैरतअंगेज जान पड़ता है। संगठन के धरातल पर इसे जिसे ढंग से लागू किया गया

था, उसके ब्योरों को देखें तब इसकी अहमियत को ठीक-ठीक समझा जा सकेगा।

बिरसा धर्म को माननेवाले यूँ भी अपने समाज में अलग से पहचाने जाते थे। परम्परागत मुंडा समाज तीन हिस्सों में विभक्त हो गया था। एक सरना धर्म को माननेवाले, दूसरे ईसाइयत को माननेवाले और तीसरे बिरसाइत को माननेवाले। एक ही समाज धर्म के धरातल पर तीन हिस्सों में विभक्त था। ऐसे में किसी राजनीतिक गतिविधि को धार्मिक ताने-बाने में चला पाना अपने-आपमें खासा चुनौतीपूर्ण था। चुगली की गुंजाइश बनी हुई थी। मुखबिरी से बचने का एक ही तरीका था, खबर न लगने देना। तो, पहला काम यह किया गया कि बिरसा अनुयायियों के घर को परम पवित्र घोषित कर दिया गया, जिसमें अनुयायियों से इतर किसी के भी प्रवेश की मनाही थी। ऐसा करने पर उसके धार्मिक बहिष्कार का प्रावधान था। इससे बिरसा अनुयायियों के घरों में बाहरी आवाजाही को नियंत्रित किया गया।

> फलतः किसी भी संख्या में अस्त्र-शस्त्र इकट्ठा करने के लिए वे घर एक सुरक्षित स्थान थे। आबादी से अलग-अलग बसे इन मनचाहे स्थानों में इकट्ठे होकर अपनी योजनाओं के बारे में सलाह-मशविरा कर सकें और अपरिचित तथा अवांछित लोगों के वहाँ पहुँचने और उनकी बातें सुनने का डर न रहे। इनमें प्रथम श्रेणी के लोगों को प्रचारक या गुरु कहा जाता था। ये अत्यधिक विश्वासपात्र अनुयायी थे। इनके घरों में हर हफ्ते बृहस्पतिवार और रविवार को बिरसा के अनुयायियों की बैठक होती थी। बैठकें रात को होती थीं, जिनमें बिरसा या उसका कोई बहुत विश्वासपात्र व्यक्ति शामिल होता था। दूसरी श्रेणी में 'पुरानक' या पुराने लोग आते थे। ऐसे वे लोग थे जिन्होंने खुले विद्रोह का अपना मूल उद्देश्य कभी नहीं छोड़ा था। इनका चुनाव पूरे क्षेत्र के लोगों के बीच बहुत सोच-समझकर किया जाता था। आन्दोलनकारियों की तीसरी या अन्तिम श्रेणी में 'ननक' या नये भर्ती किये गए लोग आते थे। इन्हें महत्त्वपूर्ण पंचायतों में प्रवेश की अनुमति न थी, पर कार्यक्रम सम्बन्धी प्रस्तावों की जानकारी इन्हें करा दी जाती थी।[26]

उपर्युक्त विवरण बिरसाइत आन्दोलन की सांगठनिक क्षमता को दर्शाने के लिए पर्याप्त जान पड़ता है।

सांगठनिक क्षमता से इतर वैचारिक या सैद्धान्तिक धरातल पर उठाए गए कदम से बिरसा मुंडा या बिरसाइत आन्दोलन की दूरन्देशी का पता चलता है। यह विचार था 'पुरखों या पैतृक स्थानों की यात्रा'। ऊपर से देखने पर यह मामूली-सी बात लगती है। एक 'नास्टेल्जिक सेंस' भर आता है। लेकिन पुरखों की स्मृतियों के जरिये अपनी खोई जमीन को हासिल करने की यह राजनीतिक कवायद जनजातीय

समुदायों के लिए किसी 'मास्टर स्ट्रोक' से कम नहीं थी। इस पूरी यात्रा को जिस ढंग से जनजातीय दावों के रूपक के बतौर विकसित किया गया था। वह एक असाधारण घटना थी और इस एक घटना से बिरसा मुंडा की लोकस्मृति में जो जगह है उसका अनुमान किया जा सकता है कि किस ढंग से मामूली-सी लगनेवाली चीजों से उन्होंने गैर-मामूली 'नरेटिव' खड़ा कर दिया था।

आइए देखते हैं, वह नरेटिव क्या था? और किस तरीके से बिरसा मुंडा ने उसे खड़ा किया था। इस नरेटिव के मूल में मुंडाओं के पैतृक स्थान की यात्राएँ थीं। यह ऊपर से देखने पर एक मामूली बात लगती है। तीर्थ सरीखी कोई बात लगती है। पर पुरखों के जिन स्थलों का चुनाव किया गया था। अतीत के जिन स्थलों पर बिरसा अपने वर्तमान में खड़े थे, उससे मुंडा जनजाति का भविष्य सँवरनेवाला था। अतीत को हस्तगत करते हुए इतिहास पर एक दावा ठोंका गया था, जिससे मुंडा जनजाति में आधुनिक किस्म का इतिहास-बोध पैदा किया जा सके। उस इतिहास-बोध से एक साझे स्वप्न की नींव डाली जा सके। उस साझी एकजुटता के बगैर 'आबुआ राज' की कल्पना ही साकार नहीं होनी थी। यह एक किस्म की वैचारिक तैयारी थी, जिसे स्पष्ट राजनीतिक चेतना के साथ जमीन पर उतारा गया था। बोरतोडीह जो बिरसाइत आन्दोलन का नया केन्द्र था, वहाँ की बैठक में चुटिया मन्दिर, जगन्नाथपुर मन्दिर, नवरतनगढ़ का किला आदि की यात्राएँ तय हुईं। यदि आप झारखंड के इतिहास से परिचित हैं तो इन स्थलों के चुनाव मात्र से ही इसके निहितार्थों की अनुगूँज आप सुन पाएँगे। बल्कि मन-ही-मन इस विचार को सराहे और मुस्कराए बगैर नहीं रह सकेंगे। झारखंड के इतिहास में यह तीनों स्थल ऐतिहासिक-दृष्टि से बहुत महत्त्वपूर्ण रहे हैं। चुटिया तो छोटानागपुर के नामकरण और जनजातीय बसाहट की कहानी से ऐतिहासिक और जनजातीय लोक-कथाओं से सम्बद्ध है। नवरतनगढ़ के किले के बाबत हम पीछे थोड़ी चर्चा कर ही चुके हैं। उसी सिलसिले में आगे जगन्नाथपुर मन्दिर का निर्माण होता है। सुतियाम्बे में मुंडाओं के राजपाट को बिना एक बूँद रक्त गँवाए हस्तगत करनेवाले नागवंशी राजा फणिमुकुट राय के जगन्नाथ पुरी से सम्बद्धता की चर्चा भी पीछे की जा चुकी है। नहीं चर्चा की गई है तो जगन्नाथ स्वामी के आदिवासियत की। इसके अलावा नागफेनी का जिक्र आता है। नागफेनी गुमला, सिसई में स्थित एक जलप्रपात है। जहाँ कोयल नदी समतल में बहती हुई पत्थरोंवाले इलाके में प्रवेश करती है और ऊपर से गिरते हुए जलप्रपात का निर्माण करती है। नागफेनी में भी एक जगन्नाथ मन्दिर है और इसका सम्बन्ध भी नागवंशी शासकों से है। खैर, यह सभी स्थल अतीत के ऐतिहासिक महत्त्व के स्थल ठहरते हैं। उनको फिर से क्रमवार तरीके से भेंटने का एक निश्चित अभिप्राय था। अपने इतिहास और अतीत पर दावा करना कि हमारी जड़ें यहाँ हैं, यह हमारा है और यह भूभाग हमारे पुरखों का है।

इन मन्दिरों की यात्रा का उद्देश्य था कि पुरानी पैतृक वस्तुएँ इकट्ठी की जाएँ। इन वस्तुओं में चुटिया से तुलसीदल, नवरतन के प्राचीन राज्य-स्थल से पवित्र मिट्टी और जल तथा जगन्नाथपुरी मन्दिर से चन्दन का लेप लाना शामिल था। साथ ही इन यात्राओं का उद्देश्य इन स्थानों में जाति के पुरखों-पूर्वजों को श्रद्धांजलि अर्पित करना था।[27]

इन स्थलों के चुनाव में एक इतिहास-दृष्टि अनुस्यूत थी। जिन जनजातियों के बारे में लिखित इतिहास के न होने का दावा किया जाता है। बिरसा के पैतृक स्थानों की इस यात्रा से उस जनजातीय इतिहास-बोध पर पुनः विचार करने की गुंजाइश बनती है कि बिना इतिहास-बोध के उन स्थलों की ठीक-ठीक शिनाख्त वे कैसे कर पाए थे? मतलब साफ है कि जनजातीय स्मृतियों में इतिहास को सहेजने का अलग तरीका (मैकेनिज्म) मौजूद था। बिरसा मुंडा की उपरोक्त यात्रा उसका स्पष्ट प्रमाण है। लेकिन बात केवल इतनी-भर नहीं थी। पुरखों के ऐतिहासिक स्थलों की यात्रा से जुटाई चीजों से एक आनुष्ठानिक कृत्य को अंजाम दिया गया, जिसने मुंडाओं के मध्य योद्धा की मानसिकता निर्मित की। इस पूरी प्रक्रिया को घटित होते देखें तो आन्दोलन की मानसिकता प्रभावी और विश्वसनीय तरीके से निर्मित करने की इस तैयारी को शानदार मेधा का उदाहरण कहा जा सकता है। यात्रा की इस पूरी कवायद को एक 'रिचुअल' में जब तब्दील किया गया तो उस क्षण की कल्पना करें और जिनके साथ यह क्रिया सम्पन्न हुई उनकी मनोदशा का खयाल करें, तब इस कदम की क्रान्तिकारिता का बोध हो सकेगा। इस पूरे प्रकरण को समेटते हुए सुरेश सिंह लिखते हैं :

इन स्थानों की यात्रा के बाद एक परिक्रमा पूरी हुई। यात्रा के फलस्वरूप अपने वंश के अतीत के साथ उन लोगों का सम्बन्ध जुड़ गया और लोगों की सोई कल्पना-शक्ति में एक जागरण-सा हुआ। अतीत से 'वंश के धर्म' के तीन मूल तत्त्व उन्हें हासिल हो गए थे। नवरतन से यज्ञोपवीत, चुटिया से तुलसीदल और जगन्नाथपुर से प्रसाद और चन्दन का लेप। मुंडाओं को वह दैविक जल तो उपलब्ध हो गया था जिससे उन्हें योद्धा और अविजेय लड़ाकू बनने की क्षमता मिली और इस तरह सम्पन्न हुई विद्रोह की मनोवैज्ञानिक पृष्ठभूमि। बिरसा ने इस चरण की समाप्ति इस कथन से की, "मुंडाओं ने जो कुछ हासिल किया है, उसको अपने हाथ से न जाने देना चाहिए। वे उन चीजों को फिर हासिल न कर सकेंगे, जब वह (बिरसा) लौटेगा तो उन चीजों की माँग उठाएगा।"[28]

इसके बाद बिरसा उड़ीसा के जगन्नाथपुरी और वृन्दावन की यात्रा के लिए निकल जाते हैं। लेकिन आन्दोलन की रूपरेखा बननी जारी रहती है। बिरसाइत आन्दोलन में शामिल सरदार अपने ढंग से इस आन्दोलन को बढ़ाने की दिशा में आगे बढ़ते हैं और हिंसक आन्दोलन की जरूरत को समझ पाने में कामयाब रहते हैं। यद्यपि ऐसी जानकारी मिलती है कि बिरसा हिंसक आन्दोलन के पक्ष में नहीं थे लेकिन बिरसाइत आन्दोलन से जुड़ा राजनीतिक धड़ा हिंसक आन्दोलन के जरिये ही परिवर्तन का समर्थक था। बहुमत हिंसा की ओर झुकता जा रहा था। जब इस पर सहमति-सी बन जाती है तो पुनः आन्दोलन के केन्द्र को बदला जाता है। अब केन्द्र बोरतोडीह से उठकर डोम्बारी शिफ्ट हो जाता है। डोम्बारी के चुनाव का भी ऐतिहासिक, रणनीतिक और भौगोलिक तौर पर अपना महत्त्व था। अव्वल तो डोम्बारी ठेठ मुंडारी क्षेत्र में स्थित था। इतने सघन और दुर्गम वनों के बीच स्थित था कि पूरा भू-दृश्य ही एक अदृश्य किले की तरह था, जहाँ किसी का घुसना आसान तो कम-से-कम नहीं था। चारों ओर से पहाड़ों से घिरे होने के कारण उसे इस किस्म की बढ़त हासिल थी। चलकद में यह सुविधा नहीं थी और सबसे बढ़कर यह कि 'कोल विद्रोह' की भूमि भी यही थी। पिछले विद्रोह की स्मृतियाँ बहुत धुँधली नहीं पड़ी थीं।

आन्दोलन के भीतर काफी कुछ चल रहा था, सोच-विचार से लेकर उसे अंजाम देने के तरीके तक पर एक राय कायम करने की कोशिश जारी थी। आन्दोलन के भीतर धार्मिक और राजनीतिक धड़ों के भीतर सहमति नहीं बन सकी थी। इस बाबत कई सभाओं में बिरसाइतों की राय जानने की कोशिश की जा रही थी। सरदारी आन्दोलन के तीस-चालीस वर्ष के अनुभव से अधिकांश लोग यह मानकर चल रहे थे कि अहिंसक आन्दोलन से कुछ हासिल नहीं होना है। बिरसा मुंडा जेल भुगत कर बाहर आए थे। उन्हें हिंसक आन्दोलन के आगामी सिलसिलों का अनुमान था। सभाओं के उनके सम्बोधनों में स्वाभाविक मानवीय चिन्ता रह-रह कर जाहिर हो जाती थी। हिंसक आन्दोलन की अंग्रेजी राज द्वारा जो हिंसक और दमनात्मक प्रतिक्रिया होती उसका अनुमान उन्हें था। इसलिए वे धार्मिक रास्ते के पक्ष में थे, पर ज्यादातर सरदार और अनुयायी हिंसा के जरिये परिवर्तन के हामी थे। बिरसा की दलील थी कि :

> मैं तुम लोगों पर कुछ थोपना नहीं चाहता। जो भी ठीक समझो करो। पर पहले अपनी ताकत का अन्दाज कर लो और फिर मैदान में कूदो।... अगर जोर-जबर्दस्ती का रास्ता चुना तो उन्हें अपने परिवार और बच्चों को भूखे रहने को छोड़ना होगा, खुद भी भूखा रहना होगा और यही नहीं जेल तक जाने की नौबत उठानी पड़ेगी। बिरसा ने उन लोगों को

बार-बार समझाया पर वे मानने को तैयार न थे।[29]

मार्च 1898 से किसी नतीजे पर पहुँचने का सिलसिला नवम्बर 1899 तक जा पहुँचा और फिर यह तय हुआ कि 'विद्रोह राजद्रोहपूर्ण होगा और बहुत उग्र होगा।' यूँ तो इस अवधि में कई सभाएँ हुईं लेकिन निर्णायक सभा नवम्बर 1899 की डोम्बारी वाली साबित हुई। इसमें शामिल एक प्रत्यक्षदर्शी के विवरण से इस बात की पुष्टि होती है। इस बैठक में यह तय हुआ :

> ठेकेदारों, जागीरदारों, राजाओं, हाकिमों और ईसाइयों को मौत के घाट उतारा जाएगा। उपस्थित लोगों में से कुछ ने शंका प्रकट की कि क्या राजा, हाकिम और ईसाई हमारे आक्रमण के जवाब में अपनी बन्दूकों से हमें नहीं मार डालेंगे। इस पर बिरसा ने आश्वासन दिया कि हम लोगों को उनके प्रहार से कतई चोट न लगेगी। उनकी बन्दूकें और गोलियाँ पानी बन जाएँगी और हमारा कुछ न बिगाड़ सकेंगी। बिरसा ने अगली योजना के लिए बतलाया कि वह दो हफ्ते बाद ईसाई त्योहार (बड़ा दिन) के मौके पर आएगा। उस दिन तक हमें अपने हथियार तैयार कर लेने चाहिए।[30]

इस विवरण को रखने का उद्देश्य एक तथ्य को रेखांकित करना है, जिस ओर आमतौर पर ध्यान नहीं जाता है। और वह यह कि :

बिरसा के आन्दोलन को राष्ट्रवादी, औपनिवेशिक और साम्राज्यवादी फ्रेम में देखने का ऐसा चलन जोर पकड़ चुका है कि बिरसा का आन्दोलन जिन बुनियादी सवालों के मद्देनजर हुआ था, उसे हाशिये में ढकेल दिया जाता है। राष्ट्रीय नायक के बतौर स्थापित करने के लिए उनकी उपनिवेशवाद विरोधी और साम्राज्यवाद विरोधी भूमिका का रेखांकन लाजिमी हो जाता है। उस दिशा में बढ़ने से राष्ट्रीयता का आग्रह इस कदर हावी हो जाता है कि स्थानीय सवाल और परिस्थितियाँ निगाह से ओझल हो जाती हैं। न केवल बिरसा के आन्दोलन बल्कि इसके पूर्ववर्ती और परवर्ती जनजातीय आन्दोलनों के मूल में भूमि का सवाल केन्द्र में रहा है। उस सवाल का हल नहीं मिलने पर वह सामाजिक-धार्मिक आन्दोलनों की ओर अग्रसर होता है। इसके जरिये अंग्रेजी राज के हिंसा का शिकार हुए बगैर एक व्यापक एकजुटता खड़ी की जा सके। बिरसाइत आन्दोलन के मूल में भी यही बात रही है। पर इन जनजातीय धार्मिक-सामाजिक आन्दोलनों का एक अनिवार्य सन्दर्भ चर्च, ईसाई और मिशनरियों की मौजूदगी भी रही है। बिरसाइतों के निशाने पर मिशनरी समान रूप से जागीरदारों, जमींदारों और साहूकारों के साथ पहले पायदान पर मौजूद हैं। इसे बिरसा के भाषणों, उनके जीवन के अलग मौकों पर अनवरत नोटिस किया जा

सकता है। 'उलगुलान' के पूर्व बिरसाइत आन्दोलन का स्वरूप धार्मिक ही रहा था। बिरसाइत धर्म का प्रसार ईसाइयत के प्रचार में सबसे बड़ी बाधा के बतौर उपस्थित था। फादर हॉफमैन जो मुंडारी भाषा और समुदाय केन्द्रित अपने कामों के कारण बहुत सम्मानजनक दर्जा हासिल कर चुके हैं। बिरसा मुंडा और उनके द्वारा प्रवर्तित बिरसाइत धर्म के सन्दर्भ में बहुत स्वस्थ दृष्टिकोण नहीं रखते थे। बल्कि 1895 में बिरसा की शुरुआती गिरफ्तारी के मूल में जर्मन मिशनरी की भी अहम भूमिका थी। बाद में भी वे इस बात का दबाव बनाए हुए थे कि बिरसा के द्वारा ईसाई धर्म स्वीकार कर चुके मुंडाओं को वापस बिरसाइत धर्म में दीक्षित करने पर रोक लगाई जाए। मिशनरियों के कारण अंग्रेज सरकार जनजातीय आन्दोलनों का सिरदर्द मोल लेना नहीं चाहती थी। इसलिए मेयर्स ने ऐसा करने से मना कर दिया था। लेकिन बिरसा मुंडा के मन में धर्मोपदेश के कारण जेल जाने की घटना मन में बैठ गई थी। इसमें जिनकी भूमिकाएँ थीं, अपने आन्दोलन के दूसरे चरण में वह उनसे भी हिसाब करने को इच्छुक थे। इसलिए उनके निशाने पर चर्च, मिशनरी, ठेकेदार, जमींदार, साहूकार सब समान रूप से थे। सभाओं में उनके उद्‌बोधन के जो ब्योरे उपलब्ध हैं उनमें इस बात की ओर स्पष्ट संकेत मौजूद है। इसे ही देखिए :

> भाइयों, ये जो लोग आपके बीच घूमते चलते हैं, उनसे आप लोगों की सेवा ठीक से नहीं हो सकती। जो लोग कहते हैं कि पाँच या उससे कम दिन पहले मरे लोगों को फिर से जिन्दा किया जा सकता है, याद रखो कि वे तुम लोगों को बुद्धू बना रहे हैं। वे देश को बर्बाद करके छोड़ेंगे।[31]

जब वे हिंसा का आह्वान करते हैं, तो साफ-साफ कहते हैं कि "इन हथियारों से ठेकेदारों, जागीरदारों, राजाओं, हाकिमों और ईसाइयों को मौत के घाट उतारा जाएगा।"[32] वे ठेकेदारों, जमींदारों, हाकिमों के साथ ईसाइयों को रखना नहीं भूलते। इतना ही नहीं। हिंसा के लिए बड़ा दिन (क्रिसमस) का चुनाव किया जाता है और चर्च पर हमले से आन्दोलन की शुरुआत होती है। दरअसल बिरसा के लिए ईसाई मिशनरी भी 'दिकु' ही थे। उनके बहिरागत की परिभाषा बड़ी थी। इसलिए हिंसा का जब आह्वान किया गया था तो वैसे मुंडाओं को भी निशाने पर लेने की बात थी, जिन्होंने ईसाई धर्म स्वीकार कर लिया था। लेकिन बिरसाइत आन्दोलन के ईसाई विरोधी रुख की बेहद कम चर्चा होती है। बल्कि इस ओर ध्यान ही नहीं दिया और दिलाया जाता है। इसका एक दूसरा बड़ा खामियाजा यह भुगतना पड़ता है कि उनको गलत कारणों से गौरवान्वित करने की कोशिश की जाती है। इससे उनके बारे में एक दूसरे किस्म की समझदारी का निर्माण होता है। जैसे उन्हें भगवान साबित करने की कवायद की भी अपनी सीमा है और उनके आन्दोलन को अंग्रेजी साम्राज्य को उखाड़ फेंकने की कोशिश में भी एक अतिरंजना है। इन

दोनो अतिरंजनाओं से उनका राजनीतिक इस्तेमाल तो होता है, पर उनके बारे में एक गलत समझदारी भी निर्मित होती है। बिरसा एक इतिहासपुरुष है। ज्यों ही हम उन्हें भगवान बनाने पर जोर देते हैं, जनजातीय इतिहास को मिथकीकरण की दिशा में मोड़ देते हैं। जब पूरा देश मिथक को इतिहास साबित करने की दिशा में सर्वस्व झोंके हुए है, वैसे में इतिहास को मिथक के दायरे में लाने की कोशिश सराहनीय नहीं कही जा सकती है। बिरसा इतिहास पुरुष के रूप में इस कदर खम ठोंक कर खड़े हैं कि उनको हिलाना नामुमकिन है। उन्हें भगवान के तौर पर स्थापित करना उनकी ऐतिहासिक भूमिका को कमतर करना है। दूसरा यह कि ज्यों ही जंगल और जमीन के सवाल से इतर उनके उपनिवेशवाद विरोधी और साम्राज्यवाद विरोधी भूमिका को जोर देकर रेखांकित किया जाता है, तो ऐसा करके जनजातीय संसाधनों की लूट को राष्ट्रीय स्तर पर वैध साबित करने की एक पूर्वपीठिका निर्मित की जा रही होती है। सवाल उठता है कैसे? वह ऐसे कि बिरसा मुंडा ने इस देश से अंग्रेजों को उखाड़ फेंकने के लिए अपने प्राणों की आहुति दे दी। दरअसल वह बलिदान देश के लिए नहीं 'सोना लुकुम देश' के लिए था। मुंडा प्रदेश की अस्मिता की रक्षा के लिए था। 'पुरखौती स्वायत्त व्यवस्था' की रक्षा के लिए था। अपनी परम्पराओं को बचाए रखने के लिए था। बहिरागतों को अपने प्रदेश से दूर रखने के लिए था। वह 'हिन्द स्वराज' की बात नहीं थी, 'आबुआ राज' की बात थी। अतीत के मुंडाओं के स्वर्णयुग को पुनर्स्थापित करने का स्वप्न उसके मूल में था। प्रत्येक जनजातीय सामाजिक-धार्मिक आन्दोलन के मूल में 'स्वर्णयुग' की परिकल्पना मौजूद थी, जिसमें बहिरागतों (दिकुओं) से मुक्ति की बात थी। अपनी स्वायत्तता को बिना व्यवधान के जीने की चाह थी। यही प्रत्येक जनजातीय समुदाय का स्वप्न और आकांक्षा थी। ज्यों ही इसे भूलकर हम उनकी राष्ट्रीय भूमिका को महत्त्व देने लगते हैं और उन्हें राष्ट्रवादी बताने लगते हैं तो जनजातीय संसाधनों को राष्ट्रहित में कुर्बान करने की जमीन भी जाने-अनजाने तैयार करने लगते हैं।

बिरसाइत धर्म के प्रवर्तन के बाद यह जो बिरसा के आन्दोलन का दूसरा हिंसक चरण सामने आता है, यह अपने पहले चरण से कई मामलों में भिन्न साबित होता है। कुछ भिन्नताओं की चर्चा हमने ऊपर की है। कुछेक की ओर यहाँ संकेत किया जा रहा है। पहली बात तो यह कि दूसरा चरण राजनीतिक होने के बावजूद अपने धार्मिक आधार को नहीं भूला था। बल्कि इस दूसरे चरण की बुनियाद में बिरसा द्वारा प्रस्तावित बिरसाइत धर्म की परिकल्पना थी। ईसाइयों को निशाने पर लेने का एक बड़ा मकसद धर्मान्तरित मुंडाओं को वापस अपने धर्म की ओर आकर्षित करना था। तभी वांछित मुंडा प्रदेश की परिकल्पना साकार हो सकती थी। आन्दोलन के इस दूसरे चरण में प्राचीन काल के मुंडा समाज की स्मृतियाँ थीं, जिसे पाने का एक साझा स्वप्न था। इतिहास की मुख्यधारा में जैसे कोई पराधीन समुदाय अपने

इतिहास-बोध में स्वर्ण युग की परिकल्पना के जरिये एक जातीय गौरव-बोध अर्जित करता है। अतीत की वैसी ही पुनरुत्थानवादी चेतना बिरसाइत आन्दोलन के इस दूसरे चरण में साफ तौर पर लक्ष्य की जा सकती है। अतीत के इस समाज को वर्तमान में साकार करने की जो मुहिम थी उसमें बिरसा का धर्म और उसका राज एक-दूसरे से परस्पर आबद्ध थे। मतलब मुंडा राज की जो परिकल्पना थी, उसकी योजक शक्ति एक धार्मिक चेतना थी। और यही बड़ी वजह थी कि आन्दोलन के दूसरे चरण में चिह्नित करके धर्मान्तरित मुंडा ईसाइयों, चर्च और मिशनरियों पर व्यापक पैमाने पर हमले हुए। उसका शतांश भी जमींदारों और अंग्रेज अफसरों के खिलाफ नहीं हुआ। दोनों के बस एक-एक मामले देखने में आए। इसके विपरीत हिंसा के दायरे में चर्च और ईसाई ही रहे। खुद फादर हॉफमैन पर दो तीर चलाए गए। कारबरी पर भी तीर से हमला हुआ। इस हिंसक आन्दोलन के दौरान बिरसा समर्थकों द्वारा जो नारे बुलन्द किये गए उसे सुनकर भी स्थिति का आकलन किया जा सकता है। वह नारा था :

"'हेंडे राम्बरे केचे केचे, पुंडी राम्बरे केचे केचे' (काले ईसाइयों और गोरे ईसाइयों के सर काट दो, सर काट दो)।"[33] पर यह भी तथ्य है कि ईसाइयों पर उनके धार्मिक और अन्य संस्थानों पर चाहे जितने हमले हुए पर हत्या नहीं की गई। इससे जाहिर होता है कि इस हिंसा का उद्देश्य भय के जरिये अपने मुंडा भाइयों को वापस अपनी ओर आकर्षित करना था, जिससे इसे मुंडाओं के जातीय अभियान का रूप दिया जा सके।

बिरसा के आन्दोलन का यह जो दूसरा चरण था, इसके भीतर भी कई चरण थे। जैसे भले पहले चरण में ईसाइयत निशाने पर रहा, लेकिन दूसरे चरण में आक्रोश अंग्रेजी साहबों की ओर शिफ्ट होनेवाला था। वजह साफ थी। बिरसा की समझदारी में यह बात बहुत पहले शामिल हो गई थी कि 'साहेब-साहेब एक टोपी है।' तो अब एक साहेब के बाद दूसरे साहेब की बारी थी। इसके साथ ही कुछेक जमींदारों को मार डालना था, पर ऐसा हो न सका। अब आन्दोलन जिस दिशा में बढ़ चुका था, इससे इसके राजनीतिक चरित्र को लेकर कोई सन्देह नहीं रह गया था। इस बीच मिशनरी प्रधान डॉ. ए. नोट्रेट और फादर हाफमैन के बिरसा और बिरसाइतों के सन्दर्भ में दी जानेवाली राय और कार्यवाही की माँगों पर गौर करें तो मालूम होगा कि फादर हॉफमैन समेत ईसाई मिशनरियों के लिए बिरसा सबसे बड़ी चुनौती बन चुके थे। इसे इस तथ्य से भी समझा जा सकता है :

> 1885-90 में तोरपा क्षेत्र में फादर लीवेन्स के समय 15000 मुंडाओं के नाम ईसाई धर्म अपनानेवालों में अंकित किये गए। पर जब बिरसा ने अपने लोगों से वायदा किया कि उनकी प्राचीन महानता और एक

> स्वतंत्र मुंडा राज्य की फिर से स्थापना की जाएगी, तो प्रायः सभी रोमन कैथोलिक मुंडा एक साथ बिरसा आन्दोलन में शामिल हो गए।[34]

मुंडा या अन्य जनजातियों के ईसाई धर्म स्वीकार करने के मूल में उनकी पुश्तैनी जमीनों की वापसी का चर्च और मिशनरियों के द्वारा दिया गया आश्वासन था, जब यह माँग पूरी नहीं हुई तो फिर वापस अपनी आस्था-पद्धतियों की ओर लौटने की प्रक्रिया आरम्भ हुई। यह भी जनजातीय समुदाय के वस्तु-विनिमय की तरह का ही एक सौदा जैसा था, जिसमें अपने धर्म का सौदा उन्होंने खोई हुई जमीनों को पाने के बदले किया था। अपना धर्म देने के बाद भी जब जमीनें वापस नहीं मिलीं तो यह विनिमय न केवल रद्द कर दिया गया। बल्कि खुद को ठगा हुआ पाने पर मुंडाओं ने अपने रोष को चर्च और मिशनरियों के प्रति व्यक्त किया।

24 दिसम्बर की रात बिरसाइतों के द्वारा की गई हिंसा का असर यह था कि उसके बाद से ही अंग्रेजी सरकार उनके दमन के लिए जी-जान से लग गई थी। और फिर 9 जनवरी, 1900 को शर्मनाक तरीके से 'सईल रकब' के हत्याकांड को अंग्रेज अधिकारियों के द्वारा अंजाम दिया गया, जिसने बिरसा के आन्दोलन की कमर तोड़ दी। इस बीच बिरसाइतों और बिरसा आन्दोलन के समर्थकों पर अंग्रेजी दमन का एक क्रूर दौर चला। इसमें घायलों की गिरफ्तारी से लेकर भागे हुए समर्थकों की सम्पत्ति कुर्क करने तक की कार्यवाही शामिल थी। जहाँ विद्रोहियों के छिपे होने की सम्भावना थी, वहाँ खाना-पीना न पहुँच सके इतनी सख्ती बढ़ा दी गई। दुर्गम जंगलों में 'काम्बिंग' की गई। बिरसा और उसके समर्थकों की गिरफ्तारी पर ईनाम रखे गए। सेना को सड़कों पर उतारकर भय पैदा किया गया। इन सब कदमों ने बिरसा आन्दोलन की नींव उखाड़ दी। इसके बावजूद बिरसा की गिरफ्तारी में अंग्रेजी सरकार को कामयाबी हासिल नहीं हुई। तब इस किस्म के भी ईनामों की घोषणा की गई :

> कोई मानकी या मुंडा जो बिरसा को गिरफ्तार करेगा या उनके बारे में पक्की सूचना देगा तो उसे पूरे जीवन के लिए गाँव का लगानमुक्त पट्टा दिया जाएगा।[35]

फिर भी बिरसा की गिरफ्तारी सम्भव न हो सकी। बिरसाइत चूँकि जनेऊ धारण करते थे, तो उन्हें पहचान के आधार पर प्रताड़ित किया जाता था। इस प्रताड़ना से धर्मान्तरित मुंडा मुक्त थे। कुल मिलाकर बिरसाइतों के लिए यह बहुत कठिन वक्त था और आन्दोलन तकरीबन बिखर चुका था। बिरसा की गिरफ्तारी के साथ इस सिलसिले का समापन हो जाना था। वजह साफ थी—इन जनजातीय सामाजिक-धार्मिक आन्दोलनों के विकास को गौर से देखें तो मालूम पड़ता है कि

यह आन्दोलन पूरे तरीके से विकसित नहीं हो पाते थे और अंग्रेजी सरकार इसके दमन के लिए सक्रिय हो जाती थी। इसका एक बड़ा दुष्परिणाम यह भी था कि इन आन्दोलनों में नेतृत्व की दूसरी पंक्ति विकसित ही नहीं हो सकी। नेतृत्वकर्ता की गिरफ्तारी के बाद जमीन पर यह आन्दोलन बहुत तेजी से कमजोर होकर अपना सामाजिक आधार खो बैठता था। अंग्रेज इस मामले में अनुभवसिद्ध थे। इसलिए ऐसे आन्दोलनों के दमन में उनकी हतप्रभ करनेवाली तत्परता बराबर देखी जा सकती है। इस अन्यायपूर्ण दमन के क्रम में बिरसा मुंडा की जो प्रतिक्रिया हम तक पहुँचती है, वह उनकी महानता और सुलझी हुई सोच को दर्शाती है। ऐसा प्रतीत होता है कि अपने समुदाय के लोगों के द्वारा पकड़वा दिये जाने के बाद उन्हें सबसे ज्यादा चिन्ता अपने गिरफ्तार अनुयायियों की थी। इसलिए अपने निकटस्थ भरमी मुंडा से उन्होंने खुद को और अन्य को अलगाने को कहा था, जिससे सारी जवाबदेही बिरसा के सिर आए। उन्हें इस बात का थोड़ा अफसोस भी था कि उन्हें धर्मोपदेश के रास्ते पर चलना था, हिंसक रास्ते की परिणति कुछ ऐसी ही होनी थी और इसका पूर्वानुमान उन्हें कुछ हद तक था। इसलिए अपने पुनर्जन्म की बात भी वे कर गए थे, जिससे उनके मसीहापने पर उसके अनुयायियों का विश्वास बना रहे। यह जानकर हैरत हो सकती है लेकिन स्वाधीनता आन्दोलन में गांधी को बिरसा मुंडा के अवतार के रूप में देखने और मानने की बात का पता स्थानीय धरातल पर चलता है। बिरसा मुंडा की गिरफ्तारी के बाद उनकी सन्देहास्पद मृत्यु पर पर्दा आज तक टँगा है। हैजा, पेचिश से लेकर जहर देने की बात रह-रहकर सामने आती रही है। दरअसल हुआ क्या था यह अब भी सन्देह के घेरे में है। उनकी मृत्यु के बाद बिरसाइत आन्दोलन उम्मीद से ज्यादा और जल्दी ही कमजोर हो गया। बिरसा के अनुयायियों की गिरफ्तारी के बाद अंग्रेजी पुलिस और न्याय-व्यवस्था ने जो आचरण किये वह काफी निराशाजनक, अन्यायपूर्ण और शर्मनाक रहा। जैकब नामक वकील की मुंडाओं के मामले में जिरह के जो ब्योरे मिलते हैं, उसे पढ़ कर मालूम होता है कि अंग्रेज कैसे अपनी विधिक संस्थाओं का इस्तेमाल अपने साम्राज्यवादी हितों के पोषण के लिए करते थे। जैकब जब दयनीय मुंडाओं के केस को अभूतपूर्व हिम्मत के साथ लड़ रहे थे। उस वक्त उन बिरसाइतों के खिलाफ कोर्ट में दूसरी ओर जर्मन मिशन के ए. नोट्रेट खड़े होकर सख्त-से-सख्त कार्यवाही की माँग कर रहे थे। बात यहीं खत्म नहीं हो गई थी। नोट्रेट अपनी सरकार पर बिरसाइतों के साथ नरमी से पेश आने का आरोप लगा रहे थे और ज्यादा कठोर कार्यवाही की सिफारिश कर रहे थे। इससे भी बिरसाइत आन्दोलन और मिशनरियों के सम्बन्धों को समझा जा सकता है। इन गिरफ्तार बिरसाइतों में से "चौदह अभियुक्तों की मृत्यु हो गई थी, जो निश्चय ही मजिस्ट्रेट के विलम्ब नीति से शहीद हुए।"[36] जो बचे थे, उनके साथ भी बहुत कड़ाई बरती गई। कहीं कोई फिर से इस आन्दोलन के लिए ईंधन न बन

जाए, इसका विशेष खयाल रखा गया। ऐसा बिरसाइतों पर चले मुकदमों और उन पर आए फैसलों के आधार पर तो कहा ही जा सकता है। बिरसाइतों के दमन में प्रशासन से लेकर कानून तक ने जैसी भूमिका निभाई थी, उसे कम-से-कम निष्पक्ष तो नहीं कहा जा सकता है। इस कार्यवाही का एक मात्र मकसद बिरसाइतों के आन्दोलन को खत्म कर देना था। प्रशासनिक दमन की इन गतिविधियों के ब्योरों में न जाकर संक्षेप में भी अगर इन कार्यवाहियों को देखें तो अंग्रेजी राज की मंशा स्पष्ट हो जाती है। बिरसा की गिरफ्तारी के बाद बिरसाइतों के दमन के लिए जो अभियान चलाया गया उसमें कुल 482 गिरफ्तारियाँ हुईं। "इनमें राँची जिले से 348 और सिंहभूम में 134 व्यक्ति बन्दी बनाए गए थे।"[37] एक साल से ज्यादा तक चले इन मुकदमों में केवल 98 लोगों पर आरोप गठित हो सका। मतलब 20 फीसदी ही दोषी पाए गए। यदि बिरसाइतों पर चले इन मुकदमों की 'प्रोसिडिंग्स' से आप गुजरें तो आपको मालूम होगा कि अभियुक्तों को अपना प्रतिनिधि तक नहीं रखने दिया गया था। बल्कि अकारण उन्हें बहुत लम्बा कारावास भुगतना पड़ा, वह भी उन अपराधों के लिए जो उन पर कभी सिद्ध नहीं किये जा सके। मुंडाओं को अगर वकील के बतौर मि. जैकब नहीं मिले होते और 'बंगाली' नामक समाचार-पत्र न मिला होता तो बिरसाइतों के खिलाफ हुए इस न्यायिक अपराध की कोई जानकारी हम तक नहीं पहुँच पाती। बिरसाइतों पर चल रहे मुकदमों के बारे में इस अखबार ने अपने सम्पादकीय में लिखा था, "अभागे मुंडाओं ने उतने पाप नहीं किये थे, जितने से कहीं ज्यादा पाप उनके विरुद्ध किए जा रहे थे।"[38]

बहरहाल, इन मुकदमों का एक मात्र मकसद बिरसाइतों को प्रताड़ित करके उनकी हिम्मत को तोड़ देना था। अंग्रेज इसमें कामयाब रहे थे। इन मुकदमों का नतीजा इस रूप में सामने आया था :

> हॉफमैन और कारबरी पर आक्रमण करनेवाला पारस मुंडा पूर्णतः अकारण हत्या के आरोप में अपराधी पाया गया और उसे आजीवन देश-निर्वासन की सजा मिली।...गया मुंडा के मृत्युदंड-प्राप्त पुत्र सानरे को 22 अक्टूबर, 1901 को 6 बजे सुबह फाँसी दे दी गई। गवर्नर जनरल ने मृत्युदंड से मुक्त करने सम्बन्धी उसकी दया याचिका नामंजूर कर दी थी।...डोका मुंडा और माझिया मुंडा को देश-निकाला दिया गया था। सरदार-लड़ाई के सात सरदारों में से छह को भी आजीवन देश-निकाला दिया गया।[39]

इन सबके सम्मिलित प्रभाव ने बिरसाइतों और मुंडाओं के मनोबल को तोड़ दिया था। आन्दोलन की सम्भावनाओं को पूरी तरह से अंग्रेजों ने नष्ट कर दिया था। इस तरह से महान बिरसा के प्रयत्नों को अंग्रेजी राज ने अपनी क्रूरता और

बेईमानी से निष्फल कर दिया था। पर बिरसा और उसके आन्दोलन की स्मृति उनके जनसमुदाय में रच-बस चुकी थी जो अलग-अलग तरीके से लोकस्मृति में अनुगूँजित होती रहती थी। इसी अनुगूँज को सुनकर कुमार सुरेश सिंह ने बिरसा और बिरसाइतों के इतिहास को अतीत के अँधेरे गलियारे से निकालकर वर्तमान की रोशनी में रखने का काम किया था। अब भी झारखंड के इतिहास के ऐसे कई अनजाने इतिहास पुरुष विस्मृति के गर्भ में छिपे हुए हैं। जरूरत उनको भी सामने लाने की है।

अध्याय-5

टाना भगत आन्दोलन : परिप्रेक्ष्य, कारण, प्रभाव, प्रसार और परिणाम

झारखंड के जनजातीय धार्मिक-सामाजिक आन्दोलनों पर रुक कर विचार करें तो उनमें कई समरूपताएँ दिखती हैं। इन समरूपताओं से जो 'पैटर्न' उभरता है, उससे कई नतीजे निकाले जा सकते हैं। पर उन निष्कर्षों पर कोई भी बात करने के पूर्व टाना भगत आन्दोलन पर थोड़ी बात जरूरी जान पड़ती है। पहली बात यह कि इन तीन धार्मिक-सामाजिक आन्दोलनों की बात करें तो कालक्रमानुसार 'सफाहोड़' और 'खरवार आन्दोलन' पहले आता है, तत्पश्चात 'बिरसाइत आन्दोलन' और उसके बाद 'टाना भगत आन्दोलन'। खरवार आन्दोलन और बिरसाइत आन्दोलन की प्रेरणाओं में कई बातें रेखांकित करने योग्य जान पड़ती हैं, लेकिन उन साम्यताओं के मूल में उन दोनों आन्दोलनों के मध्य कोई सम्पर्क सूत्र मिल नहीं पाता है, जिससे यह कहा जा सके कि इन दोनों आन्दोलन के अगुआ या समर्थक आपस में मिलकर किसी साझा रणनीति पर काम कर रहे थे। इनकी तुलना में बिरसाइत आन्दोलन और टाना भगत आन्दोलन को परस्पर जोड़नेवाली कड़ी मिलती है। पर हमें नहीं भूलना चाहिए कि साम्यताओं के बावजूद इन आन्दोलनों की अपनी कई विशिष्टताएँ रही हैं। टाना भगत आन्दोलन तो विकसित होने के बाद जिस ढंग से महात्मा गांधी, कांग्रेस और भारतीय स्वाधीनता आन्दोलन से जुड़ता है, उससे वह पिछले जनजातीय धार्मिक-सामाजिक आन्दोलनों की तुलना में बिलकुल अलग जमीन पर खड़ा नजर आने लगता है। तो टाना भगत आन्दोलन के ऐतिहासिक परिप्रेक्ष्य से ही बात आरम्भ करते हैं।

टाना भगत आन्दोलन के सन्दर्भ में भूमि-सम्बन्धी सवालों की बात कम ही की जाती है। पर जैसा कि मैं पूर्व में ही निवेदित कर चुका हूँ कि कोई भी जनजातीय आन्दोलन अपने चरित्र में एकरेखीय नहीं रहा, उसका चरित्र हर कहीं बहुत संश्लिष्ट रहा है और एक साथ वह धार्मिक, राजनीतिक, आर्थिक और अस्मितामूलक सवालों को अपने कोख में धारण किये रहा है। तो किसी एक पहलू को उसका नाभिक

निरूपित करना समस्यामूलक साबित हो सकता है। लेकिन यह बात जोर देकर रेखांकित की जा सकती है कि इन सब आन्दोलनों के मूल में उन्हें भूमि-विषयक परम्परागत और पुश्तैनी अधिकारों से वंचित करना रहा है। शेष दुश्वारियाँ उसके बाद एक-एक करके आ जुटी हैं। सब दुश्वारियाँ मिलकर जनजातियों के लिए एक ऐसा अस्तित्वगत और अस्मितागत संकट खड़ा करती हैं, जिसका बोध उनकी स्मृति में भी ठीक-ठीक मौजूद नहीं था। इसलिए इससे लड़ने और उबरने के क्रम में वे अपने समकालीन परिवेश से हरबा-हथियार जुटाते हैं और यही कारण है कि इन जनजातीय धार्मिक-सामाजिक आन्दोलनों में एक पद्धति विकसित होती हुई दिखती है। इन आन्दोलनों के मूल में जो भी नायक रहे हों, उनको आन्दोलन की एक दैवीय प्रेरणा मिलती है। वे अपने अनुयायियों और विश्वासियों को यह भरोसा दिलाते हैं कि ईश्वर उनके साथ है और उनका कोई अनिष्ट नहीं होगा। और यदि वे उसके बताए और देवता के द्वारा सुझाए राह पर चलेंगे तो जल्द ही उनका राज आएगा। प्रत्येक जनजातीय धार्मिक-सामाजिक आन्दोलन के मूल में यह तीन बातें समान रूप से लक्ष्य की जा सकती हैं। खेरवार आन्दोलन के मूल में सन्ताल थे, बिरसाइत आन्दोलन के मूल में मुंडा थे तो टाना भगत आन्दोलन के मूल में उराँव थे। यदि गौर करें तो पाएँगे कि यह तीनों झारखंड की प्रभावशाली जनजातियों में आज शुमार हैं। वक्त के साथ प्रभाव-विस्तार के मूल में इन आन्दोलनों की भी ऐतिहासिक भूमिका रही है। जो जनजातियाँ ऐसे किसी आन्दोलन से दूर या वंचित रहीं, वे आज राजनीतिक तौर पर इन तीनों के मुकाबले कमजोर हैं। इन आन्दोलनों से सम्बन्धित जनजातियों ने खुद को आर्थिक, सामाजिक, राजनीतिक, सांस्कृतिक हर स्तर पर खुद को अन्य जनजातियों की तुलना में ज्यादा चेतना-सम्पन्न बनाने का काम किया है। इन आन्दोलनों ने इन जनजातियों को एक ऐतिहासिक बढ़त दी और इसकी पर्याप्त कीमत इन जनजातीय समुदायों ने पूर्व में चुकाई भी है। उनके ब्योरों में जाते हैं, तब मालूम होता है कि इतिहास के कितने महत्त्वपूर्ण अध्यायों की जानकारी से हम वंचित हैं। भूमि-सम्बन्धी अधिकारों को लेकर छोटानागपुर में चले सुदीर्घ 'सरदारी आन्दोलन' का ध्यान करें तो इस 'मुल्की लड़ाई' में मुंडा और उराँवों की सक्रिय सहभागिता से हम परिचित हैं। इन आन्दोलनों के मूल में जो भूमि का सवाल था, उससे भी अब हम परिचित हैं। इस आन्दोलन ने काश्तकारी अधिनियमों के द्वारा जनजातियों के भूमि-विषयक प्राधिकारों की रक्षा की दिशा में कानून बनाने की जरूरत समझाई थी। इस आन्दोलन से मुंडा और उराँवों में जो भी सामाजिक-राजनीतिक चेतना का निर्माण हुआ था, ऐसा प्रतीत होता है कि उस चेतना की बढ़ी हुई अवस्था का प्रतिफलन ही बिरसाइत और टाना भगत आन्दोलन में देखने को मिलता है। टाना भगत आन्दोलन की बात करें तो खरवार और बिरसाइत आन्दोलन की तुलना में यह बाद की परिघटना है। टाना भगत आन्दोलन का आरम्भिक स्वरूप

धार्मिक ही रहा है। प्रथम विश्वयुद्ध की पृष्ठभूमि और राष्ट्रीय स्वाधीनता आन्दोलन की लगातार मजबूत होती चेतना के मध्य उराँवों का यह धार्मिक आन्दोलन अपना विस्तार करता हुआ, सामाजिकता को भी अपने दायरे में लेता है। साथ ही बहुत कम अन्तराल पर यह अपने जनजातीय सरोकारों को राष्ट्रीय सरोकारों से जोड़कर खुद के दायरे को विस्तारित करने का काम करता है। कुमार सुरेश सिंह का भी मानना था कि "मुल्की लड़ाई के केन्द्र में, जो कृषि-विषयक साझा विचार थे, 1915 के बाद टानाभगत उसे विकसित करते हैं।"[1]

वस्तुत: यह तीनों आन्दोलन अपने सामाजिक-धार्मिक कलेवर के भीतर 'आबुआ राज' अर्थात अपना राज या कहें एक किस्म के 'स्वराज' या 'स्वायत्तता' की बात करते हैं। अंग्रेजों ने इसके लिए 'मिलेनेरियन मूवमेंट' का इस्तेमाल किया है। 'मिलेनेरियन' के मूल में ईसाइयत और बाइबिल के सन्दर्भों को दरकिनार नहीं किया जा सकता है। इन जनजातीय आन्दोलनों के बुनियादी चरित्र को समझने-समझाने के क्रम में ईसाई मिशनरियों ने इन आन्दोलनों के लिए उपर्युक्त पदबन्धों का इस्तेमाल किया था। मतलब अपनी उपलब्ध संरचना के धरातल पर उन्होंने इस आन्दोलन की समझदारी विकसित की। लेकिन उस उपलब्ध संरचना से इतर भी इसमें काफी कुछ मौजूद था, जिसे केवल 'मिलेनेरियन' के जरिये नहीं समझा जा सकता है। जब इसे 'मिलेनेरियन' के सन्दर्भ में समझना आरम्भ करते हैं तो हम इस तथ्य को भूल जाते हैं कि यह आन्दोलन तो मूलत: अंग्रेज औपनिवेशिकों द्वारा जनजातियों को उजाड़े जाने के उपक्रम के विरुद्ध एक प्रतिरोधात्मक आन्दोलन था। साम्राज्यवादी औपनिवेशिक ताकतों के पास अपने कृत्यों को छिपाने की अपार बौद्धिकता मौजूद थी। पहले वे जनजातियों को जड़ों से उखाड़ते थे, उसके बाद रहनुमा की भूमिका में आते थे। और उनकी कोशिश होती थी कि वे रहनुमा के तौर पर दर्ज हो जाएँ और शत्रु के बतौर 'दिकुओं' की मौजूदगी दर्ज की जाए। दरअसल, इन आन्दोलनों के मूल में अंग्रेज और दिकुओं का एक 'पवित्र गठबन्धन' देखा जा सकता है। लगभग जनजातीय सामाजिक-धार्मिक आन्दोलन समवेत रूप से इन दोनों के खिलाफ जाते थे। लेकिन अंग्रेजों ने 'सेफ्टी वॉल्व' के तौर पर दिकुओं की एक रक्षा पंक्ति विकसित कर ली थी। परिणामत: जनजातीय आक्रोश के शिकार दिकु होते थे, जो स्वाभाविक भी था, पर इससे अंग्रेज औपनिवेशिकों की भूमिका बदल नहीं जाती थी। बस वे खुद को परिदृश्य से ओझल करने में कामयाब हो जाया करते थे। अंग्रेज ही थे, जिन्होंने दिकुओं के लिए इस क्षेत्र में सम्भावनाओं के द्वार खोले थे। यह भी एक बड़ी वजह है कि इन आन्दोलनों को सामाजिक और धार्मिक खाँचों में देखने की वकालत की जाती है, ताकि इस तथ्य की ओर ध्यान न जा सके कि इन आन्दोलनों के मूल में भी भूमि-सम्बन्धी सवाल और खेती-किसानी के सवाल थे। बात यदि टाना भगत आन्दोलन की ही करें तो शायद ही एकबारगी

इसके मूल में कृषि-विषयक सवालों की ओर हमारा ध्यान जा पाता है! कारण स्पष्ट है कि इसके उद्‌भव के मूल में धार्मिक प्रेरणा रही है। लेकिन सचाई यही है कि टाना भगत आन्दोलन के मूल में भी भूमि और कृषि-सम्बन्धी सवाल ही थे। लेकिन हम इसे 'मिलेनेरियन मूवमेंट' या 'धार्मिक-सामाजिक आन्दोलन' के खाँचे में देखने के अभ्यस्त करा दिये गए हैं।

सन्ताल और मुंडा की तुलना में उराँव समसामयिक सभ्यतागत तौर-तरीकों के प्रति जागरूक रहे हैं। वाचिक परम्परा में तो वे कृषि के मामले में मुंडाओं से काफी आगे बढ़े हुए बताए ही गए हैं। दिवाकर मिंज लिखते हैं :

> आर्यों के सान्निध्य का प्रभाव उराँवों पर भी पड़ा है। छोटानागपुर पहुँचते-पहुँचते यह जन-जाति मुंडाओं से अपेक्षाकृत अधिक परिष्कृत और उन्नत अवस्था में थी।[2] इतना ही नहीं उराँव अकारण संघर्ष को टालने में यकीन रखनेवाले समुदाय के तौर पर जाने जाते हैं। एन. कुमार ने राँची गजेटियर (1970) में उल्लेख किया है कि मुंडा अथवा उराँव जाति में उस समय युद्ध होने का कोई पारम्परिक प्रमाण नहीं मिलता अपितु मुंडाओं ने उराँवों को कृषि हेतु अपनी खूँटकट्टी जमीन दी थी तथा उन्हें अपने बीच रहने के लिए स्थान दिया था। एन. कुमार के अनुसार मुंडाओं ने उराँवों को यह सुविधा सशर्त दी थी कि उराँवों को मांस खाना पड़ेगा और अपने पवित्र जनेऊ को उतार फेंकना होगा।... उराँव की दृष्टि में भोजन निकृष्ट था। फिर भी उन्होंने मुंडाओं का दिया हुआ भोजन स्वीकारा और इस प्रकार सभ्यता के अपने स्तर से और नीचे गिर गए। (मांस खाने और जनेऊ उतारने की शर्त क्यों रखी गई तथा उराँवों की क्या मजबूरी थी, इसका उल्लेख नहीं है)।[3]

बस एक अनुमान-भर किया जा सकता है कि जनजातियों के मध्य प्रचलित 'बार्टर सिस्टम' के कारण उराँवों ने कृतज्ञता ज्ञापित करने की मुद्रा में मुंडा प्रभावों को स्वीकार किया हो। उराँव जनजाति अपने सभ्यतागत विकास में इसे एक प्रस्थान बिन्दु के तौर पर देखती है। वे मानते हैं कि मुंडाओं के सम्पर्क में आने के बाद वे अपवित्र और अशुद्ध हो गए। धार्मिक स्तर पर अपनी पूजा-पद्धतियों को छोड़कर उन्होंने मुंडाओं से प्रभाव ग्रहण किया। अत: उनके जीवन में भी विभिन्न 'बोंगाओं' का असर होने लगा। वे वापस उस स्थिति को पाना चाहते थे, जहाँ वे मुंडाओं के खान-पान और 'बोंगाओं' के प्रभाव से मुक्त थे। इस दृष्टि से देखें तो यह एक अलग धर्म-साधना या पद्धति की तलाश भी थी। मुसलमानों से रोहतासगढ़ हारने के बाद वे छोटानागपुर आए थे और यहाँ मुंडाओं के शर्तों पर उन्हें आश्रय मिला था। (रोहतासगढ़ में उराँवों के शासन-काल को लेकर भी ऊहापोह की स्थिति बनी हुई

है।) टाना भगत आन्दोलन में शामिल टाना भगतों का स्पष्ट मानना था कि मुंडाओं के अपवित्र और अशुद्ध पद्धतियों के अनुपालन के कारण उनकी स्थिति दिन-ब-दिन बिगड़ती चली गई। इसमें खान-पान की आदतों से लेकर वे भूत-प्रेत की उपासना आदि को गिनाते हैं। खैर रोहतासगढ़ से पलायन के बाद जब वे छोटानागपुर के मुंडारी गाँवों में बस गए तो मुंडा वहाँ से कहीं अन्यत्र चले गए, उन गाँवों में भी पहान के पद पर उन्होंने मुंडाओं को ही स्वीकार किया। मुंडा अपने गाँव, ससन्दरी और सरना स्थल आदि छोड़कर क्यों चले गए? इसके बारे में भी बहुत प्रामाणिक जानकारी नहीं मिलती है। कुछ लोग इसके मूल में उराँवों की उपस्थिति को ही देखते हैं :

> उराँवों के दबाव में मुंडा जनजाति अपना घर-बार एवं साफ की गई भूमि छोड़कर पूर्व एवं पूर्व-दक्षिण दिशा की ओर पलायित हुई। स्वाभाविक है कि घर-द्वार के साथ मुंडाओं का सरना स्थल तथा अन्य वे सभी क्षेत्र उराँवों के अधिकार में आ गए जो मुंडाओं के धर्म या देवताओं से सम्बन्धित थे। उराँव लोग मुंडा देवी-देवताओं का कोपभाजन नहीं होना चाहते थे। अतः उन्होंने पूजा करनेवाले मुंडा पुजारियों का उपयोग किया और इस प्रकार सरना-स्थल तथा क्षेत्रीय देवी-देवताओं की मुंडानुसार धार्मिक व्यवस्था छिन्न-भिन्न नहीं होने पाई। कालक्रम में इन्हीं पूजा-स्थलों या क्षेत्रों से जुड़े हुए उराँवों की अवधारणा के अनुरूप उनके देवी-देवता एवं नाद विकसित हुए। उराँव धर्म में चाला पच्चो के अतिरिक्त पहाड़ या पाट राजा, डाढ़ा देसौली, चतुरसीमान आदि को मुंडा धर्म के समानान्तर परवर्ती विकास माना जा सकता है। जादू-टोना तथा प्रेतात्माओं के अनिष्टकारी प्रहारों को निरस्त करने के लिए उराँव धर्म में माती, ओझा, सोखा एवं भगत की एक समानान्तर संस्था विकसित हुई जिसमें महादेव, भुईफूट-महादेव, चंडी, काली, दुर्गा एवं देवीमाई की शक्ति का आह्वान किया गया। इनकी पूजा विधि में पशु-बलि की अपेक्षा अन्न, फल-फूल, दूध का अधिक महत्त्व मिलने लगा। भुई-फूट महादेव के भक्त पूर्णतः शाकाहारी और नेम-व्रत का पालन करनेवाले होते थे। इस बीच कबीरपंथियों एवं वैष्णव धर्म का प्रभाव उराँव धर्म को एक सुसंस्कृत दिशा प्रदान करने लगा जिसे टाना भगतों के विकास की पृष्ठभूमि माना जा सकता है।[4] इतना ही नहीं हम पाते हैं कि मुंडाओं की भाँति उराँव भी मध्यकालीन भक्ति आन्दोलन के सम्पर्क में आए थे। परिणामतः उनके मध्य कई भक्ति या भगत समुदाय उग आए थे।...लेकिन धार्मिक नेग-नियमों के प्रति बहुत पवित्रतावादी या शुद्धतावादी रुख तब इन्होंने नहीं अपनाया था।[5]

लेकिन हिन्दू धर्म का प्रभाव इनके धार्मिक जीवन पर दिख रहा था। हिन्दू देवी-देवताओं की पूजा-उपासना का प्रचलन इनके बीच मध्यकाल में देखे जाने की बात की जाती है। लेकिन कोई भी सांस्कृतिक गतिविधि एकतरफा नहीं होती है। उनके मध्य आपसी लेन-देन जैसी चीजें घटित होती हैं। अब इस किस्म के अध्ययन सामने आ रहे हैं, जो बहुत से हिन्दू देवी-देवताओं को मूल रूप में जनजातीय देवी-देवताओं के रूप में चिह्नित करने का काम कर रहे हैं। इससे अब यह अलग शोध का विषय हो गया है कि जिसे हम जनजातियों के सन्दर्भ में हिन्दू देवी-देवताओं के सम्पर्क में आने या प्रभावित होने के तौर पर रेखांकित कर रहे हैं। क्या उससे पहले आदिवासी देवी-देवताओं के हिन्दू धर्म में आत्मसातीकरण की एक प्रक्रिया नहीं घटित हो चुकी थी? या आदिवासी चेतना के आलोक में अतीत के गौरव-बोध को पुन:सृजित करने की यह एक कोशिश मात्र है! ऐसा हम पूर्व में भी देख चुके हैं कि विजातीय तत्त्वों के आत्मसातीकरण की एक परम्परा हिन्दू धर्म में रही है। बस इस बात को स्वीकार करने के मूल में सबसे बड़ी बाधा मनुष्यों के विजेताओं का अनुकरण करने की प्रवृत्ति रही है। जनजातियाँ पराजित होकर पलायित होती रही हैं, यह एक इतिहास समर्थित तथ्य है। लेकिन यह भी तथ्य है कि जनजातियों के शासन के इतिहास और उनकी वंश-परम्परा और उनके राज्यों के इतिहास के बारे में ढंग के शोध उपलब्ध नहीं हैं। लेकिन अब इस दिशा में भी काम हो रहा है और उनका प्रकाशन भी हो रहा है। आनेवाले वक्त में इस दिशा में कुछ प्रामाणिक और आधिकारिक बातें सामने आने की सम्भावना बन रही हैं।[6]

जनजातीय राजवंशों के इतिहास, जनजातीय राज्यों के गठन, जनजातीय मिथकों, सृष्टि-कथाओं आदि के नवीनतम शोधों से अब बहुत-सी पुरानी मान्यताएँ उतनी प्रभावी नहीं जान पड़ती हैं। अब ऐसे अध्ययन मौजूद हैं जो तथ्यों और तर्कों की कसौटी पर जनजातीय देवी-देवताओं के हिन्दू धर्म में आत्मसातीकरण की प्रक्रिया को प्रस्तावित कर रहे हैं। चूँकि वह हमारा अभीष्ट नहीं है तो उस दिशा में नहीं बढ़ रहे हैं।

लौटते हैं मूल मुद्दे पर कि इस पूरे प्रसंग में जो सवाल ध्यातव्य है वह यह कि आखिर औपनिवेशिक काल में ही जनजातीय समुदायों के मध्य यह धार्मिक आन्दोलन क्यों आरम्भ होते हैं? धर्म या ईश्वर की शरण में कोई जाति कब जाती है? ऐसा प्रतीत होता है कि जैसे इस्लामी आक्रान्ताओं के सम्पर्क में आने के बाद उत्तर भारत में भक्ति आन्दोलन की प्रतिक्रिया देखने को मिलती है। वैसे ही ईसाई मिशनरियों के सम्पर्क में आने के बाद और बाहरी हिन्दू आबादी के बढ़ते प्रभाव की प्रतिक्रिया में इन जनजातीय धार्मिक-सामाजिक आन्दोलनों की शुरुआत होती है। यही वजह है कि इन जनजातीय आन्दोलनों में ईसाइयत और हिन्दुत्व दोनों का असर देखने को मिलता है।

टाना भगत आन्दोलन के उदय के मूल में जतरा उराँव की निर्णायक उपस्थिति है। टाना भगत आन्दोलन के जितने भी अगुआ हुए वे सब उराँव समुदाय से हुए। उसके अनुयायी भी लगभग उराँव समुदायों से ही आए। कुछ मुंडा और खड़िया भी इस आन्दोलन में शामिल हुए लेकिन उनकी संख्या बहुत कम थी। इस दृष्टि से देखें तो उराँव समुदाय और उराँव बहुल क्षेत्र ही टाना भगत आन्दोलन का संग्रहण क्षेत्र (कैचमेंट एरिया) था। इस कारण टाना भगत आन्दोलन को उराँव समाज के आन्दोलन के बतौर देखा जाता है। इन तीनों आन्दोलनों में जो एक बात सामान्य है, वह यह कि अपने जनजातीय आधार का इस्तेमाल करते हुए यह तीनों विकसित होते हैं। लेकिन अपने परम्परागत जनजातीय आधार के भीतर से एक नये धर्म की परिकल्पना प्रस्तुत करते हैं। अपने परम्परागत समाज से खुद को अलग और विशिष्ट दिखाने की चाह इन धार्मिक-सामाजिक आन्दोलनों की एक बुनियादी विशेषता के तौर पर देखी जा सकती है। खुद के वैशिष्ट्य निरूपण के क्रम में वे अपने परम्परागत समाज के प्रति आलोचनात्मक रुख अपनाते हैं, बल्कि आत्ममन्थन के क्रम में उस समुदाय की कमियों और अन्तर्विरोधों को भी उजागर करने का काम करते हैं। ऐसा करके वे अपने नये पंथ के लिए जमीन विकसित करने का काम करते हैं। अपने समुदाय में नये पंथ की धार्मिक और सामाजिक स्वीकृति के लिए जमीन विकसित करने का काम करते हैं। मतलब मुंडा, सन्ताल और उराँव जनजाति के साथ समानान्तर तौर पर आज भी उन क्षेत्रों में बिरसाइत, खरवार और टाना भगतों की मौजूदगी देखी जा सकती है। साल 2022 में बिरसाइत और टाना भगतों की संख्या दस हजार तक बताई गई है।

इस तथ्य को अलग से यहाँ रेखांकित करने का आशय यह है कि टाना भगतों ने खुद को एक बिलकुल अलग ही समुदाय और धार्मिक मतावलम्बी के तौर पर विकसित किया। उराँव समाज से खुद को अलग दिखाने पर भी उनका जोर रहा है। संगीता दासगुप्ता अपनी सद्य: प्रकाशित किताब में इस बात को जोर देकर रेखांकित करती हैं :

> आदिवासी कोई ऐसी समरूप (होमोजीनस) सामुदायिक इकाई नहीं रही है, जो बाहरी शोषकों के खिलाफ हमेशा एकजुट होकर अपना विरोध दर्ज कराती रही है। उनका ऐसा चित्रण उनके सामुदायिक अन्तर्विरोधों को सामने आने से रोकता रहा है। औपनिवेशिक दखल ने उराँवों के मध्य जो सामुदायिक सोपानीकृत व्यवस्था थी, उसे मजबूत करने का काम किया था। इसलिए टाना भगत आन्दोलन केवल गैर-उराँवों, जमींदारों, महाजन-साहूकारों और अंग्रेजों के खिलाफ प्रतिरोध

> का सूचक नहीं है बल्कि उराँव समुदाय के आन्तरिक तनावों को भी उजागर करनेवाला था।[7]

यह सच है कि जनजातीय समुदाय में अपनी सामुदायिक सोपानिकता रही है। मुंडाओं के यहाँ भी इस पदसोपानिकता को पुष्ट करने की औपनिवेशिक कोशिश साफ-साफ देखी जा सकती है। सन्ताल के यहाँ भी माँझियों को अलग से तवज्जो दिये जाने की औपनिवेशिक नीति देखने को मिलती है। और कमोवेश उराँवों के मध्य भी अंग्रेज इस नीति को लागू करते हैं। अपने उपर्युक्त तर्क को ज्यादा स्पष्ट करते हुए संगीता दासगुप्ता यह दिखाती हैं :

> आदिवासियों के समानतामूलक समाज (ट्राईबल इगालिटेरियनिज्म) की अवधारणा एक वैध तथ्य है लेकिन यह बराबरी आरम्भिक खूँट (ओरिजिनल सेटलर्स) के कोर समूह के बीच की चीज रही है। इसलिए इस सवाल को ध्यान में रखना चाहिए।[8]

इस बात को वे हवा में उछालनेवाले अन्दाज में नहीं कहती हैं बल्कि सप्रमाण-सविस्तार रखती हैं। इसके लिए वे 'राँची जिले के रिवीजिनल सर्वे के अन्तिम प्रतिवेदन' में उल्लिखित बातों से अपनी स्थापना के लिए तथ्य लेकर आती हैं। अन्य स्रोतों के हवाले से भी कई बातें रेखांकित करती हैं। जिसमें इन आरम्भिक खूँट के रैयतों के सूद के व्यापार में उतरने की पुष्टि होती है। मतलब बाहरी महाजनों के साथ-साथ जनजातीय समुदाय के बीच भी एक वर्ग के उदय को रेखांकित करती हैं जो जमीन गिरवी रखकर कर्ज देने का काम किया करता था। आरम्भिक खूँट के काश्तकार जिस खूँटकट्टी या भूईंहरी जमीन के स्वामी थे, उनके बारे में कही गई इस बात पर वे पुनर्विचार करने को कहती हैं कि वे 'उनके बीच के होकर प्रथमगण्य-भर नहीं थे, (अ फर्स्ट अमंग इक्वल्स)।' वे विशिष्ट थे और उनको विशिष्ट अधिकार प्राप्त थे। 1908 में पारित छोटानागपुर काश्तकारी अधिनियम के सबसे बड़े लाभुक भी इसी भुईंहरी वर्ग के काश्तकार थे। 1908 का छोटानागपुर काश्तकारी अधिनियम जनजातीय सन्दर्भों में एक प्रस्थान बिन्दु की तरह है। इससे भुईंहरों को अपने खोई जमीन वापस पाने में एक बड़ी कानूनी मदद हासिल होती है। इससे उराँव जनजाति के मध्य एक महाजन वर्ग का उदय होता है। एफ. ई. ए. टेलर, जो उस वक्त बन्दोबस्ती अधिकारी थे, उन्होंने अपनी रिपोर्ट में, जो 1927-35 के बीच के सेटेलमेंट सर्वे पर केन्द्रित थी, में साफ-साफ इस बात का जिक्र किया है :

> कई आदिवासी उधार पर पैसे देने का काम कर रहे थे, लेकिन यह भी कि उनमें से कुछ को छोड़ दें, तो उनमें से ज्यादातर का यह

> पूर्णकालिक पेशा नहीं था। राँची रीविजनल सर्वे की रिपोर्ट से आदिवासी समुदाय के इस धड़े के सन्दर्भ में यह निर्णायक बात सामने आती है कि आदिवासियों के जमीन अपेक्षाकृत ज्यादा तेज और प्रभावशाली आदिवासी काश्तकारों के यहाँ बन्धक रखी जा रही थी न कि पेशेवर साहूकार और महाजनों के यहाँ। बैंकिंग जाँच समिति ने भी अपनी जाँच में टंगाँव के बारे में यह लिखा है कि सभी कर्जों में दो कर्ज ऐसे थे, जो गाँव के ही मुंडा या पहान या भुईंहर रैयत से लिये गए थे।[9]

इस उद्धरण का आशय यह दिखलाना नहीं है कि गैर-आदिवासी या दिकुओं से इतर उनके अपने समाज में भी यह प्रथा घर कर गई थी। बल्कि इस तथ्य को रेखांकित करना है कि उराँव समुदाय के भीतर भी एक श्रेणीकरण मौजूद था। उस श्रेणीकरण में जो ऊपर थे, वे निचले तबके के उराँवों से बेहतर स्थिति में थे। इसलिए टाना भगत आन्दोलन केवल गैर-उराँवों के खिलाफ नहीं था, बल्कि उसके भीतर भुईंहर और गैर-भुईंहर वाली भावना भी क्रियाशील थी। इसे समझने के लिए उराँवों के बीच तत्कालीन श्रेणीकरण की परतों को थोड़ा समझना होगा। तब टाना भगत आन्दोलन के सामाजिक आधार और लक्ष्यों को हम ज्यादा बेहतर तरीके से समझ पाएँगे। बुनियादी तौर पर चार किस्म की श्रेणियों की चर्चा मिलती है। इस श्रेणीकरण का उल्लेख मेंसफील्ड नामक सेटलमेंट ऑफिसर के सर्वे रिपोर्ट में मिलता है। पहला जिनके पास खूँटकट्टी अधिकार था अर्थात् वे काश्तकार या रैयत जिनके पूर्वजों ने इस इलाके के जंगल को साफ कर कृषि-योग्य जमीनें निर्मित कीं, एक किस्म की भुईंहरी जमीन के मालिक। इनके लिए अंग्रेजी में 'आक्यूपेंसी रैयत' पदबन्ध का इस्तेमाल किया गया है। दूसरा, 'नन आक्यूपेंसी रैयत' और 'अंडर रैयत'। टाना भगत इसी श्रेणी के अन्तर्गत आते हैं। तीसरी श्रेणी 'धाँगरों' की थी। जो मूलतः कृषक-मजदूर की श्रेणी में आते थे। और चौथे वे थे, जो चाय बागानों से लेकर दूसरी जगहों पर प्रवासी या बँधुआ मजदूरी करने को अभिशप्त थे। इनमें से 'आक्यूपेंसी रैयत' को छोड़कर सबकी दशा खराब थी। खूँटकट्टी या भुईंहरी काश्तकारों को कई किस्म की रियायतें हासिल थीं। सबसे पहले तो भुईंहरी जमीन पर उन्हें कोई लगान या मालगुजारी नहीं देना होता था। दूसरे जिन्हें 'अंडर रैयत' का दर्जा हासिल था, सबसे अधिक वे लगान, मालगुजारी, चौकीदारी टैक्स के दायरे में थे। अंग्रेजों के आने के पूर्व उनकी स्थिति भुईंहरी काश्तकारों से बहुत अलग नहीं थी। स्वैच्छिक तौर पर वे उपज का कुछ हिस्सा 'रुकमत' के तौर पर और श्रम का कुछ हिस्सा 'बैठ-बेगारी' के तौर पर दिया करते थे। लेकिन अंग्रेजी राज में इनके साथ वे मालगुजारी और चौकीदारी टैक्स के दायरे में आ गए थे। उन्हीं के समुदाय का एक वर्ग 1908 के बाद इस स्थिति से निजात पा गया था।

इसलिए टाना भगत आन्दोलन के सन्दर्भ में संगीता दासगुप्ता इस तथ्य को जोर देकर रेखांकित करती हैं :

> टानाओं का विरोध भुईंहरों के प्रति भी था, जिन्हें मिशनरियों का समर्थन हासिल था। इस बात को बल इस बात से भी मिलता है कि बन्दोबस्ती अभियान के आसपास इस आन्दोलन की शुरुआत होती है। रीड के इस पर्यवेक्षण में जो बात अलग से गौर करने की है वह यह कि मालगुजारी, वनोपज का अधिकार, कोड़कर भूमि का दावा और वास्तविक अधिकार आदि के विवादों का निपटारा सर्वाधिक मुश्किल मांडर, राँची, बेड़ो और लोहरदगा थाना क्षेत्र में थे। और यह सभी टाना भगत आन्दोलन के केन्द्र थे। साथ ही 1860 ई. के बाद गोस्सनर ईवांजिलिकल लूथरन मिशन ने जिन क्षेत्रों में अपना प्रसार किया था। उनमें लोहरदगा, चैनपुर, गुमला, बरवे, बिरू, गंगपुर और जसपुर प्रमुख थे और संयोग से यह वे ही क्षेत्र हैं, जहाँ टाना भगत आन्दोलन केन्द्रित था।[10]

इससे टाना भगत आन्दोलन को समझने का जो एक जरूरी सूत्र हाथ लगता है, वह यह कि भुईंहरी खूँट के उराँवों को मिलनेवाली ईसाई मिशनरियों की मदद के प्रति भी 'अधीन रैयतों' में एक नाराजगी का भाव था। इस कारण जब उन्होंने उराँवों और धर्मान्तरित ईसाई उराँवों की तुलना में अलग टाना धर्म की प्रस्तावना की तो या तो उन्होंने बिरसाइतों से प्रभाव ग्रहण करना पसन्द किया या फिर हिन्दुओं से। इस प्रसंग में एक दिलचस्प बात और रेखांकित करने योग्य है कि जनजातीय समुदाय हर कहीं अपने सामाजिक-धार्मिक आन्दोलनों में प्रभाव ग्रहण का काम ईसाई या हिन्दुओं से करते हैं। मुसलमान इस मामले में कहीं प्रभावी नजर नहीं आते हैं। बल्कि उराँवों के यहाँ तो मुसलमान एक खलनायक के बतौर मौजूद हैं। रोहतासगढ़ से उन्हें बेदखल करनेवालों के रूप में वे उनकी स्मृति और इतिहास में दर्ज हैं। चैटर्टन ने अपनी किताब में इस बात का साफ उल्लेख किया है कि "जनजातीय समुदायों के साथ जोल्हों (मुसलमानों) का सौहार्दपूर्ण सम्बन्ध नहीं था।"[11] (लेकिन 1940 ई. में इस दृष्टिकोण में बदलाव देखने को मिलता है, जब रामगढ़ अधिवेशन के बाद आदिवासी महासभा जयपाल सिंह मुंडा के नेतृत्व में मुसलमानों को भी आदिवासी कहती है। उस वक्त कांग्रेस के विरोध में एक व्यापक एकजुटता प्रदर्शित करने के लिए यह राजनीतिक दृष्टि वे अपनाते हैं।) तो इस प्रकार टाना भगत आन्दोलन में आरम्भिक खूँट के काश्तकार या रैयत को हासिल विशेषाधिकार के प्रति एक नाराजगी और असन्तोष की अन्तर्धारा की मौजूदगी को लक्ष्य किया जा सकता है। और सम्भवत: यही कारण रहे कि टाना भगत आन्दोलन में हमें हिन्दूवादी प्रभावों की छाया दृष्टिगत होती है।

छोटानागपुर के इतिहास को ध्यान से देखें तो औपनिवेशिक काल में मुंडा और उराँव समान रूप से छोटानागपुर में उपस्थित रहे हैं। औपनिवेशिक काल में अंग्रेज और उनकी समर्थित व्यवस्था ने समान रूप से दोनों को तबाह करने का काम किया। मुंडा जनजाति में इसके खिलाफ सतत आक्रोश और विद्रोह देखने को मिलता है। उन विद्रोहों में उराँव भी बराबर शामिल रहे हैं। लेकिन कुछ आन्दोलनों में मुंडाओं की बढ़-चढ़कर की गई भागीदारी से ऐसा जान पड़ता है कि उराँव आन्दोलनों के मामले में मुंडाओं से पीछे ठहरते हैं। सन्ताल के पास सिदो, कान्हु, चाँद, भैरव जैसे नायक हैं। मुंडाओं के पास बिरसा मुंडा के रूप में 'धरती आबा' हैं। उराँवों के पास ऐसे नायक के रूप में वीर बुधु भगत का नाम 1914 के पहले देखने को मिलता है। 1914 ई. में जतरा उराँव का अभ्युदय जतरा टाना भगत के तौर पर होता है। और यहीं उराँव समुदाय को उनका चिरप्रतीक्षित नायक प्राप्त होता है। जतरा भगत के नायकत्व अर्जन के इतिहास पर गौर करें तो वह बिरसा मुंडा के जीवन से प्रभावित जान पड़ते हैं। ऐसा कहने का आधार वह पूरा घटनाक्रम है, जिसके आधार पर जतरा टाना भगत ऐतिहासिक पुरुष की अर्हता अर्जित करते हैं। उस प्रक्रिया और ऐतिहासिक परिस्थिति की ओर थोड़ा संकेत करना उचित जान पड़ता है, जिसे हम 'मुल्की लड़ाई' के तौर पर जानते हैं या आगे चलकर जो 'बिरसाइत आन्दोलन' आरम्भ होता है। उसमें प्रमुखता यद्यपि मुंडाओं की थी, लेकिन उराँव भी उसमें शामिल रहे थे। इसके प्रमाण मौजूद हैं। बल्कि कुमार सुरेश सिंह तो लोकगीत का एक अंश उद्धृत करते हुए यहाँ तक लिखते हैं कि "टाना धर्म के प्रस्तोता भी बिरसा भगवान ही थे।"[12]

इतना ही नहीं बिरसाइत आन्दोलन के आरम्भ के पूर्व बिरसा मुंडा के 'डोइसागढ़' जाने का भी जिक्र मिलता है। डोइसागढ़ या नवरतनगढ़ नागवंशी शासकों का एक केन्द्र था। जो मुंडाओं के सुतियाम्बे के गढ़ के बिखरने के बाद सत्रहवीं शताब्दी में आबाद होता है। यह डोइसागढ़ या नवरतनगढ़वाला क्षेत्र उराँव बहुल क्षेत्र के रूप में विकसित होता है। बिरसाइतों के मध्य जैसे बृहस्पतिवार का दिन धार्मिक दृष्टिकोण से महत्त्वपूर्ण माना जाता था, टाना भगत आन्दोलन में भी बृहस्पतिवार की पवित्रता अक्षुण्ण बनी रहती है। उस दिन उराँव भी कोई काम करना पसन्द नहीं करते हैं। इसके अलावा भी बहुत-सी समरूपताएँ दोनों आन्दोलनों में लक्ष्य की जा सकती हैं। बिरसा मुंडा के ईश्वर से साक्षात् होने के प्रकरण में हम अन्य साक्षियों को उपस्थिति पाते हैं, जो गाँव जाकर बिरसा के भगवान होने की बात करते हैं। टाना भगत आन्दोलन के प्रवर्तक जतरा उराँव स्वयं खुद को ईश्वर घोषित करते हैं :

> 21 अप्रैल, 1914 को जतरा उराँव अपने दैवीय प्रेरणा प्राप्त करने की

> बात करते हैं कि धर्मेश ने स्वप्न में प्रकट होकर उराँव राज की स्थापना के लिए जतरा को विशेष दिशा-निर्देश और अलौकिक शक्तियाँ प्रदान की हैं। जब 'उराँव राज' की स्थापना होगी, तो जतरा टाना भगत उसके राजा बनेंगे और उसके सहयोगी भी छोटे राजाओं का दर्जा प्राप्त करेंगे। उनको अपने समुदाय को मंत्र सिखाने के अभियान की भी जवाबदेही धर्मेश ने सौंपी थी। धर्मेश ने उन पर भरोसा जताया था कि वे अपने समुदाय के लोगों को भूत और बुरी आत्माओं के प्रभाव से टान (खींच) कर बाहर निकाल लेंगे, जिनकी उपासना ने उनके लोगों के जीवन-स्तर को गिराने का काम किया है। ऐसा करके वे अपने लोगों को न केवल शुद्ध करने का काम करेंगे, बल्कि उनके जीवन में जरूरी सुधार को सम्भव कर सकेंगे, जिससे उराँव समुदाय हिन्दुओं और ईसाइयों के समकक्ष आ खड़ा होगा।[13]

यहाँ भी गौर करने की बात है कि टाना भगतों के मन में बराबरी की इच्छा हिन्दुओं और ईसाइयों से है। भुईंहरों के बीच ईसाइयत मौजूद है तो सम्भवत: प्रतिक्रियास्वरूप वे हिन्दू प्रभावों की ओर लौटते हैं। हिन्दू प्रभाव से आशय जनेऊ धारण करने से है, गोमांस के भक्षण के त्याग से है, मंत्रोच्चार के साथ घंटियाँ बजाने से है। यद्यपि इनमें से प्रथम दो बिरसाइतों के मध्य भी समान रूप से मौजूद है।

टाना भगत आन्दोलन के मूल में एक बुनियादी समझदारी यह थी कि चूँकि मुंडाओं के सम्पर्क में आने के बाद उराँव उनके बोंगाओं को मानने लगे थे। भूत व प्रेतात्माओं को पूजने और मानने की जो परम्परा मुंडाओं में थी, उसे उन्होंने अपना लिया था। इसलिए माती, ओझा, सोखा एवं भगत आदि की परम्पराएँ और झाड़-फूँक की एक पद्धति उराँवों में घर कर गई थी। टाना भगत आन्दोलन में जो टाना है, वह 'टानना' शब्द से निष्पन्न है, जिसका अर्थ होता है, खींचना। उराँव समुदाय ने अपने भीतर पैठी बुराइयों और अन्धविश्वासों को इस आन्दोलन के जरिये बाहर खींच निकालने की एक मुहिम चलाई। बुरी आत्माओं को निकालने के लिए वे मंत्रोच्चार किया करते थे। आन्दोलन के विकसित होने के साथ मंत्रोच्चार की इस परिपाटी में एक अनूठा कहें अथवा मूलगामी या क्रान्तिकारी बदलाव देखने को मिला :

> आन्दोलन फैलता हुआ जब घाघरा, गुमला और बिशुनपुर थानों में पहुँचा तो, जो मंत्र भूत या प्रेतात्माओं को वस्तुत: संकेतित करते थे, उन मंत्रों में भूतों की जगह बाभन (भूमिहार, बिहार की एक ऊँची जाति), मुसलमान और अंग्रेज आदि सूची में शामिल हो गए थे।[14]

इसी के साथ आन्दोलन के विस्तार के साथ एकेश्वरवाद, शाकाहार और मद्यपान निषेध की बातें आ जुटीं। इसी बुनियादी जमीन पर टाना भगत आन्दोलन आकार ग्रहण करता और विकसित होता है। यहाँ यह स्पष्ट कर देना बेहतर होगा कि महात्मा गांधी के सम्पर्क में आने के पूर्व टाना भगत शाकाहार, अहिंसा और मद्यपान निषेध के रास्ते पर चल चुके थे। इसलिए यह कह सकते हैं कि उराँवों के मध्य टाना भगत आन्दोलन के रूप में एक नवाचार का उदय होता है। धार्मिक आचरण के बतौर इसके स्वीकार और अनुपालन से 'टाना धर्म' प्रकट होता है। जतरा टाना भगत इस पंथ या धर्म में ईश्वर मान लिये जाते हैं। उनके अनुयायियों की संख्या बढ़ने लगती है। उनके अनुयायियों को अपने ईश्वर अर्थात जतरा टाना भगत के अलावा किसी की बात भी सुनने या मानने की मनाही थी। जतरा टाना भगत पर बढ़ती आस्था और उनके अनुयायियों की बढ़ती संख्या केवल धार्मिक दायरे तक सीमित नहीं रह जाती है। अपने जीवन-स्तर पर सुधार के दूसरे कारणों की पड़ताल करते हुए उसमें सामाजिक समस्याओं के निदान की सम्भावित दिशा में भी पहलकदमी आरम्भ होती है। जैसे ही यह समुदायगत सामाजिक समस्याओं पर अपना ध्यान केन्द्रित करती है, मामला राजनीतिक होने लगता है और बहुत कम समय में धार्मिक जमीन से उपजा यह आन्दोलन सामाजिकता के गलियारे से होता हुआ राजनीतिक हो उठता है। अल्पावधि में इसके बढ़ते प्रभाव का ही असर था कि 21 अप्रैल, 1914 को जतरा उराँव के द्वारा धर्मेश से स्वप्न में मिलने की बात की जाती है और उसके दो दिन बाद 23 अप्रैल, 1914 को जतरा उराँव को गिरफ्तार करके जेल में डाल दिया जाता है। उन पर प्रोपगैंडा फैलाने, क्षेत्र की शान्ति-व्यवस्था भंग करने का आरोप लगाकर जेल में डाल दिया जाता है। किसी भी जनजातीय आन्दोलन पर इतनी त्वरित कार्यवाही का दूसरा उदाहरण मौजूद नहीं है। इसके मूल में दो कारण फौरी तौर पर समझ में आते हैं पहले कारण को समझने के लिए उस दौर के परिवेश की एक अन्तरराष्ट्रीय परिघटना का स्मरण आवश्यक है। और वह है प्रथम विश्वयुद्ध की काली छाया। हम जानते हैं प्रथम विश्वयुद्ध में ग्रेट ब्रिटेन और जर्मनी आमने-सामने थे। छोटानागपुर के उत्तर-पश्चिमी भूभाग में उराँव बहुल आबादी के मध्य जर्मन मिशनरियों का दबदबा था। जर्मन मिशनरियों ने उराँवों के मध्य बड़ी संख्या में धर्मान्तरण के काम को अंजाम दिया था। अंग्रेजी राज ऐसे धर्मान्तरित ईसाई आदिवासियों को सन्देह की दृष्टि से देख रहे थे। उन्हें आशंका थी कि धर्मान्तरित उराँव जनजाति के जरिये जर्मन मिशन अंग्रेजों के खिलाफ विद्रोह की भावना भड़का सकते हैं। जर्मन मिशनरियों में सर्वाधिक प्रभावशाली उपस्थिति लूथरन मिशन की थी। उसका प्रभाव सरगुजा तक था। अंग्रेजों की यह चिन्ता बेबुनियाद नहीं थी उस दौर के दस्तावेजों से गुजरें तो बार-बार टाना भगतों के द्वारा 'जर्मन बाबा' और 'जर्मन लड़ाई' का उल्लेख मिलता है। छोटानागपुर में तो कम

लेकिन सरगुजावाले इलाके में तो लूथरन मिशनरी के द्वारा धर्मान्तरित जनजातियों को विद्रोह के लिए उकसाने की रपट मिलती है। जिसमें यह भरोसा दिलाया गया था कि जर्मनों के जीत जाने पर अंग्रेजी राज से उन्हें मुक्ति मिल जाएगी और उनका अपना राज आ जाएगा। यह आश्वासन ही विद्रोह के लिए पर्याप्त था। इस किस्म के जर्मन प्रोपगैंडा को फैलाने में जर्मन ईसाई मिशनरियों की भूमिका थी। 'जर्मन बाबा' के उत्पत्ति के मूल में यही प्रेरणा थी, जहाँ उराँवों को यह विश्वास दिलाया गया था कि जर्मन वायुयान में बैठ कर आ रहे हैं, अंग्रेजों से इस देश को आजाद कराने के लिए इसके बाद उराँवों को उनका राज मिल जाएगा। इसलिए उस दौर में 'गांधी बाबा' के पहले टाना भगतों के यहाँ उम्मीद के रूप में 'जर्मन बाबा' के नाम की अनुगूँज सुनाई देती है। इन कारणों से अंग्रेजों का छोटानागपुर वाले इलाके में धर्मान्तरित ईसाई उराँवों के प्रति संशकित रहना स्वाभाविक था। एहतियातन :

> पहले विश्वयुद्ध के समय भारत की अंग्रेजी सरकार ने भारत में रहनेवाले सभी जर्मन पादरियों को शत्रुदेश का नागरिक होने के नाते देश से बाहर निकाल दिया था और कभी वापस लौटने नहीं दिया।[15]

यही वजह थी कि फादर हाफमैन, जो जर्मन थे, 'इनसाइक्लोपीडिया मुंडारिका' का काम पूरा नहीं कर सके थे। इसलिए इनसाइक्लोपीडिया मुंडारिका के दो खंडों को पूरा करने का काम बाद में फादर पोनेट ने किया था।

इसका एक अन्य पहलू यह भी था कि स्वयं उराँव इन धर्मान्तरित उराँवों के प्रति अच्छी राय नहीं रखते थे और उन्हें खुद से अलग मानकर चलते थे।

> उराँवों के लिए उनके परम्परागत धर्म की मूलभूत पहचान उराँव अस्मिता थी। धर्मान्तरित उराँवों ने विदेशी धर्म से खुद को जोड़ लिया था अत: वे अपने समुदाय का हिस्सा नहीं माने जाते थे, इससे उनका वजूद या सत्त्व वही नहीं रह गया था। धर्मान्तरण ने उराँव समुदाय को बाँटने का काम किया था।[16]

यह तो थी पहली वजह। दूसरा कारण यह जान पड़ता है कि पिछले मौकों पर ईस्ट इंडिया कम्पनी और अंग्रेजी राज दोनों जनजातीय आन्दोलनों का सही समय पर आकलन न करने का भरपूर नुकसान उठा चुके थे। अत: इस बार उन्होंने तत्परता दिखलाई थी। पर जतरा टाना भगत को जेल में डाल देने भर से इस आन्दोलन की रफ्तार थम नहीं जाती है। टाना भगत आन्दोलन का अध्ययन करें तो मालूम होता है कि यह एक 'रिले रेस' की तरह विकसित होता है, जिसमें एक के बाद एक आन्दोलनकारी इस आन्दोलन की मशाल थामते चले जाते हैं और यह आन्दोलन लगातार अपना विस्तार करता जाता है। यद्यपि जतरा टाना भगत के अलावा टाना

भगत आन्दोलन से जुड़े अन्य आन्दोलनकारियों के बारे में जानकारी कम मिलती है। इस दिशा में शोध की सम्भावना बनी हुई है। बावजूद इसके कई नाम मिलते हैं, जिन्होंने टाना भगत आन्दोलन को आगे बढ़ाने में निर्णायक भूमिका निभाई थी। 23 अप्रैल, 1914 को जतरा टाना भगत की गिरफ्तारी के बाद 2 जून, 1915 को उनकी रिहाई होती है। रिहाई के बाद टाना भगत आन्दोलन से वे खुद को अलग कर लेते हैं। सम्भवत: इसके मूल में जेल के उनके यातनापूर्ण अनुभव रहे हों। ऐसा कहने का आधार बिरसा मुंडा के साथ कारावास में घटी घटना है। जिस रहस्यमय तरीके से बिरसा मुंडा की मृत्यु हुई थी और मरणोपरान्त जिस गुप-चुप तरीके से उनका शवदाह किया गया था, वह इस बात की तस्दीक करता है कि जनजातीय आन्दोलनों में पकड़े गए बन्दियों के साथ बेहतर आचरण नहीं होता था। तो सवाल उठता है कि टाना भगत आन्दोलन का प्रसार कैसे हुआ? टाना भगत आन्दोलन में एक किस्म की गुरु-परम्परा रही है। मतलब टाना भगतों में गुरु का केन्द्रीय स्थान रहा है। हर भगत आन्दोलन के केन्द्र में एक गुरु मौजूद है। कोई-न-कोई खुद को गुरु घोषित करता रहा है। एक के बाद एक गुरु उस उत्तराधिकार को सँभालने के लिए सामने आते रहे और टाना भगत आन्दोलन आगे बढ़ता रहा। जतरा टाना भगत की गिरफ्तारी और उनकी रिहाई के बाद जब उन्होंने खुद को आन्दोलन से अलग कर लिया था, ऐसे वक्त में :

> गुरु के उत्तराधिकार की परम्परा का अनुपालन होता है। लिथो उराँव नाम की एक महिला स्वयं को देवी घोषित करती है और जतरा टाना भगत के बताए रास्ते पर ही आगे बढ़ती है। टाना भगत आन्दोलन जंगल के आग की तरह राँची, हजारीबाग और पलामू के उराँवों के मध्य फैलता है। कुछ मुंडा और खड़िया भी इस आन्दोलन में शामिल होते हैं। लेकिन अपनी सामाजिक संरचना में यह उराँवों के दखल (प्राधिकार) को ही दर्शाता है। जतरा टाना भगत की भाँति ही लिथो उराँव को भी गिरफ्तार कर लिया जाता है। रिहाई के बाद लिथो उराँव भी ताना भगत की तरह गुम हो जाती है। 1915 में लिथो उराँव के बाद मंगर उराँव खुद को भगवान घोषित करते हुए इन दोनों की नियति को ही प्राप्त करते हैं। मार्च 1919 तक यह आन्दोलन लड़खड़ाता हुआ आगे बढ़ता रहता है। लेकिन उसके बाद शिबू उराँव और माया उराँव के नेतृत्व में यह अस्वाभाविक परिपक्वता का परिचय देता है।[17]

अंग्रेजों के आने से जनजातीय समुदायों की पूरी परम्परागत व्यवस्था छिन्न-भिन्न हो गई थी। एक नई व्यवस्था जनजातीय समुदायों पर थोप दी गई थी। पूँजी, हाट-बाजार, मालगुज़ारी और चौकीदारी टैक्स ने पूरे जनजातीय जीवन को प्रभावित

करने का काम किया था। जमीन की लूट से उराँव जनजाति भी त्रस्त थी। अधिसंख्य जनजातीय समुदायों का जीवन कृषि पर आधारित था और कृषि के केन्द्र में भूमि थी। उराँव जनजाति भी इस मामले में अन्य जनजातियों से बहुत अलग स्थिति में नहीं थी। टाना भगत आन्दोलन भी जल्द ही कृषि और भूमि-विषयक समस्याओं की ओर मुड़ गया था। भूत और प्रेतात्माओं से जो आन्दोलन आरम्भ हुआ था वह जल्द ही विभिन्न करों के भुगतान के निषेध और बहिष्कार की ओर मुड़ गया था। टाना भगत आन्दोलन के विकास के साथ उसमें नित नये तत्त्व जुड़ते चले गए। मसलन अहिंसा पर टाना भगतों का बहुत बल था। गाय को वे लक्ष्मी मानते थे। अत: उनके मन में दैवीय प्रेरणा से यह विचार आया कि कृषि के क्रम में गोधन पर वस्तुत: अत्याचार किया जाता है, अत: उन्होंने हल और पशु की सहायता से की जानेवाली कृषि का न केवल त्याग किया बल्कि दूसरों को भी ऐसा करने को प्रेरित किया। इससे पलामूवाले इलाके में जमींदारों के लिए किए जानेवाले कृषिकर्म का बहिष्कार किया। अन्य सरकारी कामों के प्रति सहयोग करने से भी इनकार किया। इस असहयोग के कारण जमींदारों में उराँवों और टाना भगतों के प्रति एक आक्रोश था और अलग-अलग तरीकों से इसका प्रकटीकरण भी हो रहा था। जंगल से इकट्ठी की जानेवाली वनोत्पादों से उन्हें जमींदारों और अंग्रेज दोनों के द्वारा वंचित किया जाने लगा। वन अधिनियम पारित होने के कारण जंगल पर सरकार का दखल था। अत: कानूनी कार्यवाहियाँ भी आरम्भ हुईं। इससे टाना भगतों और उराँव समुदाय में रोष की एक दूसरी लहर पैदा हुई। 1920 ई. तक आते-आते ऐसे हालात पैदा हो गए थे। इस इलाके की दीवानी हासिल करने के बाद से ही अंग्रेज लगातार जनजातीय विद्रोहों का सामना करते आ रहे थे। इसलिए 1920 ई. तक आते-आते ऐसी किसी भी स्थिति से निपटने के लिए वे पर्याप्त परिपक्व हो चुके थे। ऐसी किसी परिस्थिति के निर्मिति को लेकर उनका तंत्र पर्याप्त सजग हो चुका था। टाना भगत आन्दोलन के कारण निर्मित होती परिस्थितियों के बाबत उनके पास उनके अधिकारियों ने जो रिपोर्ट भेजी थी, उसकी बानगी देखिए तब जाकर आप 'विश्वसनीय सूत्र' जैसे प्रशासनिक हवाले के आशय को बेहतर तरीके से समझ पाएँगे। अपनी रिपोर्ट में वे लिखते हैं :

> इस बात की सख्त जरूरत है कि टाना भगत आन्दोलन को कुचल दिया जाए। आज ही आरक्षी अधीक्षक को एक रिपोर्ट प्राप्त हुई है, जिसके अनुसार टाना भगत आन्दोलन बहुत तेजी से फैल रहा है। और यदि इनके भगतों (अनुयायियों) को यह यकीन नहीं दिलाया गया कि उनके तथाकथित नेतृत्वकर्ता ईश्वर नहीं हैं और दंड के दायरे से बाहर नहीं हैं, तो यह आन्दोलन गम्भीर रूप धारण कर लेगा।[18]

यह पत्र 19 मार्च, 1919 को उपायुक्त राँची के द्वारा आयुक्त को भेजा गया था। टाना भगत आन्दोलन के इतिहास में यह दौर शिबू उराँव और माया उराँव के नेतृत्व का था।

> शिबू, एक बीस वर्षीय युवक था, जिसने 1919 में घोषणा की कि उसका जन्म ही उराँवों का नेतृत्व करने के लिए हुआ है। उसने भरोसा दिलाया की जल्द ही उराँवों का राज आनेवाला है। होली के बाद पूरा राज-पाट, चाल-चलन बदल जानेवाला है। इस नई व्यवस्था में जमींदारों, साहूकारों, सरकार और ईसाइयों के लिए कोई जगह नहीं रहेगी।...जमींदारों का राज खत्म होनेवाला है। पवित्र लोगों के पास जमीनें होंगी। किसी को किसी किस्म का कर या चौकीदारी टैक्स नहीं देना होगा। बनियों को हाट-बाजार में घुसने नहीं दिया जाएगा। वे लोगों को लूटते हैं।[19]

इसके अलावा बाभन, राजपूत, मुसलमानों के भी नाश की कामना थी। यदि इस पूरे परिदृश्य पर समेकित तौर पर विचार करें तो धार्मिक मोर्चे से आरम्भ होनेवाला टाना भगत आन्दोलन यहाँ आते-आते सामाजिक और राजनीतिक रूप अख्तियार कर चुका था। बल्कि चौकीदारी टैक्स और मालगुजारी आदि के बहिष्कार के साथ जमींदारों के जमीनों को जोतने से इनकार करने के कारण यह सीधे-सीधे अंग्रेजी राज से बगावत का मामला बन गया था। जिसके दमन में अंग्रेजी राज, जमींदार और वर्चस्वशाली जातियाँ एक साथ सक्रिय हो उठी थीं, जिससे उन सबके हितों की रक्षा हो सके। चूँकि इस किस्म के धार्मिक आन्दोलनों का बुनियादी चरित्र 'मसीहाई' रहा है, तो टाना भगत आन्दोलन भी इस मामले में खरवार या बिरसाइत आन्दोलन से भिन्न नहीं ठहरता है। इसमें भी मसीहा के अवतरण की बात की गई थी। और देवता या रक्षक के अवतरण का दिन सुनिश्चित था। इसकी अगुवाई के लिए 700-800 की संख्या में टाना भगत अनुयायी चन्दवा के सतपहाड़ी में एकत्रित हुए थे। महीना-भर उन्होंने ऐसे किसी चमत्कार की प्रत्याशा में तमाम शुद्धतावादी तौर-तरीकों को अपनाए रखा। लेकिन जब ऐसा कोई चमत्कार घटित नहीं हुआ तब शिबू उराँव उस पहाड़ी से नीचे हेसलोंग नामक जगह में उतरा और एक बछड़े की बलि दी। फिर उसके मांस के साथ मदिरा का भी सेवन किया। और एकत्रित अनुयायियों को यह सन्देश दिया :

> अब टाना भगतों को खान-पान, वेशभूषा और चरित्र के स्तर पर किसी किस्म के बन्दिश को मानने की आवश्यकता नहीं है। अब वे हर किस्म के आनन्द का लुत्फ उठा सकते हैं। 'सोलहों सिंगार और बत्तीसों

> आहार' का आनन्द ले सकते हैं। उनके सात साल (सत सतियारी) का तप अब जाकर पूरा हुआ है, अब वे इच्छानुसार अपनी जिन्दगी का आनन्द उठा सकते हैं। अब वे 'कोल' नहीं रहे। अब वे हिन्दू और मुसलमानों के भाई हो गए हैं, उनके बराबर हो गए हैं।[20]

दरअसल यह उनके आन्दोलन के अवसान का सूचक था। 1 मार्च को शिबू उराँव और माया उराँव की गिरफ्तारी के बाद यह आन्दोलन बिखर गया। भारतीय दंड संहिता के तहत उन पर क्या कार्यवाही हुई, इसकी जानकारी नहीं मिलती है। लेकिन इसमें एक बात जो गौर करने की है वह उनकी उद्घोषणा की कि वे अब 'कोल' नहीं रहे। अब वे हिन्दू-मुसलमान के बराबर हो गए हैं। ईसाइयों को इसमें शामिल नहीं करने के मूल में सम्भवतः टाना भगत आन्दोलन की वह मान्यता थी, जिसके अनुसार "ईसाइयों को सबसे निचला दर्जा हासिल था, और ऐसा ईश्वर ने कहा था।"[21]

उपर्युक्त बातें टाना भगत आन्दोलन के हिन्दूवादी रूझानों की ओर संकेत करते हैं कि कैसे वे हिन्दू पूजा-पद्धतियों को अपनाने की दिशा में बढ़ रहे थे। ऐसे भी हिन्दू आबादी प्रत्येक जनजातीय बहुल क्षेत्र में सत्ता की निकटता के कारण खुद को प्रभावशाली साबित करने में कामयाब रही थी। उनकी प्रभुता को चुनौती देने का कोई कारगर रास्ता जनजातीय समुदाय अब तक ढूँढ़ नहीं पाए थे, लेकिन वैसे प्रभुत्व की आकांक्षा जरूर थी। इस प्रभुता के रास्ते में अपने ईश्वर की तुलना में वे हिन्दुओं के ईश्वर को ज्यादा सबल पा रहे थे। अतः उनकी पूजा-पद्धतियों में से कुछ तौर-तरीकों को चुनिन्दा तौर पर टाना भगत आन्दोलन अपनाने का काम करते हैं। इन हिन्दू प्रभावों को अपनाने में उन्हें बहुत दुविधा सम्भवतः इन कारणों से भी नहीं हुई होगी कि मध्यकालीन वैष्णव भक्तों का प्रभाव उन पर पड़ ही चुका था। बिरसाइतों में भी इसमें से कई प्रथा और संस्कार धार्मिक प्रैक्टिस के तौर पर स्वीकार किये जा चुके थे। शुद्धता पर दिये जानेवाले बल के मूल में दो बातें रेखांकित करने योग्य हैं। एक तो शुद्धता के जरिये खुद की श्रेष्ठता का दावा करने की एक पुरातन परम्परा भारत में मौजूद रही है। तो किसी भी समुदाय को खुद को दूसरों की तुलना में श्रेष्ठ साबित करना हो तो इस देश में वह शुद्धता और शुचिता पर बहुत बल देना आरम्भ कर देता है। हिन्दू जाति-व्यवस्था की पदसोपानिकता के मूल में पवित्रता या शुचिता का यह बोध निहित है। जनजातीय धार्मिक-सामाजिक आन्दोलनों में भी इस प्रवृत्ति के दर्शन हमें होते हैं। रही बात टाना भगत आन्दोलन की तो उसके सन्दर्भ में एक नया ऐतिहासिक तथ्य यह मिलता है कि उनके यहाँ जो यह शुद्धता का आग्रह है, उसके मूल में आर्यसमाज का प्रभाव है। इस बात के प्रमाण मिलते हैं कि उन्नीसवीं शताब्दी में ईसाइयों के धर्म-प्रचार के सिलसिले

में छोटानागपुर में प्रवेश करने के बाद उनके पीछे आर्य समाजियों का भी प्रवेश होता है। आर्य समाज के इन उपदेशकों का जोर शुद्धि पर था। इस पूरे परिदृश्य के समानान्तर टाना भगतों के बाबत कई जनश्रुतियाँ लोकस्मृति में मौजूद हैं जैसे लोकस्मृति में शिबू भगत और अन्य टाना भगतों से सम्बन्धित कुछ कथाएँ मौजूद हैं, उनमें से एक तो यह है :

> मृत्यु के कुछ दिनों बाद वह (शिबू टाना भगत) पुनर्जीवित हो उठा और लोगों ने समझा कि वह ईश्वर से साक्षात्कार कर लौट आया था। जिन लोगों ने शिबू भगत का अनुसरण नहीं किया, वे 'अरूवा भगत' कहलाए क्योंकि वे केवल अरवा चावल ही खाते हैं। घाघरा क्षेत्र में बेलगेड़ा निवासी बलराम भगत ने इस आन्दोलन की बागडोर सँभाली। उसने गौ पूजन पर अधिक जोर दिया। उसने गायों-बैलों का हलों में जोतना अनुचित बतलाया। बलराम के अनुयायियों ने खेती करना छोड़ दिया और पशुपालक बन गए। वे दूध का सेवन करने लगे और अतिरिक्त दूध, घी और दही बेचने लगे। गौ रक्षिणी भगत कहे जानेवाले ये लोग मुख्यत: घाघरा एवं गुमला थानों में रहते हैं। विशुनपुर थाना के उराँवा ग्राम में भिखू भगत ने इसी आन्दोलन के अन्तर्गत विष्णुभगत-सम्प्रदाय नामक एक उपशाखा को जन्म दिया। अन्य भगत नेताओं की तरह वह भी अंग्रेज-विरोधी था। अत: सरकार ने उसे भी बन्दी बना लिया। उसने कहा कि टानाभगतों से उसका कुछ भी लेना-देना नहीं था और वह केवल विष्णु का भक्त था। किन्तु उसका आन्दोलन गुप्त रूप से चलता रहा। बृहस्पतिवार की रात बैठकें हुआ करती थीं और सभी महत्त्वपूर्ण निर्णय लिये जाते थे।[22]

झारखंड के जनजातीय आन्दोलन की परम्परा में टाना भगत आन्दोलन 1920 ई. के बाद जो स्वरूपगत बदलाव लाता है, वह उसे तमाम पिछले जनजातीय आन्दोलन की परम्परा से अलग खड़ा कर देता है। टाना भगत आन्दोलन के पूर्व के झारखंड के जिन भी जनजातीय आन्दोलनों को राष्ट्रीय स्वाधीनता आन्दोलन के परिप्रेक्ष्य में देखने-दिखाने की कोशिश होती है। दरअसल उसे उन आन्दोलनों को गौरवान्वित करने की कोशिश के तौर पर देखा जाना चाहिए। सही अर्थों में स्वाधीनता आन्दोलन और उसके राष्ट्रीय परिप्रेक्ष्य की शर्तों पर झारखंड का कोई जनजातीय आन्दोलन खरा उतरता है तो वह टाना भगत आन्दोलन ही ठहरता है। टाना भगतों को जनजातीय सन्दर्भों से निकालकर राष्ट्रीय सन्दर्भों में स्थापित करने का श्रेय भले महात्मा गांधी को जाता है। लेकिन गौर करें तो पाएँगे कि जिस सत्य, अहिंसा, खादी, शाकाहार, आचरण की शुचिता की बात गांधी करते हैं, यह सभी बातें टाना भगत के

यहाँ गांधी के सम्पर्क में आने के पहले से मौजूद हैं। पूर्व से उपस्थित टाना भगतों की यह बुनियादी विशेषताएँ उन्हें गांधी, उनके स्वराज और खादी के अभियान से जोड़ने में सहायक साबित होती हैं। लेकिन राष्ट्रीय इतिहास-लेखन की पद्धति टाना भगत और गांधी के सम्बन्धों को इस ढंग से चित्रित करती है मानो गांधी के सम्पर्क में आने के बाद ही टाना भगतों में यह मूल्य विकसित होते हैं। ध्यान दें तो पाएँगे ऐसी कई बातें खरवार और बिरसाइत आन्दोलन के मध्य भी देखी जा सकती हैं जो आगे चलकर गांधी के सविनय अवज्ञा और असहयोग आन्दोलन के दौरान दिखती हैं। फर्क इतना है कि इनमें से कोई जनजातीय आन्दोलन पूर्णतः अहिंसक नहीं रहा है। इसमें सर्वाधिक अहिंसक होने का दावा टाना भगत आन्दोलन के सन्दर्भ में किया जाता है, पर इस आन्दोलन में भी शिबू उराँव के नेतृत्व में हिंसा की वारदात देखने को मिलती है। उसके बाद आन्दोलन के बिखराव के बाद पुनः गांधी और कांग्रेस के सम्पर्क में आने के बाद टाना भगत आन्दोलन राष्ट्रीय स्वाधीनता आन्दोलन के साथ कदमताल करता हुआ विकसित होता है।

महात्मा गांधी राष्ट्रीय स्वाधीनता आन्दोलन में जिन राजनीतिक मूल्यों को लेकर आए थे। गौर करेंगे तो पाएँगे कि उनसे सम्पर्क के पूर्व वे मूल्य टाना भगत आन्दोलन में विकसित हो चुके थे। और यह बड़ी वजह रही कि जब वे गांधी, उनके स्वराज और संघर्ष के तौर-तरीकों से परिचित हुए तो मनोयोगपूर्वक स्वेच्छा से गांधी के स्वराज के संघर्ष में शामिल हो गए। लेकिन इस संघर्ष में शामिल होने के मूल में एक आश्वासन था, आश्वासन टाना भगतों की खोई जमीन वापस कराने का। यह सब इतिहास के उस दौर में जिस ढंग से घटित होता है, उनको देखना खासा दिलचस्प और रोमांचक है। स्वाधीनता की अलख जगाने के लिए गांधी पूरे देश का दौरा कर रहे थे। इसी क्रम में गांधी का आना तब के बिहार में हुआ था। उसी क्रम में टाना भगतों के सम्पर्क में वे आए और टाना भगत उनके सम्पर्क में आए। उसके बाद की चीजें इतिहास में दर्ज हैं।

गांधी और कांग्रेस से सम्बद्धता के पूर्व टाना भगत आन्दोलन की सारी कोशिशें करके थक चुके थे। लेकिन उनका हासिल कुछ खास नहीं था। ऐसे में गांधी पूरे देश के लिए उम्मीद बनकर उभर रहे थे और उसी नाउम्मीदी के माहौल में वे टाना भगत भी उनसे और कांग्रेस से उम्मीदें बाँध लेते हैं। उम्मीद बाँधने की सबसे बड़ी वजह टाना भगतों की अपनी कोशिशों में हासिल नाकामयाबी थी। उनकी जमीनें बड़े पैमाने पर लुट चुकी थीं और जमीन के मामले में स्थिति दिनोंदिन जटिल होती जा रही थी। एक-दो उदाहरण से इसे समझने की कोशिश करते हैं। प्रथम विश्वयुद्ध ने उराँव बहुल भूभाग में एक नई किस्म की समस्या को जन्म दे दिया था। विश्वयुद्ध का फौरी असर तो यह हुआ था कि कपड़े और किरोसीन जैसे रोजमर्रा की जरूरत की चीजों की कीमत में काफी वृद्धि हो गई थी। इसने यूँ ही उनके जीवन को भयंकर

तरीके से प्रभावित कर दिया था। ऊपर से मालगुजारी, लगान या चौकीदारी टैक्स का बोझ था ही। जमींदारों के यहाँ बेगार खटने की परिपाटी में भी कोई बदलाव नहीं हुआ था। ऐसे में जिसे 'अधीनस्थ रैयत' (अंडर रैयत) कहते थे, उनकी स्थिति खासी दयनीय हो गई थी। टाना भगत इसी वर्ग से आते थे। जमीन को जोतने का हक बना रहे, इसके लिए टैक्स की अदायगी जरूरी थी। बढ़ी हुई महँगाई के कारण उन्हें बहुत ऊँचे या कहें मनमाने दर पर ब्याज में साहूकार-महाजनों से कर्जा लेना पड़ा था। कर्ज केवल रुपयों-पैसों का नहीं बल्कि अनाज का भी। इस वक्त तक कर या मालगुजारी में बढ़ोत्तरी हुई थी उसके बारे में यह जानकारी मिलती है कि "उराँवों को अब प्रति बीघा दो रुपये चुकाने थे जो पहले चार या आठ आना हुआ करता था।"[23]

लेकिन मुसीबतें यहाँ आकर खत्म नहीं हो जाती थीं। मैदानी भागों की तुलना में छोटानागपुर में खेती बहुत आसान नहीं थी। खेती के प्रभावित होने पर जनजातियों के लिए जंगल ही जीवन का आधार बचता था। लेकिन वह वनोपज भी अब कानूनी दायरे में था। मतलब जंगल से हासिल होनेवाले रोजमर्रा की जीवन की जरूरतों से भी वे कानूनन वंचित कर दिये गए थे। इसकी सख्ती का अनुमान इस बात से लगा सकते हैं कि वे अपने मवेशियों तक को जंगल में नहीं चरा सकते थे। बल्कि इसके लिए भी बनकट्टी कर लगा दिया गया था। इसलिए उराँवों के द्वारा जब किसी भी किस्म के कर के बहिष्कार की अपील की जाती है तो उसमें जमींदारों को दिये जानेवाले बनकट्टी कर का बहिष्कार भी शामिल रहता है, जो पशुओं को जंगल में चराने के एवज में देय हुआ करता था। इन सबने जो हालात पैदा कर दिये थे।

> उस कठिन परिस्थिति में तब छोटानागपुर किसान सभा के अध्यक्ष थेबले उराँव ने एक 'संकल्प-पत्र' सरकार को भेजा था, जिसमें तब की भीषण आर्थिक दुर्दशा का हवाला दिया गया था कि कैसे इसने लोगों के जीवन को गहराई से प्रभावित किया है। और कैसे इस कठिन वक्त में सर्वे और बन्दोबस्ती अभियान के खर्चों ने लोगों के जीवन की दुश्वारियों को और भयावह बनाने का काम किया हैं। इसलिए किसान सभा सरकार से यह अपील करती है कि सर्वे के दौरान जमीन की मालगुजारी में जो बढ़ोत्तरी की गई है उसमें कमी की जाए और जो अतिरिक्त सेस (एक किस्म का टैक्स) लगाने की रायशुमारी चल रही है, उस पर रोक लगाई जाए क्योंकि इस क्षेत्र के आदिम जनजाति के लोग अपने पैतृक आवास को छोड़कर मजदूरी करने चले गए हैं। उनकी अनुपस्थिति में असंख्य जमीन बकाए के नाम पर नीलाम कर दी गई हैं। उराँव के मध्य जो सर्वाधिक निर्धन थे, वे धाँगर थे, ये प्रभावशाली उराँवों और

> गैर-उराँवों के जमीन या खेत में मजदूरी का काम करते थे, मजदूरी के लिए कलकत्ता और सुन्दरवन चले जाते थे, या असम का रुख कर लेते थे या इंग्लैंड और फ्रांस की चीनी कॉलोनियों तक चले गए थे।[24]

उनकी अनुपस्थिति में उनकी जमीनें नीलाम कर दी गई थीं। असन्तोष और रोष के मूल में उराँवों की वही भावना थी जो इससे पहले अन्य जनजातीय बहुल क्षेत्रों में उनकी जमीन पर अंग्रेज या अन्य साहूकारों-महाजनों के दखल के मामले में देखने को मिलती आई थी। झारखंड की जनजातियों में यह मान्यता थी कि जिसके पुरखों ने जंगल साफ करके गाँव बसाया या खेती करने लायक जमीन पैदा की, जमीन पर मिल्कियत उसकी। उससे कोई उन्हें अपदस्थ नहीं कर सकता है। इसलिए अंग्रेजों को हासिल दीवानी के बाद अंग्रेजी तौर-तरीकों से परिचित होते-होते उनकी जमीनों की लूट हो चुकी थी। उन्हें यह बात समझने में ही काफी वर्ष लग गए कि उनकी जमीन किसी और की भी हो सकती है। आदिवासियों के यहाँ एक मिसाल दी जाती है कि 'जमीन कोई चटाई या पटिया तो है नहीं कि कोई उसको मोड़कर या लपेटकर ले जाएगा।' इसलिए जब उनकी जमीन नीलाम होने लगीं और उनकी बेदखली आरम्भ हुई तब उन्हें कानून जैसी चीज के बारे में मालूमात हासिल हुई। जो जनजातियाँ हिन्दी तक नहीं बोल पाती थीं, उन्हें अपने हक और हूकूक की लड़ाई अंग्रेजी में वकीलों के मार्फत् लड़नी थी। भ्रष्ट अमला, कचहरी और प्रशासन के आगे जीत की कोई सम्भावना नहीं थी। एक तयशुदा हार के बावजूद अपने बालसुलभ मासूमियत में वे कानूनी लड़ाइयों में खुद को हवन करते रहे। 1918-19 तक यह सिलसिला यूँ ही बदस्तूर चलता रहा। 1919 में पहली मर्तबा टाना भगत थोड़ा हिंसक होते हैं। फिर उनका दमन होता है। टाना भगतों के हिंसक होने की घटना की जानकारी भी इतिहास में कम ही दी जाती है। इसके उल्लेख से इतिहास की जो राष्ट्रीय धारा है, उसमें गांधी के सत्य और अहिंसा के साथ टाना भगत आन्दोलन का सहमेल कराने में थोड़ी दिक्कत दरपेश आती है।

सवाल उठता है कि टाना भगतों के मध्य गांधी का प्रवेश कैसे होता है? दस्तावेज बताते हैं कि 1919 में शिबू उराँव और माया उराँव की गिरफ्तारी के बाद टाना भगत आन्दोलन अपनी चमक खोने लगता है। पर उनकी भूमि-विषयक समस्याएँ ज्यों-की-त्यों बनी रहती है। 1920 ही वह साल है जब कांग्रेस छोटानागपुर में प्रवेश करती है। 1920 में ही कांग्रेसी राजनीति के मानचित्र में राँची एक ठिकाने के बतौर दर्ज होता है। गांधी इसी वक्त चरखा, खादी, स्वराज और असहयोग के कार्यक्रम के साथ देश के कोने-कोने की यात्रा कर रहे थे। तो फिर सवाल उठता है कि आखिर टाना भगत इस आन्दोलन के प्रति आकर्षित कैसे होते हैं? इसका उद्‌भेदन करते हुए संगीता दासगुप्ता लिखती हैं :

> राम टहल ब्रह्मचारी, नामक एक स्थानीय कांग्रेसी नेता ने कुड़ुख भाषा में यह बात प्रचारित की थी कि 'उराँव इस भूभाग के असली राजा हैं, जो अब कुली बन गए हैं। विदेशी वस्तुओं के त्याग के द्वारा वे देश की नब्बे करोड़ धनराशि देश में ही रखकर फिर से राजा बन सकते हैं।[25]

इस बात को टाना भगतों ने 'अपना राज' के तौर पर लिया। और वे हाथ खोलकर कांग्रेस के साथ खड़े हो गए। आर्थिक दुर्दशा ने उराँवों के जीवन से विलासिता की चीजों को यूँ भी दूर कर दिया था। तो गांधी की अहिंसा में निहित शाकाहार और मद्यपान निषेध आदि को मानने में उन्हें कोई खास कठिनाई नहीं थी। रोजमर्रा की जरूरतें जुटानी जहाँ दिक्कततलब थीं, वैसे में मांस और शराब वे कहाँ जुटा पाते? इस बात को उन्होंने शरत चन्द रॉय के समक्ष स्वीकारा था कि मांस और शराब का निषेध उनके लिए कठिन था, पर दुर्दिन के कारण उनके पास इसके, आस्वादन का विकल्प ही नहीं था। अत: कांग्रेस, गांधी और उनके असहयोग की अपील में जमीन वापसी की सम्भावना देखते हुए टाना भगत प्राणपण से कांग्रेस और गांधी के साथ खड़े हो जाते हैं। कुमार सुरेश सिंह समेत जनजातीय इतिहास के जानकार यह बताते हैं :

> 1921-22 तक टाना भगत दिल से अपनी प्रतिबद्धता कांग्रेस के प्रति व्यक्त कर चुके थे। आदिवासी बहुल क्षेत्रों में वे स्वाधीनता संग्राम के बुर्ज की तरह खड़े हो गए थे।[26]

कांग्रेस के आन्दोलन से उन्हें दूर करने की औपनिवेशिक कोशिशें इस कारण नाकामयाब होती हैं कि उराँव और टाना भगत को अपने लिए पूर्व की भाँति करमुक्त भूमि चाहिए थी, जो अंग्रेज उन्हें देने में असमर्थ थे। गांधी और उनके स्वराज की अवधारणा से जुड़े रहने के लिए टाना भगतों को अलग से बहुत जतन करने की आवश्यकता नहीं थी। कांग्रेस के प्रति टाना भगतों के समर्पण का आलम यह था कि मानो टाना भगत आन्दोलन का विलय कांग्रेस में हो गया हो। टाना भगतों के इस समर्पण के मूल में वही विश्वास था कि अंग्रेजों के इस देश से जाने के बाद गांधी बाबा के सरपरस्ती में उन्हें उनकी भूमि वापस मिल जाएगी। और एक बार फिर वे अपने इलाके में राजा की तरह जीवन व्यतीत कर पाएँगे।

> स्वराज का अर्थ ही उनके लिए करमुक्त जमीन हो गया था।...स्वराज उनके यूटोपियन संसार का पर्याय बन गया था, करमुक्त भूमिवाले स्वराज का।[27]

गांधी के 'हिन्द स्वराज' में जो 'ग्राम स्वराज' की अवधारणा थी, उसमें पंचायत

और पंचायती राज पर जो बल था, उसे टाना भगत या उराँव समुदाय अपनी उस न्याय-व्यवस्था की पुनर्स्थापना के तौर पर देख रहे थे, जहाँ किसी किस्म के विवाद का निपटारा पंचों के द्वारा हो जाया करता था। इसलिए टाना भगतों के मध्य 'हिन्द स्वराज' का एक रूप 'गांधी स्वराज' के तौर पर स्वीकृति पा गया था। कांग्रेस और गांधी के सम्पर्क में आने के बाद टाना भगतों की गति-मति उनकी नीतियों पर ही केन्द्रित हो गई थी। कांग्रेस और गांधी की अपील को जिस शिद्दत और प्रतिबद्धता के साथ वे निभाते थे, वैसी जनजातीय सामुदायिक कटिबद्धता इतिहास में देखने को नहीं मिलती है। उनके इस नि:शंक समर्पण को ईसाई मिशनरियों के द्वारा 'चरम मूर्खता' का पर्याय कई बार घोषित किया गया। ईसाई मिशनरियों और अंग्रेजी राज के द्वारा कांग्रेस से टाना भगतों को दूर करने की कई कोशिशें की गईं। लेकिन उन्हें रंचमात्र भी सफलता इसमें हासिल नहीं हुई। भले वे लगातार आर्थिक तंगी से गुजर रहे हों। लेकिन कांग्रेस ने जब भी उनसे 'तिलक स्मारक स्वराज निधि' या 'लाला लाजपत राय स्मारक निधि' के लिए अनुदान माँगा तो इन्होंने अपने सामर्थ्य से बढ़कर हर बार चन्दा दिया। जैसा कि पूर्व में भी हम इसकी चर्चा कर चुके हैं कि भक्तों की या भगत की एक परम्परा उराँव समुदाय में भी रही है। साथ ही इस भगत परम्परा के शीर्ष में एक गुरु भी रहता आया और ऐसे कई भगत उस समय कांग्रेस के लिए समर्पित कार्यकर्ता की तरह काम करने लगे थे। इन अलग-अलग भगत समुदायों को मिलाकर कांग्रेस ने 'स्वराज भगत' के नाम से अलग श्रेणी ही बना दी थी। और गँवई परिवेश के भोले ग्रामीणों के लिए वे 'सुराज भगत' का इस्तेमाल करते थे। 'स्वराज' और 'सुराज' के भेद को एक दूसरे सन्दर्भ में अलगाते हुए हिन्दी के मार्क्सवादी आलोचक मैनेजर पांडेय ने बहुत मार्के की बात रेखांकित की थी। और वह यह कि 'स्वराज' और 'सुराज' में केवल नागर और ग्रामीण समाज का अन्तर नहीं था। यह केवल परिनिष्ठित और देशज-भर का मामला नहीं था। यह प्राथमिकता का मामला था। एक वर्ग था जिसको अपना शासन चाहिए था अर्थात् स्वराज चाहिए था। और एक तबका था जो केवल 'सुराज' का आकांक्षी था मतलब अच्छे शासन का आकांक्षी था। टाना भगतों को कांग्रेस के द्वारा 'सुराजी भगत' कहने के मूल में राजनीतिक चालाकी दिखती है। ऐसा लगता है कि वे अन्य ग्रामीण या लोक-चित्त में जो 'सुराज' की कामना थी, टाना भगतों को भी उसी खाँचे में रखकर देख रहे थे। आगे चलकर यह बात सही भी साबित होती है कि टाना भगत कांग्रेस के प्रोपगैंडा के शिकार हुए थे। इसे आजादी के बाद उनके राजेन्द्र प्रसाद को लिखे स्मार (अनुस्मारक) पत्रों को पढ़ने से प्रतीत होता है। तब इस बात का भी खुलासा होता है कि राजनीतिक फायदे के लिए टाना भगतों को गलत या भ्रामक आश्वासन कांग्रेस के नाम पर कुछ नेताओं ने दिये थे। इस धूर्तता में गैर-आदिवासी कांग्रेसी नेता तो शामिल थे ही, एक टाना भगत बिरिया भगत

का नाम भी मिलता है, जिसने अपने अनुयायियों को मालगुजारी देने से मना किया था। यह भरोसा दिलाया था कि सरकार उनकी जमीन नीलाम नहीं कर सकती है क्योंकि उनके पुरखों ने इस जमीन को खेती-योग्य बनाने का काम किया है। अत: यह करमुक्त जमीनें हैं। लेकिन इस बिरिया भगत को तत्कालीन रोमन कैथोलिक मिशन के फादर कैसर ने एक चालाक आदमी की संज्ञा दी है और उसके कारनामों का खुलासा करते हुए लिखा है :

"डिक्री की नकल के लिए उसने प्रति गाँव तीस रुपये राशि ली थी। उनके नाम पर एक आवेदन दिया गया था, पर जब उनके नाम समन आया तो उनमें से कोई कचहरी नहीं गया, उन्हें कचहरी जाने को बिरिया ने मना कर रखा था। कोर्ट में महाराजा के प्रतिनिधियों ने दस्तावेजों के जरिये दिखाया कि वे जमीनें खूँटकट्टी नहीं हैं, चार साल पहले तक उसका कर गाँववाले देते आए थे। इससे स्वभावत: निर्णय महाराजा के पक्ष में गया और गाँववालों को बकाये का भुगतान करना था। इसके बावजूद बिरिया के द्वारा ग्रामीणों को यह सूचना दी गई थी कि उन्होंने केस जीत लिया है।"[28]

इस किस्म के गफलत का टाना भगत कई मौकों पर शिकार हुए। इसकी भारी कीमत उन्हें अदा करनी पड़ी। सबसे बड़ी कीमत तो बकाया के कारण जमीन की नीलामी के तौर पर चुकानी पड़ी। कांग्रेस ने भी असहयोग आन्दोलन में कहीं मालगुजारी या अन्य करों के बहिष्कार की अपील नहीं की थी। लेकिन टाना भगतों ने अपने आन्दोलन में लगातार करमुक्त जमीन की वापसी की उम्मीद को एक आश्वस्ति के तौर पर देखा था। आजादी के बाद ऐसा नहीं कि कांग्रेस इसे भूल गई। बजाप्ता 'राँची डिस्ट्रिक्ट टाना भगत रैयत एग्रीकल्चरल लैंड्स रिस्टोरेशन ऐक्ट, 1947'; पारित हुआ था। लेकिन इस पर अमल की तत्परता अगले छह साल तक देखने को नहीं मिलती है। 1953 में रामा भगत और टाना सरदार बिसमित्रा दिल्ली जाते हैं और 'छोटानागपुर आदिवासी टाना भगत' संगठन के बैनर तले एक अभिनन्दन पत्र भारत के प्रथम राष्ट्रपति देशरत्न डॉ. राजेन्द्र प्रसाद को सौंपते हैं जिसमें उनका रोष साफ-साफ झलकता है। अपने पत्र में वे लिखते हैं :

> आज हमें स्वाधीन हुए सात साल हो गए हैं। लेकिन अब तक हमारी अपील (याचिका) आप तक नहीं पहुँची है। हमने हजारों याचना-पत्र आपको प्रेषित किये हैं, अनेक बार आपसे हमने करबद्ध प्रार्थना की है, लेकिन आह! हमारी हकलाहट भरी आवाज सभ्य आदमी (डॉ. राजेन्द्र प्रसाद) के कानों तक नहीं पहुँच रही है। यह हमारी बदनसीबी है।... अब तक हमने अपने दुखों को धारण कर रखा है।[29]

इसके बाद ऐसा भी नहीं हुआ कि उनकी शिकायतें सुन ली गईं। पर इस

दिशा में धीमे ही सही कुछ काम आगे बढ़ा। लगातार इस ऐक्ट में संशोधन किये गए। टाना भगत रैयत, अंडर रैयत की परिभाषा तय की गई। यह तय किया गया कि वैसे ही टाना भगतों के जमीन की वापसी होगी, जिनकी जमीनें 1913-42 के बीच स्वाधीनता संग्राम में भाग लेने और मालगुजारी न चुकाने के कारण नीलाम हुई हो।

> अब तक 3290.54 एकड़ जमीन टाना भगतों को लौटाई जा चुकी है। और जो जमीन छोड़कर बाहर जा चुके हैं उन्हें 8.88 लाख रुपये मुआवजे के बतौर भुगतान किये गए हैं।...अब तक 2105 ऐसे मामले संज्ञान में आए हैं। स्थानीय स्तर पर इनकी जाँच करके 1029 मामलों में भूमि-सम्बन्धी अधिकारों की पुनर्स्थापना की गई है। कानूनी सहायता के लिए टाना भगतों को 6000 रुपये की सहायता जिला उपायुक्त के द्वारा मुहैया कराई जा रही है, जिससे वे इस मामले के लिए नियुक्त विशेष पदाधिकारी के समक्ष अपने मामले को बेहतर तरीके से रख सकें।[30]

यह 1972 तक की वस्तु-स्थिति की विवेचना है। उसके बाद समय-समय पर इस दिशा में दिशा-निर्देश और संशोधन होते रहे। बावजूद इसके टाना भगतों का दावा बहुत बड़ा है और उनके अनुसार उनकी माँगों का निष्पादन अब तक नहीं हो सका है। उनका आन्दोलन अब भी जारी है। अब इस आन्दोलन में विगत तीस वर्षों में मुख्य बदलाव यह आया है कि वे अपने दावों के आलोक में दस्तावेजी प्रमाण जुटाने में लग गए हैं, जो उनके पास बहुत कम हैं। वे कानूनन अपनी लड़ाई को आगे बढ़ाने के साथ-साथ राजनीतिक तौर पर भी धरना-प्रदर्शन करते नजर आते हैं। अब टाना भगतों की संख्या तकरीबन दस हजार के आसपास बताई जाती है।

अध्याय-6

आबुआ राज के मायने

औपनिवेशिक काल में ज्ञात और ख्यात प्रादेशिक नवजागरणों से होकर गुजरें तो कुछ सवाल मन में कौंधते हैं। जैसे बंगला नवजागरण हो, मराठी नवजागरण हो या हिन्दी नवजागरण हो—इन नवजागरणों के घटित होने का कालक्रम क्रमशः इन प्रदेशों के पराधीन होने का भी कालक्रम है। यह बात थोड़ी विरोधाभासी नहीं लगती है कि कोई प्रदेश एक ओर गुलाम भी हो रहा हो और दूसरी ओर नवजागरण का दावा भी कर रहा हो! आधुनिक दौर की इस उलटबाँसी में ही औपनिवेशिक और साम्राज्यवादी इतिहास-दृष्टि की सफलता निहित है। किसी राष्ट्र या प्रदेश की पराधीनता के बोध को सौभाग्यसूचक चिह्नों में बदल देना मामूली मेधा का उदाहरण तो नहीं ही कहा जा सकता है। यह गैर-मामूली मेधा का शानदार उदाहरण था, जहाँ गुलामी को भी नवजागरण के उत्सव में तब्दील कर दिया गया था। इसके मूल में आधुनिकता का वह आक्रान्तकारी विचार था, जिसे तीन सौ वर्षों में यूरोप ने अर्जित किया था। आधुनिकता के इस विचार के बूते उन्होंने विश्व-विजय के अपने साम्राज्यवादी और औपनिवेशिक अभियान को गुलाम देशों में एक वैधता दिलाई थी। ऐसा भी नहीं था कि आधुनिकता की यह सैद्धान्तिकी एक दिन में यूरोप या पश्चिम ने अर्जित की थी। दो-तीन शताब्दियों में इसका वह आक्रान्तकारी रूप विकसित हो सका था, जो यूरोप और यूरोप के बाहर अपने शासन की वैधता स्थापित कर रहा था। आधुनिकता की उस सैद्धान्तिकी के कई चरण थे। उन चरणों से गुजरकर कोई समाज खुद के आधुनिक होने का दावा प्रस्तुत करता था। आधुनिकता की उस सैद्धान्तिकी के ही दो मुख्य चरणों के रूप में पुनर्जागरण और प्रबोधन की संकल्पना सामने आई थी। पहले का सम्बन्ध कुस्तुनतुनिया के पतन से था और दूसरे का यूरोप में तार्किकता (रेशनैलिटी) के उदय से। 'थियोलॉजी' की दुनिया में यह शब्द ईसाई वर्तमान को गैर-ईसाई रोमन अतीत से अलगाने के लिए व्यवहार में पहले-पहल लाया गया था। उसके बाद यह प्राचीन की जगह वर्तमान का बोध कराने लगा। मध्यकालीन यूरोप में समाज के धरातल पर जो बदलाव घटित हो रहे थे, उनमें प्राचीन मूल्यों

के समानान्तर वर्तमान में जो आधुनिक किस्म की चेतना विकसित हो रही थी, यह शब्द उसके इर्द-गिर्द दिखने लगा था। फिर अलग-अलग ज्ञान के अनुशासनों में यह व्यवहृत होने लगा, कतिपय अर्थान्तर लिये। फिर यह पूँजीवाद के विकास के साथ नई मंजिलें तय करने लगा। पुनर्जागरण की देहरी लाँघकर जब यह प्रबोधन (इनलाइटेनमेंट) की सीमा में दाखिल होता है, तो व्यापारिक पूँजीवाद भी औद्योगिक पूँजीवाद की ओर कदम बढ़ा चुका होता है। आधुनिकता की सैद्धान्तिकी इन सबसे प्रभाव ग्रहण करते हुए यूरोप में विकसित होती है। जिसके चार चरणों के रूप में पुनर्जागरण, धर्म-सुधार, प्रति धर्म-सुधार और प्रबोधन के आन्दोलनों को चिह्नित किया जाता है। इन चरणों से गुजरकर आधुनिकता एक विमर्श में तब्दील हो जाता है। साथ ही यूरोपीय साम्राज्यवाद के लिए एक ऐसे वैचारिक हथियार के रूप में उभरता है, जिसके जरिये गैर-यूरोपीय देशों में मानसिक औपनिवेशन की प्रक्रिया को सफलतापूर्वक अंजाम दिया जाता है। 'मानसिक औपनिवेशन' से आशय एक किस्म के 'पोलिटिकल हिप्नोटिज्म' से है, जिसे सखाराम गणेश देउस्कर ने 'सम्मोहन चित्तविजय'[1] कहा था।

ईस्ट इंडिया कम्पनी हो या अंग्रेजी राज इन्होंने भारतीय समाज-संस्कृति-साहित्य-धर्म आदि के अध्ययन के जरिये इस समाज को गुलाम बनाए रखने के तरीकों का विस्तृत अध्ययन किया था। एडवर्ड सईद ने 'प्राच्यवाद' की बात करते हुए इस बात को रेखांकित किया था कि 'ओरियंटलिज्म' दरअसल 'पश्चिम की निगाह से पूर्व को देखना' है। पूर्व की निगाह से पूर्व को देखना नहीं। अपने शासन की जरूरत को ध्यान में रखकर आधुनिक ज्ञान के अनुशासनों का अध्ययन-अध्यापन उन्होंने आरम्भ किया था। प्राच्यविदों और भारतविदों के अध्ययन में औपनिवेशिक या साम्राज्यवादी हित सर्वोपरि थे। ईस्ट इंडिया कम्पनी और ब्रिटिश राज दोनों प्राच्यविदों के जरिये इस काम को बखूबी अंजाम दे सके। वे ऐसा कर पाने में सफल रहे, क्योंकि भारत में पाँव धरने के पूर्व उन्होंने अपने अन्य उपनिवेशों से शासन के तौर-तरीके सीख लिये थे। अलग-अलग नस्लों और धार्मिक आस्थाओं वाले राष्ट्रों पर शासन करने का उनके पास विस्तृत अनुभव था। आदिम समुदायों पर भी शासन का अनुभव था। इन अनुभवों से ही उन्होंने 'सभ्यता का अभियान' (सिविलाइजिंग मिशन) और 'आर्य नस्ल की श्रेष्ठता का सिद्धान्त' आदि प्रतिपादित किया था। जनजातीय समुदायों के सन्दर्भ में भी आरम्भिक अध्ययन औपनिवेशिक जरूरतों को पूरा करने के लिए ही आरम्भ किये गए थे। जनजातीय-विषयक यह पूरा अध्ययन अंग्रेज और अन्य यूरोपीय मिशनरी अपनी जरूरतों को पूरा करने के लिए करते हैं न कि किसी जनजातीय समुदाय के लाभ के लिए। शासन और धर्मान्तरण की सहूलियत के लिए जमीनी जानकारी जुटाई जाती है, जिससे अपनी जरूरतों के हिसाब से नीति बनाई जा सके। लेकिन जैसा कि होता आया है कि चीजें

सदा नियंत्रित तरीके से आचरण नहीं करती हैं। एक वक्त के बाद उन पर नियंत्रण मुश्किल हो जाता है। तब ऐसे वक्त में 'नरेटिव' बदलता है। जब दूसरों की निगाह से खुद को देखे जाने की बजाय खुद की निगाह से खुद को देखे जाने की प्रक्रिया आरम्भ होती है तो इतिहास के अन्तर्विरोध सामने आने शुरू होते हैं। इसे जनजातीय सन्दर्भों में भी देखा जा सकता है और अन्य सन्दर्भों में भी।

अगर आप गौर करें तो पाएँगे कि औपनिवेशिक इतिहासकारों ने भारत के इतिहास-लेखन के क्रम में इतिहास की जो संरचना विकसित की वह आधुनिकता की इसी पद्धति से प्रभावित संरचना थी। बल्कि यूरोप जैसे अन्धकार काल के बाद पुनर्जागरण काल की बात करता है। उसी की तर्ज पर यहाँ मुगलों के शासन-काल को एक 'अन्धकार काल' (डार्क एज) के तौर पर ब्रिटिश साम्राज्यवादी इतिहासकारों ने प्रदर्शित किया और अपने शासन-काल को उस अन्धकार काल से प्रकाश की ओर ले जानेवाला बतलाया। खुद को सभ्यता का ध्वजवाहक और प्रकाशवाहक बताकर उन्होंने भारत में लूट की जमीन विकसित की। उसी सिलसिले में आगे धर्म-सुधार और समाज-सुधार आन्दोलनों को भी हम पाते हैं। यह सब कुछ आधुनिकता के विमर्श के आनुषंगिक पहलुओं के तौर पर तब तक विकसित हो चुका था। भारतीय इतिहास में उसे अक्षरशः लागू करने की चुनौती-भर मौजूद थी। इसके लिए उन्हें स्थानीय या प्रादेशिक साझीदारों की आवश्यकता थी और भारत में इस दिशा में अंग्रेजों को अतिरिक्त कोशिश नहीं करनी पड़ी। एक प्रभुत्वशाली वर्ग खुद को शेष समाज और प्रदेशों से अलगाने के लिए तैयार बैठा था। इस भद्र वर्ग की कोशिशों से प्रादेशिक नवजागरणों की अवधारणा आकार ग्रहण करती है। इन प्रादेशिक नवजागरणों की तुलना में जनजातीय सामाजिक-धार्मिक आन्दोलनों से गुजरकर हम देख चुके हैं कि यहाँ चीजें अंग्रेजों के हिसाब से घटित नहीं हुई थीं। इन प्रादेशिक नवजागरणों और जनजातीय आन्दोलनों को आमने-सामने रखकर देखें तो दोनों के मध्य अन्तर के पर्याप्त कारण मौजूद हैं। यह अन्तर इतने सुस्पष्ट हैं कि इन अन्तरों के जरिये इन दोनों आन्दोलनों के 'आन्तरिक चरित्र' को देखा-समझा जा सकता है।

झारखंड के इन जनजातीय धार्मिक और सामाजिक आन्दोलनों को समग्रता और ऐतिहासिकता में देखने पर यह बात साफ हो जाती है कि यह आन्दोलन अंग्रेजों की औपनिवेशिक नीति, ईसाई मिशनरियों के धर्म-प्रचार और बहिरागतों 'दिकुओं' के बढ़ते प्रभाव की प्रतिक्रिया थी। चूँकि यह कारक हर जगह मौजूद थे, तो जनजातीय प्रतिक्रियाओं में भी बहुत-सी समरूपताएँ सहजता से लक्ष्य की जा सकती हैं। यह समरूपताएँ इस बात का प्रमाण हैं कि इतिहास के उस दौर में जनजातीय प्रतिक्रिया एक जैसी ही थी। उसमें उपस्थित नायकों के प्रतिरोध के तौर-तरीकों में कुछ विशिष्टताएँ अलग से देखी जा सकती हैं। पर ज्यादातर मौकों पर इन जनजातीय समुदायों की प्रतिक्रियाओं में हतप्रभ करनेवाली समानता मिलती

है। एकबारगी ऐसा जान पड़ता है कि अलग-अलग जनजातीय समुदायों ने मानो मिलकर प्रतिरोध की इबारत लिखी हो, जबकि ऐसा वस्तुतः हुआ नहीं था। उनके पास आपस में संवाद स्थापित करने योग्य एक साझी भाषा तक नहीं थी। यह तथ्य ही इस बात को रेखांकित करता है कि इतिहास के उस दौर में जनजातीय समाज में जो बाहरी हस्तक्षेप हुआ था, उसकी वही स्वाभाविक प्रतिक्रिया इस जनजातीय समाज के द्वारा दर्ज की जा सकती थी, जो दर्ज की गई। बल्कि झारखंड से इतर राष्ट्रीय धरातल पर औपनिवेशिक काल के इन जनजातीय प्रत्यन्तरों (रेस्पांसेस) का समग्रता में अध्ययन किया जाए तो यह समरूपताएँ हतप्रभ करनेवाली साबित होंगी। साथ ही यह निष्कर्ष भी निकलकर सामने आएगा कि जनजातीय धरातल पर भी एक अखिल भारतीय धार्मिक-सामाजिक आन्दोलन समान्तर तौर पर जारी था। इस दिशा में बहुत काम किये जाने की जरूरत है। लेकिन इस दिशा में किसी किस्म की तुलनात्मकता का अभाव अब तक देखने में मिलता आया है। तो इन्हें आमने-सामने रखकर इनसे निकलनेवाले निष्कर्षों पर गौर करने की जरूरत है।

भारत में जो नवजागरणों का दौर है, उसमें धर्म की निर्णायक भूमिका रही है। बल्कि यही नहीं यूरोप के पुनर्जागरण काल में भी धर्म एक अनिवार्य सन्दर्भ के रूप में मौजूद है। वजह साफ है कि पूरा मध्यकालीन समाज अपनी संरचना और सोच में धार्मिक प्रभावों के असर में था। इसमें क्या भारत, क्या यूरोप और क्या मध्य पूर्व! तकरीबन सभी जगहों पर मनुष्यों के जीवन में धर्म की व्याप्ति इस कदर देखी जा सकती है कि समर्थन और विरोध का पूरा व्यापार उस धार्मिक संरचना या आख्यान के भीतर ही घटित होता है। पुनर्जागरण काल में मनुष्य के जीवन में धर्म की प्रचंड मौजूदगी की मात्रा में गुणात्मक कमी की दिशा में सचेत प्रयत्न आरम्भ होते हैं। बल्कि मध्यकालीन यूरोप में तो सूत्र रूप में यह बात मिलती है कि पुनर्जागरण काल में मानवीय सभ्यता 'थियोसेंट्रिक' से 'एंथ्रोपोसेंट्रिक' होने की दिशा में बढ़ती है। मतलब मानवीय सभ्यता 'धर्मकेन्द्रित समाज' से 'मनुष्य केन्द्रित समाज' की दिशा में आगे बढ़ता है। इसके बाद के चरणों में धर्म-सुधार आन्दोलन और प्रति धर्म-सुधार आन्दोलनों को हम घटित होता हुआ पाते हैं। भारत की बात करें तो उस दौर में ठीक-ठीक हुआ क्या था? साहित्य में वह भक्ति आन्दोलन का दौर है और इतिहास में मुस्लिम शासन का। सल्तनत काल के बाद मुगल काल का। इस पूरे दौर में मुस्लिम शासकों के तमाम दावों के बावजूद एक क्षेत्र ऐसा है, जिसमें वे भयंकर तरीके से विफल साबित होते हैं और वह है तकनीक और नये आविष्कारों का क्षेत्र। अन्ततः यूरोपीय बेड़ों के आगे मुगलों को घुटने टेकने पड़ते हैं। सभ्यता की यही रीत रही है कि सभ्यता के पायदान पर विकसित सभ्यताएँ अपने से कम विकसित सभ्यताओं पर शासन करती आई हैं। कहना न होगा कि अंग्रेज सभ्यता के पायदान पर मुगलों से बढ़ी हुई अवस्था को द्योतित करते थे।

उनके विकास में एक क्रमिकता देखी जा सकती है। इस क्रम में उन्होंने शासन के तौर-तरीकों को 'डाक्यूमेंट' करना सीख लिया था। सभ्यता के घूमते चक्र के साथ अंग्रेज कदमताल कर रहे थे, उसके बनिस्पत मुगल दूसरे किस्म की चीजों में गाफिल थे। कला, संस्कृति, किला, मजार की दिशा में जरूर कुछ बढ़त मुगलों ने हासिल की थी, लेकिन तकनीक, व्यापार और रणनीति के मामले में अंग्रेज कहीं ज्यादा आगे बढ़ चुके थे।

कायदन पुनर्जागरण के बाद यूरोप जिन 'धर्म-सुधार' और 'प्रति धर्म-सुधार' के चरणों से गुजरकर प्रबोधन (इनलाइटेनमेंट) के दौर में दाखिल होता है। वह वस्तुतः भारत में घटित ही नहीं होता है। अंग्रेजों के आने से और उनके औपनिवेशिक इतिहास-दृष्टि का प्रत्याख्यान निर्मित करने के क्रम में पुनर्जागरण के बरक्स भक्ति आन्दोलन को लोकजागरण के तौर पर प्रस्तावित किया जाता है। भक्ति आन्दोलन को लोकजागरण कहने में भी वस्तुतः एक विरोधाभास है और वह यह कि भक्ति में डूबना जागरण कैसे हो सकता है? आस्था, श्रद्धा और विश्वास में गहरे उतरना जागरण कैसे हो सकता है? तब इसके बचाव में लोक-भाषा, लोकाचार, लोकादर्श, लोकधर्म आदि की बात करते हुए निर्गुणपंथी सन्त साहित्य से कबीर के धार्मिक कर्मकांडों की आलोचनावाली पंक्तियाँ रख दी जाती हैं। लोकजागरण और पुनर्जागरण में वैसा ही अन्तर है जैसा धार्मिक सन्दर्भों में कबीर और मार्टिन लूथर में देखने को मिलता है। मतलब यूरोप में जो 'प्रॉपर' तरीके से मौजूद है, यहाँ भारत में उसका दावा-भर है। मार्टिन लूथर ने चर्च की सत्ता पर व्यवस्थित तरीके से सैद्धान्तिक और वैचारिक धरातल पर प्रहार किया था। कबीर के यहाँ धर्म की आलोचना तंज के तौर पर है। भारतीय सन्दर्भों में यह बड़ी बात लग सकती है। लेकिन यूरोपीय सन्दर्भ को सामने रखकर देखें तो फिर इन दोनों की तुलना बेमानी लगती है। समग्रता में यह लोकजागरण न तो यूरोप के 'रेनेसाँ' के समक्ष खड़ा होता है और न 'रिफार्मेशन और काउंटर-रिफार्मेशन' के समकक्ष। यह बस दिल को बहलाने का एक खयाल-भर है, जिससे भारतीयों का 'आत्म' तत्कालीन यूरोप के समकक्ष बहुत 'दयनीय' न जान पड़े। भारतीयों में एक गौरव-बोध भरने के लिए औपनिवेशिक इतिहास-लेखन के 'फ्रेम' को हू-ब-हू भारतीय सन्दर्भों में लागू कर दिया गया था, जिससे हम उनसे सांस्कृतिक धरातल पर बहुत पिछड़ा हुआ न साबित हों। और प्राणपण से उस अन्तराल को पाटने में लग जाएँ, जो यूरोप और भारत के बीच मौजूद था। बंगाल और महाराष्ट्र के धर्म-सुधार और समाज-सुधार आन्दोलनों में उसी की अनुगूँज सुनी जा सकती है। यह धर्म और समाज-सुधार आन्दोलन इस बात की तस्दीक करते हैं कि अंग्रेजी राज को इन समाजों ने अपने उन्नयन के एक अवसर के तौर पर स्वीकार कर लिया था। इससे कम्पनी राज और बाद के अंग्रेजी राज को कोई परेशानी नहीं थी। कारण कि इस सुधारवादी कार्यक्रम को अपनाना अन्ततः अंग्रेजी

राज के एजेंडे पर ही भारतीयों को खुद को ढालने सरीखा था। वह जिन बातों को लेकर भारतीयों को पिछड़ा और असभ्य बता रहे थे। उसे दूर करने की दिशा में हम भारतीय सक्रिय हो रहे थे। मतलब यह 'रिफार्म' या सुधार भी उसी आधुनिकता का एक 'बाईप्रोडक्ट' भर ही था। आधुनिकता के पैकेज में 'रिफार्म' भी शामिल था। इसके बगैर किसी समाज के आधुनिक होने का दावा ही स्वीकार्य और वैध नहीं होता था। इस सिलसिले में एक बात जो और रेखांकित करने की है वह यह कि यूरोप जिस 'रिफार्म' की बात सोलहवीं शताब्दी में कर रहा था, यहाँ वह बात उन्नीसवीं शती में की जा रही थी। यूरोप के रेनेसाँ और बंगाल, महाराष्ट्र और अवध आदि के रेनेसाँ में तीन सौ वर्षों का अन्तराल देखा जा सकता है। सुशोभन सरकार ने अंग्रेजी में जो मूल किताब लिखी थी उसका शीर्षक था 'दि बेंगाल रिनेसां एंड द अदर एसेज'। उसका हिन्दी अनुवाद 'बंगला नवजागरण' के तौर पर मिलता है। सवाल उठता है कि 'रेनेसाँ' के लिए जब हिन्दी में 'पुनर्जागरण' शब्द मौजूद है तो उसे नवजागरण से बदलने की क्या आवश्यकता थी? 'रेनेसाँ' के लिए 'पुनर्जागरण' शब्द के इस्तेमाल से सीधे-सीधे यह ध्वनि निकलती है कि यूरोप जहाँ से तीन सौ साल पहले गुजर चुका है, भारत वहाँ से तीन सौ साल बाद गुजर रहा है। यह बात अव्वल तो विश्वगुरु या विश्व के आध्यात्मिक गुरु की प्रतिष्ठा के अनुरूप नहीं थी। दूसरी बात इसी आधुनिकता का एक और 'बाईप्रोडक्ट' राष्ट्रवाद भी रहा है। पुनर्जागरण को नवजागरण में बदलने के मूल में साम्राज्यवाद के बरक्स एक राष्ट्रवादी एप्रोच को रेखांकित किया जा सकता है। इसे समझने के लिए थोड़ा रुक कर विषयान्तर करना होगा। लेकिन इसे जानना आवश्यक है, अतः एक हल्की-सी छूट इस दिशा में भी ले ही लेते हैं।

जैसा कि इस तथ्य से हम परिचित हैं कि यूरोप में आधुनिकता पुनर्जागरण (रेनेसाँ), धर्म-सुधार (रिफर्मिेशन), प्रति धर्म-सुधार (एंटी रिफर्मिेशन), ज्ञानोदय (इनलाइटेनमेंट) और औद्योगीकरण (इंडस्ट्रियलाइजेशन) के चरणों से गुजरकर आकार ग्रहण करती है। भारतीय सन्दर्भ में 'नवजागरण' को इन चरणों में से किसके समतुल्य रखा जाए? यह एक समस्यामूलक सवाल है। इसके जवाब में हम पाते हैं कि यद्यपि 'नवजागरण' पद यूरोपीय रेनेसाँ से मिलते-जुलते परिस्थितियों के लिए भारतीय सन्दर्भ में प्रयुक्त हुआ था। लेकिन इसके द्वारा एक साथ यूरोपीय पुनर्जागरण, धार्मिक-सुधार आन्दोलन और ज्ञानोदयकालीन विशेषताओं को निरूपित किया गया। इस तरह यह एक ऐसा भ्रामक पद बनकर उभरा जिसने भारतीय सन्दर्भों में हमारे इतिहास-बोध को धुँधला करने का ही काम किया। 'रेनेसाँ' शब्द के भारतीय सन्दर्भ में प्रथम प्रयोग एवं उसके अवधारणात्मक विकास की रणनीति और राजनीति का खुलासा वीर भारत तलवार ने अपने विद्वतापूर्ण शोधपरक आलेख, 'नाम में क्या रखा है?' में किया है :

> अपनी सीमित जाँच-पड़ताल से मैं इस नतीजे पर पहुँचा हूँ कि बंगाल या भारत के नवजागरण के लिए रेनेसाँ का चलन भारतीयों ने नहीं किया था क्योंकि उन्हें इसकी आवश्यकता नहीं थी। इसका चलन यूरोपीयों ने अपनी आवश्यकता से किया था।[2]

इसके जरिये वे जहाँ यूरोपीय दृष्टि से भारत को समझना और बाकी यूरोपीयों को समझना चाह रहे थे, वहीं दूसरी ओर योरपीय इतिहास-बोध हम पर आरोपित कर अपने औपनिवेशिक शासन को वैध साबित करना चाह रहे थे। आधुनिकता इस औपनिवेशिक शासन को वैध साबित करनेवाली विचारधारा का कार्य कर रही थी। और आधुनिकता ने अपनी वैधता के लिए नवजागरण की विचारधारा को जनोपयोगी और लोकप्रिय बनाने का काम किया। कारण कि आधुनिकता की तुलना में नवजागरण का विचार ज्यादा मूर्त था। आधुनिकता की पहचान चेतना के स्तर पर हो सकती थी लेकिन नवजागरण की प्रक्रिया के अन्तर्गत सामुदायिक प्रयत्नों को रेखांकित कर और संरक्षण देकर अपने पक्ष में शुरुआती जनमत सहजतापूर्वक तैयार किया जा सकता था। इसलिए औपनिवेशिक भारत में 'आधुनिकता' के स्थान पर 'नवजागरण' की विचारधारा को लोकप्रिय बनाने का कार्य किया गया। परिणामत: नवजागरण समग्रतामूलक विकास की एक ऐसी अवधारणा बनकर उभरा जिसे आधुनिकता का पर्याय समझा जाने लगा। अब सवाल यह उठता है कि भारत में नवजागरण की अवधारणा ने कैसे रूप-आकार ग्रहण किया? यहाँ हम पाते हैं कि इसका आरम्भिक आधार भारतविदों और प्राच्यविदों ने निर्मित किया, फिर उसके समानान्तर सामाजिक और भौतिक आधारों का निर्माण तथा उसके अनुकूल परिस्थितियाँ बनाई गईं। पर इससे इस सवाल का जवाब नहीं मिल पाता है कि पुनर्जागरण का हिन्दी पर्याय नवजागरण कैसे बन गया? इस दिशा में हिन्दी साहित्य के मार्क्सवादी आलोचक रामविलास शर्मा का स्मरण आवश्यक हो जाता है, क्योंकि हिन्दी साहित्य में लघुजाति, महाजाति, जातीय गठन की प्रक्रिया, जातीय एकता, हिन्दी जाति, हिन्दी प्रदेश, हिन्दी संस्कृति और हिन्दी नवजागरण की अवधारणा को प्रस्तावित करनेवाले और उसकी सैद्धान्तिकी निर्मित करनेवाले वे ही हैं। उन्होंने ही हिन्दी साहित्य में पहले-पहल हिन्दी नवजागरण पद-बंध का प्रयोग पूरी जवाबदेही के साथ किया। सनद रहे वे अवध नवजागरण की बजाय हिन्दी नवजागरण का इस्तेमाल करते हैं। रामविलास शर्मा ने हिन्दी नवजागरण की शुरुआत 1857 से मानते हुए यह स्पष्ट किया था कि "नवजागरण यह शब्दबन्ध नया था, धारणा पुरानी थी। पुरानी धारणा से उनका तात्पर्य था हिन्दी जाति और उसकी संस्कृति।"[3]

'महावीरप्रसाद द्विवेदी और हिन्दी नवजागरण' में नवजागरण का आशय उन्होंने यह बतलाया था कि "नवजागरण से उनका 'एक विशिष्ट' आशय है, जो

हिन्दी प्रदेशों में चलाए गए ब्रिटिश साम्राज्यवाद विरोधी संघर्षों से जन्म लेता है, जो उतने ही महत्त्व का है जिसे 'बंगला नवजागरण' कहा जाता है। इसके आधार पर यह सम्भावना व्यक्त की जा सकती है कि रामविलास जी ने 'हिन्दी नवजागरण' की अवधारणा 'बंगला नवजागरण' से ग्रहण की हो। क्योंकि सुशोभन सरकार ने 'बेंगाल रेनेसाँ एंड अदर एसेज' नामक पुस्तक 1970 ई. में लिखी थी। 'रेनेसाँ' और 'इनलाइटेनमेंट' के लिए हिन्दी में क्रमशः पुनर्जागरण और ज्ञानोदय या प्रबोधन का प्रयोग देखने को मिलता है। नवजागरण जैसी कोई अवधारणा यूरोपीय सन्दर्भों में प्रयुक्त नहीं होती। बकौल मार्क्सवादी आलोचक प्रदीप सक्सेना :

> मैंने पूछा था (रामविलास जी से) आखिर आप 'नवजागरण' का अंग्रेजी स्थानापन्न क्यों नहीं देते हैं? बताइए उसका 'इक्विवैलेंट' क्या है? उन्होंने कहा—यह किसी शब्द के समकक्ष नहीं है।[4]

समस्या यह नहीं है कि इसका अंग्रेजी स्थानापन्न क्या है? बल्कि समस्या यह है कि इस नवजागरण का सम्बन्ध रेनेसाँ से है या इनलाइटेनमेंट से? यह किस संकल्पना के निकट है? यह तो खैर अब तक अनुत्तरित है। इसे समवेत रूप से रेनेसाँ और इनलाइटेनमेंट के मिले-जुले रूप में प्रयुक्त किया जाता है। पर यूरोपीय पुनर्जागरण की अवधारणा में ही यह बात अनुस्यूत है कि इसके पूर्व भी एक बार यूरोपीय सभ्यता जागृत थी और बीच में अन्धकार काल आया और उसके बाद फिर से जागरण हुआ जो पुनर्जागरण कहलाया। जैकब बर्कहार्ड की किताब 'दि सिविलाइजेशन ऑव रेनेसाँ इन इटली' (1806 ई.) में इसे देखा जा सकता है, जहाँ रेनेसाँ के इतिहास पर रोशनी डालते हुए रेनेसाँ के पूर्व 'डार्क एजेज' की बात की गई है। यूरोप में 'अन्धकार युग' के बाद 'रेनेसाँ' आया पर भारत में 19वीं सदी के नवजागरण के पूर्व कोई अन्धकार काल नहीं था। यह सचाई है। औपनिवेशिक इतिहास-दृष्टि ने इस संरचनागत कमी को दूर करने के लिए इस्लामी शासन को भारत के अन्धकार काल के तौर पर व्याख्यायित किया। अब यह कहना मुश्किल है कि अंग्रेजों के आने के पूर्व मुगलों के प्रति हिन्दुओं के मन में कितनी घृणा और कितना द्वेष मौजूद था? पर इतिहास की इस व्याख्या का असर यह हुआ कि हिन्दुओं के साथ सल्तनत काल से लेकर मुगल काल तक जो भी अत्याचार हुए वह सब मुसलमानों के साथ इस क्रम में नत्थी हो गया और अंग्रेजों के आगमन के पूर्व के काल को 'डार्क एज' के तौर पर स्थापित कर दिया गया। इस तरह यूरोपीय इतिहास का जो 'फ्रेम' था, उसे भारतीय सन्दर्भों में कुशलतापूर्वक लागू कर दिया गया। उसके बाद प्राचीन भारत के स्वर्ण काल की बात की गई, जिसमें गुप्तों और मौर्यों का स्वर्ण काल था। फिर मुसलमानों का अन्धकार काल। और फिर अंग्रेज सभ्यता के ध्वजवाहक बनकर आए और धर्म-सुधार-समाज-सुधार आन्दोलनों के

जरिये इस अन्धकार काल से मुक्ति दिलाई। इस 'फ्रेमवर्क' को अंजाम तक पहुँचाने में राष्ट्रवाद की महती भूमिका रही। राष्ट्रवाद का विचार भी आधुनिकता का ही एक 'बाईप्रोडक्ट' था। हर कहीं राष्ट्रवाद और रोमानी कल्पना के मध्य एक गहरा सम्बन्ध देखा गया है। हर कहीं राष्ट्रवाद की भावना बहुसंख्यक आबादी के द्वारा नियंत्रित की जाती रही है। औपनिवेशिक काल के धार्मिक और समाज-सुधार आन्दोलनों को यदि आप देखें तो उसमें इस किस्म की रूमानियत जगह-जगह देखने को मिलेगी। इस रूमानियत का सम्बन्ध तर्क से न होकर भाव से हुआ करता है। इस रूमानियत में अतीत की उपस्थिति वर्तमान के क्षतिपूरक विकल्प के तौर पर मौजूद रहती है। अतीत के स्वर्ण काल की परिकल्पना के मूल में भी दरअसल एक रूमानियत ही होती है कि वहाँ सब कुछ चाक-चौबन्द था। इस दावे को जाँचने का कोई सटीक पैमाना नहीं होता है, बस यह लोक-आस्था या लोक-विश्वास जैसी चीज में ढल जाता है और जब यह विश्वास एक सामुदायिक विश्वास का रूप धारण कर लेता है तो उस विश्वास के इर्द-गिर्द जनान्दोलन खड़ा किया जा सकता है। भले उस दावे की मूल में निरी कल्पना मौजूद हो। राष्ट्रवाद के लिए ऐसी कल्पनाएँ पर्याप्त उर्वर साबित होती हैं। राष्ट्रवादी भावना या मनोदशा के निर्माण में इस किस्म की कल्पनाओं की अहम भूमिका होती है। यदि इस कल्पना को ठीक से बुना जाए तो उस विचार के इर्द-गिर्द बेमिसाल एकजुटता पैदा की जा सकती है। मुख्यधारा के राष्ट्रवादी नरेटिव का विश्लेषण करें तो यह गुण वहाँ भी मिलेगा और इसी को जनजातीय सामाजिक-धार्मिक आन्दोलनों पर लागू करें तो अलग-अलग जनजातीय समुदायों में भी यह जातीय चेतना इसी रूप में क्रियाशील देखी जा सकती है। मतलब यह कि इस किस्म की जातीय चेतना, जिसे किसी बड़े प्रदेश और जाति से जोड़कर राष्ट्रवाद के रूप में प्रस्तावित किया जाता है, सामाजिक-धार्मिक जनजातीय आन्दोलनों में भी औपनिवेशिक काल में देखी जा सकती है। भले जनजातीय जागरण के मामले में वे प्रादेशिक नवजागरणों की तरह प्रदर्शन नहीं कर पाते हैं, लेकिन जनजातीय समुदायों में जागरण का एक अपना प्रारूप विकसित तो होता ही है। इन छोटे प्रारूपों में जो एक किस्म का 'लघु वृत्तान्त' मौजूद है, उसकी ओर इतिहास ने व्यवस्थित तरीके से देखने की कभी जरूरत महसूस नहीं की थी। सबाल्टर्न इतिहास-दृष्टि ने उसकी अहमियत की ओर ध्यान आकृष्ट कराने में महती भूमिका अदा की, उसके विश्लेषण की पद्धति प्रस्तावित की। इतिहास के अभिलेखों की परिभाषा का विस्तार करते हुए स्मृति, लोकस्मृति, लोकगीत, रीति-रिवाज आदि के अभिलेखीय महत्त्व को प्रस्तावित किया। जिससे नई शोध प्रविधि के जरिये इतिहास के अनछुए पहलुओं की पड़ताल की जा सके। सबाल्टर्न इतिहास-लेखन ने ऐतिहासिक अभिलेखों की जिस प्रचलित समझदारी को बदलने का काम किया था, जनजातीय इतिहास-लेखन उस दिशा में आगे बढ़ते हुए उस समझदारी को और ज्यादा दुरुस्त करने का काम

करता है। सबाल्टर्न इतिहास में स्मृति इतिहास के एक प्रमुख उपादान 'टूल्स' के तौर पर व्यवहृत होता आया है। जनजातीय इतिहास-लेखन स्मृति के महत्त्व को वंचितों के प्रसंग में अकाट्य तौर पर महत्त्वपूर्ण साबित करने का काम करता है। इस बात की महत्ता को रेखांकित करने के लिए मैं राहुल रंजन के बिरसा मुंडा पर हालिया प्रकाशित किताब 'दि पोलिटिकल लाईफ ऑफ मेमोरी : बिरसा मुंडा इन कंटेम्पररी इंडिया' में जगह-जगह स्मृति के सम्बन्ध में व्यक्त किये गए विचारों को यहाँ एक जगह पर रखना पसन्द करूँगा, जिससे जनजातीय इतिहास-लेखन में स्मृति के महत्त्व को ठीक से समझा जा सके। कारण कि मुख्यधारा में इतिहास और स्मृति दो बिलकुल जुदा चीजों के तौर पर मौजूद हैं। बल्कि मुख्यधारा में स्मृति और इतिहास का कोई मेल ही नहीं है। राहुल रंजन लिखते हैं :

> स्मृति उन समुदायों के पक्ष में भाषा की तरह काम करती है, जिनका कोई लिखित इतिहास नहीं है।...स्मृति इन समुदायों के लिए प्रतिरोध का एक बाना है इतिहास के विरुद्ध। ...स्मृति एक किस्म की वैकल्पिक कल्पनाशीलता है, इन समुदायों के लिए।[5]

स्मृति की अहमियत को रेखांकित करने के क्रम में राहुल रंजन गायत्री चक्रवर्ती स्पिवाक के उस सवाल को सामने रखते हैं कि 'क्या सबाल्टर्न बोल सकते हैं?' और इस सवाल को वे स्मृति के धरातल से सम्बोधित करते हुए उलट देते हैं। और इसे बिलकुल अलग तरीके से सामने रखते हैं। वे कहते हैं कि सबाल्टर्न बोलते रहे हैं। सवाल इसका नहीं है कि क्या वे बोल सकते हैं बल्कि इसका है कि हमने उन्हें सुनने की काबिलियत पैदा की है या नहीं? समस्या सबाल्टर्न की नहीं है। हमारी है कि हम सुनने की संरचना नहीं विकसित कर सके। स्मृति उस सुनने की संरचना का हिस्सा है, जिसे इत्मीनान से सुनकर 'डिकोड' किये जाने की आवश्यकता है। यह आवश्यकता इसलिए भी है कि मुख्यधारा का इतिहास, दर्शन, संस्कृति, राजनीति, अर्थनीति सब कुछ अभिजन केन्द्रित रहा है। वह अपनी केन्द्रीयता से इतर परिधि को समझने की जरूरत कभी महसूस नहीं कर सका और जरूरत पड़ी भी तो 'अभिजन' के उपादानों से 'जन' को समझने की यह कोशिश सदैव नाकाफी रही है। इसलिए जनजातीय इतिहास पर अगर काम करना हो तो उसके ऐतिहासिक उपादान वही नहीं हो सकते हैं। इसलिए स्मृति, विश्वास, रिवाज आदि भी जनजातीय इतिहास के सन्दर्भ में अभिलेखीय महत्त्व के हो जाते हैं।

राहुल रंजन स्मृति की अहमियत को रेखांकित करने का कोई मौका नहीं चूकते हैं। स्मृति की परतों को परत-दर-परत हटाकर वे इस बात को समझाने की कोशिश करते हैं कि जनजातीय इतिहास के लिए स्मृति क्योंकर इतनी जरूरी है, इसकी सैद्धान्तिकी पर बात करते हुए वे लिखते हैं :

> स्मृति अतीत की छवि है। यह ऐतिहासिक तथ्यों का प्रतिनिधित्व करती है न कि स्वयं इतिहास का। स्मृति में विगत के तथ्यों और चित्त पर पड़नेवाले प्रभावों का अनुभव के साथ एक सहमेल होता है। इतिहास के पुनरावलोकन के क्रम में किसी घटना के साथ यह व्यक्तिगत जुड़ाव को प्रदर्शित करता है। स्मृति में एक तीव्र किस्म की राजनीतिक चेतना अन्तर्निहित होती है क्योंकि यह इतिहास के वर्चस्वशील आदत को ध्वस्त करने की क्षमता रखती है। इतिहास अतीत के ब्योरों का सर्वोत्तम लेखा-जोखा-भर है पर स्मृति आख्यान की कई परतों को धारण किये रहता है।[6]

इतिहास एक साझी विरासत का नाम है। लेकिन इतिहास कुछ इस ढंग से प्रस्तुत किया जाता है कि उसमें कुछ खास वर्ग, जाति, व्यक्ति, राज्य आदि प्रमुखता पा जाते हैं और कुछ का कहीं जिक्र तक नहीं होता है। बल्कि जिनका जिक्र नहीं होता है, यह इतिहास उनका भी उतना ही होता है। इतिहास के जरिये भी वर्चस्वशील ताकतें हाशिये की आवाजों को या तो चुप करा देते हैं या किनारे लगा देते हैं। मार्क्सवादी आलोचक मैनेजर पांडेय ने कभी वर्चस्व की इस संस्कृति की कार्य-शैली पर बात करते हुए इस तथ्य को रेखांकित किया था कि वर्चस्वशाली ताकतें हाशिये की आवाजों के साथ चार तरीकों से पेश आती हैं। पहले वह उसकी अनदेखी और अवहेलना करते हैं, फिर विरोध करते हैं, फिर विकृत करने की कोशिश करते हैं और अन्त में उसे खुद में आत्मसात कर लेते हैं। इन चार चरणों को घटित होने में शताब्दियाँ लग जाती हैं और यह पूरी प्रक्रिया इतनी धीमी गति से घटित होती है कि इसके मूल में कार्यशील शक्तियों की इस कार्य-पद्धति की ओर ध्यान भी नहीं जा पाता है। राहुल रंजन ऐसी स्थिति में 'स्मृति' को 'काउंटर हिस्ट्री' (प्रति-इतिहास) के तौर पर देखते हैं। सामुदायिक स्मृति के भीतर से भी कई बार स्मृति अतीत का नया पाठ प्रस्तुत करती है। इस ढंग से देखें तो सामुदायिक स्मृति के भीतर अतीत की एक ऐसी स्मृति मौजूद होती है, जो होने के बावजूद नगण्य मान ली गई होती है। पर जब स्मृति के भीतर से इतिहास के 'फ्रेमवर्क' में उन स्मृतियों को टटोला जाता है तो कई बार इतिहास का एक प्रत्याख्यान उसके भीतर से विकसित होता है। जनजातीय सन्दर्भों में स्मृति इसलिए और भी महत्त्वपूर्ण हो जाती है क्योंकि वाचिक परम्परा में स्मृतियों की प्रधानता होती है। तो यदि वाचिक परम्परावाले समुदायों का इतिहास लिखा जाए तो वह उन्हीं उपादानों से नहीं लिखा जा सकता है, जिन उपादानों से लिखित परम्परावाले समुदायों का इतिहास लिखा गया हो। मौखिक परम्पराएँ लिखित परम्पराओं से ज्यादा प्राचीन हैं। लेकिन लिखित परम्पराएँ मौखिक परम्पराओं की तुलना में सभ्यतागत पायदान पर ज्यादा स्वीकार्य रही हैं। कारण कि

मौखिक की तुलना में वे खुद का दस्तावेजी प्रमाण उपस्थित करने की स्थिति में होती हैं। वाचिक परम्परावाले समुदायों की तुलना में लिखित परम्परावाले समुदायों को हासिल इस बढ़त के जरिये ही वाचिक परम्परावाले समुदायों को थोड़ा 'पिछड़ा और अविकसित' मान लेने की एक समझदारी प्रचलन में आ जाती है। और यह समझदारी 'कन्वेंशनल विजडम' का हिस्सा हो जाती है। और धीरे-धीरे यह एक लोक-विश्वास का रूप धारण कर लेती है। इसका असर सामाजिक धरातल पर देखें तो बहुत भयावह है। वर्चस्वशील जातियाँ अपने उन्नत होने के दावे के साथ अन्य कई समुदायों को सभ्यता के पायदान पर पिछड़ा हुआ मानकर चलने लगती हैं। इसके साथ ही इन वंचित समुदायों को इतिहास और सभ्यता की मुख्यधारा से इस कदर बाहर कर दिया जाता है, मानो उनका कोई अस्तित्व ही नहीं था। था भी तो गिनाने के योग्य नहीं। राहुल रंजन सबाल्टर्न स्मृति के फ्रेमवर्क पर बात करते हुए लिखते हैं, "पत्थलगड़ी को सबाल्टर्न स्मृति के प्रतीकात्मक ऐतिहासिक स्थल या साक्ष्य के तौर पर देखना चाहिए।"[7] इसे वे 'फिगर्स ऑफ मेमोरी' कहते हैं। इसकी विस्तृत व्याख्या करते हुए वन्दना टेटे लिखती हैं :

> हम झारखंड के आदिवासी समुदाय जिसे पत्थलगड़ी, हड़गड़ी, ससनदिरी आदि कहते हैं। गाँव बसाने के समय मृतक पुरखा आत्माओं की स्मृति में और एक पीढ़ी के मुखिया के दिवंगत हो जाने पर पत्थर गाड़ते हैं। इन पत्थरों को आधुनिक इतिहास 'शिलालेख' के रूप में स्वीकार नहीं करता। क्योंकि आदिवासी इतिहास के इस ऑरल ट्रेडिशन में इन पत्थरों पर उन्हें किसी भी भाषा में कुछ लिखा हुआ नहीं मिलता। लेकिन आदिवासियों को पता होता है कि गाँव और ससनदिरी में गाड़े गए हर पत्थर का एक इतिहास है।...मुंडाओं के 'पाइका' नृत्य के परफॉरमर्स के कास्ट्यूम्स विशेष डिजाइनवाले होते हैं। इसी तरह से गोदना यानी टैटू विभिन्न आदिवासी समुदायों में प्रचलित विश्वासों को व्यक्त करते हैं। टैटू के कई डिजाइनों में तो उस आदिवासी समुदाय का इतिहास तक दर्ज हुआ रहता है।[8]

इन उदाहरणों को ध्यान से देखें तो यह बात समझ में आने लगती है कि जनजातीय इतिहास-लेखन के उपादान किस तरह प्रचलित इतिहास-लेखन के उपादानों से अलग हो सकते हैं।

मुख्यधारा के इतिहास के अपने पूर्वाग्रह हैं। वह पूर्वाग्रह बहुसंख्यक के लिए इतने मामूली हैं कि उसमें विन्यस्त पक्षपातपूर्ण रवैये को कभी महसूस करने की जहमत तक नहीं उठाते हैं। हाशिये की आवाजों ने ऐसी मामूली बातों की ओर ध्यान दिलाने का काम किया है जो सामूहिक अवचेतन के संज्ञान तक में कभी दर्ज

न हो सका। जैसे इन जनजातीय सामाजिक और धार्मिक आन्दोलन से गुजरते हुए इस तथ्य की ओर ध्यान गया :

> आधुनिक राज्य और उसके आधुनिकता के उपादानों पर गौर करें तो पाएँगे कि वे सभी हिन्दू जाति की कल्पनाशीलता से आक्रान्त हैं या भरे हैं। इतना ही नहीं जनजातियों और उनके इतिहास के बारे में भी उनके पास बनी-बनाई धारणाएँ हैं।[9]

उनकी अपनी पदसोपानिकता है। जातिगत सोपानिकता है। उनके इस श्रेणीकरण में जो कुछ भी निचले पायदान पर है, उसकी कीमत और अहमियत नगण्य है। उनकी कुर्बानी का कोई मोल नहीं है। वे राष्ट्र की नींव पर जोते जाने के लिए बने हैं। उनके साथ की जानेवाली ज्यादतियाँ, शोषण, अत्याचार आदि संज्ञेय नहीं वरेण्य हैं। उसे अलग से रेखांकित किये जाने की आवश्यकता नहीं है। यही वजह है कि जनजातीय इतिहास के नायक शहादतों के बावजूद गुमनामी के अँधेरे तले खोए रहे। वे इतिहास में दर्ज नहीं हो सके, स्मृतियों में जीवित रहे। अब वे सामुदायिक स्मृतियों से निकलकर प्राणवान हो रहे हैं। जिस दौर में यह सब कुछ घटित हुआ उस दौर में इतिहास या तो औपनिवेशिक ढाँचे में व्यक्त हो रहा था या फिर उसके बरक्स एक राष्ट्रवादी आख्यान में। इन दोनों ने जनजातीय सन्दर्भों का संज्ञान लेने की कोई जहमत कभी नहीं उठाई। ये उन दोनों की चेतना में तो शामिल थे, पर संज्ञेय नहीं थे, इसलिए इतिहास के बाहर थे। जबकि किसी मामले में जनजातीय समुदायों का संघर्ष बहुसंख्यक अस्मिता से कमतर नहीं था।

वैसे यह बात स्पष्ट कर दूँ कि जहाँ पुनर्जागरण और प्रबोधन की परिघटना नहीं घटी वहाँ भी आधुनिकता की अवधारणा विकसित हुई। फर्क इतना रहा कि उनकी आधुनिकता की संकल्पना यूरोपीय संकल्पना से भिन्न रही। मतलब आधुनिकता का कोई सर्वमान्य वैश्विक मॉडल उपलब्ध नहीं है। लेकिन साम्राज्यवादी अभियानों की वजह से यूरोप ने आधुनिकता के अपने मॉडल को ही वैश्विक मॉडल के बतौर प्रस्तुत करने में एक का़मयाबी औपनिवेशिक अभियानों के दिनों में हासिल कर ली थी। वैसे ही किसी राष्ट्र के भीतर भी एक वक्त में कई किस्म के 'नरेटिव' चलते रहते हैं। लेकिन जिसका दखल होता है वह अपना 'नरेटिव' स्थापित करने में कामयाब हो जाता है। शेष हाशिये में चले जाते हैं। इतिहास भी सत्ता-संरचना से चालित होता है जिनके पास सत्ता होती है, वह अपने ढंग से इतिहास को तोड़ने-मोड़ने-परोसने की कोशिश करते हैं। ऐसे में जिनके पास सत्ता नहीं है और जो हाशिये पर हैं उनका इतिहास, आख्यान, स्मृति सब परिधि के बाहर कर दिया जाता है। जनजातीय समुदाय भी इस देश में औपनिवेशिक काल में वह केन्द्रीयता अर्जित नहीं कर सके कि उनके 'नरेटिव' का अलग से बहुसंख्यक वर्चस्वशील जातियों द्वारा

संज्ञान लिया जा सके या उनकी गतिविधियों का 'प्रापर डाक्यूमेंटेशन' ही उनके द्वारा किया जा सके। राष्ट्र की मुख्यधारा में वे संज्ञान लिये जाने के हकदार ही नहीं रहे। परिणामत: उनका जय-पराजय सब अँधेरे में डूबा रहा। एक अदद लिपि के अभाव में जनजातीय समुदायों ने जो नुकसान उठाया है, उसकी भरपाई में शताब्दियाँ भी शायद कम पड़ें। इसकी कितनी भरपाई हो पाएगी, यह भी अनुमान का विषय है।

औपनिवेशिक काल में बंगाल, महाराष्ट्र और अवध के नवजागरण के बरक्स यदि झारखंड के जनजातीय सामाजिक-धार्मिक आन्दोलनों को रखें तो जो निष्कर्ष निकलकर आते हैं, उन पर रुककर विचार करने की आवश्यकता है। प्रादेशिक नवजागरण के उन्नायकों ने अंग्रेजी राज को अपने समाज, प्रदेश, जाति के उन्नयन के एक अवसर के तौर पर देखा था, जबकि जनजातीय समुदायों के लिए अंग्रेजी राज किसी आपदा से कम नहीं था। प्रादेशिक नवजागरणों ने आपदा में अवसर तलाश लिया था, इसलिए उनका रुख अंग्रेजी राज के प्रति समझौतापरस्ती का हो गया था। समझौतावादी रवैये के कारण उन्होंने अपनी ऊर्जा का उपयोग अपने प्रदेश, जाति, संस्कृति, भाषा आदि के नवोत्थान के लिए किया। इसके उलट जनजातीय समुदायों ने समझौता की बजाय संघर्ष की ही राह चुनी। इस संघर्ष की राह में उनकी सारी संचित ऊर्जा नष्ट हो गई। यह एक चिरपरिचित तथ्य है कि संघर्ष में ऊर्जा लगती है। और संघर्ष अपने स्वरूप में सामुदायिक हो तो पूरे समुदाय की ऊर्जा उसमें खर्च हो रही होती है। जनजातीय सामुदायिक आन्दोलनों की जो प्रचलित समझदारी थी, उसकी बुनियादी टेक स्वायत्तता थी, इस स्वायत्तता को स्वतंत्रता के रूप में देखा जा सकता है। और इसे जनजातियाँ हासिल कर सकती हैं, ऐसा एक मासूम भरोसा उनके पास था। इस मासूमियत की बहुत बड़ी कीमत उन्होंने सामुदायिक तौर पर चुकाई है। इसके विपरीत अन्य गैर-जनजातीय नवजागरणों ने अपनी पूरी ऊर्जा संघर्ष में नष्ट न कर उसे रचनात्मक तरीके से सभ्यतागत मोर्चे पर सामूहिक उत्थान के लिए लगाया। गैर-जनजातीय समुदायों ने ज्यादा व्यावहारिक राह चुनी। इसका परिणाम यह हुआ कि वे जातियाँ बहुत जल्दी सभ्यतागत विकास के शर्तों को समझकर खुद को उसके अनुरूप ढालने के कार्यक्रम में संलग्न हो गईं। वे भले अंग्रेजों के अधीन थीं पर उस अधीनता के भीतर भी अपने से कमजोर को अधीन बनाए रखने का एक शास्त्र विकसित कर रही थीं। ऐसा करके वे खुद एक आन्तरिक औपनिवेशन को इस देश में जन्म देने में बहुत कम समय में सफल साबित हुईं। यह खुद को भविष्य के लिहाज से ढालने की कवायद थी। इसके विपरीत जनजातीय समुदाय भविष्य की बजाय अतीत की ओर मुड़ गई थीं। अतीत के स्वर्ण काल को पुनर्जीवित करना उनके धार्मिक-सामाजिक जागरण का लक्ष्य था। यह भेद जनजातीय और गैर-जनजातीय आन्दोलनों के मध्य देखा जा सकता है। इस भेद ने दोनों किस्म के आन्दोलनों की दिशाएँ तय कीं। प्रादेशिक नवजागरणों

ने समझौता और अनुकूलन को स्वीकार किया। प्रादेशिक नवजागरणों के इस रवैये पर कम्पनी राज और अंग्रेजी राज दोनों को कोई आपत्ति नहीं थी। वजह साफ थी कि यह उनके साम्राज्यवादी लक्ष्य के अनुरूप ही था। औपनिवेशिक अभियान का एक बुनियादी तर्क था कि वे पिछड़े और असभ्य राष्ट्रों को सभ्य बनाने के लिए आए हैं। प्रादेशिक नवजागरणों के सामाजिक और धार्मिक-सुधार के अभियान उनके इस तर्क को वैधता प्रदान करने का ही काम कर रहे थे। इससे अंग्रेजी राज या कम्पनी राज को भला क्या आपत्ति हो सकती थी। पर जनजातीय समुदाय ऐसी किसी 'कंडीशनिंग' के लिए तैयार नहीं थे। परिणामतः इन जनजातीय समुदायों की इसकी कीमत चुकानी पड़ी। यह कीमत एक मोर्चे पर नहीं बल्कि कई मोर्चों पर चुकानी पड़ी। जैसे प्रादेशिक नवजागरण ने जो राह अपनाई, उसमें पन्द्रह-बीस वर्षों में उनके पास एक नई सोच वाली पीढ़ी थी, जो पिछली पीढ़ी से आगे बढ़ने की दिशा में सक्रिय थी। वे पिछले हासिल सामाजिक लक्ष्यों से आगे का लक्ष्य तय करके उसे प्राप्त करने की दिशा में लगातार सक्रिय थे। साथ ही नये लक्ष्य निर्धारित करते चल रहे थे। आरोपित संरचना के भीतर सत्ता के साथ प्रत्यक्ष संघर्ष से बचते हुए वे समाज के भीतर समान विचार वाले समूह के निर्माण की दिशा में तत्पर थे। जबकि जनजातीय आन्दोलन अपने संघर्षशील तेवरों के कारण लगातार अंग्रेजी दमन का शिकार हो रहे थे। अगली पीढ़ी की कौन कहे यहाँ आन्दोलन की दूसरी पंक्ति उस क्रूर दमन के आगे विकसित नहीं हो पा रही थी। पहाड़िया, हो, मुंडा, सन्ताल, और उराँव समुदाय के उन्नायकों पर ध्यान दें तो पाएँगे कि यह सब अंग्रेजी राज की हिंसा के शिकार हुए।

'तिलका माँझी, तेलंगा खड़िया, रमना अल्हाड़ी, करिया पुजहर, सरदार चेगरू साबरिया, पाँचगे डोम्बा पहाड़िया, जबरा पहाड़िया, धरमा पहाड़िया, रोढ़वो कुँवर, डबुआ देहरी, कचवा देहरी, गंगा डोहरा माँझी, गौर सिंह पहाड़िया, नायब सूरजा पहाड़िया, अर्जुन गरही, केन्दुआ देहरी, गोपाल पुजहर, जिउरी पहाड़िन, सुन्दर सिंह पहाड़िया, बिन्दराय, सिंगराय, बुधु भगत, वीर बुच्चु भगत, सोमरा टाना भगत, पोटो, नारा, बोड़ाय, बोड़ा, पंडुआ, सिदो-कान्हु-चाँद-भैरव, फूलो-झानो, बिरसा मुंडा, जतरा टाना भगत, दशरथ माँझी'[10] इनमें से ज्यादातर मार दिये गए, कुछ को फाँसी दी गई, कुछ को गोली मार दी गई, कुछ को देश निकाला दे दिया गया, कुछ को लम्बा कारावास मिला। समर्थकों को तरह-तरह से लम्बे समय तक प्रताड़ित किया गया। इसके उलट बंगाल, महाराष्ट्र और अवध नवजागरण के नायकों को देखें तो शायद ही उनमें से कोई अंग्रेजी राज के हाथों मारा गया हो। यह बड़ा फर्क था। जनजातीय और गैर-जनजातीय नवगारण के मध्य। अपने नायकों की हत्या के कारण जनजातीय समुदायों के भीतर सामुदायिक उन्नयन के कार्यक्रम के लिए भी उन्हें ईसाई मिशनरियों का मुँह जोहना पड़ रहा था। ईसाई मिशनरी भी अपने अनुभवों में

इस बात को शामिल किये हुए थे कि "उनके द्वारा धर्मान्तरित जन भद्र बंगालियों जैसे नहीं हैं, बल्कि असभ्य और बर्बर हैं।"[11]

यदि प्रादेशिक नवजागरणों को प्रदेश की बजाय धार्मिक आधार पर देखें तो यह बात बहुत साफ तरीके से लक्ष्य की जा सकती है कि चाहे हिन्दू हों या मुसलमान इन दोनों धार्मिक समूहों ने अंग्रेजी राज को एक अवसर के तौर पर स्वीकार कर लिया था। हिन्दुओं के मन में यह भाव था कि चलो कम-से-कम मुसलमानों के शासन से मुक्ति मिली। मुसलमानों को इस बात का सुकून था कि सत्ता हिन्दुओं की बजाय अंग्रेजों के हाथ में थी। दोनों अंग्रेजों की सरपरस्ती में अपने लिए ज्यादा-से ज्यादा लाभ और रियायतें हासिल कर लेना चाहते थे। दोनों के मध्य हर मामले में एक प्रतिस्पर्धा-सी पैदा हो गई थी। दोनों धार्मिक समूह एक-दूसरे से आगे निकलने की एक अनकही होड़ में शामिल हो गए थे। इसके विपरीत झारखंड का जनजातीय समुदाय अब तक किसी किस्म की पराधीनता से मुक्त अपने ढंग से जीता आया था। उसके जीवन को असाधारण तरीके से प्रभावित करने का काम अंग्रेजों ने किया था। इसलिए इन जनजातीय आन्दोलनों का लक्ष्य ब्रिटिश शासन से मुक्ति थी। इस मुक्ति के बगैर 'आबुआ राज' का स्वप्न साकार ही नहीं हो सकता था। गैर-जनजातीय समुदायों की भाँति उनके पास घृणा के लिए मुसलमान मौजूद नहीं थे। ब्रिटिश साम्राज्यवाद के लिए यह बड़ी समस्या थी। अपने शासन की वैधता के लिए वे उपनिवेशित समाजों में कोई एक शत्रु की शिनाख्त किया करते थे। यह उनके शासन का 'मॉडस ऑपरेंडी' था। शेष भारत में शासन के लिए उनके पास मुसलमान कारण के बतौर उपस्थित थे। पर झारखंड के जनजातीय भूभागों में मुसलमानों को ऐसा कोई असर दूर-दूर तक नहीं था। तो यहाँ इस खलनायक और बाहरी तत्त्व के रूप में 'दिकुओं' को सामने लाया गया। जनजातीय समुदायों की मुश्किलों के लिए बहिरागतों और दिकुओं को जिम्मेदार बताया गया। जबकि अंग्रेजों के आगमन के पूर्व दिकु इस भूभाग के लिए इतनी बड़ी समस्या नहीं थे। यह इस तथ्य को भी इंगित करता है कि दिकु या बहिरागत अंग्रेजी राज में ही इन भूभागों में शक्तिशाली बनकर उभरे। अंग्रेजों की शह पर ही वे जनजातीय समुदायों का शोषण कर सके। तो जनजातीय समुदाय के सभ्यतागत संकट के मूल में अंग्रेज थे, दिकु उसमें सहयोगी या लाभार्थी की भूमिका में था। जितना ज्यादा जनजातीय भूमि की लूट होती, उतना राजस्व में इजाफा होता। यह कोई व्युत्क्रमानुपाती सम्बन्ध नहीं था, समानुपाती सम्बन्ध था। लेकिन बजाय अंग्रेजों की इस साम्राज्यवादी और औपनिवेशिक नीति की परतों को उघाड़कर सामने लाने का सारा ध्यान दिकुओं की विनाशकारी भूमिका को सामने लाने में लगा दिया गया।

गैर-जनजातीय बाहरी आबादी के लिए जनजातीय समुदाय 'दिकु' शब्द का इस्तेमाल करते हैं। मतलब जो भी बाहर से आए, जो बहिरागत हैं वे 'दिकु'

हैं। दिलचस्प यह है कि इस परिभाषा से अंग्रेज भी दिकु ठहरते थे, लेकिन शायद ही दिकु कहने से अंग्रेजों का बोध होता हो। क्या जनजातीय समुदाय की प्रचलित समझदारी से यह बात यूँ ही बाहर हो गई? राबर्ट कार्सटेयर्स जो सन्ताल परगना में 1885 से 1898 तक डिप्टी कमिश्नर रहे। उन्होंने सन्ताल हूल को आधार बनाकर 'हाड़माज विलेज' नामक उपन्यास लिखा था। इसका प्रकाशन यूँ तो 1935 में हुआ था। पर इस उपन्यास की खास बात यह थी कि इसमें प्रखंडों से लेकर पात्रों तक के वास्तविक नामों का इस्तेमाल किया गया था। इस लिहाज से यह हूल का आँखों देखा हाल बयान करनेवाला उपन्यास था।

> 'हाड़माज विलेज' के सन्ताली अनुवाद में 'देको' शब्द आया है। हिन्दी अनुवाद में भी इसका प्रयोग यहाँ-वहाँ किया गया है। पुस्तक में वर्णित आख्यान के अनुसार जिस काल में ये घटनाएँ घटित हुईं, उस समय सन्ताल लोग गोरों और पहाड़िया समुदाय को छोड़कर अन्य सभी समुदायों को 'देको' कहते थे। इसी उपन्यास में एक प्रसंग है जिसमें जंगीपुर के तत्कालीन मुंसिफ ऐशले एडेन साम परगना से पूछते हैं कि ये 'देको' लोग कौन हैं? साम परगना के उत्तर में कहा गया है कि अंग्रेज और पहाड़िया समुदाय को छोड़कर सन्ताल अन्य समुदायों को 'देको' मानते हैं।[12]

दरअसल यह साम्राज्यवादी और औपनिवेशिक चिन्तन की कामयाबी थी कि हर कहीं वे गुनहगारों के तौर पर खुद से अलग एक समुदाय को खड़ा करने में कामयाब हो गए थे। दिकुओं के सन्दर्भ में एक और दिलचस्प बात उभरकर सामने आती है। सन्ताल परगना में अभी भी गैर-जनजातीय आबादी के लिए दिकु या देको शब्द प्रचलन में है, ऐसा मैं अपने अनुभव से कह रहा हूँ। इस रामनवमी (30 मार्च, 2023) को सन्तालों के एक गाँव सुजानी में 'पोखर पिटा' रहा था। उस अवसर पर मैं फोटोग्राफी के लिए मौजूद था। उस पोखर में मछली पकड़नेवाले एक पाँच-छह साल के बच्चे ने मुझे देखकर कम-से-कम अपने दोस्तों, परिवारवालों और परिचितों को तीन बार दिको या दिकु कहा। इसके उलट मेरा पूरा बचपन राँची में गुजरा है और उसमें मिशनरी स्कूल में जनजातीय समुदाय के बच्चों के साथ मैं पढ़ा हूँ, लेकिन वहाँ बिहारी या गैर-जनजातीय आबादी के लिए जो अपमानजनक सम्बोधन था वह 'बिहारी या सतुआ' ही था। 'दिकु' शब्द छोटानागपुर और विशेषकर राँची वाले इलाके में मुझे सुनने में नहीं आया। इस प्रसंग को यहाँ रखने की वजह क्या है? वजह यह है कि सन्ताल परगना में साहूकार, महाजनों का जो शोषण रहा है, उसका अलग ही इतिहास रहा है। नौकरी के सिलसिले में जब सन्ताल परगना आना हुआ तो यहाँ बंगालियों और मारवाड़ियों की बड़ी-बड़ी कोठियाँ और सम्पत्तियाँ

देखने को मिलीं। पूछने पर कभी सटीक जवाब नहीं मिला। बस एक ही बात दुहराई जाती कि बंगाली जाति घूमने की शौकीन होती है, तो वे गर्मी की छुट्टियों में कुछ महीनों के लिए सपरिवार अपने जानवरों समेत छुट्टियाँ मनाने इधर का रुख करती थीं। जामताड़ा, चितरंजन, विद्यासागर, मधुपुर, जसीडीह से लेकर सिमुलतला तक कम-से-कम ऐसी विशालकाय कोठियाँ आपको रेल और सड़क मार्ग से सफर करते हुए अब भी दिख जाएँगी। कोठी, पोखर और बड़े-बड़े बगीचे इफरात में इस भूभाग में मौजूद हैं। कई कोठियाँ तो ऐसी कि किला का भ्रम पैदा हो जाए। उनका हाता इतना बड़ा होता है कि अचरज होता है कि इतनी भव्यता और विशालता कैसे सम्भव थी? यह सच है कि बिहार एक लम्बे समय तक बंगाल का हिस्सा रहा। 1765 ई. में अंग्रेजों को जब बिहार, बंगाल और ओड़िसा की दीवानी मिली तब जाकर लूट का वह असल खेल आरम्भ हुआ। सन्तालों ने अपनी मेहनत से जिस जंगल को साफ कर खेती और रहने लायक बनाया था उसकी जबर्दस्त लूट बंगाली महाजनों के द्वारा हुई। आज भी यह पूरा भूभाग इसकी तस्दीक करता है। लेकिन आप देखिए कि 'दिकु' कहने से इन बंगाली महाजन और साहूकारों का भी बोध नहीं होता है। कारण क्या है? बंगला नवजागरण ने लिखने-पढ़ने की जो लियाकत और सलाहियत बंगाली बौद्धिकों में पैदा की थी उसका फायदा उन्होंने एक दूसरे किस्म के इतिहास-बोध को आरोपित करके उठाया। जैसे अंग्रेज 'दिकु' के सम्बोधन से अपना दामन बचा ले गए थे वैसे ही बंगाली जाति भी अपने लूट के कारनामों को छिपा ले गई। 'दिकु' के नाम पर गैर-जनजातीय आबादी या बहिरागत आबादी के नाम पर 'बिहारी' रूढ़ हो गए। इस देश में यद्यपि इस चलन को आरम्भ करनेवाले अंग्रेज रहे कि सर्वत्र वे किसी और को जवाबदेह ठहराते रहे। ऐसा प्रतीत होता है कि अंग्रेजी शिक्षा के कारण इस सबक को सीखनेवालों में बंगला जाति भी अग्रणी रही। और 'दिकु' के दायरे से खुद को साफ बचा ले जाने में वह अपने बौद्धिक प्रयत्नों में सफल रही। बाकी मामला 'नरेटिव' का था। अंग्रेज 'नरेटिव' गढ़ने में कामयाब थे तो उन्होंने जो 'नरेटिव' गढ़ा उसमें हिन्दुओं की निगाह में उनकी दुर्गति के मूल में मुसलमान थे तो जनजातीय समुदायों की निगाह में 'दिकु'। अंग्रेज खुद को हर जगह पाक-साफ निकाल ले जाने में तकरीबन कामयाब थे। जनजातीय सन्दर्भों में यह पेंच वहाँ फँस जाता है, जहाँ जनजातियाँ अंग्रेजों को रहनुमा के बतौर देखने से इनकार कर देती हैं। वे अपने स्वर्णिम दिनों की पुनर्स्थापना की दिशा में आन्दोलन का रुख मोड़ देती हैं। उस स्वायत्त और स्वतंत्र पुरखौती अवस्था की राह में सबसे बड़ी बाधा अंग्रेज ही थे। इसलिए जनजातीय आन्दोलनों में अधिकांश मौकों पर अंग्रेजी सत्ता के साथ इन जनजातीय समुदायों की सीधी भिड़न्त देखी जा सकती है। इन जनजातीय सामाजिक-धार्मिक आन्दोलनों के मूल में भले सामाजिक एकजुटता और धार्मिक-सुधार के तत्त्व दिखते हों पर वे प्रादेशिक नवजागरणों के

धर्म-सुधार और समाज-सुधार आन्दोलनों से उद्देश्य के धरातल पर अलग ठहरते हैं। इन जनजातीय सामाजिक और धार्मिक आन्दोलनों ने औपनिवेशिक 'फ्रेमवर्क' के अन्तर्गत अपने आन्दोलनों को विकसित नहीं किया था। मुक्ति और स्वायत्तता का विकल्प तलाशते हुए अलग-अलग जनजातीय समुदाय एकजुटता के इस पड़ाव तक पहुँचे थे। धर्म-सुधार के इन तत्त्वों को आत्म-परिष्कार के रूप में उन्होंने स्वीकार किया था। इसके जरिये जिस जनजातीय एकजुटता को हासिल करना उनका लक्ष्य था, वह कभी साकार नहीं हो सकी। उस एकजुटता की राह में भी कई बाधाएँ थीं। सबसे बड़ी बाधा तो खुद अंग्रेजी राज थीं, जो इस एकजुटता के राजनीतिक आशयों को बखूबी समझती थीं, इसलिए ऐसा कोई मंजर सामने उपस्थित हो उससे पहले ही उसके दमन की दिशा में अंग्रेजी सत्ता सक्रिय हो उठती थी। इस एकजुटता की राह में दूसरी बाधा जनजातीय समुदाय के धर्मान्तरित ईसाई भाई-बन्धु थे, जो वापस अपनी मूल आस्था-पद्धति की ओर लौटने को इच्छुक नहीं थे और तीसरी विडम्बना यह भी थी कि यह जनजातीय धार्मिक आन्दोलन अक्सर एक नये पंथ और धर्म की स्थापना पर जाकर विराम पाते थे। तो यह स्वयं भी अपने मूल समुदाय से खुद को काटकर खड़ा किया करते थे। इस तरह देखें तो चाहे वह खरवार आन्दोलन हो, बिरसाइत आन्दोलन हो, टाना भगत आन्दोलन हो—इन सभी आन्दोलनों का एक पहलू यह भी रहा है कि यह अपने ही समुदाय को एक और हिस्से में विभाजित करनेवाले साबित हुए। आमतौर पर इस तथ्य की ओर ध्यान नहीं जा पाता है। पर यह बात इन सभी आन्दोलनों में समान रूप से लागू होती है। ऐसे प्रत्येक जनजातीय धार्मिक आन्दोलन के बाद जनजातीय समुदाय में एक और धार्मिक पंथ खड़ा हो जाता था। इस पंथ में दीक्षित होनेवाले या अनुयायी बननेवालों का सामाजिक आधार वही परम्परागत जनजातीय समाज हुआ करता था। इसलिए मैंने कहा कि वह एक और हिस्से में विभक्त हो जाया करता था। जैसे खरवार आन्दोलन के बाद सन्ताल तीन भागों में बँट गए थे—सोन्तार, धर्मान्तरित ईसाई सन्ताल और खरवार। ऐसे ही बिरसाइत आन्दोलन के बाद मुंडा, धर्मान्तरित ईसाई मुंडा और बिरसाइत तथा उराँव समुदाय में उराँव, धर्मान्तरित ईसाई उराँव और टाना भगत। यह विभाजन यहीं आकर थमता नहीं है, इसके भीतर भी विभाजन की एक प्रक्रिया जारी रहती थी। जैसे बिरसाइतों की बात करें तो केवल बिरसाइतों के मध्य इतवारी, बुधवारी, बृहस्पतिवारी अनुयायियों का विभाजन देखा जाता है। ऐसा ही आन्तरिक विभाजन टाना भगतों के मध्य भी देखा जा सकता है। जिसका जिक्र टाना भगत आन्दोलन वाले अध्याय में किया गया है। इन सामाजिक और धार्मिक आन्दोलनों का एक और शुद्धतावाला पहलू था, जिसका सम्बन्ध साफ-सफाई या स्वच्छता से था। आप झारखंड के किसी भी जनजातीय बसाहटवाले गाँव में चले जाएँ। सफाई को लेकर एक गजब की जागरूकता देखने को मिलेगी। मिट्टी के घर इतने करीने से पुते हुए

कि देखकर हैरत होगी। सन्ताल परगना के सन्ताल गाँवों की स्थिति तो ऐसी है कि वे अपने गाँव से गुजरनेवाली सड़क तक को बिना नागा रोज सुबह बुहारते देखे जा सकते हैं। यह मंजर किसी भी गैर-जनजातीय आबादीवाले गाँव में अनुपस्थित है। सन्ताल गाँवों के पोखर जितने साफ-सुथरे मिले उसकी कोई तुलना ही नहीं है गैर-सन्ताल गाँवों के पोखरों से। यह भी एक पक्ष है।

समकालीन सन्दर्भों में क्रमशः खेरवारों, बिरसाइतों और टाना भगतों की बात करें तो इनकी संख्या में उत्तरोत्तर कमी दर्ज की गई है। इन तमाम पंथों के अनुयायियों का अपना एक आचारशास्त्र हुआ करता था/है। और अनुयायियों को उसका कड़ाई और शुद्धता से अनुपालन करना होता था। अपने ही समुदाय के अन्य पंथों की तुलना में खुद को श्रेष्ठतर मानने की एक भावना भी इनके बीच रही है। और चूँकि लक्ष्य पूर्व के स्वर्णिम समय में लौटने का था तो समय के साथ कदम मिला कर चलने की दिशा में सजगता का एक अभाव भी रहा है। इनकी तुलना में इन्हीं समुदायों के धर्मान्तरित ईसाई और परम्परागत समुदायों ने अपने अलग सामाजिक और राजनीतिक लक्ष्यों को हासिल करना जरूरी समझा। परिणामतः समय के साथ वे इनसे आगे निकल पाने में कामयाब रहे। और यह अलग-अलग जनजातीय सामाजिक और धार्मिक आन्दोलन इतिहास में अपनी छाप छोड़ने के बाद कालान्तर में कुछ हजार अनुयायियों तक सिमटकर रह गए हैं। इनकी संख्या से इनके तब के प्रभाव और विस्तार का अनुमान नहीं किया जा सकता है। पर जनजातीय सभ्यता के इतिहास का यह एक ऐसा महत्त्वपूर्ण हिस्सा है, जिसके बगैर उनके इतिहास की कोई बात मुकम्मल नहीं हो सकती है और बात इतने-भर से समाप्त नहीं हो जाती।

अन्य प्रादेशिक नवजागरणों के समकक्ष जब इन जनजातीय सामाजिक और धार्मिक-सुधार आन्दोलनों को रखते हैं तब और कई खूबियाँ और खामियाँ उभर कर सामने आती हैं। समझौता और संघर्ष केवल इस रवैये (एप्रोच) से दोनों के स्वरूप में बहुत बड़ा अन्तर पैदा हो जाता है। इतना बड़ा कि हम ठीक-ठीक उसकी कल्पना भी नहीं कर सकते हैं। जैसे ही प्रादेशिक नवजागरण अंग्रेजी राज को अपना मुकद्दर मानकर उनके सरपरस्ती में अपने उन्नयन का कार्यक्रम चलाना आरम्भ करते हैं, वैसे ही उन समाजों में नये किस्म के बदलाव की जमीन विकसित होने लगती है। जिन कारकों से यह बदलाव सम्भव होना था, उसको अपनाने के प्रति एक सार्वजनिक सहमति का निर्माण किया जाता है और फिर तत्परता से उसे धारण कर उसके परिणामों को वांछित दिशा में मोड़ने की एक कवायद देखी जा सकती है। नवजागरण के ऐसे प्रयत्नों से इन समुदायों के भीतर एक नये किस्म के लोकवृत्त का निर्माण होता है। इस लोकवृत्त के निर्माण में आधुनिक किस्म की अंग्रेजी शिक्षा की महती भूमिका रही है। गैर-जनजातीय समुदायों का कोई भी धर्म-सुधार और समाज-सुधार कार्यक्रम हो उसमें शिक्षा की प्रगतिशील भूमिका रही है। आधुनिक

शिक्षा नवीन किस्म के जागरण का वाहक बनी। रूढ़िवादी सोच के बरक्स एक प्रगतिशील सोच का वाहक बनी। यह एक नई किस्म के शिक्षा के जरिये सम्भव हुआ। यह भी ध्यान देने योग्य तथ्य है कि यूरोपीय पुनर्जागरण के दौर में भी शिक्षा के स्वरूप में बड़ा बदलाव देखने को मिलता है और यहाँ भी प्रादेशिक नवजागरणों में शिक्षा की उसी भूमिका को फिर से फलीभूत होते हुए देखा जा सकता है। मतलब शिक्षा किसी भी समुदाय में नये किस्म के बदलावों की मानसिकता निर्मित करने में सक्षम रही है। आधुनिक किस्म की शिक्षा से बिलकुल अलग सोचवाले मनुष्यों की एक पौध विकसित हुई। लेकिन ऐसा नहीं था कि पुरानी सोचवाले खत्म हो गए थे। दोनों मौजूद थे और दोनों के मध्य अलग-अलग मसलों पर सामाजिक तनाव और विरोध बना रहता था। प्रादेशिक नवजागरणों के भीतर रूढ़िवादियों और प्रगतिशीलों के बीच इस संघर्ष को हर कहीं देखा जा सकता था। लेकिन आधुनिक किस्म की शिक्षा और प्रेस ने इन बहसों और विरोधों को लोकवृत्त का हिस्सा बना दिया था। मतलब प्रत्यक्ष-अप्रत्यक्ष रूप से लोग इन बदलावों के प्रति न केवल जागरूक हो रहे थे, बल्कि अपना मत भी निर्मित कर रहे थे। प्रादेशिक नवजागरणों के भीतर भी अन्तर्विरोधपूर्ण स्थितियाँ मौजूद थीं। रूढ़िवादियों का भी अपना शक्तिशाली खेमा मौजूद था, जो किसी बदलाव के प्रति अपना विरोध भी उसी दम-खम के साथ दर्ज किया करते थे। बंगाल में सती-प्रथा को बनाए रखने के समर्थन में भी आन्दोलन हुए थे। महाराष्ट्र में बालिकाओं के विवाह की उम्र बढ़ाए जाने के विरोध में भी इन रूढ़िवादियों ने जोरदार विरोध प्रदर्शन किया था, स्वयं लोकमान्य बालगंगाधर तिलक ऐसे किसी बदलाव के विरुद्ध थे। लेकिन इन रूढ़िवादियों से लड़कर इन प्रादेशिक नवजागरणों ने अपने लिए एक नये किस्म के समाज की नींव डाली, यह भी तथ्य है। इसलिए प्रादेशिक नवजागरण के अन्तर्गत जो भी धर्म-सुधार और समाज-सुधार आन्दोलन हुए उनमें से ज्यादातर के नायक शिक्षित और सम्पन्न परिवारों से थे। इसके समान्तर यदि झारखंड के जनजातीय धार्मिक और सामाजिक आन्दोलन के नायकों को देखें तो बिरसा मुंडा केवल सातवीं तक पढ़े हुए थे। शेष की शिक्षा भी कोई खास नहीं थी। बल्कि न के बराबर ही थी। मतलब ज्यादातर न केवल अशिक्षित थे, बल्कि साधनहीन भी थे। भूमिहीन मजदूर और किसान की हैसियत रखते थे। प्रादेशिक नवजागरण के सवर्ण और सम्पन्न सामाजिक आधारों वाले नायकों की तुलना में सबसे निचले पायदान से आनेवाले इन जनजातीय समुदाय के विपन्न, अशिक्षित और भूमिहीन नायकों को रखें तो लगेगा कि यह तुलना ही बेमानी है। दोनों को कैसे आमने-सामने रखा जा सकता है? पर सीमित संसाधनों के बल पर ही उन्होंने कई मर्तबा अंग्रेजी राज की नींव हिलाकर धर दी थी। यह ऐतिहासिक तथ्य है।

चाहे वह बंगला नवजागरण हो, मराठी नवजागरण हो या अवध नवजागरण हो

इन सबके नायकों को देखें तो मालूम होगा कि वे भाषा-साहित्य, वकालत-पत्रकारिता आदि के मोर्चे पर तो सक्रिय थे ही अलग-अलग उद्देश्यों के लिए सभाओं और समाज का गठन, शिक्षण संस्थानों की स्थापना, पत्रिकाओं के सम्पादन, अपने प्रदेश और समुदाय का इतिहास-लेखन आदि का कार्य भी समान्तर तौर पर कर रहे थे। लेकिन इनमें से एक भी बौद्धिक किस्म की गतिविधि जनजातीय जागरणवाले आन्दोलनों में नहीं देखी गई है। यह एक बहुत बड़ा फर्क है इन दोनों किस्म के सामाजिक-धार्मिक आन्दोलनों में। इसके मूल में सबसे बड़ी वजह जनजातीय समुदायों का अपने तक सीमित रहना रहा। बाहरी दुनिया के प्रभावों से वे बहुत लम्बे समय तक अछूते रहे। इसलिए जब उनका भूभाग बाहरी सभ्यताओं के लिए खुल गया तो उन्हें 'रेस्पांड' करने का न तो तरीका मालूम था और न ही इसका वे कोई 'मैकेनिज्म' फौरी तौर पर विकसित कर सके। उनके पास कोर्ट-कचहरी की भाषा का ज्ञान नहीं था। एक अकेले भाषा के मोर्चे पर जनजातियों का जितना नुकसान हुआ है, उसका भी ठीक-ठीक आकलन आज मुश्किल है। औपनिवेशिक नियम-कानूनों के आधार पर खुद को ढालने की कोशिशों के क्रम में जब वे अन्तहीन यातना और लूट के दमनचक्र में फँसते चले गए तो उनके पास हिंसा के अलावा दूसरा विकल्प नहीं रह गया था। हिंसा करके भारी जन-धन का नुकसान उठाने के बाद सामुदायिक एकजुटता की जो अहिंसक राह उन्होंने चुनी, वह भी बहुत कम अवधि के लिए ही उनके बीच भरोसा पैदा कर सका। अंग्रेजी दमन के आगे वह भी नहीं टिक सका। दरअसल अंग्रेजों ने जनजातीय संसार का पूरा 'पैराडाइम' ही बदल दिया था। मानो रातों-रात शताब्दियों से चले आ रहे कानून बदल दिये गए। इस बदले हुए हालात को समझते-समझते उन्हें बहुत देर हो गई। बावजूद इसके वे टिके रहे अप्रतिहत प्रतिरोध के रूप में। लेकिन उन्होंने सामुदायिक एकजुटता के लिए आधुनिक विधा, अनुशासन आदि का उपयोग नहीं किया जैसा प्रादेशिक नवजागरण के नायकों ने किया। मतलब संसार की दूसरी भाषाओं के ज्ञान को अपनी भाषा परम्परा में अनूदित करने का उपक्रम, शिक्षण संस्थानों के जरिये नई पौध के निर्माण की कोशिश, अखबारों के जरिये अपनी बात को व्यापक समुदाय तक पहुँचाने का उपक्रम, प्रेस की स्थापना, खुद पत्रकारिता के जरिये बदलाव का वाहक बनने की चेष्टा, विभिन्न उद्देश्यों के लिए सभाओं का गठन, सामाजिक और धार्मिक-सुधारों के लिए कानूनी मदद की पहल आदि का अभाव औपनिवेशिक काल के जनजातीय धार्मिक-सामाजिक आन्दोलन में देखने को मिलता है। इनका इस्तेमाल भी वे प्रादेशिक नवजागरणों की तुलना में काफी बाद में करना आरम्भ करते हैं। सामुदायिक एकजुटता के लिए वे धार्मिक जमीन का इस्तेमाल करते हैं। शिक्षण, रोजगार से लेकर कानूनी मदद के लिए वे ईसाई मिशनरियों पर आश्रित हो जाते हैं। पर जो बात जनजातीय धार्मिक और सामाजिक आन्दोलनों को प्रादेशिक

नवजागरणों से अलगाती है, वह है अपनी स्वायत्तता को बनाए रखने की अनवरत माँग। दूसरा जनजातीय धार्मिक और सामाजिक आन्दोलन कहीं भी साम्प्रदायिक धरातल पर अपना झुकाव प्रदर्शित नहीं करते हैं। इसके विपरीत बंगला नवजागरण, मराठी नवजागरण, अवध नवजागरण में प्रगतिशीलता के तमाम दावों के बावजूद स्पष्ट साम्प्रदायिक आग्रह देखे जा सकते हैं। औपनिवेशिक काल के इन जनजातीय जागरणों को छोड़ दें तो जो भी प्रादेशिक नवजागरण हैं, उनमें स्पष्ट साम्प्रदायिक रुझान देखे जा सकते हैं। बल्कि एक स्पष्ट हिन्दूवादी आग्रह उसमें साफ-साफ मौजूद है। भले शुरुआत में यह हिन्दूवादी आग्रह थोड़े दबे-छिपे हों लेकिन थोड़ा विकसित होते ही हिन्दू अस्मिता और हिन्दू राष्ट्रवाद का रुझान दिखने लगता है। और उसी के समानान्तर मुस्लिम राष्ट्रवाद की धारा भी विकसित होती चली जाती है। इसके विपरीत जनजातीय जागरण अपनी स्वायत्तता की माँग से रत्ती-भर भी विचलित नहीं होते हैं। धर्म को योजक शक्ति के तौर पर जनजातीय धार्मिक आन्दोलन भी इस्तेमाल करते हैं। लेकिन उनके यहाँ एक किस्म की शुद्धतावाद पर बल है। यह पहलू भी काफी दिलचस्प है। जहाँ जनजातीय धार्मिक-सामाजिक आन्दोलन शुद्धतावाद पर जोर दे रहे थे, वहीं अन्य प्रादेशिक नवजागरणों में इस किस्म की शुद्धतावाद पर बल नहीं है। बल्कि इसके विपरीत शुद्धतावाद का मखौल उड़ाने की प्रवृति वहाँ देखी जा सकती है। मोहित कुमार हालदार अपनी किताब में बंगला नवजागरण पर विचार करते हुए लिखते हैं :

> उन्होंने व्यर्थ परम्पराओं का मजाक उड़ाया तथा सामाजिक और आर्थिक गतिविधियों को मात्र अनुष्ठानों में सीमित रखने के विचार को अस्वीकृत किया। उन्होंने स्त्री-शिक्षा की माँग करते हुए मद्यपान और गोमांस भक्षण सम्बन्धी वर्जनाओं को चुनौती दी।[13]

जबकि जनजातीय धार्मिक आन्दोलनों में चाहे वह खरवार आन्दोलन हो, बिरसाइत आन्दोलन हो या टाना भगत आन्दोलन हो, सबमें गोमांस भक्षण पर रोक लगाई गई थी। जनजातीय धार्मिक आन्दोलनों पर हिन्दू धर्म और ईसाइयत दोनों का असर देखा जा सकता है जबकि अन्य हिन्दू प्रादेशिक धार्मिक आन्दोलनों में ईसाइयत और इस्लाम को प्रतिद्वंद्वी के तौर पर देखा जा सकता है। वैसे ही भारतीय मुसलमानों के लिए ईसाइयत और संगठित होते हिन्दुत्व के समक्ष खुद को खड़ा करने की चुनौती थी। ईसाइयत के कारण प्रादेशिक नवजागरणों में राष्ट्रवाद की जो दो धाराएँ विकसित हुईं, उसमें एक हिन्दू समर्थित थी और दूसरी इस्लाम समर्थित। इन दोनों राष्ट्रवादी धाराओं की आपसी प्रतिस्पर्धा ने समेकित तौर पर भारतीय राष्ट्रवाद के विकास को ही चोट पहुँचाई थी। चाहे वह हिन्दू राष्ट्रवादी धारा हो या मुस्लिम, दोनों में रूढ़िवादी और प्रगतिशील दोनों धाराएँ सक्रिय थीं। चाहे वह इन

समुदायों को आगे लेकर जाए या पीछे लेकर। मूल बात यह थी कि यह सब कुछ धर्म के धरातल पर ही घटित हो रहा था। इन दोनों धाराओं ने मिलकर क्रमशः अपने समुदायों को ज्यादा धार्मिक और मजहबी बनाने का ही कार्य किया। हिन्दू राष्ट्रवाद का बीज बोनेवाले बंकिमचन्द्र चटर्जी का दृढ़ विश्वास था कि :

> धर्म के बिना कोई भी समाज सम्भव नहीं है। एक धर्मविहीन समाज का विनाश अवश्यम्भावी है। धर्म के बिना समाज की कल्पना नहीं की जा सकती।[14]

बढ़ते धार्मिक मतवादों का विश्लेषण करते हुए नीरद चौधरी ने तो यहाँ तक लिखा है :

> शताब्दी के अन्त तक हिन्दू प्रति-सुधारवाद विचित्रता के विरोधी छोर तक पहुँच गया। संस्कृत पांडित्यवाद से यह वैज्ञानिक बकवास तक आ गया।[15]

बहुसंख्यकवाद ने न केवल भारतीय राष्ट्रवाद बल्कि भारतीयता की अवधारणा को भी अपने जानते प्रभावित करने की भरपूर कोशिश की। इस बहुसंख्यकवाद में हिन्दूवाद भी शामिल रहा। इसके बरक्स मुस्लिम अस्मिता भी आकार लेती रही। इन दोनों ने मिलकर एक तरह से भारतीय राष्ट्रवाद के उत्थान को खंडित और दूषित किया। इनके सामने जनजातीय अस्मिताओं को देखें तो साम्प्रदायिकता तो दूर-दूर तक उन्हें छू न सकी। जनजातीय आन्दोलन सामुदायिक एकजुटता को ही सम्भव करने में हलकान रही। उनकी राजनीतिक सोच यहीं तक थी कि एक व्यापक जनजातीय एकता को साकार करने के बाद वे विद्रोह का बिगुल फूँके और औपनिवेशिक सत्ता को उखाड़ फेंके, और उन दिनों में वापस लौट जाएँ जब अंग्रेजों के पाँव उनकी जमीन पर नहीं पड़े थे और वे खुशहाल थे। चाहे वह जनजातीय समुदायों के 'आबुआ राज' की परिकल्पना हो या महात्मा गांधी के 'हिन्द-स्वराज' की, इन दोनों को जोड़नेवाली एक बुनियादी बात यह है कि यह दोनों अपनी सामुदायिक उन्नति का सफर वहाँ से शुरू करना चाहते थे, जब अंग्रेजों के पाँव उनकी जमीन पर नहीं पड़े थे। गांधी भी अंग्रेजों के आने के पहले के भारत से इस भारत को गढ़ना चाह रहे थे। जनजातीय समुदाय भी अपने उस अतीत में लौटना चाह रहे थे जहाँ कोई बाहरी आबादी प्रभावशाली और वर्चस्वशाली बनकर उनकी दुनिया में मौजूद नहीं थी।

इस तरह देखें तो अंग्रेजों की मौजूदगी ने इस देश को सामाजिक क्रान्ति और धार्मिक-सुधार की दिशा में धकेल दिया था। पराधीनता के सुदीर्घ इतिहास के बावजूद आत्ममन्थन और आत्म-परिष्कार का ऐसा क्षण भारतीय इतिहास में अब तक

उपस्थित नहीं हुआ था। अंग्रेजों ने इस देश की संरचना में बदलाव की जो आमूल-चूल कोशिश की थी, सम्भवतः यह उसी की प्रतिक्रिया थी। कहीं वह सभ्यताओं के मध्य संघर्ष की बानगी उपस्थित कर रहा था तो कहीं आत्म-परीक्षण का।

> यह रिश्ता सम्पर्क और टकराहट दोनों का था। इस देश का नवजागरण बहुवचनात्मक रहा है।...निश्चय ही नवजागरण के दौर में विकसित हो रहा भारतीय विवेक एकरेखीय या एक दिशा वाला नहीं था।[16]

सुनने में यह बात भले अच्छी लगती हो पर इसमें आंशिक सचाई ही है। इस पूरे भारतीय नवजागरण में कहीं जनजातीय सवाल दिखलाई नहीं देते हैं। पूरे भारतीय नवजागरण में जनजातीय आन्दोलनों की कोई गम्भीर चर्चा नहीं मिलती है। इस बहुवचनात्मकता में भी बड़ी अस्मिताओं को ही जगह मिली है, लघु अस्मिताओं की चिन्ता इसमें शामिल नहीं है। उनके बाबत पूछे जाने पर यह जवाब मिलता है कि कुछ सवालों के पूछे जाने का सही वक्त नहीं आया था। कुछ सवाल इतिहास की कोख से पैदा होते हैं, जिसकी अनदेखी सम्भव नहीं होती। इसे हम ऐतिहासिक अनिवार्यता के तौर पर देखते हैं कि इसे अब टालना सम्भव नहीं है। पूरे भारतीय नवजागरण की संकल्पना में जनजातीय सवाल अनुपस्थित हैं, यह एक ऐतिहासिक तथ्य है। बल्कि आप देखेंगे कि इसकी सतत अनदेखी की गई है, जब तक वे खुद अपरिहार्य नहीं हो गए, तब तक उनको संज्ञेय नहीं माना गया। भारतीय नवजागरण चाहे जितना भी बहुलतावाद का दावा कर ले, लेकिन उसमें सभी अस्मिताओं का प्रतिनिधित्व शामिल नहीं था।

बहुसंख्यकवाद की अपनी पदसोपानिकता थी और उससे भारतीय नवजागरण की अवधारणा मुक्त नहीं थी। धार्मिक धरातल पर देखें तो एक किस्म का हिन्दूवाद उसमें हावी दिखता है। भारतीय नवजागरण की अवधारणा में जनजातीय जागरण की अवधारणा के लिए जगह बनाना भी खासा जटिल है। जिसे हम हिन्दी नवजागरण कहते हैं, क्या उसमें उर्दू नवजागरण की भी अनुगूँज हम सुन पाते हैं? क्योंकि हिन्दी प्रदेश तो हिन्दुओं और मुसलमानों का साझा प्रदेश भी रहा है। पर हम पाते हैं कि भले बनारस और अलीगढ़ एक ही प्रदेश का हिस्सा हो लेकिन हमारी जातीय चेतना में एक की स्मृति हिन्दी नवजागरण से जुड़ी है और दूसरे की उर्दू नवजागरण से। बल्कि इस पर्देदारी को हटाकर बात करें तों हिन्दी नवजागरण में हिन्दुत्व की धारा मौजूद है तो उर्दू नवजागरण का अपना इस्लामी परिप्रेक्ष्य है। इसी हिन्दी प्रदेश में कई जनजातियाँ भी हैं। पर क्या हिन्दी नवजागरण या उर्दू नवजागरण कहते-सुनते कभी इन जनजातियों का कोई सवाल या कोई भागीदारी उसमें दिखाई देती है? हिन्दी और उर्दू नवजागरण को हम धार्मिक चश्मे से भी देख सकते हैं। लेकिन जब हम बंगला नवजागरण और मराठी नवजागरण कहते हैं तो उसमें जातीय धरातल

का अर्थ ध्वनित होता है, कई बार अवध नवजागरण कहने से भी ठीक वैसा ही ध्वनित नहीं होता है। भाषा, जाति, मानसिक गठन और जिस सांस्कृतिक इकाई का बोध बंगला, मराठी या तमिल नवजागरण से होता है। कम-से-कम वैसा ही हिन्दी नवजागरण से तो नहीं होता है। मतलब प्रदेश या जातिगत अस्मिता का जो बोध बंगला, मराठी नवजागरण के कहने से होता है, अक्षरश: वैसा ही हिन्दी नवजागरण कहने से या अवध नवजागरण कहने से नहीं होता है। बंगला, मराठी, तमिल भाषा होने के बावजूद अपने प्रदेश, अपने भूभाग का बोध कराती है। लेकिन हिन्दी कहने से ऐसा ठोस प्रदेशगत भाव पैदा नहीं होता है। क्या हिन्दी नवजागरण के नाम से झारखंड, बिहार, राजस्थान, हिमाचल प्रदेश, हरियाणा, पंजाब, छत्तीसगढ़, उत्तरांचल आदि का एकबारगी बोध होता है? इस लिहाज से देखें तो अवध नवजागरण हिन्दी नवजागरण की तुलना में बेहतर प्रतीत होता है। पर ऐतिहासिक धरातल पर अवध नवजागरण को हिन्दी नवजागरण की बजाय अवध तक सीमित करके देखें तो बनारस एक अलग बड़ा केन्द्र के तौर पर उभरकर आता है और दूसरे छोर पर अलीगढ़ भी मुस्लिम नवजागरण के केन्द्र के बतौर खड़ा दिखता है। नवजागरण के इस विमर्श में जनजातीय जागरण एक अलग ही किस्म की जटिलता इस पूरे सन्दर्भ में पैदा करता है। जनजाति कहने से न तो भाषा का बोध होता है और न प्रदेश का। वस्तुतः यह एक समुदाय का बोध कराता है। औपनिवेशिक काल के नृतत्त्वशास्त्रियों और मानवशास्त्रियों ने जनजातीय अस्मिता का एक किस्म की नस्लीय अस्मिता को हमारी समझदारी का हिस्सा बना दिया है। नवजागरण के इस धर्म, जाति, भाषा और प्रदेशवाली संकल्पना में यह नस्लगत हस्तक्षेप एक झटका देता है। जनजातीय उपस्थिति मात्र से भारतीय नवजागरण की कई फाँकें दिखने लगती हैं, जो अब तक निगाह से ओझल थीं। समस्या इसे भारतीय नवजागरण के 'फ्रेमवर्क' में समायोजित करने की भी पैदा हो जाती है। क्योंकि यह प्रादेशिक नवजागरण की समरूपताओं से इतर विशिष्टताओं को धारण करता है। उन विशिष्टताओं को रेखांकित करने से प्रादेशिक नवजागरण के मॉडल की कमियाँ भी जाहिर होने लगती हैं। लेकिन नये सवालों के साथ ही नये किस्म का इतिहास-बोध भी निर्मित होता है। जैसा कि सुदीप्त कविराज लिखते हैं कि "किसी भी मानव समुदाय की अस्मिता की पहचान का सबसे बुनियादी काम उसका इतिहास-बोध है।" और

> यह इतिहास-बोध कहीं बाहर से लाकर उस मानव समुदाय को नहीं दिया जाता। वह उसकी सामूहिक स्मृति में, परम्पराओं के ज्ञान में निहित रहता है। ये परम्पराएँ मौखिक हो सकती हैं, लिखित भी हो सकती हैं। वे मानव समुदाय निरन्तर छोटे दायरे छोड़कर बड़े दायरों में संगठित होते रहते हैं। गण समाज, उत्पादन और वितरण के साथ

> जन बनते हैं। फिर अनेक जन मिलकर जाति का निर्माण करते हैं।... कोई भी जाति, कोई भी राष्ट्र संघर्ष के दौरान अपनी एकता पहचानता है, उसे मजबूत करता है और इसके साथ वह अपने इतिहास को भी नये सिरे से देखता है, उसे लिखता है।[17]

औपनिवेशिक काल में अंग्रेजों की मौजूदगी में झारखंड के जनजातियों के मध्य आत्म-निरीक्षण की यह ऐतिहासिक प्रक्रिया सम्पन्न होती है और वे जन से जाति के रूप में संगठित होते हैं। जाति से महाजाति में परिणत होने की जो प्रक्रिया है, उसमें उन्हें औपनिवेशिक काल में कामयाबी हासिल नहीं होती है। बंगला और मराठी नवजागरण में हम जाति को महाजाति के तौर पर संगठित होता हुआ पाते हैं। झारखंड की जनजातियाँ अपने अथक प्रयत्न के बावजूद एक जातीय एकता को ही साकार कर पाती हैं। औपनिवेशिक कालखंड के जनजाति विरोधी परिवेश को देखें तो यह किसी ऐतिहासिक उपलब्धि से कम नहीं है। उसमें जो कमियाँ रह गई थीं, उसे दूर करने की स्थितियाँ बनीं पर शीर्ष नेतृत्त्व के ब्रिटिश राज द्वारा खात्मे के बाद उसकी गति धीमी पड़ गई। लेकिन बीसवीं सदी के तीसरे दशक में पुनः इस दिशा में राजनीतिक चेतना का संचार होता है। उस चेतना के साथ ही अलग झारखंड राज्य की माँग बलवती होनी आरम्भ होती है और अन्ततः आधी शताब्दी के बाद यह लक्ष्य हासिल होता है। वह एक अलग ही क्षेत्र है, लेकिन उस दौर की राजनीतिक माँगों के मूल में जो चेतना है, उसके स्रोत के तौर पर इन जनजातीय सामाजिक-धार्मिक आन्दोलनों को जरूर देखा जाना चाहिए। क्योंकि यह आन्दोलन ही उस चेतना के प्रस्थान बिन्दु हैं जहाँ से अलग जनजातीय बहुल राज्य के गठन का स्वप्न आकार लेता है। झारखंड के इतिहास में यह परिवर्तन 1930 के आसपास घटित होता है। यह वह दौर है जब जनजातीय समुदाय धार्मिक-सामाजिक आन्दोलनों की देहरी लाँघकर राजनीतिक आन्दोलन की दिशा में पाँव आगे बढ़ाता है। दुर्भाग्य से इन जनजातीय राजनीतिक आन्दोलनों की भी गम्भीर चर्चा मुख्यधारा के इतिहास में नहीं मिलती है। वह एक अलग विषय है, कभी इस सिलसिले को विस्तार देने की इच्छा हुई और वक्त मिला तो उस पर भी लिखूँगा। इस बार इतना ही।

टिप्पणियाँ

अध्याय-1 : इतिहास के आईने में नवजागरण की अवधारणा

1. विजय, देवेश (सम्पा.) (2006) प्रारम्भिक आधुनिक यूरोप में सांस्कृतिक परिवर्तन, हिन्दी माध्यम कार्यान्वय निदेशालय, दिल्ली विश्वविद्यालय, पृ. 32
2. तलवार, वीरभारत नाम में क्या रखा है?, तद्भव, अंक-21, पृ. 29
3. See Stove, David & Andrew Irvine edited book (2003) On Enlightenment, Transaction Publishers, USA, UK.
4. Kon-Tiki इस शब्द के अर्थ और आशय को समझने के लिए आपको यह फिल्म देखनी होगी।
5. ज्ञानरंजन, 'रिफ्लेक्शन ऑन एक्जाईल' के अंश का हिन्दी अनुवाद, पहल अंक-73,
6. सिंह, सुधीर रंजन हिन्दी समुदाय और राष्ट्रवाद (2016) राजकमल प्रकाशन, नई दिल्ली, पृ. 17
7. इस्लाम, शम्सुल (2006) भारत में धर्म और अलगाववाद, वाणी प्रकाशन, नई दिल्ली, पृ. 58
8. वही, पृ. 33
9. वही, पृ. 53
10. वही, पृ. 16
11. वही, पृ. 20
12. वही, पृ. 45
13. वही, पृ. 45
14. वही, पृ. 46
15. वही, पृ. 47
16. आधुनिकता की एक विशेषता के बतौर इस पदबन्ध का इस्तेमाल हजारीप्रसाद द्विवेदी ने किया है।
17. वही, पृ. 91
18. वही, पृ. 92

19. शर्मा, रामविलास (2018) भारतीय संस्कृति और हिन्दी प्रदेश, भाग-2, किताबघर प्रकाशन, नई दिल्ली, पृ. 319
20. इस्लाम, शम्सुल (2006) भारत में धर्म और अलगाववाद, वाणी प्रकाशन, नई दिल्ली, पृ. 86
21. वही, पृ. 111
22. वही, पृ. 123
23. प्रसाद, चन्द्रभान (2007) मैकाले के मिनट्स ऑन एजुकेशन, (हिन्दी प्रस्तुति), वाक् त्रैमासिक पत्रिका, प्रवेशांक, पृ. 143-44
24. मिश्रा, अमलेन्दु (2018) अस्मिता और धर्म : भारत में इस्लाम विरोध की जड़ें, सेज पब्लिकेशन, नई दिल्ली, पृ. 192
25. वही, पृ. 193
26. वही, पृ. 197
27. वही, पृ. 203
28. वही, पृ. 205
29. वही, पृ. 206
30. वही, पृ. 211
31. वही, पृ. 217-218
32. वही, पृ. 219
33. वही, पृ. 232
34. वही, पृ. 223-224
35. वही, पृ. 224
36. वही, पृ. 225
37. वही, पृ. 225
38. शर्मा, रामविलास भारतीय संस्कृति और हिन्दी प्रदेश (2018) खंड-2, किताबघर, नई दिल्ली, पृ. 287
39. वही, पृ. 289
40. इस पदबन्ध का इस्तेमाल शम्सुल इस्लाम ने अपनी किताब भारत में अलगाव और धर्म में किया है।
41. अब्बासी, काजी मुहम्मद अदील (2006) खिलाफत आन्दोलन, (अनु.—नूर अबी अब्बासी), एनबीटी नई दिल्ली, पृ. 26
42. शिशिर, कर्मेन्दु (2017) भारतीय मुसलमान : इतिहास का सन्दर्भ, भाग-2 भारतीय ज्ञानपीठ, नई दिल्ली, पृ. 12
43. वही, पृ. 23
44. वही, पृ. 31
45. शीतांशु, (2018) कम्पनी राज और हिन्दी : सन्दर्भ फोर्ट विलियम कॉलेज, राजकमल प्रकाशन, नई दिल्ली, पृ. 31
46. शिशिर, कर्मेन्दु (2017) भारतीय मुसलमान : इतिहास का सन्दर्भ, भाग-2 भारतीय ज्ञानपीठ,

नई दिल्ली, पृ. 39
47. वही, पृ. 28
48. वही, पृ. 51
49. वही, पृ. 47
50. वही, पृ. 47
51. शर्मा, रामविलास भारतीय संस्कृति और हिन्दी प्रदेश (2018) खंड-2, किताबघर, नई दिल्ली, पृ. 312
52. वही, पृ. 307
53. मिश्रा, अमलेन्दु (2018) अस्मिता और धर्म : भारत में इस्लाम विरोध की जड़ें, सेज पब्लिकेशन, नई दिल्ली,
54. दामोदरन, के. (2001) भारतीय चिन्तन परम्परा, पीपुल्स पब्लिशिंग हाउस, नई दिल्ली, पृ. 361
55. शिशिर, कर्मेन्दु (2017) भारतीय मुसलमान : इतिहास का सन्दर्भ, भाग-2 भारतीय ज्ञानपीठ, नई दिल्ली, पृ. 198
56. दिनकर, रामधारी सिंह (1997) संस्कृति के चार अध्याय, लोकभारती प्रकाशन, इलाहाबाद, पृ. 454
57. दामोदरन, के. (2001) भारतीय चिन्तन परम्परा, पीपुल्स पब्लिशिंग हाउस, नई दिल्ली, पृ. 362
58. वही, पृ. 363
59. वही, पृ. 365
60. वही, पृ. 369
61. मिश्रा, अमलेन्दु (2018) अस्मिता और धर्म : भारत में इस्लाम विरोध की जड़ें, सेज पब्लिकेशन, नई दिल्ली, पृ. 3
62. वही, पृ. 7
63. वही, पृ. 17
64. वही, पृ. 23
65. वही, पृ. 23
66. वही, पृ. 37
67. वही, पृ. 32
68. वही, पृ. 38
69. दिनकर, रामधारी सिंह (1997) संस्कृति के चार अध्याय, लोकभारती प्रकाशन, इलाहाबाद, पृ. 467
70. वही, पृ. 474
71. शर्मा, सीताराम (1977) उन्नीसवीं शती में भारतीय धार्मिक तथा सामाजिक जागरण, मध्यप्रदेश हिन्दी ग्रंथ अकादमी, पृ. 94
72. दिनकर, रामधारी सिंह (1997) संस्कृति के चार अध्याय, लोकभारती प्रकाशन, इलाहाबाद, पृ. 469

73. सिंह, सुधीर रंजन हिन्दी समुदाय और राष्ट्रवाद (2016) राजकमल प्रकाशन, नई दिल्ली, पृ. 25
74. दिनकर, रामधारी सिंह (1997) संस्कृति के चार अध्याय, लोकभारती प्रकाशन, इलाहाबाद, पृ. 516-517
75. वही, पृ. 519
76. दिनकर, रामधारी सिंह (1997) संस्कृति के चार अध्याय, लोकभारती प्रकाशन, इलाहाबाद, पृ. 518
77. सिंह, सुधीर रंजन हिन्दी समुदाय और राष्ट्रवाद (2016) राजकमल प्रकाशन, नई दिल्ली, पृ. 57
78. वही, पृ. 59
79. वही, पृ. 94
80. वही, पृ. 16
81. वही, पृ. 23
82. वही, 2016, पृ. 44
83. शर्मा, सीताराम (1977) उन्नीसवीं शती में भारतीय धार्मिक तथा सामाजिक जागरण, मध्यप्रदेश हिन्दी ग्रंथ अकादमी, पृ. 105
84. सिंह, सुधीर रंजन हिन्दी समुदाय और राष्ट्रवाद (2016) राजकमल प्रकाशन, नई दिल्ली, पृ. 24
85. वही, पृ. 37
86. वही, पृ. 19
87. वही, पृ. 28
88. वही, पृ. 29
89. वही, पृ. 21
90. दत्त, रजनी पाम (2004) आज का भारत, ग्रंथ शिल्पी (इंडिया) प्रा. लिमिटेड, नई दिल्ली, रामविलास शर्मा (अनुवादक) पृ. 419

अध्याय-2 : औपनिवेशिक काल में झारखंड के धार्मिक-सामाजिक जनजातीय आन्दोलनों का ऐतिहासिक परिप्रेक्ष्य

1. Jha, Sukh Chandra (2019) Ruling Dynasties of Jharkhand : and their intra and inter-dynastic relations, Anugya Books, Delhi, Pg No. 25
2. रणेन्द्र, जनजातीय इतिहास-लेखन की कठिनाइयाँ और जनजातीय राजवंश, पक्षधर अंक 25-26, पृ. 17-18
3. Jha, Sukh Chandra (2019) Ruling Dynasties of Jharkhand : and their intra and inter-dynastic relations, Anugya Books, Delhi, Pg No. 33-34
4. राय, शरतचन्द्र, आदिम मुंडा और उनका प्रदेश, राज सहाय (अनुवादक) आदिवासी वेलफेयर सोसाइटी, जमशेदपुर, देखें परिशिष्ट IV पृ. xlviii-xlix
5. वही, देखें परिशिष्ट IV, पृ. xlviii-xlix

6. वही, देखें परिशिष्ट IV, पृ. xlviii-xlix
7. Jha, Sukh Chandra (2019) Ruling Dynasties of Jharkhand : and their intra and inter-dynastic relations, Anugya Books, Delhi, Pg No. 51
8. Ibid, Pg No. 50-51
9. Ibid, Pg No. 46
10. राय, शरतचन्द्र, आदिम मुंडा और उनका प्रदेश, वही, देखें परिशिष्ट IV, पृ. xiviii-xlix
11. इस सन्दर्भ में डॉ. भुवनेश्वर 'अनुज' की पुस्तक झारखंड के प्राचीन स्मारक, पृथ्वी प्रकाशन, नई दिल्ली, 2000 देखी जा सकती है।
12. वही, पृ. 85
13. सुतियाम्बे को सुतिया मुंडा ने बसाया था, जो मदरा मुंडा का पुरखा था।
14. वही, देखें (पृ 74-77)
15. Jha, Sukh Chandra (2019) Ruling Dynasties of Jharkhand : and their intra and inter-dynastic relations, Anugya Books, Delhi, Pg No. 38
16. Ibid, Pg No. 39
17. राय, शरतचन्द्र, आदिम मुंडा और उनका प्रदेश, वही, पृ. 77
18. Bhukya, Bhangya (2017) The Roots of the Periphery : A History of the Gonds of Deccan India, Oxford University Press, Preface, (Pg No. xiv-xv)
19. रणेन्द्र, जनजातीय इतिहास-लेखन की कठिनाइयाँ और जनजातीय राजवंश, पक्षधर अंक 25-26, पृ. 25
20. Bhukya, Bhangya, Ibid, Preface, (Pg No. 4)
21. Ibid, Preface, Pg No. 5
22. Ibid, Preface, Pg No. 7
23. Ibid, Preface, Pg No. 7
24. ऋग्वेद की एक ऋचा में बाधा पहुँचानेवाली असुर परिषदों को अपने वज्र से नष्ट करने के लिए इन्द्र का गुणगान किया गया है। (विवज्रेण परिषदान जघान। ऋग्वेद, III 33.7) इससे इस बात का संकेत मिलता है कि इन्द्र के नेतृत्व में आर्यों ने प्राक् आर्यों की संगठित टोलियों के विरुद्ध युद्ध किया।
25. Ibid, Preface, Pg No. 8
26. Ibid, Preface, Pg No. 8-9
27. Ibid, Preface, Pg No. 9
28. चौधरी, प्रसन्न कुमार (2015) अतिक्रमण की अन्तर्यात्रा, वाणी प्रकाशन, नई दिल्ली, पृ. 49-50
29. राय, शरतचन्द्र, आदिम मुंडा और उनका प्रदेश, वही, पृ. 57
30. वही, पृ. 24
31. वही, पृ. 62
32. वही, पृ. 73
33. वही, पृ. 63

34. वही, पृ. 66
35. वही, पृ. 71
36. वही, पृ. 79
37. वही, पृ. 81
38. वही, देखें, परिशिष्ट III
39. वही, देखें, परिशिष्ट III
40. वही, परिशिष्ट III, पृ. 34
41. वही, परिशिष्ट III, पृ. 34
42. वही, परिशिष्ट III, पृ. 36
43. वही, परिशिष्ट III, पृ. 35
44. सिंह, कुमार सुरेश (2004) बिरसा मुंडा और उनका आन्दोलन, वाणी प्रकाशन, नई दिल्ली, भूमिका से
45. रणेन्द्र, जनजातीय इतिहास-लेखन की कठिनाइयाँ और जनजातीय राजवंश, पक्षधर अंक 25-26, पृ. 20
46. वही, पृ. 20
47. वही, पृ. 20-21
48. सिंह, कुमार सुरेश (2004) बिरसा मुंडा और उनका आन्दोलन, वही पृ. 24
49. वही, पृ. 24
50. वही, पृ. 25
51. वही, पृ. 28
52. वही, पृ. 29
53. वही, पृ. 29
54. वही, पृ. 30
55. वही, पृ. 30
56. वही, पृ. 30
57. वही, पृ. 34
58. वही, पृ. 34
59. Xaxa, Virginius (2008) State, Society and Tribe issues in post colonial India, Pearson, Pg No. 52
60. Tagore, Saumyendranath (2001, Reprinted) Rammohan Roy in Indian Renaisance, The Asiatic Society, Park Street, Kolkata, introduction, pg viii
61. Violett, Edward A. Faith based development : The social development perspective in catholic social teaching with an illustrative case study of the Ranchi Archdiocese, india (Submitted for the degree of Doctor of Philosophy, London School of Economics and Political Science, 2003), Pg No. 187
62. Violett, Edward A. Faith based development, Ibid, Pg No. 193

अध्याय-3 : खरवार आन्दोलन : परिप्रेक्ष्य, कारण, प्रभाव, प्रसार और परिणाम

1. रणेन्द्र, जनजातीय इतिहास-लेखन की कठिनाइयाँ और जनजातीय राजवंश, पक्षधर अंक 25-26, पृ. सं, 71
2. Mackdougall, John (1985) Land or Religion? The Sardar and Kherwar Movements in Bihar, Manohar Publication, Pg 12 & 45
3. Ibid, Pg No. 13
4. Jha, Surendra & Raut, Shiv Shankar (2015) History of the Santals of Jungle Tarai (1880-1885) Revisited, Ayushman Publication House, Pg No. 1
5. Mackdougall, John (1985) Ibid, Pg No. 11
6. Man E.G. (2015) Sonthalia and Sonthals, Mital Publication, New Delhi, Pg No. 17
7. Jha, Surendra & Raut, Shiv Shankar (2015), History of the Santals of Jungle Tarai (1880-1885) Revisited, Ibid, Pg No. 37-38
8. Ibid, Pg No. 38-39
9. Ibid, Pg No. 56
10. Ibid, Pg No. 57
11. Ibid, Pg No. 58
12. Ibid, Pg No. 60
13. Ibid, Pg No. 72
14. Mackdougall, John (1985) Land or Religion? The Sardar and Kherwar Movements in Bihar, Ibid, Pg No. 18
15. Jha, Surendra & Raut, Shiv Shankar (2015), History of the Santals of Jungle Tarai (1880-1885) Revisited, Pg No. 80
16. सिंह, राकेश कुमार (2020) जो इतिहास में नहीं है, भारतीय ज्ञानपीठ, नई दिल्ली, भूमिका से, पृ. 7
17. वही, पृ. सं 8
18. O'Malley L. S. S. (1999) Bengal district gazetteears : Santal Pargana, Logos Press. New Delhi, Pg No. 53
19. O'Malley L. S. S. (1999) Bengal district gazetteears : Santal Pargana, Pg No. 54 & Jha, Surendra & Raut, Shiv Shankar (2015), History of the Santals of Jungle Tarai (1880-1885) Revisited, Pg No. 89
20. Jha, Surendra & Raut, Shiv Shankar (2015), History of the Santals of Jungle Tarai (1880-1885) Revisited, Pg No. 89
21. O'Malley L. S. S. (1999), Ibid, Pg No. 68
22. Shukla P. K. (2001) Tribal resistance in Chotanagpur: A case study of the Dubia Gossain Movement (1870-80's), (IHC Proceedings, vol.62), Pg No.

614
23. Ibid, 614
24. मुंडा, डॉ. रामदयाल (2002) आदिवासी अस्तित्व और झारखंडी अस्मिता के सवाल, प्रकाशन संस्थान, नई दिल्ली, पृ. 14
25. Kulshaw W.J. (1949) Tribal heritage a study of the Santals, Gyan Publishing House, Pg No. 21
26. O'Malley L. S. S. (1999), Ibid, Pg No. 146
27. Ibid, Pg No. 146-47
28. Shukla P.K (2001) Tribal resistance in Chotanagpur: A case study of the Dubia Gossain Movement (1870-80's), (IHC Proceedings, vol.62), Pg No. 616
29. Ibid, Pg No. 617
30. Ibid, Pg No. 618
31. Ibid, Pg No. 618
32. Mackdougall, John (1985) Land or Religion? The Sardar and Kherwar Movements in Bihar, Manohar Publication, Pg No. 52
33. Ibid, Pg No. 72
34. Shukla P.K. (2001) Tribal resistance in Chotanagpur : A case study of the Dubia Gossain Movement (1870-80's), Ibid, Pg No. 619
35. Mackdougall, John (1985) Land or Religion? The Sardar and Kherwar Movements in Bihar, Manohar Publication, Pg No. 5

अध्याय-4 : बिरसाइत आन्दोलन : परिप्रेक्ष्य, कारण, प्रभाव, प्रसार और परिणाम

1. सिंह, कुमार सुरेश (2004) बिरसा मुंडा और उनका आन्दोलन, वाणी प्रकाशन, नई दिल्ली, पृ. 51
2. वही, पृ. 33
3. वही, पृ. 34
4. वही, पृ. 74
5. वही, पृ. 77
6. वही, पृ. 77
7. वही, पृ. 30
8. वही, पृ. 77
9. वही, पृ. 37-38
10. वही, पृ. पृ. 40
11. गुप्ता, रमणिका (2015) आदिवासी शौर्य एवं विद्रोह (सम्पा.), सुरभि प्रकाशन, पृ. 123
12. Ranjan, Rahul (2022) The political life of memory, Cambridge University Press, Pg No. 11

13. सिंह, कुमार सुरेश वही, पृ. 60-61
14. वही, पृ. 53
15. वही, पृ. 54
16. वही, पृ. 68
17. वही, पृ. 68
18. वही, पृ. 69
19. वही, पृ. 70
20. वही, पृ. 70
21. वही, पृ. 72
22. वही, पृ. 85
23. वही, पृ. 94-95
24. वही, पृ. 101
25. वही, पृ. 103
26. वही, पृ. 104
27. वही, पृ. 104
28. वही, पृ. 108
29. वही, पृ. 110
30. वही, पृ. 114-115
31. वही, पृ. 113
32. वही, पृ. 114-15
33. वही, पृ. 125
34. वही, पृ. 156
35. वही, पृ. 149
36. वही, पृ. 171
37. वही, पृ. 162
38. वही, पृ. 167
39. वही, पृ. 174-175

अध्याय-5 : टाना भगत आन्दोलन : परिप्रेक्ष्य, कारण, प्रभाव, प्रसार और परिणाम

1. Singh, K.S. (Nov. 1988), Tribal Pesantry, Millenarianism, Anarchism and Nationalim : A Case Study of the Tanabhagats in Chotanagpur, 1914-25, Social Scientist, Nov, Vol.16, No.11, Pg No. 36
2. मिंज, दिवाकर (2010) मुंडा एवं उराँव का धार्मिक इतिहास, कल्पज पब्लिकेशन्स, दिल्ली, पृ. सं-38
3. वही, पृ. 102-103
4. वही, पृ. 40
5. Singh, K.S. (Nov. 1988), Ibid, Pg No. 36

6. See, Jha, Sukh Chandra (2019) Ruling dynasties of Jharkhand and their intra and inter-dynastic relations, Anugya books
7. Dasgupta, Sangeeta (2022) Reordering adivasi worlds : representations, resistance, memory, OUP, Pg No. 122
8. Ibid, Pg No. 231
9. Ibid, Pg No. 231
10. Ibid, Pg No. 231
11. Ibid, Pg No. 237
12. Singh, K.S. (Nov. 1988) Ibid, Pg No. 37
13. Singh, K.S. (Nov. 1988) Ibid,Pg No. 37
14. Sangeeta Dasgupa, Ibid, Pg No. 186
15. तलवार, वीर भारत (2012) झारखंड के आदिवासियों के बीच : एक एक्टीविस्ट के नोट्स, भारतीय ज्ञानपीठ, नई दिल्ली, पृ. 15
16. Dasgupta, Sangeeta (2022) Ibid, Pg No. 122
17. Singh, K.S. (Nov. 1988) Ibid, Pg No. 38
18. Ibid, Pg No. 38
19. Ibid, Pg No. 38
20. Ibid, Pg No. 39
21. Ibid, Pg No. 38
22. झा, भारती (2010) राष्ट्रीय आन्दोलन और झारखंड के जनजातीय संघर्ष, सत्यम पब्लिशिंग हाउस, नई दिल्ली, पृ. 131
23. Dasgupta, Sangeeta (2022) Ibid, Pg No. 223
24. Ibid, Pg No. 221
25. Ibid, Pg No. 262
26. Ibid, Pg No. 259
27. Ibid, Pg No. 276
28. Ibid, Pg No. 271
29. Ibid, Pg No. 289
30. Ibid, Pg No. 292

अध्याय-6 : आबुआ राज के मायने

1. देखें देउस्कर, सखाराम गणेश (2010) देश की बात, एनबीटी, नई दिल्ली
2. वीरभारत तलवार, वीरभारत () नाम में क्या रखा है?, तद्भव अंक-21, पृ. 29
3. सक्सेना, प्रदीप (1996) 1857 और भारतीय नवजागरण, आधार प्रकाशन, पंचकूला, हरियाणा, पृ. 64
4. आलोचना सहस्राब्दी अंक-पाँच, अप्रैल-जून 2001, पृ. 100
5. Ranjan, Rahul (2022) The political life of memory, Cambridge University

Press, See Preface, Pg No. xiii-xiv

6. Ibid, preface, Pg No. xvi
7. Ibid, preface, Pg No. xvii
8. टेटे, वन्दना (2021) आदिवासी दर्शन और साहित्य (सम्पा.), नोशन प्रेस डॉट कॉम, पृ. सं.-41
9. Ranjan, Rahul (2022) Ibid, Introduction, Pg No. 6
10. देखें, रमणिका गुप्ता, आदिवासी शौर्य एवं विद्रोह, सुरभि प्रकाशन, प्रीत विहार, दिल्ली, 2015
11. Ranjan, Rahul (2022) Ibid, Introduction, Pg No. 58
12. कार्सटेयर्स, आर. (2016) ऐसे हुआ हूल, प्रभात प्रकाशन, नई दिल्ली, पृ. 13
13. हालदार, मोहित कुमार (2000) भारतीय नवजागरण और पुनरुत्थानवादी चेतना, ग्रंथ शिल्पी प्रकाशन, नई दिल्ली, पृ. 13
14. वही, पृ. 68
15. वही, पृ. 68
16. शम्भुनाथ, (2006) सामाजिक क्रान्ति के दस्तावेज, वाणी प्रकाशन, नई दिल्ली, पृ. 18
17. शर्मा, रामविलास (2018) भारतीय संस्कृति और हिन्दी प्रदेश, किताबघर प्रकाशन, नई दिल्ली, खंड-2, पृ. 305-307

सन्दर्भ सूची

मिश्रा, अमलेन्दु (2018) अस्मिता और धर्म : भारत में इस्लाम विरोध की जड़ें, सेज पब्लिकेशन, नई दिल्ली

कार्सटेयर्स, आर. (2016) ऐसे हुआ हूल, प्रभात प्रकाशन, नई दिल्ली

शिशिर, कर्मेन्दु (2017) भारतीय मुसलमान : इतिहास का सन्दर्भ, भारतीय ज्ञानपीठ प्रकाशन, नई दिल्ली

अब्बासी, काजी मुहम्मद अदील (2008) खिलाफत आन्दोलन, (हिन्दी अनुवाद-नूर अबी अब्बासी) एन.बी.टी., नई दिल्ली

दामोदरन, के. (2001) भारतीय चिन्तन परम्परा, पीपीएच, नई दिल्ली

सिंह, कुमार सुरेश (2004) बिरसा मुंडा और उनका आन्दोलन, वाणी प्रकाशन, नई दिल्ली

प्रसाद, चन्द्रभान, (2007) मैकाले के मिनट्स ऑन एजुकेशन (हिन्दी प्रस्तुति), वाक् त्रैमासिक पत्रिका, प्रवेशांक

मिंज, दिवाकर (2010) मुंडा एवं उराँव का धार्मिक इतिहास, कल्पज पब्लिकेशन्स, दिल्ली

विजय, देवेश (सम्पा.), (2006) प्रारम्भिक आधुनिक यूरोप में सांस्कृतिक परिवर्तन, हिन्दी माध्यम कार्यान्वय निदेशालय, दिल्ली विश्वविद्यालय, नई दिल्ली

सक्सेना, प्रदीप (1996) 1857 और भारतीय नवजागरण, आधार प्रकाशन, पंचकूला, हरियाणा

चौधरी, प्रसन्न कुमार (2015) अतिक्रमण की अन्तर्यात्रा, वाणी प्रकाशन, नई दिल्ली

झा, भारती (2010) राष्ट्रीय आन्दोलन और झारखंड के जनजातीय संघर्ष, सत्यम पब्लिशिंग हाउस, नई दिल्ली

हालदार, मोहित कुमार (2000) भारतीय नवजागरण और पुनरुत्थानवादी चेतना, ग्रंथ शिल्पी प्रकाशन, नई दिल्ली

दत्त, रजनी पाम (2004) आज का भारत, ग्रंथ शिल्पी (इंडिया) प्रा. लिमिटेड, दिल्ली

गुप्ता, रमणिका (सम्पा.), (2015) आदिवासी शौर्य एवं विद्रोह, सुरभि प्रकाशन, दिल्ली

सिंह, राकेश कुमार (2020) जो इतिहास में नहीं है, भारतीय ज्ञानपीठ, नई दिल्ली

मुंडा, रामदयाल (2002) आदिवासी अस्तित्व और झारखंडी अस्मिता के सवाल, प्रकाशन संस्थान, नई दिल्ली

दिनकर, रामधारी सिंह (1998) संस्कृति के चार अध्याय, लोकभारती प्रकाशन, इलाहाबाद

शर्मा, रामविलास (2018) भारतीय संस्कृति और हिन्दी प्रदेश, भाग-2, किताबघर प्रकाशन

तलवार, वीर भारत (2012) झारखंड के आदिवासियों के बीच : एक एक्टीविस्ट के नोट्स, भारतीय ज्ञानपीठ, नई दिल्ली

तलवार, वीर भारत () नाम में क्या रखा है?, तद्भव, अंक 21, अखिलेश (सम्पादक)

टेटे, वन्दना (सम्पा.), (2021) आदिवासी दर्शन और साहित्य, नोशन प्रेस डॉट कॉम, भारत

इस्लाम, शम्सुल (2006) भारत में धर्म और अलगाववाद, वाणी प्रकाशन

शम्भुनाथ, (2006) सामाजिक क्रान्ति के दस्तावेज, वाणी प्रकाशन, नई दिल्ली

रॉय, शरतचन्द्र आदिम मुंडा और उनका प्रदेश, (हिन्दी अनुवाद राज सहाय), आदिवासी वेलफेयर सोसाइटी, जमशेदपुर

देउस्कर, सखाराम गणेश (2010) देश की बात, एन.बी.टी., नई दिल्ली

शर्मा, सीताराम (1977) उन्नीसवीं शती में भारतीय धार्मिक तथा सामाजिक जागरण, मध्यप्रदेश हिन्दी ग्रंथ अकादमी, भोपाल

सिंह, सुधीर रंजन (2016) हिन्दी समुदाय और राष्ट्रवाद, राजकमल प्रकाशन, नई दिल्ली

शीतांशु, (2018) कम्पनी राज और हिन्दी : सन्दर्भ फोर्ट विलियम कॉलेज, राजकमल प्रकाशन, नई दिल्ली

Bhukya, Bhangya (2017) The Roots of the Periphery : A History of the Gonds of Deccan India, Oxford University Press

David Stove & Andrew Irvine edited book on Enlightenment, (2003) Transaction Publishers, USA, UK.

Violett, Edward A. (2003) Faith based development : The social development perspective in catholic social teaching with an illustrative case study of the Ranchi Archdiocese, India

(Submitted for the degree of Doctor of Philosophy, London School of Economics and Political Science)

Man, E.G. (2015) Sonthalia and Sonthals, Mittal Publication, New Delhi

Mackdougall, John (1985) Land or Religion? The Sardar and Kherwar Movements in Bihar, Manohar Publication

Singh, K.S. (Nov. 1988) Tribal Pesantry, Millenarianism, Anarchism and Nationalism : A Case Study of the Tanabhagats in Chotanagpur, 1914-25, Social Scientist, Nov., Vol. 16, No.11

O'Malley, L. S. S. (1999) Bengal district gazetteears : Santal Pargana, Logos Press. New Delhi

Shukla, P.K. (2001) Tribal resistance in Chotanagpur: A case study of the Dubia Gossain Movement (1870-80's), (IHC Proceedings 2001, vol.62)

Ranjan, Rahul (2022) The political life of memory, Cambridge University Press, New Delhi

Dasgupta, Sangeeta (2022) Reordering adivasi worlds : representations, resistance, memory, Oxford University Press, New Delhi

Tagore, Saumyyendranath (2001) Rammohan Roy in Indian Renaisance, the Asiatic Society, Park Street, Kolkata

Jha, Sukh Chandra (2019) Ruling dynasties of Jharkhand and their intra and inter-dynastic relations, Anugya Books

Jha, Surendra & Raut, Shiv Shankar (2015) History of the Santals of Jungle Tarai

(1880-1885) Revisited, Ayushman Publication House
Xaxa, Virginius (2008) State, Society and Tribe issues in post colonial India, Pearson

Kulshaw, W.J. (1949) Tribal heritage a study of the santals, Gyan Publishing House

आलोचना सहस्राब्दी अंक-पाँच, अप्रैल-जून 2001

पक्षधर अंक 25-26, रजत जयन्ती अंक, जुलाई-दिसम्बर, 2018-जनवरी-जून-2019

वाक् त्रैमासिक पत्रिका, प्रवेशांक

पहल, अंक 73

तद्‌भव, अंक-21

अनुक्रमणिका

1757 ई. 52
अंग्रेजी राज 49
अंग्रेजी शिक्षा 50
अंडर रैयत 215
अकबर 77
अक्षत मुंडारी खूँटकट्टी गाँव 104
अखबार-उल-जफर 48
अन्तोनियो ग्राम्शी 167
अफगान 47
अब्दुल रहीम खानखाना 64
अभिजन राष्ट्रवाद 30
अमरीका 44
अमलेन्दु मिश्रा 38
अमीर खुसरो 64
अरबों 54
अरूवा भगत 225
अर्चना प्रसाद 87
अलीगढ़ ब्रिटिश इंडियन एसोसिएशन 49
अलेक्जेंडर डाओ 38
अवतारवाद 55
अवध 16717, 20, 36, 41, 49, 52, 63, 123, 143, 168-169, 238-239, 246-247, 253, 255, 258, 261
अवध नवजागरण 17, 20, 36, 41, 63, 168-169, 239, 247, 253, 255, 258, 261
असम 76
असुर 97
अस्मितामूलक विमर्श 75
अस्मितामूलक विमर्शों 25
अहोम राजवंशों 76
आक्यूपेंसी रैयत 215
आख्यान 65
आगरा 44
आचारशास्त्र 30, 177, 186, 188-189, 252
आदिवासी महासभा 216
आधुनिकता 17-18, 22, 25;30, 65, 73, 119, 137, 151, 233-235, 238-239, 241, 245, 261-262
आनन्द पानरे (पाँड़) 183
आनन्द मठ 41
आन्तरिक औपनिवेशन 73
आन्द्रे बेते 87
आपराधिक जनजाति 71
आबुआ राज 7, 30, 189, 196, 201, 209, 233, 248, 256, 272
आम्बेडकर 70
आर. पोंटेट 139
आर.सी. मजूमदार 31
आरा 138
आर्य समाज 59
आर्य-अनार्य 45

आर्यसमाज 224
आर्यों 89
आस्ट्रेलिया 44
इंग्लैंड 228
इंग्लैंड की महान क्रान्ति 143
इंडियन होम मिशन 149
इंवैजेलिकल लूथर मिशन 179
इकिरबोंगा 96
इतालवी रेनेसाँ 50, 168
इतिहास-लेखन 27
इनसाइक्लोपीडिया मुंडारिका 45
इब्राहिम खान 78
ई. वी. रामस्वामी पेरियार 47
ई.जी. मान 132
ईश्वरचन्द्र विद्यासागर 49
ईसा मसीह 45
ईसाई मिशनरियों 44
ईस्ट इंडिया कम्पनी 9-10, 35-36, 39, 44-45, 51-52, 80, 82, 94, 96-98, 106-107, 109-111, 120, 126-128, 130-133, 135, 137-141, 143-148, 164-165, 176, 220, 234
उड़ीसा 71
उत्तर-आधुनिक विमर्श 25
उत्तर-आधुनिकता 25, 29, 151
उपनिषद 56
उराँव 71, 76
उर्दू नवजागरण 50, 257
उलगुलान 200
ऋग्वेद 90
एंथ्रोपोसेंट्रिक 236
एकतत्त्ववाद 56
एकेश्वरवाद 45
एटाहातुरेंको 99
एडवर्ड सईद 29, 234
एन. कुमार 210
एफ.ई.ए. टेलर 214
एम.एन. राय 69
एरिक हॉब्सबाम 33
एलियाजर 173
एशियाटिक सोसायटी 52
ऐंग्लो वैदिक कॉलेज 60
ओ मैली 145
ओरियंटलिज्म 234
ऑर्ग्यूमेंटेटिव इंडियन 81
ऑक्सफोर्ड विश्वविद्यालय 48
औद्योगिक क्रान्ति 54
औद्योगीकरण (इंडस्ट्रियलाइजेशन) 26, 238
औपनिवेशिक इतिहास-लेखन 27-28, 41, 237
औपनिवेशिक शासन 18, 20, 26-27, 35, 42, 92-93, 136, 164, 166, 172, 176, 239, 262
औपनिषदिक चिन्तन 56
औरंगजेब 39
कचहरी 117
कटक 127, 132
कपिलनाथ जी मन्दिर 79
कबीर 237
कबीरपंथियों 115
कमियौती प्रथा 148
कम्पनी राज 52
कयूमुद्दीन अहमद 75
करकरी 114
करो 180
कर्जन 37
कर्नल डॉल्टन 82
कर्मेन्दु शिशिर 47
कलकत्ता 228
कसमार 172
कांग्रेस 65
कांची 114
काउंटर हिस्ट्री 243
काठीकुंड 161

काश्तकारी अधिनियम 119
कीली 98
कुंवर हरीनाथ साही देओ 79
कुकराह 78
कुड़ुख 45
कुमार सुरेश सिंह 82
कुरान 56
केशवचन्द्र सेन 56
कैनन फार्मेशन 33
कैप्टन विल्किंसन 172
कॉफ 48
कोचांग 190
कोल 101
कोल विद्रोह 164
कोलम्बस 102
कोल्हान 103, 136
क्रिमिनल ट्राईब 72
क्रिमिनल ट्राईब्स ऐक्ट 72
क्रिस्टोफर फौन फ्यूरेर हैंमेनडोर्फ 106
क्लीवलैंड 134, 137
क्षत्रियों 102
खड़िया 76
खरवार 153
खसरा कोरा 187
खांडव वन 90
खास भंडार 102
खिलजी 77
खुकराह 78
खुखरा 78
खूँटकट्टी 98-99, 104-105, 110-112, 173, 187, 210, 214-215, 231
खूँटकट्टी हातू 99
खूँटी 104, 179-180
खेरवार-भूमिज 76
खैतौरी 107
खोरपोश 102
गंगपुर 216
गंगा की घाटी 90
गणेश-पूजा 60
गया मुंडा 205
गांधी 66
गायत्री चक्रवर्ती स्पिवाक 242
गुप्तकाल 91
गुमला 216, 218
गुरु गोविन्द सिंह 58
गुरुदेव 32
गुर्जर 76
गुलाम नबी 'रसलीन' 64
गुहा 76
गूरटू 180
गोंड 76
गोंडवाना 76
गोडियन 174
गोड्डा 139, 157, 161
गोत्र 32
गोविन्दपुर 179
गोसाइयों 115
ग्राम सभाएँ 117
ग्राम स्वराज 229
ग्रेट ब्रिटेन 219
ग्वालियर 78
घरवापसी 60
घाघरा 218
घाघरा क्षेत्र 225
चक्रधरपुर 179
चन्दवा 223
चलकद 172
चाँद-भैरव 72
चाईबासा 179
चाय-चम्पा 151
चाला पच्चो 211
चितरंजन 250
चीनी क्रान्ति 143
चुटिया 79

चुटिया मन्दिर 196
चेरो राजवंश 76
चैटर्टन 216
चैतन्यचरितामृत 114
चैनपुर 179, 184, 216
चोल वंश 76
छपरा 138
छोटानागपुर 77, 127, 136
छोटानागपुर आदिवासी टाना भगत 231
छोटानागपुर किसान सभा 227
जंगल-तराई 92
जगन्नाथपुर मन्दिर 196
जगमोहन सिंह 183
जगरनाथ मन्दिर 79
जतरा उराँव 213
जतरा टाना भगत 72
जन राष्ट्रवाद 30
जनजातीय कस्टमरी लॉ 94
जनजातीय नवजागरण 143
जनजातीय बोध 30
जनजातीय राजवंश 75
जनमेजय का नागयज्ञ 81
जयपाल सिंह मुंडा 69
जरायम पेशा 72
जर्मन बाबा 220
जर्मन लूथरन-एंग्लिकन मिशन 120
जर्मनी 219
जलमई 194
जसपुर 216
जसीडीह 250
जहाँगीर 78
जाति 32
जातीय अस्मिताओं 43
जातीय एकता 239
जातीय गठन की प्रक्रिया 239
जादुई यथार्थवाद 110
जामताड़ा 147
जायसी 64
जार्ज फ्रांसिस हेमिल्टन 37
जार्ज यूल 147
जार्ज शोपफ्लिन 34
जियोफेरी होसकिंग 34
जे. त्रोईसी 139
जेड. ए. सुलेरी 42
जेम्स टेल्बॉएस व्हीलर 40
जेम्स मिल 39
जैकब 204
जैकब बर्कहार्ड 240
जॉन मैकडॉवल 130
जोतिबा फुले 47, 70
जोह्न डाउसन 40
जौन इंवैजेलिस्ट 179
जौन मुंडा 172
ज्ञान परगनैत 157
ज्ञानेश्वर 62
ज्ञानोदय (एनलाइटेनमेंट) 25-26
झारखंड 71, 114
टकरमा 179
टाना धर्म 219
टाना भगत आन्दोलन 116
टीपू सुल्तान 32
टोटेम 96
डाढ़ा देसौली 211
डी.एल. राय 41
डॉ. नोट्रेट 183
डोइसागढ़ 79
डोका मुंडा 194, 205
डोम्बारी 198
डोरमा 180
डोल्डा 180
ढालभूम 127
तपकरा 180
तमाड़ 104
तमिल नवजागरण 50

ताँतियों 115
तालझारी 161
तिलक स्मारक स्वराज निधि 230
तिलका माँझी 72
तुर्कों 54
तेलियागढ़ी 77
तोरपा 115, 180
थियोसेंट्रिक 236
थेबले उराँव 227
द क्लेश ऑफ कल्चर्स इन द न्यू वर्ल्ड 108
दक्षिण अफ्रीका 44
दमित 35
दयानन्द सरस्वती 59
दर्शन 28
दलित 35, 69, 70
दाऊद बिरसा 183
दामिन-इ-कोह 139
दामोदर नदी 125
दि पोलिटिकल लाईफ ऑफ मेमोरी : बिरसा मुंडा इन कंटेम्परारी इंडिया 242
दि बेंगाल रिनेसां एंड द अदर एसेज 238
दि सिविलाइजेशन ऑव रेनेसाँ इन इटली 240
दि हिस्ट्री ऑफ ब्रिटिश इंडिया 39
दिकुओं 113
दिलीप चन्द्र मंडल 72
दिल्ली उर्दू अखबार 48
दिवाकर मिंज 210
दुबिया गोसाईं 150, 158
दुमका 139, 161
दुर्जन साल 78
देबी चौधरानी 41
देव-असुर 45
देवघर 158, 161
देवी 171
देवेन्द्रनाथ ठाकुर 56
देशज जागरण 73
देसिलबोंगा 96
द्रविड़ भाषा परिवार 125
धरती आबा 169, 217
धर्म कोड 97
धर्म-प्रचार 44
धर्मशास्त्र का इतिहास 32
धर्म-सुधार (रिर्फामेशन) 26, 238
धर्म-सुधार आन्दोलन 25, 236
धर्मेश 45, 218-219
धाँगरों 215
धार्मिक पुनरुत्थानवाद 65
धार्मिक राष्ट्रवाद 64
नई इंजील 55
नजीर 64
नन आक्यूपेंसी रैयत 215
नन्दिनी सुन्दर 87
नवजागरण 16-20, 25-28, 30, 35-36, 38, 41, 46-55, 57, 59-61, 63, 65, 67-74, 118, 123, 136, 143, 151, 168-169, 233, 238-240, 246-247, 250, 252-255, 257-259, 261
नवरतनगढ़ 79
नवोत्थान 54
नाग समुदाय 90
नारंग 172
नारायणपुर 161
नार्दन रेनेसाँ 168
निकोलस द्वितीय 143
निजन्धरी कथाओं 43
निवृत्तिमार्गी 61
नीरद चौधरी 256
नीलाचल 114
नुनीहाट 161
न्याय-व्यवस्था 118
न्यूजीलैंड 44
पं. जवाहरलाल नेहरू 33
पंच परगना 103
पंचेत 75

पंजाब 89
पइचा 141, 166
पटकुम 75
पड़हा-राजा 98
पत्रकारिता 47
पदसोपानिकता 31, 55, 89, 93, 214, 224, 245, 257
पदानुक्रम 31
परजाहोड़ोको 99
परम्परा 28
परम्परा की खोज 33-34, 36
पलामू 77, 127, 136
पश्चिमी उत्तर प्रदेश 69
पहाड़िया 76
पाइका 244
पाकुड़ 139, 147
पाट राजा 211
पारस मुंडा 205
पार्लियामेंट 49
पार्वती चंडी बोंगा 115
पाल 76
पालकोट 79, 184
पी.वी. काणे 32
पुंडरीक 81
पुनर्जन्म 55
पुनर्जागरण 118
पुनर्जागरण (रेनेसाँ) 25-26, 238
पुरखौती स्वशासन-पद्धति 164
पुराणों 56
पूर्णिया 148
पूर्वी आधुनिकता 26
पूर्वोत्तर भारत 28, 90
पैराडाइम शिफ्ट 132 , 176
प्रचलित समझदारी 61
प्रति- धर्म-सुधार (एंटी रिफर्मिशन) 26
प्रतिरक्षात्मक आन्दोलन 82
प्रतिरोध 58
प्रतिरोधात्मक आन्दोलन 209
प्रतिहार 76
प्रथम विश्वयुद्ध 209
प्रदीप सक्सेना 240
प्रबोधन 136
प्रबोधन युग 39
प्रभुदयाल 173
प्रस्थान त्रयी 62
प्राच्यवाद 234
प्राच्यविद 45
प्रार्थना समाज 59
प्रेसिडेंसियाँ 52
प्रोटेस्टेंट मत 120
फणि मुकुट 81
फादर कैसर 231
फादर पोनेट 220
फादर हॉफमैन 45, 172
फारसी 47
फूलो-झानू 72
फोर्ट विलियम कॉलेज 44-45
फ्रांस 228
फ्रांसीसी क्रान्ति 143
बँदगाँव 190
बंकिम चन्द्र चटर्जी 41
बंगला नवजागरण 17, 20, 35-36, 50, 52, 55, 57, 59-60, 63, 67, 73, 123, 143, 168-169, 233, 238, 240, 250, 253, 255, 257, 261
बंगाल 32, 71
बंगाल डिस्ट्रिक्ट गजेटियर 145
बंगाली 205
बड़भूम 127
बड़ाइकों 102
बड़ाभूम 75
बन्दगाँव 180
बरवे 216
बर्द्धमान 132

बर्मा राईस 155
बलराम भगत 225
बसिया 184
बहादुर शाह जफर 48
बहुदेववाद 55
बाँकुड़ा 127
बाइबिल 45, 56, 60-61, 182, 209
बाभन 218
बार्टर सिस्टम 45
बार्लो 160
बिनन्द दास 114
बिपिन चन्द्र पाल 32
बिरसा मुंडा 72, 169
बिरसाइत आन्दोलन 116
बिरहोर 76
बिरिजिया 76
बिरिया भगत 230
बिरू 216
बिशुनपुर 218
बिसमित्रा 231
बिहार 71
बुधु भगत 217
बुरजू 179
बुरुबोंगा 96
बुरूडीह 180
बूंडू 104
बेड़ो 216
बेदिया 76
बेलगेड़ा 225
बैठ-बेगारी 215
बैरम खाँ 47
बोरतोडीह 193
बोस्टन टी-पार्टी 143
बौद्ध मन्दिरों 91
ब्रजभाषा 64
ब्रह्म समाज 32, 56, 57, 67
ब्राउन 137
ब्रुक 126
भक्ति आन्दोलन 123
भक्ति काल 114
भगराई 159
भगवान शिव 115
भगीरथ माँझी 72, 154-155
भद्र वर्ग 30, 235
भरमी मुंडा 204
भांग्या भूख्या 83
भारत एक खोज 33
भारतीय नवजागरण 27, 28, 30, 36, 38, 46, 50, 52-55, 257-258
भारतीय मुसलमान 40
भारतीय राष्ट्रवाद 27-28, 30-32, 35-36, 41, 46, 53, 60, 65-66, 69-70, 255-256
भारतीय संस्कृति और हिन्दी प्रदेश 35, 263
भारतीय स्वाधीनता आन्दोलन 207
भाषायी राष्ट्रवाद 63-64
भाषा-साहित्य 63
भीमराव आम्बेडकर 47
भुईंहरी जमीन 105
भुवनेश्वर 114
भूमि-व्यवस्था 118
भूमिहार 218
भोजपुर 138
मंगर उराँव 221
मंगा मुंडा 172
मगध साम्राज्य 82
मजहबी शिक्षा 51
मथुरा 114
मदइत 166
मदरसे 50
मदरा मुंडा 81
मधुपुर 250
मध्यकालीन झारखंड 75
मध्यकालीन विमर्श 25

मध्यवर्ग 16, 26
मध्वाचार्य 62
मरंगहदा 180
मराठा शक्ति 58
मराठी नवजागरण 17, 20, 36, 49-50, 59-60, 63, 67, 73, 123, 143, 168-169, 233, 253, 255, 257-259, 261
महाजाति 239
महादेव गोविन्द रानाडे 59
महादेव बोंगा 115
महाप्रभु चैतन्य 114
महाभारत 59, 75, 90
महाराष्ट्र 36
माँझी 104, 115
माँझीहस 105
मांडर 216
माउंटस्टुअर्ट एल्फिंस्टन 39
माजी-हस 105
माझिया मुंडा 205
मान गोविन्द बैनर्जी 80
मानकी 98
मानभूम 103, 127
मानसिंह 77
मानसिक औपनिवेशन 18, 26, 112, 150, 168, 234, 262
माया उराँव 221
मारकस एंड कं. 173
मार्केस 110
मार्टिन मुंडा 172
मार्टिन लूथर 237
मालगुजारी 82
माहसुल (माहशुल्क) 121
मिथक 28, 81
मिथक आस्था 81
मिथकीय कथा 82
मिदनापुर 127
मिलेनेरियन मूवमेंट 209
मीर 64
मीर कासिम 95
मुंडा 71, 76
मुंडा-मानकी 79
मुंडारी 45
मुंडारी खूँटकट्टी गाँव 104
मुरहू मिशन 180
मुरादाबाद 51
मुल्की लड़ाई 123
मुसलमान 103
मुस्लिम नवजागरण 46, 48-51, 68, 258
मुस्लिम राष्ट्रवाद 36, 255
मुस्लिम लीग 69
मूर्तिपूजा 55
मेंसफील्ड 215
मेजर जर्विस 146
मैकाले 37
मैनेजर पांडेय 230
मोहित कुमार हालदार 255
मौखिक परम्परा 43
मौखिक साहित्य 43
मौलवी मुहम्मद बाकर 48
यूरोपीय आधुनिकता 26
यूरोपीय नवजागरण 50
यूरोपीय पुनर्जागरण 26, 238, 240, 253
यूरोपीय या पश्चिमी अवधारणा 25
योद्धा संन्यासी 59
रणेन्द्र 76
रमना अल्हाड़ी 126
रवीन्द्रनाथ टैगोर 32
राँची 103, 216
राँची गजेटियर 210
राँची डिस्ट्रिक्ट टाना भगत रैयत एग्रीकल्चरल लैंड्स रिस्टोरेशन ऐक्ट, 1947 231
राँची रीविजनल सर्वे 215
राज अंग 104
राजपूत 223

राजमहल 77, 139
राजमहल की पहाड़ियों 125
राजा राममोहन राय 49, 119
राजेन्द्र प्रसाद 231
राजेन्द्र प्रसाद सिंह 72
रानी विक्टोरिया 49
राबर्ट कार्सटेयर्स 249
राबर्ट ब्रुक 135
राम टहल ब्रह्मचारी 229
राम साही देओ 79
रामगढ़ अधिवेशन 216
रामचन्द्र शुक्ल 64
रामधारी सिंह 'दिनकर' 54
रामविलास शर्मा 35, 43, 51, 71, 239
रामा भगत 231
रामानुजाचार्य 62
रामायण 59, 75
राष्ट्रकूटों 76
राष्ट्रवाद 12, 17, 26-36, 38, 41, 46, 53, 57, 60, 63-70, 238, 241, 255-256, 261
राहुल रंजन 242
रीड 216
रुकमत 215
रूडोल्फ सी. हेराडिया 107
रूसी क्रान्ति 143
रेड इंडियन 136
रोमन कैथोलिक मिशन 120
रोहतास 95, 125
रोहतास का किला 95
रोहतासगढ़ 95, 210
रौतियों 102
लघु अस्मिता 66
लघुजाति 239
लाखन 159
लार्ड कार्नवालिस 120
लार्ड वुड और लार्ड एल्गिन 37
लाल चन्द्रमणि नाथ शाहदेव 82
लाला लाजपत राय 42
लाला लाजपत राय स्मारक निधि 230
लिथो उराँव 221
लिपि 83
लिमुरिया 151
लुई सोलहवें 143
लूथरन स्कूल 174
लोक-कथा 43
लोकगीत 43
लोकजागरण 237
लोकतंत्र 29
लोकमान्य बालगंगाधर तिलक 59, 253
लोकस्मृति 43
लोकोक्तियों 43
लोहरदगा 179, 216
वंचित अस्मिता 29
वकत-ए-हिन्द 42
वन अधिनियम 148
वन्दना टेटे 244
वर्जीनियस खाखा 116
वली दकनी 64
वल्लभाचार्य 62
वस्तु विनिमय 166
वाकाटकों 91
वाचिकता 101
वारेन हेस्टिंग्स 48, 135, 137
विंसेंट स्मिथ 41
विखंडित मुंडारी खूँटकट्टी गाँव 104
विद्यासागर 250
विधवा-विवाह 60
विलियम लें फ्लेमिंग रोबिन्सन 141
विवेकानन्द 39
वीर सिंह 172
वीरभारत तलवार 26, 272
वीरभूम 127
वृन्दावन 198

वेदान्त 56
वेदान्त दर्शन 57
वेरियर एल्विन 76
वैदिक स्कूल 60
वैष्णव धर्म 114
शंकराचार्य 62
शब्दकोश 45
शरतचन्द्र राय 76
शाहजहाँ 78
शाहाबाद 138
शिबू उराँव 221
शिव शंकर राउत 132
शिवाजी 58
शिवाजी-महोत्सव 60
शिशुनाग 82
शुद्धि आन्दोलन 60
शेरशाह 47, 77
शौकत अली 42
श्रेणीकरण 28
श्वेतन तोदोरोव 108
संगीता दासगुप्ता 214
सईल रकब 203
सखाराम गणेश देउस्कर 234
सचेत परिवर्तनेच्छा 35
सत सतियारी 224
सतपहाड़ी 223
सतीप्रथा 56
सदानों 115
सनातनियों 57
सन्ताल 71, 76
सन्तालिया एंड द सन्ताल्स 132
सन्ताली 45
सफाहोड़ आन्दोलन 150
सबाल्टर्न इतिहास-दृष्टि 43
सबाल्टर्न स्टडीज 151-152
सभ्यता का अभियान 25, 136, 234
सभ्यतागत संकट 118
समग्रतामूलक आख्यान 66
सम्मोहन चित्तविजय 234
सर एशले ईडन 147
सर सैयद अहमद 48-49
सरगुजा 219
सरदारी आन्दोलन 123, 165
सरना धर्म कोड 115
सरना स्थल 211
सरवदा 180
ससन्दरी 211
साँई किलों 172
सांस्कृतिक राष्ट्रवादी 57
सानरे 205
सामी धर्म-परम्परा 115
साम्प्रदायिक मनोविज्ञान 65
सावरकर 39
सिंगबोंगा 45, 96
सिंहभूम 136
सिख 58, 103
सिदो-कान्हू 72
सिनगी दई 72
सिपाही विद्रोह 40
सिमुलतला 250
सिसई 184
सी. लैवेन्स 184
सीताराम 41
सीरामपुर मिशन 45
सुख चन्द्र झा 75
सुतियाम्बे 79
सुदीप्त कविराज 258
सुधीर रंजन 67
सुधीर रंजन सिंह 67
सुन्दरवन 228
सुरजीत सिन्हा 75
सुराज 30, 230
सुराज भगत 230
सुरेन्द्र झा 132

सुशोभन सरकार 238
सूर्य 171
सेक्रेटरी ऑफ स्टेट 37
सेन राजवंश 76
सैन्य द्रोह 143
सोनपुर 112
सोना लुकुम देश 102
सोमा मुंडा 194
सोसाइटी और दी प्रोपेगेशन ऑफ गोस्पेल (एस.पी.जी.) 180
सोसोबोंगा 98
सौम्येन्द्रनाथ टैगोर 118
स्कैंडिवेन्याई लूथरन मिशन 149
स्टोकमैन 180
स्तालिन 71
स्थायी बन्दोबस्ती 35-36, 130, 138, 141, 145
स्मृति 60, 243
स्वराज 30, 230
स्वराज भगत 230
स्वर्ण काल 34, 240-241, 246
स्वर्णिम युग में वापसी 34
स्वाँसियों 115
स्वामी श्रद्धानन्द 69
हँड़िया 121
हजारीबाग 127, 159
हन्दवे परगना 147
सफा-होड़ आन्दोलन 116
हरिश चन्द्र 32
हाड़माज विलेज 249
हातू 99
हिन्द स्वराज 30, 201, 229-230
हिन्दी जाति 239
हिन्दी प्रदेश 239
हिन्दी संस्कृति 239
हिन्दुस्तानी 48, 64
हिन्दू राष्ट्र 32
हिस्ट्री ऑफ इंडिया एज टोल्ड बाय इट्स ओन हिस्टोरियंस 40
हिस्ट्री ऑफ द सन्ताल ऑफ जंगल तराई 132
हीहरी पीपरी 151
हूल 132
हेनरी मिलर इलियट 40
हेमू 47
हेसलोंग 223
हैदर अली 32
हो 76